ro
ro
ro

rororo

Zu diesem Buch
Was können Menschen im Grenzbereich zwischen Leben und Tod aushalten? Was geschieht mit uns, wenn der Tod immer näher rückt und schließlich unausweichlich wird? Wenn Menschen ertrinken, erfrieren, ersticken oder aus großer Höhe abstürzen? Wie reagiert der Körper auf extreme Situationen, was geht in unserem Geist vor, bevor der letzte Funken erlischt?

Peter Stark hat zahlreiche Interviews mit Männern und Frauen geführt, die dem schon sicheren Tod gerade noch entronnen sind. Oder miterleben mussten, wie ihre Gefährten starben. Extremsportler, die das Abenteuer suchten, und Reisende, die abseits der Zivilisation lebensbedrohlich erkrankten. In elf atemberaubenden Episoden nimmt er uns mit auf ihren Weg in den Grenzbereich zwischen Leben und Tod. Mit unerhörter Präzision rückt Stark ganz nahe an ihren Kampf mit dem Tod heran. Ebenso wie die physiologischen Abläufe interessieren ihn die spirituellen Aspekte des Sterbens und ihr Schnittpunkt mit dem wissenschaftlich Fassbaren.

Peter Stark ist Abenteurer, Outdoor-Sportler, Journalist und Buchautor. Seit vielen Jahren schreibt er für das Magazin *Outside*, veröffentlichte aber auch in anderen Publikationen, zum Beispiel in *The New Yorker* und *The Smithsonian.*
Ausgedehnte Reisen führten ihn unter anderem nach Island, in die Arktis, nach Tibet, in die Mandschurei, nach Irian Jaya, in das westliche Afrika und die Sahara. Er lebt in Missoula, Montana, ist verheiratet und hat zwei Kinder.

Peter Stark

Zwischen Leben und Tod

Extreme Erfahrungen,

letzte Abenteuer

Aus dem Englischen von Cornelia Holfelder-von der Tann

Rowohlt Taschenbuch Verlag

Die Originalausgabe erschien 2001 unter dem Titel *Last Breath. Cautionary Tales from the Limits of Human Endurance*
bei Ballantine Books/The Ballantine Publishing Group, New York,
eine Abteilung der Random House, Inc.

Redaktion Annalisa Viviani

Veröffentlicht im Rowohlt Taschenbuch Verlag GmbH,
Reinbek bei Hamburg, August 2003

Umschlaggestaltung any.way, Barbara Hanke/Wiebke Buckow
(Foto: Mauritius)
Druck und Bindung Druckerei C. H. Beck, Nördlingen
Printed in Germany
ISBN 3 499 61533 9

Die Schreibweise entspricht den Regeln
der neuen Rechtschreibung.

Für diejenigen, die an die Grenzen vorstoßen,
und für die, die sie zurückholen.

Inhalt

Vorwort

Ars moriendi *oder* Die Kunst des Sterbens

Ich fürchte den Tod.

Ich erinnere mich genau an den Moment, in dem mir die Unausweichlichkeit meines eigenen Todes bewusst wurde. Das geschah nicht, während ich an einer Felswand hing oder mit einem Kajak durch die gefährlichsten Stromschnellen schoss – Situationen, in denen sich Personen dieses Buchs ihrer Sterblichkeit bewusst wurden. Es geschah, während ich an einem wunderschön polierten Lesetisch in der friedlichen Stille des Sanborne House saß, der vornehmen Bibliothek für englische Literatur am Dartmouth College. Ich weiß nicht mehr, welches Buch ich aufgeschlagen vor mir liegen hatte. Ich weiß nur, dass ich lange in die tiefbraunen, schwarzen Wirbel der edlen, von der Leselampe beschienenen Holzmaserung starrte und dachte: «Ich werde sterben. Das alles wird ein Ende haben.»

Es war nicht komplexer und nicht simpler als die Erkenntnis, die Millionen bzw. Milliarden Menschen irgendwann im Lauf ihres kurzen Erdendaseins gewinnen. Was mich jedoch bis heute erstaunt, ist, wie stark diese Einsicht auf die emotionale Ebene einwirkte. Ich wurde von Schmerz und Trauer überflutet. Schon in jenem Augenblick beklagte ich meinen Tod, obwohl ich gerade zwanzig war und, wenn ich von schwerer Krankheit oder von einem Unfall verschont blieb, noch mit fünfzig weiteren Jahren rechnen konnte.

Ich weiß nicht genau, was zu dieser Erkenntnis führte; rückblickend kann ich jedoch rekonstruieren, was sie ausgelöst haben dürfte. Ein mir nahe stehender Mensch hatte kurz zuvor Selbstmord verübt. Mehrere Freunde waren in letzter Zeit an einer Drogen-Überdosis gestorben. Doch trotz der Anhäufung dieser Ereignisse glaube ich, dass es ein ganz anderer Vorfall war, der mir die Unausweichlichkeit des Todes so plötzlich zu Bewusstsein brachte.

Ich war kurz zuvor an einem Frühjahrswochenende zum Skifahren an der Tuckerman-Schlucht gewesen, dem berühmten Dreihundert-Meter-Steilabfall unterhalb des Gipfels des Mount Washington in New Hamsphire – seit Jahrzehnten ein Mekka für Schnee- und Eiskletterer und auch für Skifahrer, die extrem steile Wände suchen. Nach einigen aufputschenden Abfahrten über den Haupthang arbeiteten ein Freund und ich uns jenen extrem steilen Teil empor, der als «die linke Rinne» bekannt ist. Als wir oben ankamen, stand die Sonne schon tief, sodass ein Teil der großen Mulde der Schlucht bereits im Schatten lag. Meinem Freund, der nicht nur Skifahrer, sondern auch Bergsteiger war, schlug ich vor, ein Couloir hinunterzufahren, das sich direkt vor uns auftat. Vom Rande des Abgrunds inspizierte er den steil abfallenden Hang, der in Schatten getaucht war und erst dreihundert Meter weiter unten, am Fuß der Schlucht, wieder sichtbar wurde. «Nein, da sollten wir nicht hinunterfahren», sagte er. «Der Schnee dort unten liegt jetzt im Schatten und vereist schnell. Bei einem Sturz könnten wir endlos weit rutschen, direkt in die Felsen.»

Ich war gar nicht auf die Idee gekommen, dass sich die Schneebedingungen so schnell ändern könnten – damals verstand ich noch nicht viel vom Extremskifahren –, aber was mein des Kletterns kundiger Freund sagte, leuchtete mir ein. Ich beugte mich seinem Urteil. Wir verzichteten auf die steile, schattige Abfahrt und nahmen stattdessen wieder den breiteren, sichereren Haupthang, wo der Schnee weicher blieb und keine Felsbrocken hervorragten. Etwa eine Stunde später, als langsam Ruhe einkehrte und die Leute sich anschickten, auf dem Forstweg den langen Marsch zu ihren Autos anzutreten, ratterte plötzlich ein Hubschrauber in die Schlucht, landete und stieg dann gleich wieder auf. Erst am nächsten Tag erfuhr ich, was passiert war. Ein junger Mann, der die von mir ins Auge gefasste Abfahrt gewählt hatte, war gestürzt und mit hohem Tempo eine weite Strecke die vereiste Schlucht hinuntergerutscht, direkt in die Felsen hinein. Er war ums Leben gekommen.

Wie leicht hätte auch ich tot sein können. Nur dank der Bergerfahrung meines Freundes war mir dieses Schicksal erspart geblieben. Ich glaube, dass es dieser Vorfall war, der mir die plötzliche Erkenntnis am Lesetisch des Sanborne House eintrug – wie nah uns der Tod in Wirklichkeit ist, dass uns nur ein falscher Schritt vom Bordstein, ein falscher Schwung am Steilhang von ihm trennt, und wie unwiderruflich dieses Ende sein wird.

Diese schlichte Einsicht gewann ich vor nunmehr fast dreißig Jahren. Und doch begebe ich mich immer noch in die Bergwildnis, liebe ich immer noch Steilabfahrten, treibt mich immer noch ein leidenschaftlicher Drang, dort oben zu sein, wenn ich an einem sonnigen Frühlingstag aus meinem Fenster schaue und schneebedeckte Berggipfel sehe, die sich gegen den Himmel abzeichnen. Es ist die Schönheit, die mich dort hinaufzieht, die Stille, die körperliche Verausgabung; es sind der kalte Wind, die warme Sonne und der Schweiß, es ist das Gefühl meiner eigenen Vergänglichkeit, die Todesnähe, die ich erstmals an jenem Frühlingswochenende an der Tuckerman-Schlucht gespürt habe. Eine Voraussetzung dieses Buches ist, dass es zahllose Menschen gibt, die klettern, Ski oder Snowboard fahren, Wildwasserstrecken paddeln, Wüstentrecking machen oder sich in nicht ganz so gewagte Abenteuer stürzen. Wie ich suchen sie die Schönheit, die Stille, das Natur- und Wettererleben, die Euphorie, und doch ist da unter all diesen Gründen noch eine emotionale Unterströmung, die oft unerkannt oder zumindest unartikuliert bleibt – diese Aktivitäten ermöglichen einem die Annäherung an etwas Unbenennbares, das das Spüren der eigenen Vergänglichkeit beinhaltet, gleichzeitig aber auch darüber hinausgeht. In seiner Beschreibung der magischen Anziehung, die die Sahara trotz ihrer extremen klimatischen Bedingungen ausübt, bezeichnet Paul Bowles dieses undefinierbare Etwas als «das Absolute».

Bis vor einem Jahrhundert trat der Tod gewöhnlich im Schlafzimmer nebenan ein. Dort starben Großeltern oder andere Verwandte an Krankheit oder Altersschwäche, inmitten der Familie. Der Tod war Teil des täglichen Lebens. Heute sind wir nicht mehr so selbstverständlich Zeugen des Sterbens – es wird in die sterile Welt des Krankenhauses ausgelagert (obwohl die Hospizbewegung zum Glück etwas dagegen tut). Wir reden nicht über den Tod. Wir leugnen sorgsam, dass er uns allen so nah ist, als sei er etwas Obszönes oder etwas Unwirkliches wie im Film. Vielleicht ist diese Distanz der Grund dafür, dass uns der Tod gleichzeitig ängstigt und fasziniert und wir ihn dennoch *verstehen* wollen. Im Unterschied zu unserer westlichen Verdrängungshaltung bereiten sich die Japaner gelassen auf das Sterben vor, indem sie, einer jahrhundertealten Tradition folgend, in ihren letzten Tagen oder Stunden so genannte «Todesgedichte» schreiben. Im Mittelalter legte auch die christliche Tradition mehr Gewicht auf die Vertrautheit mit dem Tod und Gelehrte verfassten Texte wie *Ars moriendi – die Kunst des Sterbens*. Vergleichbares gibt es in vielen anderen Kulturen. Das *Tibetische Totenbuch*, das dem Sterbenden vorgelesen wird, ist eine genaue Darstellung des Sterbeprozesses und der durch ihn bedingten Befreiungsmöglichkeiten. Nach der tibetischen Tradition muss man den Tod gründlich verstehen und sich darauf vorbereiten, um ein erfülltes und befriedigendes Leben führen zu können.

Meine Absicht war es, mit diesem Buch eine Art *Ars moriendi* für diejenigen zu schreiben, die abenteuerliche, überaus lohnende, oft riskante und manchmal tödliche Aktivitäten wie Klettern, Wildwasserpaddeln, Extremskifahren, Extremsnowboarden oder Trecking betreiben, obwohl die Themen Risiko, Tod und

Aufklärung, um die es in seinen Kapiteln geht, sicher auch all diejenigen betreffen, die keine Outdoor-Fans sind. Wir alle teilen das eine unentrinnbare Schicksal: Wir bewohnen einen Körper, der eines Tages sterben wird. Teile dieses Buches verfolgen genau, was im Körper von Menschen abläuft, die im Outdoor-Bereich die Grenzen des Machbaren zu überschreiten suchen. In jedem Kapitel habe ich die Geschichte eines Menschen in einer kritischen Outdoor-Situation mit der Darstellung der physiologischen Vorgänge in seinem Körper verflochten. Ich habe außerdem versucht, auch auf spirituelle Aspekte des Sterbens – die Sicht des Todes in anderen Kulturen – einzugehen und zu erkunden, wo der Schnittpunkt zwischen dem wissenschaftlich Fassbaren und dem Spirituellen im Augenblick des Sterbens liegt.

Bei meinen Recherchen hat es mich immer wieder verblüfft, wie genial sich der menschliche Organismus an die Veränderung äußerer und innerer Bedingungen anpasst – an die Veränderung von Luftdruck und Sauerstoffgehalt der Luft, von Nahrungs- und Flüssigkeitszufuhr, an erhöhte körperliche Beanspruchung, an Hitze und Kälte, an Angst und andere Emotionen, an Blutverlust. Aber diese Widerstandsfähigkeit kann irreführend sein. Der menschliche Körper ist in vielerlei Hinsicht so empfindlich wie eine Treibhauspflanze und nur innerhalb einer äußerst schmalen Bandbreite von Bedingungen lebensfähig. Als Spezies sind wir genetisch dafür ausgestattet, im tropischen Temperaturgürtel um den Äquator zu leben; ein paar Tausend Meilen weiter nördlich oder südlich würden wir ohne technologische Errungenschaften wie Isolierkleidung, Lagerfeuer und Heizungsmöglichkeiten schnell zugrunde gehen. Während wir in der *Horizontalen* innerhalb dieses Tropengürtels noch einige Bewegungsfreiheit haben, können wir in der *Vertikalen* nur eine sehr geringe Entfernung zurücklegen, ohne die normalen Funktionen unseres Körpers zu gefährden. Menschen können längerfristig nicht höher als etwa

5500 m über dem Meeresspiegel leben. Auch auf Wassermangel reagieren Menschen extrem empfindlich– ohne frisches Wasser sterben sie innerhalb weniger Tage, wobei die genaue Zeitspanne (zwischen einem Tag und zehn Tagen) von der Lufttemperatur, der körperlichen Anstrengung und anderen Faktoren abhängt.

Wenn man den schmalen Gürtel, der die erforderlichen Bedingungen für menschliches Leben bietet, in Relation zum gesamten Rest des Planeten setzt – zu all jenen Gebieten der Erdoberfläche, die aus Wüste oder Eis, Fels oder Meer bestehen –, wird einem klar, wie begrenzt die für uns verkraftbare Umwelt tatsächlich ist. Und, was noch wichtiger ist, man erkennt, wie leicht es ist, einen Schritt darüber hinaus zu tun, wie schnell wir durch das dünne Netz brechen können, das unseren empfindlichen Organismus am Leben hält. Und wenn man diesen Lebensraum den gewaltigen Ausmaßen unseres Sonnensystems oder der Milchstraße oder gar der unbekannten Weite des Universums gegenüberstellt, dann besetzen wir als Spezies eine wesentlich kleinere Nische, als es Feldblumen täten, die im Schutz eines kleinen Felsbrockens auf einem sonst kahlen Berggipfel wachsen und das gesamte Leben auf einem ganzen Planeten von kahlen Berggipfeln darstellen würden. Das ist es, was uns letztlich Religion und Wissenschaft gleichermaßen zu sagen versuchen – wie unendlich klein die Dimensionen des menschlichen Lebens gegenüber den Dimensionen des Kosmos sind. Doch zugleich sagen sie uns, dass das menschliche Leben Teil dieser unendlichen Weite ist. Dieser Weite geben verschiedene Menschen verschiedene Namen. Manche nennen sie das expandierende Universum, andere bezeichnen sie als das Nichts und wieder andere nennen sie Gott.

Der Tod des dänischen Entdeckungsreisenden Vitus Bering ist der einzige «historische» Todesfall in diesem Buch. Die übrigen zehn Kapitel schildern fiktive Charaktere und fiktive Situationen, die die realen physiologischen Abläufe so genau wie möglich illustrieren. Diese Kapitel basieren auf Interviews mit Menschen, die Lawinenunglücke, Unterkühlung, Ertrinken, Stürze aus großer Höhe, Lungenödeme und andere extreme körperliche Krisensituationen überlebt haben. Zudem habe ich Spezialisten für die Behandlung solcher Notfallpatienten befragt, umfassend in medizinischen Datenbanken und Zeitschriften recherchiert und sonstiges wissenschaftliches und anekdotisches Material verarbeitet. Meine wichtigsten Quellen und die vielen Menschen, die mir großzügig bei den Recherchen für dieses Buch geholfen haben, sind in der Danksagung vermerkt.

Genauso wie ich mich bemüht habe, die physiologischen und medizinischen Aspekte dieser Todesfälle und Beinahe-Todesfälle so korrekt wie möglich nachzuzeichnen, habe ich auch versucht, die Hintergrundbedingungen der betroffenen Menschen und die Gefahrensituationen, in die sie geraten oder sich bewusst begeben, so realistisch wie möglich darzustellen. Als Extremskifahrer (und ehemaliger Skirennläufer), Kajakfahrer und Wildwasserkanute bringe ich ein wenig Erfahrung mit. Im Lauf der Jahre habe ich viele der hier geschilderten entlegenen Weltgegenden (meist auf die harte Tour und meist über einen längeren Zeitraum) bereist – den Himalaja und Tibet, die Arktis, die Sahara, Westafrika, Sumatra, die chinesische Tigersprungschlucht. Ich kenne aber auch weniger entlegene Gebiete aus eigener Erfahrung, etwa Cádiz in Andalusien, wo ich eine Zeitlang gelebt habe. Ich habe mich entschieden, «kombinierte» Charaktere zu erschaffen, weil ich dadurch einen weit größeren Spielraum habe, die physiologischen, psychologischen und spirituellen Aspekte des Todes zu untersuchen, als wenn ich mich auf die Erfahrungen eines einzelnen Menschen beschränken würde. Ich hoffe, dass mir diese Entscheidung ein spannenderes, verständlicheres und aufschlussreicheres Buch ermöglicht hat.

Die Arbeit an diesem Buch war für mich in gewisser Weise Teil eines persönlichen Erkundungsprozesses. Ich stamme aus einer abenteuerlustigen Familie. Schon zu Beginn des 20. Jahrhunderts hatte mein Großvater eine Vorliebe für das Kanufahren auf ungebändigten Wasserläufen in der Wildnis, und mein Vater fuhr 1959 mit zahlreichen anderen Abenteurern auf dem letzten Handelswindjammer, der Kap Hoorn umsegelte. Diese Abenteuerlust wurde mir in die Wiege gelegt und schon früh kräftig gefördert, als mein Vater und mein Großvater mich mit vier Jahren auf meine erste zweitägige Kanutour mitnahmen. Die Serie von Abenteuern, die damit begann, dauert bis heute fort.

Dennoch befand ich mich schon immer in einem Zustand innerer Spannung, in der Ungewissheit, wie weit ich diese Abenteuer treiben könnte und wann ich, wenn überhaupt, aufgeben sollte. Darum bin ich oft an einen Punkt gelangt, an dem es mich weiter vorwärts trieb und ich zugleich Angst hatte – gleichgültig, ob ich von einem Flussufer auf gewaltige Stromschnellen blickte, auf einen lawinengefährdeten steilen Tiefschneehang hinabsah oder ob ich mit meinem Rucksack in einem nebelverhangenen asiatischen Dschungelhochland oder in einem vom Aufruhr bedrohten afrikanischen Land unterwegs war. Ich nehme an, diese Spannung erwächst zum Teil aus der Angst, den gestellten Anforderungen nicht zu genügen, meinen Großvater und meinen Vater zu enttäuschen, wenn ich nicht weiter voran, höher hinauf oder steiler hinab zu kommen versuche, als ob ich Angst vor dem «Angsthaben» hätte, vor dem, was andere von mir halten könnten. Aber die Spannung resultiert auch aus der Tatsache, dass ich eine ausgesprochene Vorliebe für Extremskifahren, Wildwasserpaddeln, die Erkundung unbekannter Gegenden und fremder Kulturen habe und es mir zuwider ist, umzukehren und die Chance nicht wahrzunehmen, doch weiterzugehen. Ein Großteil dieser Spannung entsteht aus der Ungewissheit, denn Ungewissheit hat immer etwas Beängstigendes.

Wenn man auf einen Steilhang oder auf Stromschnellen blickt, gibt es keine eindeutige Antwort auf die Frage: «Was wird passieren?» Es gibt nur Wahrscheinlichkeiten, Vermutungen, Schätzungen, Hoffnungen. Da muss man sich ganz auf das eigene Urteil verlassen. Aus einem völlig gesicherten Alltagsleben, in dem alles durch Gesetze, Schlösser und Geländer geregelt ist, in eine Situation überzuwechseln, in der das eigene Leben ganz von der Fähigkeit abhängt, eine Stromschnelle oder einen Hang richtig einzuschätzen, kann beunruhigend und anregend zugleich sein. In einer Zeit, da man kaum je in die Lage kommt, ganz auf sich selbst angewiesen zu sein, haben meines Erachtens viele Menschen den Wunsch nach einer solchen Herausforderung. In einer schwierigen oder riskanten Situation in der Wildnis nimmt man durch das absolute Angewiesensein auf sich selbst und das Team die Welt um einen herum glasklar wahr, und zugleich verwischen die starren Grenzen des Ich. In solchen Momenten spürt man intensiv die eigene Lebendigkeit.

Selbstverständlich gibt es Risiken, sogar gravierende, und manch einer zahlt tatsächlich den höchsten Preis. Bei der Arbeit an diesem Buch habe ich gelernt, dass es keine feststehenden Antworten gibt, keine klaren Demarkationslinien zwischen Vorsicht und Mut, Mut und Torheit. Oder anders gesagt, dass sich diese Grenzen ständig verschieben, je nachdem, wie die konkrete Situation und das konkrete Individuum beschaffen ist. Die Niederschrift dieses Buches hat mir außerdem geholfen, eine noch wichtigere Frage zu beantworten: *Warum tut man überhaupt so etwas?* Die Antwort, die ich über die Protagonisten der folgenden Kapitel zu geben versuche, hat etwas mit diesem intensiven Gefühl von Lebendigkeit zu tun, aber auch mit dem Tod.

Ich sehe, wie sich meine eigene Haltung zu den Risiken im Outdoor-Bereich verändert hat. Ich begreife diese Veränderung als ein allmähliches Dazulernen gegenüber der Naivität meiner

Jugendjahre, als ich manchmal den Verdacht hatte, über einen lawinengefährdeten Hang abzufahren, ohne genau zu wissen, was ein lawinengefährdeter Hang ist. Meine Zwanziger, vor allem die erste Hälfte, würde ich als eine Zeit unbedachter Impulsivität charakterisieren; nach nächtlichen Partys pflegten wir beispielsweise mit Eisbooten über einen stockdunklen, zugefrorenen See zu rasen – mit achtzig Sachen. Als ich dann auf die Dreißiger zuging und mehr über die Outdoor-Welt und meine schriftstellerischen Ambitionen wusste, wich die Unbesonnenheit dem Kalkül – welche Sprungweite kann ich bei einer Abfahrt bewältigen, ohne mich ernsthaft zu verletzen? Jetzt, da ich die Vierziger fast hinter mir habe, stelle ich fest, dass Vorsicht das Kalkül abgelöst hat, oder besser, dass ich vorsichtiger kalkuliere. Ich weiß nicht, ob ich nach diesem Buch bei Outdoor-Aktivitäten vorsichtiger oder weniger vorsichtig sein werde, aber ich glaube, dass ich paradoxerweise den Tod, nachdem ich ihn hier so detailliert beschrieben habe, weniger fürchten werde – jedenfalls meinen eigenen.

Ich fürchte ihn bereits weniger, weil ich jetzt mehr über seine physiologischen und spirituellen Aspekte weiß als vor der Niederschrift dieses Buches, aber auch, weil es mir inzwischen leichter fällt umzukehren. Es kümmert mich nicht mehr so sehr, ob ich «den Erwartungen genüge». Ermöglicht mir das mit den Jahren allmählich wachsende Selbstbewusstsein, umzukehren und ein anderes Mal wiederzukommen? Ich habe jetzt kleine Kinder – das spielt auch eine Rolle. Ich fürchte mehr um sie und ihr Wohl als um mich selbst. Mit kleinen Kindern werden die Abenteuer einfacher, aber auch vielschichtiger. Mit unseren Kindern habe ich Abenteuer und Schrecken erlebt – im Hochland von Irian Jaya und in der Sahara ebenso wie im Park auf der gegenüberliegenden Straßenseite.

Letztlich muss jeder Mensch, der auf Abenteuer aus ist, selbst entscheiden, wie weit er gehen und wann er umkehren will. Hier kann man das alte Sprichwort der Goldsucher im amerikanischen Westen anwenden: «Gold liegt da, wo man es findet.» Dasselbe gilt für das Abenteuer. Und auch für das Risiko, den Tod und die wahre Lebendigkeit.

Missoula, Montana, im April 2001

Kapitel 1

Wie sich Erfrieren anfühlt – Unterkühlung

Wenn sich dein Jeep auf der Gebirgsstraße langsam um sich selbst dreht und mit dem Heck in eine Schneewehe kracht, machst du dir erst mal keine Sorgen wegen der Kälte. Dein erster Gedanke ist, dass deine Stoßstange jetzt eingedellt ist. Der zweite, dass du nicht daran gedacht hast, eine Schaufel mitzunehmen. Der dritte, dass du zu spät zum Essen kommst. Freunde erwarten dich um acht in ihrer Hütte, zu einer Mondscheinabfahrt, zum Abendessen, zum Saunabesuch. Davon kann dich nichts abhalten.

Als du mit aufgedrehtem Gebläse aus der Stadt hinausgefahren bist, hast du die Thermometersäule am Marktplatz kaum registriert: minus 27 °C um 18.36 Uhr. Der Radiowetterbericht warnte vor umfangreichen arktischen Luftmassen, die sich über der Region festsetzen. Der Mann, der an der Conoco-Tankstelle dein Geld entgegengenommen hat, erklärte kopfschüttelnd hinter seiner Registrierkasse, an deiner Stelle würde er heute Abend nirgendwohin fahren. Du hast gelächelt. Ein bisschen Kälte kann doch niemandem schaden, der genug Fleece-Kleidung trägt und ein ordentliches Vierganggetriebe hat.

Aber jetzt sitzt du fest. Du rammst die Automatik auf «niedrig», versuchst mit Power aus der Wehe herauszukommen. Die Reifen drehen auf dem eisglatten Schnee durch, während das Scheinwerferlicht auf dem Vorhang aus überzuckerten Tannen am anderen Straßenrand zu tanzen scheint. Du schaltest wieder in den Parkgang, schiebst die Tür mit der Schulter auf und steigst aus deiner geheizten Kapsel. Kälte trifft dein Gesicht wie eine Ohrfeige, treibt dir Tränen in die Augen. Du schaust auf die

Uhr: 19.18. Du wirfst einen Blick auf die Karte: Eine dünne Linie schlängelt sich bergauf zu dem Bleistiftquadrat, das die Hütte markiert.

Dein Atem kommt in kurzen, milchigen Schwaden heraus. Der Jeep hängt schief in der Schneewehe wie ein leerer Schildkrötenpanzer. Du denkst an Feuerschein und Saunahitze, warmes Essen und Wein. Du schaust noch einmal auf die Karte. Vielleicht noch fünf oder sechs Meilen bis zu der markierten Stelle. Eine Strecke, die du jeden Morgen vor dem Frühstück läufst. Du wirst einfach die Skier anschnallen. Kein Problem.

Es gibt keine exakte Regel, bei welcher Kerntemperatur des menschlichen Körpers der Kältetod eintritt. Die Naziärzte von Dachau mit ihren Eiswasserbecken kamen zu dem Schluss, dass der Grenzwert etwa bei minus 25 °C liegt. Die tiefste Kerntemperatur, die ein erwachsener Mensch nachweislich überlebt hat, betrug minus 20 °C. Für Kinder liegt sie niedriger. 1994 lief in Saskatchewan ein zweijähriges Mädchen nachts unbemerkt aus dem Haus – bei minus 40 °C Außentemperatur. Die Kleine wurde am nächsten Morgen nicht weit von der Haustür gefunden, mit starr gefrorenen Gliedmaßen und einer Kerntemperatur von minus 14 °C. Sie überlebte.

Andere haben selbst unter wesentlich milderen Temperaturbedingungen weniger Glück. Eines der schlimmsten Wetterunglücke in Europa ereignete sich 1964 bei einem Orientierungsmarsch in einem windigen, regengepeitschten englischen Moorgebiet. Drei Teilnehmer starben an Unterkühlung, obwohl die Temperatur nie unter den Gefrierpunkt sank und bis zu 7 °C betrug.

Bei allem, was Ärzte und Statistiker inzwischen über den Kältetod und die Physiologie des Erfrierens wissen, kann doch niemand vorhersagen, wer wie schnell an Unterkühlungserscheinungen leiden wird – und ob sie tödlich sein werden. Die Kälte bleibt mysteriös und gefährdet Männer stärker als Frauen; für dünne, muskulöse Menschen ist sie eher tödlich als für Übergewichtige, Selbstüberschätzung und Naivität bestraft sie erbarmungslos.

Der Prozess setzt ein, noch bevor du dich vom Wagen entfernst – wenn du deine Handschuhe ausziehst, um eine lose Bindung an deinem Ski wieder festzudrücken. Das eisige Metall beißt dich in die Finger. Deine Hauttemperatur sinkt.

Binnen weniger Sekunden haben die Innenflächen deiner Hände nur noch schmerzhafte 15 °C. Automatisch verengt sich an der Oberfläche das Kapillarnetz deiner Hände, lenkt das zirkulierende Blut von der Haut weg ins Innere deines Rumpfs. Dein Körper lässt zu, dass deine Finger kalt werden, um seine lebenswichtigen Organe warm zu halten.

Du ziehst die Handschuhe wieder an und bemerkst nur, dass deine Finger leicht taub sind. Dann rammst du die Stiefel in die Bindungen und folgst der Straße bergauf.

Bei einem norwegischen Fischer oder einem Inuit-Jäger, die gewohnt sind, oft ohne Handschuhe in der Kälte zu arbeiten, würden sich die Kapillaren der Hände in regelmäßigen Zeitabständen weiten, um einen Stoß warmen Bluts durchzulassen und die Beweglichkeit der Finger zu erhalten. Dieses Phänomen, der so genannte Jägerreflex, kann eine Hauttemperatur von 2 °C innerhalb von sechs oder sieben Minuten auf 10 °C erhöhen.

Andere menschliche Kälteadaptationsmechanismen sind rätselhafter. Tibetische Buddhistenmönche können die Hauttemperatur ihrer Hände und Füße durch Meditation um 8 Grad erhöhen. Australische Ureinwohner, die einst bei Nachttemperaturen knapp über dem Gefrierpunkt unbekleidet auf dem Erdboden schliefen, fielen dabei in einen Zustand leichter Unterkühlung, den sie ohne Einsetzen des Zitterreflexes aushielten, bis die aufgehende Sonne sie wieder erwärmte.

Aber du hast keine solchen Schutzmechanismen, da du deine

Tage an einem Computer in einem klimatisierten Büro verbringst. Erst nach zehn Minuten strammen Aufstiegs, wenn deine Körpertemperatur steigt, dringt wieder Blut in deine Finger. Schweiß rinnt dir das Brustbein und die Wirbelsäule hinunter.

Inzwischen hast du beschlossen, die nächste Serpentine abzukürzen, indem du direkt den bewaldeten Hang hinaufsteigst. Während du dich langsam durch tiefen, weichen Schnee bergauf arbeitest und der Vollmond über einem Berggrat aufgeht und alles mit Streifen von Schatten und silbrigem Licht übergießt, denkst du, dass deine Freunde Recht hatten: Es ist eine wunderbare Nacht zum Skilaufen – wenn du auch jetzt, da dich die Luft mit ihren minus 30 °C ins Gesicht beißt, zugeben musst, dass es ganz schön kalt ist.

Nach einer Stunde ist die Straße immer noch nicht in Sicht, und allmählich beunruhigt dich das. In diesem Augenblick erreicht deine Kerntemperatur ihren höchsten Punkt: 42,6 °C. Beim Aufstieg im Tiefschnee hast du fast zehnmal so viel Körperwärme generiert wie im Ruhezustand.

Als du dich um dich selbst drehst, um die Karte mit den Himmelsrichtungen überein zu bringen, hörst du ein metallisches Klicken. Du blickst hinunter. Der lose Backen der einen Bindung ist verschwunden. Du hebst den Fuß und der Ski fällt dir vom Stiefel.

Du schaltest deine Taschenlampe an, aber die durch die Kälte geschwächten Batterien werfen nur einen trübgelben Lichtstrahl auf den Schnee. Das Ding muss doch hier irgendwo sein, denkst du, während du Schnee durch deine behandschuhten Finger siebst. Du bist so darauf konzentriert, den Backen zu finden, dass du kaum merkst, wie die eisige Luft gegen deinen müden Körper und deine schweißgetränkte Kleidung drängt.

Die Anstrengung, die dich beim Aufstieg erwärmt hat, kehrt sich jetzt gegen dich: Die durch deine Aktivität geweiteten Kapillaren leiten die überschüssige Wärme deines Organismus zur

Haut, und deine feuchte Kleidung gibt sie rasch an die nächtliche Umgebung ab. Da du kaum isolierendes Fett auf den Muskeln hast, kann die Kälte umso dichter an dein warmes Blut herankriechen.

Deine Körpertemperatur fällt rapide. Binnen 17 Minuten erreicht sie die normalen 37 °C. Dann sinkt sie tiefer.

Bei 36 °C, während du immer noch gebeugt den Schnee absuchst, spannen sich deine Nacken- und Schultermuskeln an – der erhöhte Muskeltonus, der dem Zittern vorausgeht. Sensoren haben dem Temperaturkontrollzentrum in deinem Hypothalamus Signale übermittelt, die es veranlassten, die Verengung des gesamten Kapillarnetzes in die Wege zu leiten. Deine Hände und Füße beginnen vor Kälte zu schmerzen. Du ignorierst es, wühlst immer noch sorgsam den Schnee durch; weitere zehn Minuten vergehen. Du weißt, ohne den Bindungsbacken sitzt du in der Tinte.

Schließlich, fast fünfundvierzig Minuten später, findest du den Backen. Du schaffst es sogar, ihn wieder in die Platte zu drücken und den Stiefel fest einzuklinken. Doch die klamme Kälte, die zuerst deine Haut erfasst hat, ist jetzt bereits tief ins Innere deines Körpers vorgedrungen. Bei 35 °C bist du in den Bereich der leichten Unterkühlung eingetreten. Du zitterst jetzt heftig, da der Zitterreflex deines Körpers – eine unwillkürliche Reaktion, bei der die Muskeln in schneller Folge kontrahieren, um zusätzliche Körperwärme zu erzeugen – seinen Höchstwert erreicht hat.

Es war ein Fehler, wird dir klar, in einer so kalten Nacht draußen herumzulaufen. Du solltest umkehren. Du fummelst die Karte aus der Fronttasche deines Anoraks. Sie hat dich hierher geführt, also müsste sie dich auch wieder zu deinem warmen Wagen zurückführen. Deine Kerntemperatur sinkt jetzt unter 35 °C; in deinem nicht mehr ganz klaren Geisteszustand und deiner wachsenden Panik kommst du gar nicht auf die Idee, einfach deinen eigenen Spuren zu folgen.

Außerdem fällt dir nach dem langen Stillstehen auch das Skilaufen schwerer. Als du dich schließlich abstößt, sind deine Muskeln so kalt und verhärtet, dass sie nicht mehr so leicht kontrahieren und sich, einmal angespannt, nicht wieder lösen wollen. Du kannst dich nur noch in einem schwerfälligen Schneepflug mit ausgebreiteten Armen und wackligen Knien fortbewegen.

Dennoch schaffst du es, zwischen Tannengruppen hindurchzulavieren, durch silbernes Licht und Schattentümpel bergab zu pflügen. Dir ist zu kalt, als dass du Augen für die Schönheit dieser Nacht hättest oder an die Freunde denken könntest, die du besuchen wolltest. Du denkst nur an den warmen Jeep, der irgendwo am Fuß des Hangs auf dich wartet. Seine glänzende Blechhülle steht vor deinem inneren Auge, als du über die Kuppe eines kleinen Buckels kommst. Als du schneller wirst, hörst du plötzlich den Wind in deinen Ohren pfeifen. Dann, ehe dein Verstand richtig entschlüsseln kann, was das bedeutet, nimmst du vor dir im Schnee eine Erhebung wahr.

Als dir langsam klar wird, in welcher Gefahr du dich befindest, versuchst du mit Gewalt zu bremsen. Doch in deiner Panik fehlt es dir an Koordination. Sekundenbruchteile später rammen sich deine Skispitzen in den eingeschneiten Baumstamm, du segelst mit dem Kopf voran durch die Luft und landest bäuchlings im Schnee.

Du liegst reglos da. Im Wald herrscht Totenstille, nur durchbrochen vom Pulsieren des Bluts in deinen Ohren. Dein Knöchel schmerzt und du hast dir den Kopf angeschlagen. Außerdem hast du deine Mütze und einen Handschuh verloren. Kratziger Schnee hat sich unter dein T-Shirt geschoben. Schmelzwasser sickert dir über Nacken und Rücken.

Die Lage ist ernst, erkennst du in plötzlicher Panik. Als du dich hochrappelst, durchzuckt dich jäher Schmerz, dein Knöchel knickt unter dir weg.

Du sinkst geschockt wieder in den Schnee, und deine Körperwärme verflüchtigt sich jetzt in alarmierendem Tempo, wobei fünfzig Prozent des Wärmeverlusts allein über deinen Kopf erfolgen. Die Kälte beißt dich bald so grimmig in die Ohren, dass du im Schnee herumwühlst, bis du deine Mütze gefunden hast und sie dir wieder auf den Kopf stülpst.

Doch schon dieses bisschen Aktivität hat dich erschöpft. Du weißt, dass du auch deinen Handschuh finden solltest, aber du bist inzwischen zu schlapp dazu. Du beschließt, dich kurz auszuruhen, ehe du weitersuchst.

Eine Stunde vergeht. Irgendwann sagt dir ein flüchtiger Gedanke, dass du anfangen solltest, Angst zu haben, aber Angst ist ein abstrakter Begriff, der irgendwo jenseits deiner Reichweite herumdriftet, der nichts mit dir zu tun hat, genauso wie diese bloße Hand dort im Schnee. Du bist jetzt in dem Temperaturbereich, in dem die Kälte die Enzyme im Gehirn weniger effizient macht. Mit jedem Zehntelgrad, um das die Körpertemperatur 35 °C unterschreitet, sinkt die Gehirnstoffwechselquote um drei bis fünf Prozent. Wenn die Körpertemperatur 34 °C erreicht, setzen die ersten Ausfallerscheinungen ein. Du schaust auf die Uhr: 0.58. Vielleicht wird bald jemand nach dir suchen. Kurz darauf schaust du wieder auf die Uhr. Du kannst dir die Ziffern nicht merken. An das, was dann passiert, wirst du dich kaum erinnern. Dein Kopf fällt zurück. Der Schnee knirscht leise in deinem Ohr. Bei minus 35 °C Lufttemperatur sinkt deine Körpertemperatur alle dreißig bis vierzig Minuten um einen Zehntelgrad, deine Körperwärme verliert sich im weichen Schnee, der dich umfängt. Apathie bei 33 °C. Stupor bei 32 °C.

Du hast jetzt die Grenze zur schweren Unterkühlung überschritten. Wenn deine Kerntemperatur 31 °C erreicht, hat es dein Körper bereits aufgegeben, sich durch Zittern erwärmen zu wollen. Dein Blut dickt ein wie Getriebeöl in einem kalten Motor. Dein Sauerstoffverbrauch, ein Maß deines Energieumsatzes, ist um mehr als ein Viertel gesunken. Deine Nieren hingegen legen Sonderschichten ein, um den Flüssigkeitsandrang zu bewältigen, der dadurch zustande gekommen ist, dass sich die Blutgefäße in deinen Gliedmaßen verengt und Flüssigkeit ins Körperzentrum gepresst haben. Du fühlst einen mächtigen Harndrang, das Einzige, was du überhaupt fühlst.

Bei 30,5 °C bist du nicht mehr in der Lage, ein vertrautes Gesicht zu erkennen, falls plötzlich eines aus dem Wald auftauchen würde.

Bei 30 °C wird dein Herzschlag arrhythmisch, da die elektrischen Steuerimpulse durch unterkühltes Nervengewebe behindert werden. Die Pumpleistung deines Herzens beträgt jetzt nicht mal mehr zwei Drittel der Normalleistung. Durch den Sauerstoffmangel und den verlangsamten Stoffwechsel im Gehirn kommt es zu visuellen und akustischen Halluzinationen.

Du hörst Glöckchen klingeln. Wenn du den Kopf vom Schneekissen hebst, merkst du voller Freude und Erleichterung, dass es keine Schlittenglöckchen sind; es ist das Glockenspiel an der Eingangstür zur Hütte deiner Freunde. Du ahntest ja, dass sie ganz in der Nähe sein musste. Das Klimpern ist das Geräusch der aufgehenden Hüttentür, gleich dort hinter den Kiefern.

Als du aufzustehen versuchst, fällst du wieder um, landest in einem Gewirr aus Skiern und Stöcken. Macht nichts. Du kannst hinkriechen. Ist ja ganz nah.

Stunden oder vielleicht auch nur Minuten später merkst du, dass die Kieferngruppe immer noch zwischen dir und der Hütte steht. Du bist nur ein kleines Stück vorangekrochen. Die Leuchtanzeige deiner Armbanduhr blinkt im Dunkeln: 5.20 Uhr. Erschöpft beschließt du, deinen Kopf einen Moment hinzulegen.

Als du ihn wieder hebst, bist du drinnen, liegst auf dem Fußboden vor dem Kaminofen. Das Feuer wirft einen roten Schein. Zuerst ist es warm, dann heiß, dann versengt es dein Fleisch. Deine Kleidung hat Feuer gefangen.

Bei 29,5 °C Kerntemperatur reißen sich Erfrierende oft, in einem verzweifelten Anfall, die Kleider vom Leib. Dieses Phänomen, das so genannte paradoxe Entkleiden, ist so häufig, dass Unterkühlungsopfer in städtischer Umgebung nicht selten zunächst als Opfer eines Sexualverbrechens angesehen werden. Auch wenn sich die Wissenschaft nicht ganz sicher ist, warum es zum paradoxen Entkleiden kommt, ist doch die logischste Erklärung, dass sich kurz vor dem Verlust des Bewusstseins die verengten Blutgefäße an der Körperoberfläche weiten und das Gefühl extremer Hitze auf der Haut erzeugen.

Du weißt nur, dass du brennst. Du reißt dir Anorak und Fleece-Pullover vom Leib und wirfst sie weg.

Aber dann erkennst du, in einem letzten Moment geistiger Klarheit, dass da kein Ofen ist, keine Hütte, kein Mensch. Du liegst allein in der bitteren Kälte, von der Taille aufwärts nackt. Du erkennst deinen schrecklichen Irrtum, eine ganze Serie von Irrtümern, wie ein Albtraum, in dem ein Fehler in den anderen greift. Du hast dich deiner Kleider entblößt, deines Autos, deines ölbeheizten Hauses in der Stadt entledigt. Ohne diese raffinierten Hilfsmittel bist du nichts als ein empfindlicher tropischer Organismus, dessen Lebenssphäre sich auf einen schmalen sonnenbestrahlten Gürtel am Äquator beschränkt.

Und aus dem hast du dich weit hinausgewagt.

Im Zusammenhang mit Unterkühlung wird oft der Spruch zitiert: «Tot ist erst, wer warm und tot ist.» Das soll klarmachen, dass man unbedingt versuchen muss, allem Anschein nach tote Unterkühlungsopfer zu erwärmen und wiederzubeleben, da, auch wenn alles dagegen spricht, immer noch ein Lebensfunke vorhanden sein kann.

Gegen 6 Uhr am nächsten Morgen finden ihn die Freunde, die den steckengebliebenen Jeep entdeckt haben, in unmittelbarer Nähe des eingeschneiten Baumstamms, zusammengekrümmt, die bloßen Hände unter den Achseln. Das Fleisch seiner Gliedmaßen ist wächsern und so starr wie alter Kitt. Kein Puls tastbar, keine Pupillenreaktion auf Licht. Tot. Doch wer das Wesen der Kälte kennt, der weiß, dass sie zwar tödlich, aber auch auf paradoxe Art rettend sein kann. Wärme ist etwas positiv Definiertes: das schnelle Schwingen von Molekülen. Kälte definiert sich negativ: als Nachlassen der Schwingung. Am absoluten Nullpunkt, bei minus 273 °C, hört die Molekülbewegung ganz auf. Die Verlangsamung der Molekülbewegung verwandelt Gase in Flüssigkeiten und Flüssigkeiten in Feststoffe und lässt Feststoffe härter werden. Sie verzögert chemische Reaktionen und die Vermehrung von Bakterien. Im menschlichen Körper drosselt Kälte den Stoffwechsel. Die Lunge nimmt weniger Sauerstoff auf, das Herz pumpt weniger Blut durch die Gefäße. Bei Normaltemperatur würde das zu einer Schädigung des Gehirns führen. Doch das unterkühlte Gehirn mit seinem ebenfalls reduzierten Stoffwechsel benötigt weit weniger sauerstoffhaltiges Blut und kann, unter bestimmten Umständen, unbeschadet bleiben.

Eine Frau aus der Gruppe legt das Ohr auf seine Brust, horcht ganz konzentriert. Sekundenlang nichts. Dann, ganz schwach, ein kurzes Geräusch – ein einzelnes Pochen, so leise, dass es auch das Pulsieren ihres eigenen Bluts sein könnte. Sie presst das Ohr fester auf das kalte Fleisch. Noch ein leiser Herzschlag, dann noch einer.

Die Verlangsamung, die mit starker Unterkühlung einhergeht, ist auf ihre Art so hilfreich, dass sie manchmal absichtlich herbeigeführt wird. Herzchirurgen benutzen oft Tiefkühlverfahren, um den Stoffwechsel des Patienten vor der Operation herunterzufahren. In diesem Zustand fließt das Blut des Patienten nur noch langsam, das Herz schlägt nur noch selten – oder überhaupt nicht, falls er an der Herz-Lungen-Maschine angeschlossen ist; der Tod scheint nahe. Doch unter sorgfältiger Überwachung kann der Patient stundenlang in dieser Kältestasis verbleiben, ohne Schäden davonzutragen.

Die Retter umhüllen den nackten Oberkörper ihres Freundes rasch mit einem Anorak, seine Hände mit Handschuhen, den ganzen Körper mit einem Biwaksack. Sie wischen ihm den Schnee vom bleichen, starr gefrorenen Gesicht. Dann fährt einer durch den Wald zur nächsten Hütte ab. Die Übrigen schmiegen sich im frühen winterlichen Morgengrauen dicht an den kalten Körper. Stille umfängt sie. Einen Augenblick lang glaubt die Frau, das Trippeln und Atmen einer ganzen Welt von Geschöpfen zu hören, die in dieser eisigen Nacht unter der dicken Schneedecke Schutz gesucht haben.

Eins, zwei, drei!» Der Arzt und die Sanitäter lassen die steife, zusammengekrümmte Gestalt des Mannes auf einen Behandlungstisch mit einer nachheizbaren Warmwassermatratze gleiten. Man hat sie informiert, dass ein Mann mit den Symptomen starker Unterkühlung eingeliefert werden würde. Normalerweise kann man solche Kälteopfer aus ihrer gekrümmten Embryonalstellung in eine gerade Liegeposition strecken. Bei diesem Mann geht es nicht. Sanitäter schneiden mit Edelstahlscheren die uringetränkte Schneehose und lange Unterhose des Mannes auf, die zu einem wellpappenartigen Verbund zusammengefroren sind. Sie bringen Herzmonitorelektroden an seiner Brust an und führen ein elektronisches Niedrigtemperaturthermometer in sein Rektum ein. Digitalanzeigen blinken: 24 Schläge pro Minute und eine Kerntemperatur von 15 °C.

Der Arzt schüttelt den Kopf. Er kann sich nicht erinnern, jemals so niedrige Werte gesehen zu haben. Er weiß nicht, wie er es schaffen soll, diesen Mann wiederzubeleben, ohne ihn umzubringen.

Denn in der Tat sterben jedes Jahr viele Unterkühlungsopfer während der Rettungsmaßnahmen. Beim so genannten Wiedererwärmungsschock weiten sich sämtliche verengten Kapillaren fast gleichzeitig, was zu einem abrupten Blutdruckabfall führt. Die kleinste Bewegung kann ein wildes Zucken des Herzmuskels, das gefürchtete Kammerflimmern, auslösen. 1980 wurden sechzehn schiffbrüchige dänische Fischer nach anderthalb Stunden aus der eisigen Nordsee geborgen. Sie überquerten das Deck des Bergungsschiffs, gingen den Niedergang hinunter, um etwas Heißes zu trinken, und fielen allesamt tot um.

«14,9 Grad», meldet ein Sanitäter. «Ein Zehntelgrad weniger.»

Der Patient erleidet jetzt den gefürchteten Abfall, den «After-Drop», bei dem das immer noch kalte Blut in den Kapillaren der Hautoberfläche den ganzen Organismus weiter abkühlt, obwohl der Betreffende längst aus der Kälte geborgen ist.

Der Arzt gibt seinem Team rasch Anweisungen: intravenöse Verabreichung von warmer Kochsalzlösung, wobei der Tropfbeutel zunächst in der Mikrowelle auf 43 °C erwärmt wird. Die Kerntemperatur eines durchschnittlich großen Mannes um einen Zehntelgrad anzuheben erfordert die Zuführung von etwa 60 Kilokalorien. Eine Kilokalorie ist die Wärmemenge, die nötig ist, um einen Liter Wasser um einen Grad Celsius zu erwärmen. Da ein Liter heiße Brühe etwa 30 Kilokalorien liefert, müsste der auf dem OP-Tisch zusammengekrümmte Patient etwa 40 Liter Hühnerbrühe zu sich nehmen, um seine Körpertemperatur auf den Normalwert anzuheben. Selbst die warme Kochsalzlösung, die direkt ins Blut geht, bringt nur 30 Kilokalorien.

Im Idealfall hätte der Arzt eine Herz-Lungen-Maschine zur Verfügung, mit der er das kalte Blut des Patienten aus dem Körper pumpen, erwärmen und mit Sauerstoff anreichern und dann wieder zurückpumpen könnte, wodurch sich die Körpertemperatur auf sichere Art alle drei Minuten um einen Zehntelgrad anheben ließe. Doch außerhalb größerer Klinikzentren sind solche Apparate kaum verfügbar. Hier, ohne ein solches Gerät, muss der Arzt auf andere Mittel setzen.

«Peritonealdialyse vorbereiten», ruft er.

Kurz darauf führt er einen großen Katheter durch einen Schnitt in die Bauchhöhle des Patienten ein. Warme Flüssigkeit strömt aus einem aufgehängten Beutel, durchspült die Bauchhöhle und läuft durch einen zweiten Katheter in einem anderen Schnitt wieder ab. Prosaisch ausgedrückt funktioniert diese Spülung in etwa umgekehrt wie eine Wasserkühlung: Die Lösung erwärmt die inneren Organe, und das warme Blut aus diesen Organen wird dann vom Herzen durch den Kreislauf gepumpt. Auch in die Blase wird ein Katheter eingeführt, der sie mit warmer Flüssigkeit aus einem zweiten Infusionsbeutel spült. Die steifen Gliedmaßen des Patienten lockern sich allmählich. Sein Puls wird stärker. Aber die Zackenlinie auf dem EKG-Monitor zeigt immer noch jene eigentümlichen abfallenden Linien, so genannte J-Wellen, die bei Unterkühlung häufig auftreten.

«Fertig machen zur Defibrillation», weist der Arzt die Sanitäter an. Dabei ist ihm wohl bewusst, wie selten es vorkommt, dass sich bei einer so niedrigen Kerntemperatur durch einen Stromstoß wieder eine rhythmische Herztätigkeit herstellen lässt.

Eine weitere Stunde wachen Schwestern und Sanitäter rings um den Tisch, auf dem der Patient in einem warmen Lichtbad liegt. Sie kontrollieren seinen Herzschlag. Sie regulieren die Wärme der Wassermatratze. Sie verständigen sich flüsternd darüber, wie töricht es sei, sich in einer solchen Nacht allein nach draußen zu wagen.

Ganz langsam reagiert der Patient. Ein weiterer Liter Kochsalzlösung wird an den Infusionsschlauch angeschlossen. Der Blutdruck des Mannes ist immer noch viel zu niedrig, da sich die Kapillaren seiner Gliedmaßen jetzt rasch erweitern und das Blut sie zu füllen versucht. Außerdem hat der Flüssigkeitsverlust durch Schwitzen und Urinieren das Blutvolumen verringert. Doch alle fünfzehn bis zwanzig Minuten erhöht sich seine Körpertemperatur um einen weiteren Zehntelgrad. Die akute Gefahr des Herzflimmerns nimmt in dem Maß ab, wie sich Herz und Blut erwärmen. Noch immer können die Erfrierungen ihn Finger oder ein Ohrläppchen kosten. Aber das Schlimmste scheint überwunden.

Die nächste halbe Stunde sagt ein Sanitäter immer wieder die Thermometerwerte an, ein Mantra, das den Übergang dieses kaltblütigen Protoorganismus in ein wärmeres, höheres Bewusstseinsstadium anzeigt.

Irgendwo weit weg in der unendlichen, kalten Dunkelheit hörst du ein schwaches, anhaltendes Summen. Schnell schwillt es zu einem Geräuschball, wie ein Planet, der auf dich zurast, wird dann ein Strom von Worten.

Eine Stimme ruft deinen Namen.

Du willst die Augen nicht öffnen. Du spürst Wärme und Licht auf den Augenlidern, aber unter dem oberflächlichen Spiel von Wärme und Licht erfüllt dich die Kälte der lichtlosen Meeresgründe und der fernsten Weiten des Alls. Du bist zu müde, um auch nur zu zittern. Du willst nur schlafen.

«Hören Sie mich?»

Du zwingst deine Lider, sich zu öffnen. Lampen gleißen über dir. Um das Licht herum schweben helle Gesichter über hell uniformierten Körpern. Du versuchst zu denken: Du bist lange weg gewesen, aber wo?

«Sie sind im Krankenhaus. Sie sind von der Kälte überrascht worden.»

Du versuchst zu nicken. Deine Halsmuskeln fühlen sich eingerostet an. Auf deine Befehle reagieren sie nur mit einem leisen Zucken.

«Sie haben vermutlich eine Erinnerungslücke», sagt die Stimme.

Du erinnerst dich, wie der Mond über dem Zackengrat scheint und du ihm auf Skiern entgegensteigst, zu irgendeinem warmen Ort unter dem eisigen Mond. Danach nichts mehr – nur diese unendliche Kälte in dir.

«Wir versuchen, Sie wieder ein bisschen warm zu kriegen», sagt die Stimme.

Du würdest nicken, wenn du könntest. Aber du kannst dich nicht bewegen. Da ist nur dieses pochende unangenehme Gefühl überall. Als du dahin guckst, wo der Schmerz am deutlichsten ist, siehst du mit klarer Flüssigkeit gefüllte Blasen auf deinen Fingern, die ohne Handschuhe im Schnee gelegen haben. Während der langen, kalten Stunden gefror das Gewebe und in den winzigen Zellzwischenräumen bildeten sich Eiskristalle, die den Zellen Wasser entzogen und ihre Blutversorgung blockierten. Du starrst geistesabwesend darauf.

«Ich glaube, das wird schon wieder», sagt eine Stimme über dir. «Die Gewebeschädigung scheint nur oberflächlich zu sein. Wir gehen davon aus, dass die Blasen in ein bis zwei Wochen aufgehen und das Gewebe sich dann wieder erholt.»

Wenn nicht, das weißt du, werden deine Finger schwarz werden – die Farbe blutlosen, toten Gewebes. Dann müssen sie amputiert werden.

Doch deine Besorgnis wird weggeschwemmt, als eine neue Welle der Erschöpfung über dich hereinbricht. Langsam döst du weg, träumst von leichten, warmen, tropischen Meereswellen, die sich an deiner Brust brechen, von warmem Sand unter dir.

Stunden später tauchst du, immer noch träge und taub, wieder auf, wie aus großer Wassertiefe. Etwas Warmes scheint deine Körpermitte zu durchfluten. Als du den Blick mühsam dorthin richtest, siehst du Schläuche, die in dich hineinführen, Wärme transportieren, die sich mit der abgrundtiefen Kälte in deinem Inneren vermengt wie die Schichten eines aufgewühlten Flusses. Du folgst den Schläuchen zu dem Beutel, der unter den hellen Lampen hängt.

Allmählich begreifst du. Der Beutel enthält all das, was du um ein Haar verloren hättest. Diese Menschen, die sich um dich scharen, haben dir Sonnenlicht und Sonnenwärme gegeben, Dinge, die du einst so hochmütig für selbstverständlich gehalten hast, für jederzeit abrufbar durch das Drehen eines Knopfes oder das Überstreifen einer weiteren Schutzschicht. Doch in den Stunden, seit du das zuletzt geglaubt hast, bist du an einen Ort gekommen, wo es keine Sonne gibt. Du hast erkannt, dass in der Unendlichkeit des Universums Wärme so strahlend und flüchtig ist wie das Sternenlicht. Wärme existiert nur, wo Materie existiert, wo Partikel schwingen und hüpfen können. Im unendlichen Winter des Alls ist Wärme etwas Winziges, das Immense ist die Kälte.

Jemand sagt etwas. Dein Blick wandert von den hellen Lampen zu schemenhaften Gestalten in den schummrigen äußeren Bereichen des Raums. Du erkennst eine Freundin aus der Gruppe, die zu besuchen du vor so langer Zeit aufgebrochen bist. Sie beugt sich über dich und lächelt dich an.

«Kalt draußen, nicht wahr?», sagt sie.

Kapitel 2

Einen Fluss für sich allein – Ertrinken

Nichts auf Erden ist so weich und schwach wie das Wasser.
Dennoch, im Angriff auf das Feste und Starke
wird es durch nichts besiegt.

«Tao-Tê-King» (Buch vom Tao und seiner Kraft)

Matt wusste sofort, dass diese Stromschnellen mächtiger waren als alle, die er je in Angriff genommen hatte. Aus dem ruhigen Kehrwasser in Ufernähe trieb er seinen Kajak mit drei raschen Paddelschlägen in die Hauptströmung. Der Bug des Bootes wurde vom dahinschießenden Fluss gepackt und mitgerissen, und die jähe Beschleunigung warf Matts Kopf und Oberkörper zurück, als hätte er das Gaspedal eines Rennwagens durchgetreten. Instinktiv presste er den Paddelspaten flach aufs Wasser, um das Boot abzustützen. Als Mark, auf das Paddel gelehnt, den Kamm der ersten mächtigen Welle erklomm, schoss ihm nur der eine Gedanke durch den Kopf: «Großer Gott!»

Für Marks Freunde am Ufer ähnelte der hinabstürzende Fluss, diese Kaskade aus Schaum, Krach und Spritzwasser, einem Güterzug, der so schnell vorüberdonnert, dass man den Namen der Eisenbahngesellschaft auf den einzelnen Wagen nicht erkennen kann, ohne rasch mit dem Kopf der Bewegung zu folgen. Die gesamten Wassermassen des Jangtse stürzten über den Rand des tibetischen Hochplateaus, des «Dachs der Welt», und ergossen sich durch eine siebenhundert Kilometer lange Folge von Schluchten hinab wie ein Wolkenbruch durch eine riesige Regenrinne. Auf der Hälfte war diese Regenrinne durch die Jadedrachenberge blockiert, eine steile, wunderschöne, schneebedeckte Gebirgskette, die einen sechstausend Meter hohen Damm bildete. Vor Millionen von Jahren hatte ein Erdbeben diesen Gebirgsrücken gebrochen und eine über dreitausend Meter tiefe Kerbe hinterlassen, so schmal, dass die Chinesen sie die Tigersprungschlucht tauften, nach einem Tiger, der sie angeblich einmal auf der Flucht vor Jägern übersprungen hatte. Hier legte sich der viertlängste Strom der Erde förmlich auf die Seite, um sich, auf der Suche nach dem schnellsten Weg zum Meer, als tosendes Wasserchaos durch den Gebirgsspalt zu zwängen.

Niemand hatte die Schlucht je im Kajak bewältigt. Niemand hatte es auch nur versucht, so einschüchternd und so entlegen war dieser Flussabschnitt. Matt und seine Freunde hatten erhebliche Kosten und Mühen auf sich genommen, um in die Provinz Jünnan zu reisen und die erste Kajakfahrt durch die Schlucht zu versuchen – ein Unternehmen, das ihnen, wenn es glückte, einen Platz in der Geschichte des Kajaksports einbringen würde. Drei Tage hatten sie auf einem breiten Felsvorsprung der Schluchtwand kampiert, um die Schnellen zu erkunden, indem sie auf den Felsen am Rand des Wassers herumkletterten und den Strom durchs Fernglas beobachteten. Die Wucht des Wassers, der Lärm, die Dimensionen waren in Wirklichkeit viel gewaltiger, als sie es sich zu Hause vorgestellt hatten, und so war Matt schließlich der Einzige, der es tatsächlich versuchen wollte.

«Ich weiß nicht, Matt», hatte einer aus der Gruppe am Lagerfeuer eingewandt. «Du bist zwar der beste Paddler hier, aber hast du die riesigen Löcher gesehen? Die verschlucken glatt ein ganzes Floß, von deinem kleinen Kajak ganz zu schweigen.»

Matt starrte in die Flammen. Er hörte das Tosen des Wassers unten in der Schlucht, an- und abschwellend im leichten Nachtwind, wie fernes Brandungsgeräusch. Im Geist sah er die Löcher, dort, wo riesige Felsbrocken von der Schlucht mitten in den Fluss gestürzt waren und jetzt Strömungshindernisse bildeten. Wenn sich das Wasser an einem Felsen staut und darüber hinwegströmt, stürzt es auf der Rückseite hinab und erzeugt eine Delle in der Flussoberfläche – ein «Loch». Flüsse versuchen, ihre Löcher beständig zu füllen: Das unmittelbar angrenzende Wasser schießt in den Sog hinein, wodurch ein schäumender Wirbel entsteht.

Minilöcher findet man selbst im kleinsten Bach – weiße Gischtschnurrbärte direkt unterhalb der Kieselnasen. In einem großen, steil herabstürzenden Fluss donnert das Wasser mit solcher Gewalt in ein Loch, dass es einen, wenn man aus Versehen zu dicht herankommt, samt Kajak und Schwimmweste in die Tiefe reißen kann. Dann besteht die Gefahr, dass es einen wieder an die Oberfläche trägt, erneut hinabzieht, wieder ausspeit – ein endloser Kreislauf. Einen solchen Strudel nennt man eine «Wasserwalze». Aus einer Wasserwalze gibt es nur einen Ausweg: bis auf den Grund hinabtauchen. Man muss sich ganz hinunterziehen lassen und dann – wider jeden Instinkt und obwohl die brennenden Lungen schon keinen Sauerstoff mehr enthalten – noch tiefer hinunterschwimmen, bis sich die Kraft des hinabstürzenden Wassers auf dem Grund des Flusses verausgabt und die Walze einen in Strömungsrichtung ausstößt. Dann schwimmt man wieder an die Oberfläche. Vorausgesetzt natürlich, man lebt noch.

Die Flammen bogen sich im Wind und das ferne Tosen der Schnellen klang, als ob das Wasser unter der Erde verschwände und wieder hervorbräche. Matt war schon öfter von der geplanten Route abgekommen und mit dem Kajak in ein Loch geraten, unzählige Male, wenn auch die Löcher, die er in den letzten drei Tagen gesehen hatte, viel größer waren als alle, die ihm bisher begegnet waren. Er hatte zusammen mit seinen Freunden im Sommer nach dem ersten College-Jahr mit dem Paddeln begonnen. Dann, am Ende der Ferien, hatte er nicht, wie die anderen, die glühende Intensität und totale Herausforderung des Wildwasserfahrens einfach wieder gegen die Langeweile des Seminarraums eintauschen können.

«Was tue ich hier?», hatte er sich nach den ersten zwanzig Minuten der ersten Veranstaltung gefragt, während der Prof. weiter über die Grundlagen der Buchhaltung dozierte. Als es am Ende der Stunde klingelte, war er zur Buchhandlung spaziert und hatte das dicke Buchhaltungslehrbuch gegen Bargeld zurückgegeben. Und er hatte nie wieder zurückgeblickt.

Seither hatte er sich mit irgendwelchen halbwegs anständig bezahlten Saisonjobs – Asphaltieren, Betonieren, Bau eines Swimmingpools – über Wasser gehalten und seine ganze Freizeit darauf verwandt, Wildwasserrouten zu studieren. Einmal im Jahr organisierte er einen großen Trip mit seinen alten Kajakkumpels; die Tigersprungschlucht war sein Vorschlag gewesen. Zuerst hatte es ihn erstaunt, dass sie eingewilligt hatten; entweder realisierten sie nicht, was für eine furchterregende Route das war, oder sie waren sich sicher, dass sie sich jederzeit vor der eigentlichen Kajakfahrt drücken konnten. Für Matt war das wesentlich schwieriger. Sie würden alle nach Hause zurückkehren, in ihr Berufsleben als Software-Designer oder Manager, dort Erfolge erzielen und eine gescheiterte Expedition einfach als netten Trip in eine exotische Gegend verbuchen. Aber *sein* ganzes Leben war das Kajakfahren. Das war seine Selbstdefinition. Er war kein Manager, Software-Designer oder Börsenbroker, er war Kajaker. Das hier – diese Schlucht, diese Erstbefahrung, dieser Moment – war sein Leben.

Matt sah auf. In ihren Augen spiegelte sich der Feuerschein wider. «Ich habe zwei Jahre Holzhäuser zusammengezimmert, um das Geld für diese Reise heranzuschaffen», sagte er. «Ich fliege nicht nach Hause, ohne es wenigstens versucht zu haben. Außerdem habe ich nicht vor, in eines dieser Riesenlöcher zu geraten. Und wenn doch – na ja, dann muss ich mich wohl einfach runterziehen lassen und warten, bis es mich unten wieder ausspuckt.»

Niemand sagte etwas. Sie schauten in die knisternde Glut, sahen dann auf und fragten einander wortlos: Müssten wir versuchen, ihn davon abzubringen?

«Habt ihr je Lao-tse gelesen – das *Tao-Tê-King?*», fragte Matt plötzlich in die Runde der stummen, vom Feuerschein erhellten Gesichter. Nachdem er das College geschmissen hatte, hatte er großen Wert darauf gelegt, weiter zu lesen, wie eine Art Kompensation für das abgebrochene Studium, und er klammerte sich mit dem ganzen inbrünstigen Dogmatismus der Halbgebildeten an seine Entdeckungen. «Da geht's großenteils ums Wasser», erklärte er. «Darum, wie es sich bewegt und wie es um Hindernisse herumfließt und darum, dass man sich das zum Vorbild nehmen soll. Dass man nachgeben muss, um Dinge zu überwinden. So muss auch ein Paddler denken. Vor allem in einem großen Loch. Gegen die Kraft des Wassers kann man nicht ankämpfen. Man muss sich ihr überlassen, damit sie einen wieder loslässt.»

Seine Freunde sahen sich über die Flammen hinweg an. «In dieser Schlucht hast du's mit Sechserschnellen zu tun, Matt», sagte einer. «Unbedingt da durchzuwollen klingt für mich nicht gerade nach ‹nachgeben›.»

«Na ja, ich tu's auf jeden Fall», sagte Matt schroff. «Ihr könnt mir entweder helfen oder ich mach's allein.»

Am nächsten Morgen, nach einem Frühstück, das aus grünem Tee und chinesischen Nudeln bestand, schleppten sie alle zusammen Matts Ausrüstung auf einen flachen Uferfelsen hinunter. Obwohl normalerweise jeder Kajaker selbst für seine Ausrüstung und seine Vorbereitungen zuständig ist, gingen sie jetzt alle Matt zur Hand, wie Knappen, die einen Ritter für die Schlacht rüsten. Sie hielten ihm seinen Goretex-Trockenanzug zum Hineinsteigen auf, schlossen ihm hinten den Reißverschluss, zogen ihm die Gummimanschetten um Handgelenke, Knöchel und Hals zurecht, zurrten sie mit einem Klettbandriemen fest, damit sie dicht hielten. Sie knieten sich vor ihn hin und halfen ihm, in die Flussschuhe zu schlüpfen, spezielle Gummischuhe mit durchbrochenem Oberteil, damit das Wasser ablaufen konnte, und mit

Sohlen, die zum einen so fest waren, dass er sich, falls er schwimmen musste, von Unterwasserfelsen abstoßen konnte, zum andern aber so gut hafteten, dass er die Schluchtwand emporklettern konnte, falls ihm nur dieser Ausweg blieb.

Während seine Freunde Gurte schlossen, Klettverschlüsse zudrückten und Reißverschlüsse zuzogen, schaltete Matts Körper bereits auf den Kampfmodus um. Provoziert durch das beängstigende Tosen des Wassers und den Stress des bevorstehenden Unternehmens, sandte sein Gehirn Signale an seine Nebennieren, damit sie ihre Hormonsekrete ausschütteten. Er fühlte eine vibrierende Kraft im Leib, als das Adrenalin und das Noradrenalin in sein Herz strömten und von diesem in die Muskeln und Organe gepumpt wurden, wo die volatilen Moleküle die Fasern kontrahieren ließen, um ihn in die Bereitschaft zum «Kämpfen oder Fliehen» zu versetzen. Seine elf Meter Dünndarm stellten die Aktivität ein, sein Afterschließmuskel schnappte zu, seine Leber schüttete Zucker in den Blutstrom aus, um seine Muskeln mit Energie zu versorgen, und seine Herzfrequenz verdoppelte sich jäh von der normalen Ruhefrequenz von 60 auf 120 Schläge pro Minute. Das Adrenalin erreichte seine Brust- und Zwerchfellmuskulatur, und seine Atmung intensivierte sich von 12 flachen Atemzügen pro Minute auf 20 tiefe – als wüsste sein Körper besser als er selbst, wie dringend der Sauerstoff demnächst benötigt werden würde.

Die Freunde halfen ihm, die extrem auftriebstarke, leuchtend gelbe Rettungsweste anzulegen, die, für den Fall, dass er sich unter Wasser verfing, leicht auszumachen war und einen integrierten Klettergurt besaß, in den man eine Rettungsleine mit einem Karabiner einklinken konnte, um ihn mit Hilfe eines am Ufer installierten Flaschenzugs herauszuziehen, wenn er oder sein Kajak von der Strömung gegen einen Baumstamm oder Felsen gepresst würden. Und schließlich setzten sie ihm – wie Knappen ihrem Ritter den Kampfhelm – seinen Kevlar-Paddelhelm auf und schlossen den Kinnriemen. Das würde seinen Kopf vor Unterwasserfelsen schützen, falls sein Kajak kenterte und er kopfüber dahintrieb, während er versuchte, es mit dem raschen Paddel- und Hüftschwung, den man «Eskimorolle» nennt, wieder aufzurichten.

«Willst du den Gesichtsschutz?», fragte einer der Freunde und streckte ihm ein metallenes Gitter hin, das sich vorn an den Helm stecken ließ, um das Gesicht vor Unterwasserfelsen zu schützen.

Matt schob es beiseite. «Ich will lieber sehen, wohin ich fahre.»

Die Gruppe trug seinen knallroten Kunststoffkajak und das Karbonfaserpaddel mit den durchscheinend gelben Kevlar-Spaten über das uralte Schluchtgestein an den Rand des flachen Felsens, der etwa anderthalb Meter senkrecht zur Flussoberfläche abfiel. Gleich oberhalb ihres Standorts ragte eine Felsnase in die tosende Strömung und erzeugte ein «Kehrwasser» – ein ruhiges geschütztes Fleckchen Wasser, wo die Strömung sogar flussaufwärts verlief, wie bei dem Luftwirbel hinter einem Windschutz. Matt manövrierte die Beine in den kurzen, breiten Rumpf seines Kajaks, dessen Öffnung exakt nach Maß ausgepolstert war, und breitete den Spritzschutz um sich, damit kein Wasser eindrang. Das Kajak war ein «Creek Boat» – das Modell, das Könner für gefällereiches, technisch anspruchsvolles Wildwasser bevorzugen, weil es stabil und doch wendig ist und der Rumpf den Aufprall abfedert, wenn der Kajaker im freien Fall Abstürze überwindet und das Boot unten flach aufsetzt – ein Manöver, das man «Boof» nennt.

Matt liebte den Rhythmus des Wildwasserpaddelns: zuerst die Konzentration, wenn er im Sprühnebel das Ufer entlangkletterte, auf der Suche nach der Idealspur durch das Gewirr von Felsen, Strömungswirbeln und Löchern, die eine Stromschnelle ausmachten; dann die Phase, in der er im Geist die einzelnen

Manöver aneinander reihte, wie eine Choreographie. Die Fahrt, wie er sie sich vorstellte, immer wieder durchspielte und sich einprägte. Anschließend die Vorbereitungszeremonie des Anziehens, während sich die Spannung in ihm aufbaute. Dann die unglaubliche Intensität, Wachsamkeit und körperliche Anstrengung der Fahrt selbst und schließlich, wenn alles gut ging, der Austritt in ein stilles Bassin unterhalb der Schnelle, wo Heiterkeit, Wärme und Erleichterung seine ganze Person erfassten. Wenn Extremwildwasserpaddeln einer hochklassigen Partie Blitzschach glich, bei der man sich die Züge vorher eingeprägt hatte, dann war das Befahren eines so mächtigen und unerforschten Abschnitts wie der Tigersprungschlucht ein Spiel gegen einen Großmeister, der noch nie eine Partie verloren hatte.

Matts Freunde legten jetzt selbst die Rettungswesten an und verteilten sich auf den Simsen und Felsen entlang des Wassers, jeder mit einem Wurfsack, einem Plastiksack, in dem eine schwimmfähige Polypropylenleine steckte, die sie Matt im Notfall zuwerfen konnten. Mit seinem Boot verwachsen, benutzte Matt die Hände wie ein Seehund seine Flossen, um sich an den Rand des Felsens zu manövrieren. Er nahm sein Paddel auf, winkte seinen Freunden und ruckte einmal kräftig mit den Hüften. Der Kajak kippte über die Felskante und landete mit einem lauten Platsch unten im Kehrwasser.

Mit drei schnellen Schlägen glitt er in die wild wogende Hauptströmung hinaus. Er nahm diffus wahr, wie die Freunde am Ufer vorbeihuschten, die Anoraks und Rettungswesten verwischte blaue und rote Flecken in seinem Augenwinkel, die Rufe im Tosen nur schwach zu hören: «Mach's gut, Matt! Mach's gut!»

Matt stabilisierte den Kajak mit dem Paddel, über die erste große dahinrollende Welle hinweg, hinab ins Wellental und wieder empor, aktionsbereit. Die schwierigsten Manöver kamen gleich zu Beginn der Route – eine S-Kurve zwischen drei großen Felsen hindurch, dann sofort energisch nach links hinüberziehen, um die Stelle zu vermeiden, wo der Fluss über einen haushohen Felsen rechts von der Mitte hinabschoss. Unmittelbar unterhalb des Felsens lauerte ein Loch, so groß wie eine Garage für fünf Autos. Dem musste er ausweichen.

Als der erste Felsen der S-Kurve in Sicht kam, zog Matt hart nach rechts, dann nach links, dann wieder nach rechts, schlängelte sich zwischen den Hindernissen hindurch. Für die Freunde am Ufer sah es aus, als seien sein roter Helm und die rotierenden gelben Paddelblätter ein seltsames Kinderspielzeug, das eine riesige schäumende Treppe hinunterhüpfte.

Dann der hausgroße Felsen. *Links! Links! Links!* Als er die Stelle vom Ufer aus ausgekundschaftet hatte, war ihm gar nicht aufgefallen, wie mächtig die Strömung hier nach rechts hinüberzog – genau in die falsche Richtung. Er hielt mit aller Kraft dagegen, fühlte, wie sich der Schaft des Paddels bog, wie seine Armmuskeln arbeiteten, wie seine Lunge pfiff, wie sich die Paddelspaten durchs Wasser gruben. Er kämpfte gegen die gesamte Kraft der Strömung, diese brodelnde, wirbelnde Wasserbahn, die sich seitwärts schob wie ein zum Leben erwachter Gletscher und ihn unerbittlich ans falsche Ufer trieb, in Richtung des Felsens. Matts Kreislauf war jetzt auf Hochtouren. Seine Atemfrequenz schnellte auf 35 Atemzüge pro Minute empor, annähernd das Maximum für effizientes Atmen, und sog 130 Liter Luft pro Minute in seine Lunge. Sein Herz schlug 190-mal pro Minute und pumpte fast 30 Liter Blut durch, eine Leistung, die ausreicht, um eine Badewanne in vier Minuten bis zum Überlauf zu füllen. Dieser enorme Blutdurchsatz, die Menge, die das Herz eines trainierten Sportlers bei annähernder Höchstleistung schafft, war erforderlich, um Matts Muskeln mit dem nötigen Sauerstoff für das Unternehmen Tigersprungschlucht zu versorgen.

Sein Paddel wirbelte und kämpfte gegen den Sog, zog mit aller Macht nach links, und dennoch wurde sein Boot immer weiter nach rechts geschwemmt. Dreißig Meter weiter sah er, wie sich die brodelnde Wasserbahn in einer riesigen, glasigen Wölbung über den Felsen schwang, wie eine Kristallkuppel. *Gegenhalten. Gegenhalten. Gegenhalten.* Er spürte den schneidenden Wind in seinem nassen Gesicht, als die Strömung immer schneller wurde. Er musste kräftiger ziehen. Sein Kajak trudelte seitwärts. Er wurde die glasige Wölbung emporgetragen. Er hörte das donnernde Tosen des Lochs hinter der Wölbung. Er versuchte, den Kajak gerade zu richten. Tief unter sich sah er einen Malstrom aus Weiß und Lärm. Er wurde in die Luft geschleudert. Dann fiel er, kopfüber, vergeblich im Leeren paddelnd, zog den immer noch an seinen Beinen hängenden Kajak wie einen Plastikdrachenschwanz hinter sich her, als er in das rotierende Auge des Strudels eintauchte.

Seine Freunde am Ufer konnten nicht sehen, was geschah. Sie sahen Matt von einer riesigen hahnenschwanzartigen Welle abheben wie von einer Sprungschanze, sahen seine Paddelblätter durch die Luft rotieren, dann war er weg.

Einer der beeindruckendsten Meeressäuger, der weiße Belugawal oder *Delphinapterus leucas*, kann siebzehn Minuten den Atem anhalten und bis zu achthundert Meter tief tauchen. Der Seeelefant vermag bis zu zwei Stunden unter Wasser zu bleiben. Andere Robben können etwa anderthalb Kilometer tief tauchen. Diese enorme Tauchleistung erbringen die Meeressäuger, indem sie, während sie an der Wasseroberfläche sind, Sauerstoff in Blut und Gewebe speichern und dann unter Wasser von diesem Vorrat zehren. Bei manchen ist das Atemsystem so angelegt, dass die Lunge unter dem enormen Druck großer Wassertiefen zeitweilig kollabiert; einige können bei längerem Tauchen Herzfrequenz und Energieumsatz senken, um den Sauerstoffverbrauch zu drosseln. Man nimmt an, dass tief tauchende Pinguine auf einen anaeroben Stoffwechsel – einen Stoffwechsel ohne Sauerstoff – umschalten können, um unter Wasser ihre Schwimmmuskulatur mit Energie zu versorgen, während Enten ihr Gehirn herunterkühlen, damit es keine Schäden aufgrund von Sauerstoffmangel davonträgt.

Wir Menschen sind da anders. Unsere Evolutionsgeschichte hat den unseligen Nebeneffekt, dass unsere Vorfahren, als sie aus dem warmen Wasser krabbelten und auf dem Trockenen herumzulaufen begannen, die Fähigkeit, Sauerstoff auf Vorrat einzulagern, fast völlig verloren. Die menschliche Spezies kann nur sehr kurz den Atem anhalten. Aus diesem Grund ist Ertrinken mit 8000 Todesopfern die dritthäufigste Unfalltodesart in den USA. In Europa ertrinken pro Jahr 35 000 Menschen und weltweit sind es fast eine Million, womit Ertrinken die vierthäufigste Todesform durch äußere Einwirkung ist – vor Stürzen und gleich nach Mord und sonstiger Gewalt.

Ertrinken hat unter allen Todesarten eine besondere literarische Qualität, als ob das Versinken im Wasser als solches Konnotationen von Hingabe, Unterwerfung unter etwas Größeres oder, wenn es aus Verzweiflung geschieht, dem Aufgeben jeglicher Hoffnung hätte. Nachdem Virginia Woolf in ihren Werken häufig Wassermotive benutzt hatte, füllte sie im Frühjahr 1941, als die deutschen Bomben auf England fielen, aus Angst vor einem weiteren Anfall von Wahnsinn die Taschen ihres Pelzmantels mit Steinen und watete an einer ihrer Lieblingsstellen in die Ouse hinaus. Die erste Frau Percy Bysshe Shelleys, des englischen Dichters der Romantik, ertränkte sich, nachdem sich Shelley mit einer Sechzehnjährigen eingelassen hatte, und Shelley selbst ertrank ein paar Jahre darauf, als seine kleine Jacht *Ariel* 1822 vor der toskanischen Küste kenterte.

Wie sehr gerade das Ertrinken als ein schrecklicher, aber häufig abwendbarer Tod die Menschen beschäftigt, lässt sich über Jahrhunderte zurückverfolgen. Bereits im ausgehenden 18. Jahrhundert wurden in Europa und Amerika Rettungsgesellschaften gegründet, so etwa die Londoner «Gesellschaft zur Rettung scheinbar ertrunkener Personen», die später in «Königliche Gesellschaft zur Rettung Scheintoter» umbenannt wurde, um auch andere Formen des so genannten «plötzlichen Tods» wie Stürze und Blitzschlag einzubeziehen. Allein die Londoner und die Amsterdamer Gesellschaft sollen in zwanzig Jahren über tausend Menschenleben gerettet haben.

Ihre ausführlichen Berichte zeigen, dass sich schon damals Wiederbelebungstechniken entwickelten, die uns heute verblüffend modern erscheinen: Mund-zu-Mund-Beatmung («wobei das Verfahren mittels eines Taschentuchs oder sonstigen Stückes Stoff weniger anstößig gestaltet werden kann»), die Verwendung von Schläuchen, um die Atemwege frei zu halten, und von Blasebälgen, die zum Zwecke der Lungenventilation mitzuführen allen Rettungsteams empfohlen wurde. Retter entdeckten, dass Stromstöße ein stehen gebliebenes Herz wieder zum Schlagen bringen konnten. 1819 schrieb Giovanni Aldini, ein Neffe des berühmten Elektrizitätsforschers Luigi Galvani, ein Buch mit dem Titel *Die Anwendung des Galvanismus zu medizinischen Zwecken, insbesondere in Fällen von Scheintod*. Die New Yorker Rettungsgesellschaft kam ebenfalls zu dem Schluss, dass Elektrizität «ein überaus mächtiges Agens, ein höchst geeignetes Heilmittel» sei und empfahl «kräftige Funken von der linken Seite über das Herz zu ziehen». Aus Mary Wollstonecraft Shelleys Vorwort zu *Frankenstein* geht hervor, dass dieser Gebrauch von Elektrizität zur Wiederbelebung die Frau des Dichters zu ihrem 1818 erschienenen Horror-Roman inspirierte, in dem das Monster durch einen Blitz zum Leben erweckt wird.

Während Dr. Frankensteins Berühmtheit anhielt, wurden viele dieser Wiederbelebungstechniken aufgegeben oder vergessen und erst in den fünfziger Jahren des 20. Jahrhunderts wieder entdeckt und verfeinert. Heute werden sie routinemäßig angewandt. Ein Unterschied besteht allerdings darin, dass die Menschen des 18. und frühen 19. Jahrhunderts in Seen oder Flüssen oder im

Meer ertranken, während heute die Hälfte der Unfälle durch Ertrinken in den USA (und ein hoher Prozentsatz in Australien) sich in Schwimmbecken ereignet – hauptsächlich dadurch, dass Kleinkinder in private Pools fallen. Anders als früher ist Ertrinken im Meer vergleichsweise selten, außer bei Völkern, die vom Kaltwasserfischen leben. Unfälle dieser Art unter Bootssportlern – Wildwasserkajakern, -kanuten oder -raftern – machen ebenfalls nur einen Bruchteil aller Todesfälle durch Ertrinken aus, laut Wildwasserunfallstatistiken in den USA nicht einmal fünfzig pro Jahr, wobei die Zahl in den letzten Jahren gestiegen ist, da sich immer mehr Paddler an immer wilderes Wasser in steilem Gelände heranwagen.

Was auch immer die konkreten Umstände sein mögen – ein sinkendes Schiff, ein Swimmingpool, ein mit Steinen beladener Pelzmantel, eine Kajakfahrt durch Stromschnellen der höchsten Gefahrstufe –, Ertrinken ist archetypisch für den menschlichen Tod überhaupt. Letzten Endes erliegt fast jeder – ob herzkrank, krebskrank oder altersschwach – dem, was sich im Ertrinken so dramatisch verkörpert: Sauerstoffmangel im Gehirn. Bei schweren Krankheiten kann es Tage, Wochen oder Jahre dauern, bis dieser tödliche Augenblick kommt. Ertrinken hingegen beschleunigt den Prozess in einem unheimlichen Maß: Der Durchschnittsmensch kann etwa anderthalb Minuten den Atem anhalten, ehe er entweder einatmen muss oder ohnmächtig wird. Wenn ein Mensch auf dem Trockenen einen Herzstillstand erleidet, beginnt die Schädigung des Gehirns nach etwa vier Minuten, und nach zehn Minuten ist nach Ansicht der meisten Ärzte die Chance, dass das Gehirn sich wieder erholt, praktisch gleich null. Unter Wasser kann sich diese Zeitspanne jedoch verlängern. Eine an 57 beinahe ertrunkenen Personen durchgeführte Studie ergab, dass diese Menschen im Schnitt elfeinhalb Minuten unter Wasser waren. Das ist immer noch eine sehr kurze Zeit.

3 Sekunden: *Tief einatmen!* Das ist Matts einziger Gedanke, während er von dem haushohen Felsen durch die Luft wirbelt. Er hat keine Zeit zum Überlegen, keine Zeit, Angst zu haben, keine Zeit für irgendetwas anderes als die instinktivsten Reaktionen. Er schafft es, beim letzten Einatmen knapp fünf Liter Luft einzusaugen. Das ist ungefähr seine «Vitalkapazität», die Menge, die die Lunge bei einem einzigen Atemzug fassen kann. Sie variiert von Individuum zu Individuum zwischen zwei und sechs Litern. Die Luft, die Matt einsaugt, besteht wie die gesamte Atemluft unserer Atmosphäre aus vier Fünfteln Stickstoff und einem Fünftel Sauerstoff. Das gibt ihm einen Vorrat von einem Liter Sauerstoff in der Lunge, um auf seiner Reise unter Wasser den Lebensfunken in seinem Körper am Glimmen zu halten.

Er taucht kopfüber in den Strudel. Sofort wird er aus dem Kajak gerissen. Das Wasser bricht den Schaft seines Paddels entzwei und entreißt ihn seinen Händen. Es spült ihm die Kontaktlinsen weg, zieht ihm den Helm vom Kopf, ruckt an den Gurten seiner Rettungsweste, als ob ihn ein großes Tier in seinem Fang beutelt. Er merkt, wie er durch die Wasserschichten wie durch eine riesige Schichttorte versinkt: zuerst weißlicher Schaum, dann Schaum vermengt mit grünem Wasser, dann Schwaden dunkelgrünen Wassers, die ihn lautlos hin und her puffen, während er auf den Grund hinuntergesogen wird. Weit über sich hört er das dumpfe Donnern des über den Felsen stürzenden Wassers.

In diesen ersten Sekunden treten in seinem Körper tiefgreifende physiologische Veränderungen ein. Alle Menschen haben, als gespenstisches genetisches Vermächtnis der Meeressäuger, einen mehr oder minder ausgeprägten «Tauchreflex», der den Stoffwechsel herunterschaltet, um unter Wasser Sauerstoff zu sparen. Schon indem man das Gesicht in Eiswasser taucht, kann man die eigene Herzfrequenz von 70 auf 45 Schläge pro Minute senken, und manche Sportler kommen durch Gesichtsauflagen von Eiswasser sogar auf weniger als sechs Schläge pro Minute. Als Matts Herzfrequenz sinkt, verengen sich die Arterien in seinen Armen und Beinen, um das verbleibende sauerstoffgesättigte Blut dem Gehirn, dem Herzen und anderen lebenswichtigen Organen zu überlassen. Sein Körper bemüht sich, wie der einer Robbe oder eines Wals, diesen einen Liter Sauerstoff sparsam zu verausgaben.

12 Sekunden (noch 825 ml Sauerstoff): Matt lässt sich hinabziehen, hält die Luft an. Er fühlt bereits den Druck in seiner Lunge. Kohlendioxid – das Abfallprodukt, das seine Zellen nach dem Verbrennungsprozess ausstoßen – sammelt sich in seinen Muskeln und Organen und wird vom Blutstrom zur Lunge transportiert. Extrem empfindliche Sensoren in seinem Gehirn «schmecken» den leichten Säuregehalt des Bluts infolge der hohen Kohlendioxidkonzentration und signalisieren der Lunge, dringend auszuatmen. Es ist vor allem die steigende Kohlendioxidkonzentration, die den Atemdrang auslöst – nicht der Sauerstoffmangel. Aus diesem Grund hyperventilieren Langstreckentaucher manchmal vor dem Tauchen, um ihr Blut möglichst weitgehend von Kohlendioxid zu reinigen. «Ich hatte das Gefühl, ich könnte ewig weitertauchen, ohne zu atmen», beschreiben manche ihren Zustand, kurz bevor sie ohnmächtig wurden und vom Grund des Beckens emporgeholt werden mussten. Matt konnte vor dem Untertauchen noch einmal ordentlich Luft holen, aber er hat nicht hyperventiliert und den Atemdrang nicht ausgetrickst. Er spürt einen immer stärkeren Druck in der Lunge, als würde ein Luftballon in seiner Brust aufgeblasen. *Ausatmen!*, sagt sein Körper. *Das Kohlendioxid ausstoßen! Ausatmen!*

Warte!, befiehlt er sich selbst, bietet seinen ganzen Willen auf, diesem schwellenden Schmerz in seiner Brust zu trotzen. *Keine Panik!*, redet er sich zu. *Das kennst du doch.* Es ist ein riesiger «Keeper», wie die Kajaker sagen – ein Loch, das endlos zirkulieren lässt, was immer es gefangen hat. Er merkt, wie er von den schwarzen Schwaden, die aus der Tiefe emporquellen, nach oben getragen und dann von den Vorschlaghammerhieben des herabstürzenden Wildwassers wieder hinuntergetrieben wird. Seine Lunge schreit danach, dass er auftaucht, mit aller Macht darum ringt, an die Oberfläche zu kommen. *Bleib unten!*, befiehlt er sich. *Nicht gegen das Wasser ankämpfen! Tiefer tauchen!* Wider jeden menschlichen Instinkt stößt er sich mit Beinschlägen tiefer hinunter, schubbert die Unterwasserwand des Felsens entlang, die wie ein Fahrstuhlschacht an ihm vorbeigleitet.

22 Sekunden (noch 640 ml Sauerstoff): Er hört jetzt das dumpfe Donnern nicht mehr, und das Wasser ist durchgängig dunkel. Er spürt, wie ihn die Walze flussabwärts ausspeit. Doch immer noch beuteln ihn mächtige Strömungswirbel, werden seine Arme und Beine wie nasse Zellstoffstränge umhergepeitscht, während er locker zu bleiben und sich dem Wasser zu überlassen versucht, bis die Strömung etwas nachlässt und er auftauchen kann. Unter dem Anprall der Strömungswirbel scheint seine Schwimmweste so viel Auftrieb zu haben wie ein nasses T-Shirt. Es ist, als sei er in eine Herde riesiger Unterwassergeschöpfe geraten, die ihn mit den Flossen wie einen Ball hin und her schlagen.

Unterdessen spielen sich in seiner Lunge bemerkenswerte Vorgänge ab. Der kostbare eine Liter Sauerstoff füllt 300 Millionen winziger Säckchen in jedem Lungenflügel, die so genannten Lungenbläschen, die ausgebreitet die Fläche eines halben Tennisplatzes bedecken würden. Diese Bläschen umgibt ein Netz blutgefüllter Kapillaren, so fein und verästelt, dass ein Physiologe erklärt, es sei, als ob man ein einziges Glas Blut so dünn verteile, dass es den halben Tennisplatz bedecke. Und mehr noch, dieses Blut wird mehr als einmal pro Sekunde vom Tennisplatz gepumpt und durch ein neues Glas Blut ersetzt – bei jedem Herzschlag. In diesem Zeitraum von weniger als einer Sekunde entlädt jedes Glas Blut seine Kohlendioxidfracht in die Lunge und nimmt gleichzeitig eine neue Fracht von frischem Sauerstoff auf – der Vorgang, den man «Gasaustausch» nennt.

28 Sekunden (noch 490 ml Sauerstoff): Plötzlich wird Matt nicht mehr so heftig über den Grund gebeutelt. Er ist jetzt in einem Stillwasser, einer stehenden Stelle des Flusses. *Jetzt*, denkt er. *Los.* Er stößt sich mit Beinschlägen empor, bemüht sich, nicht wild zu strampeln und zu rudern, um Energieressourcen zu sparen. Je höher er kommt, desto heller wird das Wasser – von Dunkelgrün über Hellgrün zu brodelndem Schaumweiß. Bläschen tanzen um seinen Kopf und in seinen Ohren – das knisternde Geräusch von Luft, von Leben. Gleich wird er auftauchen. Es ist geschafft. Er wird seine Lunge mit frischer Luft füllen. Doch die Strömung hebt seinen Körper jäh empor, schleudert ihn wieder hinab. Er wirbelt über einen Unterwasserfelsen. Ein weiteres Loch. Wieder geht es abwärts, abwärts, abwärts durch die verschiedenen Schichten von Licht. Jetzt ist es schwarz. Er kann nicht atmen. Er wird gebeutelt. Er muss hier raus, muss kämpfen, irgendwie nach oben kommen. *Nein!*, sagt er sich. *Ergib dich! Ergib dich, um zu siegen!*

37 Sekunden (noch 415 ml Sauerstoff): Durch den Sauerstoffmangel beginnt sein Bewusstsein zu schwinden wie ein Lichtball, der langsam kleiner und dunkler wird. Die Sauerstoffzufuhr- und Kohlendioxidkontrollsysteme sind auf höchster Alarmstufe. Statt sauerstoffgesättigt-rot ist sein Blut jetzt bläulich. Sein Herz hämmert und das Hämmern hallt in seinen Ohren. Seine Gedanken werden immer langsamer: *Du stirbst, wenn du hier unten bleibst.*

Ein Teil von ihm will panisch reagieren, aber es funktioniert nicht so recht, als ob die Panik auch in Zeitlupe käme. Er strampelt und rudert in Richtung Oberfläche. Sein Handeln ist seltsam ineffektiv, wie im Traum. Das sind die Symptome der Hypoxie –

des beginnenden Sauerstoffmangels im Körpergewebe. Er spürt ein vages Brennen in seinen Arm- und Beinmuskeln, so weit weg wie der durch einen Zahnarztbohrer verursachte Schmerz, der schwach durch die Betäubung dringt. Da nicht genug Sauerstoff für die Zellverbrennung vorhanden ist, haben sich in seinen Muskeln schmerzhafte Mengen von Milchsäure angesammelt. Noch immer halten ihn die schwarzen Strömungsböen unten. Er schaut durch das Grünschwarz dorthin, wo er die Oberfläche vermutet. Seine Freunde warten auf ihn. Sie warten, dass er zurückkommt. Er darf sie nicht enttäuschen. Sie wollten nicht, dass er in dieses Loch geriet. Jetzt wollen sie, dass er wieder auftaucht. Er kann nicht hier unten bleiben.

Er konzentriert seine ganze Kraft nur auf das Erreichen dieses Ziels, so wie man einen Armvoll Laub zusammenrafft, den der Wind wegzublasen droht. *Nach oben, nach oben, nach oben.* Er müht sich durch dunkles Wasser empor, um die silbrige Oberfläche sehen zu können. *Oben ist das Leben. Unten ist der Tod.*

Er spürt das Licht mehr, als dass er es sieht. Er fühlt, wie er nach oben gestoßen wird. Er hört wirbelnde Blasen. Weißer Schaum umgibt ihn. Kalte Luft schlägt ihm ins Gesicht. Lautes Tosen dringt in seine Ohren. Reflexartig stößt er eine große Ladung Kohlendioxid aus. Seine Säugerinstinkte haben nun die Oberhand, und er reckt den Kopf empor, wie eine Robbe die Schnauze durch ein Eisloch reckt. Er atmet ein. Noch während er es tut, wird sein Körper ins nächste Loch geschleudert. Matts letzter Atemzug besteht aus Schaum.

54 Sekunden (noch 325 ml Sauerstoff): Während es wieder hinuntergeht, kämpft Matt mit dem Schaum in seiner Luftröhre. Sein Kehlkopf wird von einem Krampf befallen, schließt sich reflexartig vor dem Wasser und dem Schaum. Jetzt kann kein Wasser mehr in seine Lunge dringen. Viele Ertrinkende atmen nur etwa ein Glas Wasser ein, und beim «trockenen Ertrinken» schließt sich der Kehlkopf, ehe überhaupt Wasser in die Lunge

dringt. Matt bekommt nicht mehr mit, wie ihm geschieht. Er hat das vage Gefühl, herumgerollt zu werden, als ob er in einem riesigen, warmen Whirlpool läge und dienstfertige Hände ihn massierten und bewegten.

1 Minute, 23 Sekunden (noch 220 ml Sauerstoff). Ertrinken ist nichts Plötzliches. Es geschieht allmählich. Matts Bewusstsein schrumpft zu einem immer kleineren Lichtfleck, erlischt dann ganz. Er wird über den dunklen, turbulenten Grund des Flusses gewälzt. Das Wasser, das er eingeatmet hat, füllt einen Teil der Lungenbläschen und wäscht ihren Proteinfilm, das so genannte Surfactant, weg. Ohne diese Schutzschicht können die Lungenbläschen ihre Elastizität verlieren und kollabieren – wie bei Frühgeborenen, die mit einem Mangel an Surfactant zur Welt kommen, weshalb solche Babys mit Ersatzsubstanzen aus dem Fruchtwasser von Kühen oder auch aus menschlichem Fruchtwasser behandelt werden. Selbst wenn Matt jetzt aus dem Wasser gezogen und wiederbelebt würde, könnte er in ein paar Stunden an «sekundärem Ertrinken» sterben – dem Volllaufen der geschädigten Lungenbläschen mit Körperflüssigkeit, was zum Lungenödem führt und den Betreffenden von innen her ertränkt.

Doch inzwischen ist die Chance, dass jemand Matt rettet, äußerst gering. Im Tosen des Wassers und im grellen Sonnenlicht, das auf ihren Felssims fällt, suchen Matts Freunde den Fluss ab. Langsam bekommen sie Angst. Er hätte längst in einem ruhigen Stillwasser in Ufernähe auftauchen müssen. Sie sehen nichts, nicht einmal seinen Kajak. Sie wissen nicht, dass Matt – oder das, was jetzt kaum noch Matt ist – sich drei Meter unter der Flussoberfläche und bereits einen halben Kilometer jenseits des haushohen Felsens befindet.

2 Minuten, 16 Sekunden (noch 98 ml Sauerstoff): Matt rollt dahin wie eine Stoffpuppe. Indem er das Blut in Herz und Gehirn konzentriert, versucht sein Körper die letzte Verteidigungsbastion gegen den nahenden Tod zu halten. Das kann manchmal

erstaunlich lange glücken, vor allem wenn Kleinkinder in kaltem Wasser ertrinken, da in solchen Fällen der Tauchreflex aus unbekannten Gründen besonders stark ist und die Unterkühlung den Stoffwechsel fast bis zum Stillstand drosselt, wodurch ein Fünkchen Leben erhalten bleiben kann.

In einem klassischen, wohldokumentierten Fall sahen am 6. Februar 1974 um 11.30 Uhr Augenzeugen einen vierjährigen norwegischen Jungen auf einem zugefrorenen Fluss einbrechen und versinken. Bis Taucher aus dem fünfzehn Meilen entfernten Ort eintrafen und den Körper in gut drei Meter Tiefe fanden, war der Junge genau vierzig Minuten unter Wasser gewesen. Sein Körper war grau und leblos, die Pupillen starr und geweitet, der Puls nicht mehr tastbar. Unter sofortigen Wiederbelebungsmaßnahmen wurde er eiligst ins Krankenhaus transportiert, wo er zehn Minuten später eintraf. Ärzte beatmeten ihn mit reinem Sauerstoff, erwärmten ihn auf einer Wassermatratze und injizierten ihm Natronlauge ins Blut, um den hohen Säuregehalt aufgrund der Kohlendioxidkonzentration und des anaeroben Stoffwechsels auszugleichen. Sie setzten die Herzmassage noch eine Stunde fort, dann begann das Herz aus eigener Kraft zu schlagen. Noch am selben Abend bewegte der Junge Augen und Gliedmaßen, in der Nacht verstand er bereits verbale Anweisungen. Am nächsten Tag war er wieder bei vollem Bewusstsein. Acht Tage nach seiner Einlieferung konnte er das Krankenhaus verlassen, um seinen fünften Geburtstag zu Hause zu feiern. Im Frühjahr lernte er – geistig und körperlich völlig wiederhergestellt – Fahrrad fahren.

4 Minuten, 21 Sekunden (noch 37 ml Sauerstoff): Matt hört langsam auf zu existieren. Er ist nicht jung genug und das Wasser nicht kalt genug, dass der Tauchreflex so ausgeprägt sein könnte wie beim kleinen Norweger. Sein schwacher Herzschlag pumpt immer noch eine kleine Restmenge Sauerstoff ins Gehirn.

7 Minuten, 55 Sekunden (nur noch Spuren von Sauerstoff):

Matts Teamgefährten klettern, jetzt in größter Sorge, das felsige Flussufer entlang, halten Ausschau nach seinem Kajak, seinem Paddel, nach ihm. Sie entdecken nichts. Matts Körper ist bereits einen knappen Kilometer weiter schluchtabwärts, wird in vier Metern Tiefe dahingeschwemmt.

19 Minuten, 36 Sekunden: Matts Gehirnfunktionen sind, bis auf einzelne, äußerst schwache elektrische Impulse, erloschen. Zwei von Matts Freunden folgen hastig dem steilen, felsigen Pfad, der aus der Schlucht herausführt, um Hilfe zu holen. Die anderen kämmen weiter das Ufer ab. Vielleicht hat er sich ja irgendwo weiter flussabwärts an Land geschleppt. Sie hoffen wider alle Wahrscheinlichkeit.

1 Stunde, 6 Minuten: Der Suchtrupp trifft sich einen knappen Kilometer unterhalb des Ausgangsfelsens wieder. Auch hier ist der Fluss noch beängstigend in seiner Wucht, mit den schäumenden, heuhaufenförmigen Wasserbergen, den strudelnden Löchern. Über das Tosen hinweg verständigen sich die Freunde mit lauten Rufen. Sie deuten auf verschiedene Löcher und Stillwasser, wo Matt hätte sein sollen, aber nicht ist. Ihre Panik schwillt an und ab wie das Donnern des Wassers, bis sie schließlich der Resignation und der Hinnahme des Offensichtlichen weicht: Matt ist ertrunken.

5 Stunden, 23 Minuten: Die beiden, die Hilfe holen gegangen sind, erreichen ein kleines chinesisches Dorf an einem terrassierten Berghang. In dem Lehmziegelgebäude der Ortsverwaltung gibt es ein einziges altes, schwarzes Telefon. Der verantwortliche Beamte nimmt den Hörer ab, um die Behörden in der Kreisstadt zu informieren. Als er wieder auflegt, schaut er sie ein paar Sekunden schweigend an, dann spricht er ruhig, in gebrochenem Englisch. Er erklärt ihnen, dass man es sich in China nicht leisten kann, eine aufwendige Suchaktion mit Hubschraubern und Tauchern einzuleiten, selbst wenn es in der Nähe welche gäbe, was nicht der Fall ist. Jeden Tag fallen Chinesen in Flüsse und

ertrinken, erklärt der Beamte Matts Freunden. Im Jangtse könnten sie solche Unfallopfer dahintreiben sehen, weiter flussabwärts, wenn sie ein Passagierboot nähmen. Die Körper füllen sich mit Gas, steigen empor und schwimmen wie Baumstämme in den Wellen. Diese Menschen habe auch niemand gerettet. Ihr Freund habe sich selbst entschieden, sich in ein gefährliches Wasser zu begeben. Jetzt werde ihn das gefährliche Wasser ins Meer schwemmen.

Matts Freunde toben. Sie schlagen mit den Fäusten auf den Schreibtisch des Beamten, treten gegen die Bürowände. Aber sie wissen, dass ihre Wut und ihre Frustration nicht dem Beamten oder irgendwelchen unterlassenen Rettungsversuchen gelten. Matt, das ist ihnen klar, ist längst tot.

Schließlich verlassen sie das Gebäude. Sie gehen durchs Dorf zurück in Richtung Schlucht, verfluchen den Beamten, verfluchen China, wollten, sie wären nie hierhergekommen. Das Lehmziegeldorf mit den roten Tonziegeldächern und der Bergkulisse, die sie bei ihrer Ankunft so entzückt hat, wirkt jetzt ärmlich, dumpf, primitiv. Am anderen Ende des Dorfes kommen sie am taoistischen Tempel vorbei. Sie können keine chinesischen Schriftzeichen lesen, aber auch wenn sie es könnten, würden sie die Tüncheschrift auf der ockerfarbenen Lehmwand vielleicht gar nicht bemerken:

Das höchste Gut gleicht dem Wasser.
Des Wassers Gutsein: Es nützt den
zehntausend Wesen,
aber es macht ihnen nichts streitig;
es weilt an Orten,
die die Menge der Menschen verabscheut.
Darum ist es dem Weg nahe.

Kapitel 3

Dem klaren Licht entgegen – Höhenkrankheit

«Adriane kann nicht mehr», rief Mara.

Unter dem Brausen des Windes, der über den Schnee fegte, hörte Mara ihren eigenen Atem – ein-, zwei-, drei-, viermal weitete sich ihre Brust angestrengt, ehe sie den nächsten Schritt bergauf machen konnte. Gleich über ihr warteten die drei Frauen der ersten Gipfelseilschaft. Auf ihren Ruf hin wandten sie alle drei synchron die Köpfe. Mara sah die Hochgebirgssonne auf ihren dunklen Gletscherbrillen funkeln, als ihre Blicke den 50 Seilmetern von Mara, der Seilersten der zweiten Seilschaft, zu Adriane, der Seilmittleren, folgten.

Adrianes Kopf war gesenkt. Sie hievte die Füße quälend langsam auf die Tritte, die die erste Seilschaft in das Schneefeld gestoßen hatte. Es sah aus, als ob die Zacken der Steigeisen, die sie unter ihre dicken Plastikkletterstiefel geschnallt hatte, um nicht abzurutschen, jetzt am Schnee klebten. Unter den Augen der Frauen taumelte sie plötzlich scheinbar grundlos nach links, brach in die Knie und versuchte, sich mit dem Eispickel abzustützen, aber er glitt ihr aus der Hand, und sie fiel vornüber in den Schnee.

Sie lag bäuchlings da, machte mit den Armen langsame Schwimmbewegungen, als suchte sie zerstreut einen Halt, um sich aus einem Schwimmbecken zu hieven. Vom unteren Seilende her spornte Linda, die Seilletzte in Maras Team, sie gutmütig an.

«Komm, Adriane, steh auf, du schaffst es! Nur bis zu den anderen! Steig weiter bis zu den anderen, dann machen wir Rast.»

Langsam stemmte Adriane sich auf die Knie hoch, manövrierte erst einen Fuß unter sich, dann den anderen, schleppte sich weiter.

Eine Stunde etwa waren die beiden Seilschaften noch vom Gipfel entfernt. So weit zu kommen hatte sie drei Wochen harte Plackerei gekostet: den Aufstieg ohne Sauerstoffflaschen und auf einer schwierigen, bislang noch nie in Angriff genommenen Route über die Nordflanke des Himalajariesen – oder besser, der Riesin. Dieser Berg trug den Namen Annapurna, was in der Sprache der hier lebenden Menschen «Göttin der Ernte» hieß. Mit seinen 8091 m der zehnthöchste Berg der Welt, erhob er sich über die sattgrünen Reisfelder Zentralnepals als ein mächtiges Massiv, bestehend aus einem Hauptgipfel und mehreren Nebengipfeln. Nicht so hoch wie der Everest und technisch nicht so schwierig wie der K2 – der mit 8610 m zweithöchste Berg der Welt im pakistanischen Karakorumgebirge – war der Annapurna dennoch ein ehrfurchtgebietender Berg. Er war berühmt für seine schöne Umgebung und seine Weltentrücktheit sowie für die mächtigen Lawinen, die sich auf seinen breiten, hoch gelegenen Schneefeldern lösten und viele Hundert Meter über die Eisfälle und Gletscher zu Tal donnerten. Am Annapurna gab es ergiebige Schneefälle und oft grimmige Stürme, und wegen der Wetter- und Lawinenrisiken konnte es vorkommen, dass Unvorsichtige plötzlich in viel größerer Höhe als vorgesehen festsaßen.

Mara erreichte die drei wartenden Frauen. «Adriane muss sich ausruhen», keuchte sie. «Sie wird mit jedem Schritt schwerfälliger.»

«Wir können nicht lange rasten oder wir schaffen es nicht», sagte Becca, die Seilerste. Becca war auch die Organisatorin dieser reinen Frauenexpedition, diejenige, die den Gipfelaufstieg geplant und das Unternehmen vorbereitet hatte, wobei es etliche Faktoren zu berücksichtigen galt: ihrer aller Ehrgeiz, den Gipfel zu erreichen, ihre Kondition, die Notwendigkeit der Akklimatisierung und die Tatsache, dass der Monsun jeden Tag kommen und Stürme mit sich bringen konnte, die jeden weiteren Aufstieg unmöglich machten.

Endlich hatte Adriane die letzten Schritte bis zu den anderen geschafft. Sie setzte sich abrupt hin, den Kopf zwischen den Knien, sichtlich schwer atmend.

«Wie geht's dir?», fragte Becca. «Meinst du, du kannst weiter, oder willst du hier ein paar Minuten Pause machen?»

«Heute fällt es mir schwer», war alles, was Adriane sagte, den Kopf noch immer zwischen den Knien.

«Was ist denn?», fragte Linda, als sie die letzten Tritte erklomm und zu der kleinen Gruppe auf dem riesigen weißen Schneefeld unter dem Annapurnagipfel stieß.

«Wir machen Rast», sagte Becca, wobei sie das kollektive «Wir» benutzte, wie man es tut, wenn man mit einem Kind spricht.

Linda sah wieder auf Adriane, die immer noch da saß, den Kopf auf den Knien, mit heftig pumpendem Oberkörper. «Und dann?»

«Ich weiß nicht», sagte Becca. «Erst mal abwarten, wie's ihr dann geht.»

«Doch hoffentlich nicht weiter rauf», sagte Linda. «Nicht bei ihrem Zustand.»

«Na ja», sagte Gayle, die auch zur ersten Seilschaft gehörte. «Ich gedenke nicht abzusteigen, falls du das meinst.»

Die Seidenkarawanen des alten China überquerten, laut Aufzeichnungen des chinesischen Beamten Too Kin von vor zweitausend Jahren, im Karakorumgebirge zwei Passhöhen namens Kleiner Kopfschmerzberg und Großer Kopfschmerzberg. Damals wusste niemand, dass es die mit der Höhe dünner werdende Erdatmosphäre ist, die Kopfschmerzen, Übelkeit, Erschöpfung und viele weitere Symptome der Höhenkrankheit hervorruft. Höhenreisende und -bewohner zogen viele andere Erklärungen für die Beschwerden heran. Die Tibeter, Bewohner des höchstgelegenen Plateaus der Erde, unmittelbar östlich des Karakorumgebirges, glaubten, dass Reisende beim Überqueren extremer Passhöhen dadurch krank wurden, dass sie die giftigen Gase einatmeten, die die höchsten Berggipfel umhüllten. Auf der entgegengesetzten Seite des Globus nannten Andenbewohner das Leiden *mareo de punas* – Seekrankheit der Hochwüsten – oder *soroche*, ein Wort, das auch Antimonerz bezeichnet, denn man glaubte, dass giftige Dämpfe des Erzes die Arbeiter in den hoch gelegenen Minen krank machten. José de Acosta, ein Jesuit, der im 16. Jahrhundert mit den spanischen Konquistadoren über die Anden zog, schrieb: «Ich wurde von so schmerzhaftem Würgen und Erbrechen überrascht, dass ich meinte, mein Herz käme auch mit heraus.»

Wenn man eine Luftsäule, die durch die gesamte Erdatmosphäre hinaufreicht, wiegen könnte, dann betrüge ihr Gewicht, in Meereshöhe gemessen, rund ein Kilogramm pro Quadratzentimeter. In 6000 m Höhe würde die Säule jedoch nur noch etwa die Hälfte wiegen und sie enthielte hier nur noch halb so viel Sauerstoff wie in Meereshöhe. Nirgendwo auf der Welt leben Menschen längerfristig oberhalb von 5500 m, der Höhe der Quartiere peruanischer Minenarbeiter. Oberhalb von 6000 m vermag sich der menschliche Körper nicht mehr zu akklimatisieren, baut langsam ab, wird immer schwächer und verliert an Gewicht. Ein Mensch, der sich ohne vorausgegangene Akklimatisierung und ohne Sauerstoffmaske auf dem Gipfel des 8846 m hohen Everest wiederfände, wo die Luftsäule nur noch etwa ein Drittel wiegt und ein Drittel des gewohnten Sauerstoffgehalts besitzt, würde binnen anderthalb Minuten das Bewusstsein verlieren und wahrscheinlich rasch sterben. Ähnliches widerfuhr den beiden Gefährten des Ballonfahrers Tissandier, der 1875 innerhalb von drei Stunden auf 8700 m stieg. Er wurde ohnmächtig, und der Ballon benötigte Stunden, um wieder den Boden zu erreichen, wo Tissandier, umgeben von den beiden Toten, zu sich kam.

Ganz anders die Vögel, die aufgrund ihrer vielen Adaptationsmechanismen große Höhen problemlos verkraften. Ihre Lunge funktioniert ähnlich wie ein Strahltriebwerk: Sie können beim Ein- und Ausatmen Sauerstoff aufnehmen, da eine Reihe von Luftkammern einen steten Luftstrom gewährleistet. Das Hämoglobin in ihrem Blut bindet schon bei sehr niedrigem Druck Sauerstoff. Bei einigen Vogelarten, wie etwa der Streifengans, erscheint das Muskelgewebe fast schwarz – eine Folge der hohen Konzentration von Myoglobin, das der Speicherung und dosierten Abgabe von Sauerstoff an die Mitochondrien der Muskelzellen dient. Daher sind diese Arten in der Lage, auf ihrer Zugroute zwischen dem indischen Tiefland und dem tibetischen Hochland nonstop über den Everest und den Himalaja zu fliegen. Soweit bekannt, war der höchstfliegende Vogel ein Sperbergeier, der mit einer Verkehrsmaschine kollidierte, als er in 6300 m Höhe auf einem warmem Aufwind über der afrikanischen Savanne segelte. Wie bei Hemingways berühmtem Leoparden im Schnee am Kilimandscharo vermochte niemand zu erklären, was er dort oben suchte. Selbst der gemeine Haussperling, ein häufiger Gast der Vogelhäuser in unseren Gärten, kann noch in 10 000 m Höhe problemlos atmen.

Obwohl wir mit dem Spatzen nicht annähernd mithalten können, vermag sich unser Körper, in seiner erstaunlichen Adaptationsfähigkeit, auf kurze Aufenthalte in extremen Höhen (über 6000 m) einzustellen. Einige wenige Ausnahmebergsteiger wie Reinhold Messner und Peter Habeler haben, nach gründlicher Akklimatisierung, sogar den Everest ohne künstliche Sauerstoffzufuhr bestiegen, gerieten dabei jedoch so nah an die Grenzen der menschlichen Möglichkeiten, dass sie auf den letzten 300 Höhenmetern alle 10 bis 15 Schritt in den Schnee sanken, um sich auszuruhen. Mit der Zeit – Tagen oder gar Wochen – mobilisiert der Körper eine Vielzahl von Kompensationsmechanismen, um den Sauerstoffmangel auszugleichen. Er passt Blutchemie, Flüssigkeitshaushalt, Herz- und Atemfrequenz entsprechend an, so wie ein Computerchip das Treibstoff-Luft-Gemisch im Motor eines Wagens den Druckverhältnissen anpasst. Eine an peruanischen Hochlandbewohnern durchgeführte Studie wies diese Fähigkeit zur Höhenanpassung in dramatischer Form nach. Die Forscher sperrten die Versuchspersonen in eine spezielle Druckkammer und entzogen ihnen nach und nach die Luft, bis im Inneren der Kammer eine simulierte Höhe von 10 000 m erreicht war. Acht der sechzehn Hochlandbewohner blieben stundenlang bei Bewusstsein, während die beiden auf Meereshöhe beheimateten Personen, die als Kontrollgruppe dienten, binnen anderthalb Minuten ohnmächtig wurden.

Doch wie das computergesteuerte Einspritzsystem können auch die Adaptationsmechanismen des menschlichen Körpers versagen, vor allem, wenn ein Tourist sich in große Höhen begibt, ohne sich die Zeit für eine allmähliche Anpassung zu nehmen – wenn er zu schnell zu hoch hinaus will. Die Folge ist die Höhenkrankheit, deren Symptome bekannt sind, deren exakte Mechanismen wir jedoch bis heute nur annähernd verstehen. In ihrer mildesten Form besteht sie in Kopfschmerz, Mattigkeit, Übelkeit und allgemeinem Unwohlbefinden. Diese Symptome befallen Touristen sogar oft schon auf 2700 m – der Höhe vieler Wintersportorte in Colorado. Selbst bei einem Besuch im 1700 m hoch gelegenen Denver muss ein Flachländer schon mit einer gewissen Nachtblindheit rechnen, da sich der Sauerstoffmangel auf das Sehzentrum des Gehirns auswirkt. In Höhen bis zu 2700 m akklimatisieren sich die meisten Touristen nach ein, zwei Ruhetagen: Der Kopfschmerz legt sich und der Betreffende kann seinen Urlaub genießen. Nur ein sehr kleiner Prozentsatz entwickelt schwerere Formen der Höhenkrankheit und muss ins Krankenhaus.

Ein schneller Aufstieg auf über 2700 m erhöht nicht nur die Wahrscheinlichkeit leichterer Formen der Höhenkrankheit, sondern auch die ihrer beiden gefährlichsten Ausprägungen: des Höhenlungenödems und des Höhenhirnödems. Einer Untersuchung zufolge wurden 3 bis 5 Prozent der Treckingtouristen im Everestgebiet, die auf mehr als 4700 m aufstiegen, von der Höhenkrankheit befallen, und rund ein Prozent zogen sich ein Lungenödem zu. Am Mount McKinley, wo viele Bergsteiger mit schwerem Gepäck schnell in kalte Klimazonen aufsteigen, ereilt das Lungenödem, Schätzungen zufolge, jeden fünfzigsten Touristen. Die geringe Sauerstoffkonzentration und die schwere körperliche Anstrengung beanspruchen die Lunge dermaßen, dass sich die Lungenbläschen mit Flüssigkeit füllen, was unbehandelt zu innerlichem Ertrinken führt. Lange Zeit wurden die Symptome als Lungenentzündung missdeutet: hochgradige Kurzatmigkeit, Erschöpfung, Husten, manchmal blutiger Auswurf. Die Symptome des selteneren Hirnödems, bei dem das Gehirn durch Wassereinlagerung anschwillt, ähneln den Folgen eines feuchtfröhlichen Abends: Wanken, Koordinationsprobleme, visuelle und akustische Halluzinationen, Benommenheit. Der Unterschied liegt darin, dass man beim Hirnödem vielleicht nie wieder aus dem nachfolgenden Koma erwacht.

Die Behandlung des Höhenlungen- und des Höhenhirnödems ist simpel und, wenn sie rechtzeitig erfolgt, in der Regel hochwirksam. Ein Arzt und Höhenkrankheitsspezialist empfiehlt drei wichtige Maßnahmen: «Absteigen! Absteigen! Absteigen!»

Ein rascher Abstieg ist aber nicht immer möglich. Und dort, wo die Wahrscheinlichkeit am größten ist, dass man sich ein Höhenlungen- oder Höhenhirnödem zuzieht – in 6700 m Höhe an einer Bergflanke im Himalaja – gibt es kein Krankenhaus.

Ich habe nicht das Gefühl, dass es ihr besser geht», sagte Linda nach etwa fünf Minuten Pause.

Becca legte Adriane sanft die Hand auf den Rücken. «Brauchst du noch ein paar Minuten Ruhe?»

Adriane nickte, ohne aufzublicken.

«Ich finde, wir sollten sie sofort hinunterbringen», sagte Linda. «Es kann Erschöpfung sein, aber auch was Ernsteres. In jedem Fall hält sie das hier nicht noch eine Stunde durch.»

Becca stand auf, schaute zu dem Gipfelgrat empor, der sich, von einer Schneefahne gekrönt, klar vor dem tiefblauen Himmel abzeichnete, und sah dann die anderen Mitglieder der ersten Seilschaft an. Keiner sagte ein Wort. Mara spürte die Spannung, den unausgesprochenen Druck auf Becca, die Entscheidung zu treffen. Das wäre leichter gewesen, hätten sie das Ziel nicht schon so unmittelbar vor Augen gehabt, hätten sie gewusst, wie viel Zeit ihnen blieb, hätte der Monsun nicht jederzeit hereinbrechen können.

«Hört mal, ich bleibe bei ihr, wenn es sonst niemand tun will», sagte Linda schließlich. «Ihr könnt alle bis zum Gipfel aufsteigen. Adriane und ich warten hier, bis ihr wiederkommt.»

«Bist du sicher, dass du das willst?», fragte Becca. «Das ist wahrscheinlich deine einzige Chance.»

«Sie ist meine Seilgefährtin, meine Zeltgenossin und meine Freundin», sagte Linda. «Sie ist mir wichtiger als der Gipfel.»

Mara spürte, wie sich aller Augen auf sie richteten, jetzt, da ihre beiden Seilgefährtinnen zurückbleiben würden.

«Und du, Mara?», fragte Becca. «Du kannst mit uns kommen, wir bilden dann einfach zwei Zweierseilschaften.»

Mara versuchte zu denken. *Weitergehen oder hier bleiben.* Ihre Gedanken schienen sich in der dünnen Luft unendlich langsam dahinzuwälzen, wie eine Wolke, die sich über einen Berggipfel schiebt. Sie kletterte schon seit der High School, seit einem Campingtrip mit der Familie einer Freundin, bei dem die Eltern sie auf einen kleineren Gipfel geführt hatten. In den darauf folgenden Sommern hatte sie Kletterkurse besucht und schließlich selbst welche geleitet, war dann auf ein College in einem Gebirgsstädtchen gegangen, um Umweltpädagogik zu studieren, in der Hoffnung, mit einem entsprechenden Beruf in den Bergen bleiben zu können. Es gab tausend Dinge, die sie an den Bergen liebte, und alle hatten ihren eigenen Reiz. Das konnte der Anblick des reinen weißen Schnees vor dem tiefblauen Himmel sein, der scharfe weiße Grat zwischen Himmel und Erde, oder es waren die winzigen blauen und rosa Blumen, die zwischen den kahlen, verwitterten Felsen sprossen, der kalte Wind, der ihr übers Gesicht fegte und ihr Tränen in die Augen trieb, oder die Befriedigung, ein schwieriges Problem zu lösen – eine elegante und sichere Route zum Gipfel zu finden, unter cleverer Ausnutzung der Grate, Rinnen und Schneefelder. Manchmal war es der Augenblick, in dem man auf dem Gipfel stand und sich so winzig fühlte angesichts des riesigen, unbezähmbaren Bergs und der weiten Welt, die sich unter einem erstreckte. Manchmal war es der Teamgeist, wenn man eine Seilschaft bildete und sich als eine Einheit bewegte, dann wieder die Eigenverantwortlichkeit und das Selbstvertrauen, das sie einem gab. In einer Welt, in der das Können von Frauen nicht leicht Anerkennung fand und oft unterminiert wurde, war das Erreichen eines Gipfels eine unbestreitbare, handfeste Leistung. Das konnte niemand leugnen.

Als ihr Becca – die sie ebenso wie Linda aus ihrer Zeit als Ausbilderin in Klettercamps kannte – erzählte, sie organisiere eine große Himalajaexpedition nur für Frauen, ergriff Mara die Gelegenheit beim Schopf. Sie sagte sich, dass all das, was sie bereits an kleineren Bergen so sehr reizte, allein schon durch die Dimensionen des Himalaja enorm verstärkt werden würde. Und dann war da noch die Nähe zu Tibet. Der Gipfel des Annapurna lag nur etwa 30 Meilen von dem hohen Gebirgszug entfernt, der die tibetische Grenze markierte. Ihr gefiel die Vorstellung, von einem der höchsten Gipfel der Erde auf deren höchstes Plateau hinabschauen zu können – auf jene Hochburg des Buddhismus, der sie wegen seiner Achtung vor allem Lebendigen schon immer angezogen hatte.

Sie wollte diesen Gipfel auf eine Art erreichen, die ihr ein gutes Gefühl hinterließ. Ihre beiden Seilgefährtinnen zurückzulassen und das letzte Stück ohne sie zu bewältigen schien ihr etwas zu sein, was sie irgendwann bereuen würde. Es fühlte sich nicht erhebend, sondern egoistisch an. Aber vielleicht gab es ja doch eine Möglichkeit, einen Zipfel von Tibet sehen zu können, auch ohne den Gipfel zu ersteigen.

«Ich bleibe hier», sagte sie schließlich.

«Du kannst dich frei entscheiden, Mara», redete Linda ihr zu. «Wir kommen hier auch ohne dich klar.»

«Schon gut», erwiderte Mara. «Ich bleibe hier bei euch beiden.»

Den Kopf noch immer zwischen den Knien, hob Adriane eine Hand – eine Dankesgeste.

Adrianes Probleme hatten ein paar Wochen zuvor auf dem zweiwöchigen Marsch aus den tief gelegenen nepalesischen Tälern zum Fuß des Annapurna begonnen. Mit bezahlten Trägern, die Zelte, Kletterausrüstung und Lebensmittel schleppten, erklommen die Frauen die Bergpfade, schlugen das Lager jeden Abend ein Stück höher auf, um sich auf dem Weg von den Reisfeldern bis zu den Berggehöften langsam zu akklimatisieren. Als sie die höher gelegenen Dörfer auf etwa 3300 m erreichten, hatten ihre Körper bereits auf die dünnere Luft zu reagieren begonnen, wenn auch zunächst mit zwei seltsam widerstreitenden Mechanismen. Zwei Sensoren in ihrem Organismus arbeiteten gegeneinander. Als sie in dünnere Luft kamen, registrierten die Sauerstoffsensoren in ihren Halsschlagadern den sinkenden Sauerstoffpegel im Blut und signalisierten ihren Lungen, bei jedem Atemzug mehr Luft einzusaugen. Doch je tiefer die Lunge einatmete, desto mehr Kohlendioxid stieß sie bei jedem Ausatmen aus. Die Kohlendioxidsensoren im Gehirn registrierten die sinkende Kohlendioxidkonzentration im Blut. Sie befahlen der Lunge, ihre Atemtätigkeit zu drosseln – durch das heftige Atmen veränderte sich der chemische Haushalt des Blutes.

Die Frauen brauchten eine Akklimatisierungsphase. Langsam arbeiteten sie sich über die Baumgrenze hinaus, zum Basislager auf 5000 m, wo sie ihre Zelte zwischen den Geröllwällen aufschlugen, die die Gletscher vor sich hergeschoben hatten – den so genannten Moränen. Nach einer knappen Woche in großer Höhe hatten ihre Körper einen Friedenspakt zwischen den widerstreitenden Mechanismen zustande gebracht. Die Nieren fungierten als Vermittler und spiegelten den Kohlendioxidsensoren auf clevere Weise einen höheren Kohlendioxidgehalt im Blut vor, indem sie dem Blut einen Teil seiner basischen Bestandteile entzogen und es dadurch saurer machten, genau wie angesammeltes Kohlendioxid, das ausgeatmet werden musste. Statt widerstreitender Botschaften sandten jetzt Sauerstoff- und Kohlendioxidsensoren dieselbe dringliche Botschaft an die Lunge: *Atmen, und zwar tief!*

Der physiologische Drang zu tiefem Atmen in großer Höhe ist etwas Positives – ein Adaptationsmechanismus –, variiert aber in seiner individuellen Ausprägung beträchtlich. Ein starker «hypoxischer Atemreflex», wie man diesen Drang nennt, erleichtert die Höhenanpassung, während ein schwacher hypoxischer Atemreflex offenbar anfällig für die Höhenkrankheit macht. Entgegen dem, was man als Laie erwarten würde, gibt es Indizien dafür, dass Ausdauertraining den Atemreflex eher schwächt als stärkt. Es wurde immer wieder nachgewiesen, dass Bergsteiger mit einer besonders guten Kondition genauso anfällig für die Höhenkrankheit sind wie andere. Ebenso dürfte es wohl den Erwartungen widersprechen, dass Männer einen schwächeren hypoxischen Atemreflex haben als Frauen. Weibliche Hormone wie Progesteron und Östrogen stimulieren die

Atmung. Eine auf dem 4301 m hohen Pikes Peak in Colorado durchgeführte Untersuchung ergab, dass, vom Sauerstoffgehalt des Blutes der Versuchspersonen her, der Gipfel für die Frauen praktisch 180 bis 550 m niedriger war als für die Männer. Man nimmt an, dass diese hormonelle Atmungsstimulation der Grund dafür ist, dass Frauen sich erheblich seltener ein Höhenlungenödem zuziehen als Männer.

Aber gefeit sind sie dagegen nicht.

Während des Anmarschs zum Basislager hatte Adriane unter Übelkeit und Kopfschmerzen gelitten. Nach ein paar ruhigen Tagen im Camp hatten sich diese Beschwerden jedoch gelegt, auch dank der morgendlichen und abendlichen Einnahme von Acetazolamid – oder Diamox –, einem Medikament, das die Atemfrequenz steigert, indem es den Säuregehalt des Blutes senkt. Dann begann das Team, allmählich immer höhere Lager am Annapurna selbst zu errichten, indem es die Lasten von einem Lagerplatz zum nächsten transportierte. Die Frauen achteten sorgfältig darauf, sich an die Grundregel zu halten, jeweils nur 300 bis 600 m höher zu übernachten als in der Nacht zuvor, und sich häufige Ruhetage zu gönnen. Die Übernachtungshöhe ist für den Schweregrad der Höhensymptome weit ausschlaggebender als die Maximalhöhe, die man am Tag erreicht. Daher die Bergsteigermaxime: «Hoch tragen, niedrig schlafen.»

Wenn sie oben auf dem Berg war, fühlte sich Adriane besser. Vom Basislager aus erstiegen sie den Gletscher am Fuß des Berges, markierten ihre gewundene Route mit Stangen und errichteten Lager I. Anschließend kam eine der schwierigsten Etappen. Sie erkletterten die nahezu schieren Eiswände der vorgelagerten Wälle des Berges, indem sie die Frontzacken ihrer Steigeisen ins Eis rammten und ihre beiden Eispickel kräftig einschlugen, sodass sie an der Eiswand hingen wie Insekten an einer Fensterscheibe. Schließlich schraubten sie Aluminiumröhrchen – sogenannte Eisschrauben – ins Eis und befestigten daran Sicherungs-

und Hilfsseile für den Transport der Lasten zu einer weniger steilen Stelle weiter oben. So errichteten sie Lager um Lager, wie Sprossen einer Leiter.

Als die Frauen Lager V auf 7700 m errichteten, unterlagen sie bereits weiteren physiologischen Veränderungen. Ihr Organismus mühte sich, zusätzliche rote Blutkörperchen für den Sauerstofftransport zu produzieren. Ihre Herzfrequenz betrug jetzt, wenn sie im Zelt lagen, statt der im Ruhezustand üblichen 50 etwa 90 Schläge pro Minute und ihre maximale Herzfrequenz beim Tragen schwerer Lasten fiel von 180 auf 140 Schläge pro Minute. Wenn sie bis auf die Höhe des Everestgipfels gestiegen wären, hätten sich Ruhe- und Maximalfrequenz schließlich wohl, wie bei einem Everestbezwinger festgestellt, bei etwa 115 Schlägen angeglichen. In dieser Höhe war einfach nicht mehr genug Sauerstoff vorhanden, um das Herz und alle Organe voll zu versorgen, und immer mehr wurde von der schwer arbeitenden Atemmuskulatur abgeschöpft. Bei Lager V war ihre Kletterleistung bereits auf etwa 130 Höhenmeter pro Stunde gesunken, verglichen mit fast 700 Höhenmeter, ausgehend von Meereshöhe. (In der Nähe des Everestgipfels wäre diese Rate vermutlich auf etwa dreißig Meter pro Stunde abgesackt. Selbst der große Messner, der in Meereshöhe das Äquivalent von fünf aufeinandergesetzten World Trade Center oder mehr als eine Höhenmeile überwand, brauchte eine Stunde, um sich ohne zusätzlichen Sauerstoff die letzten hundert Meter des Everest hinaufzuschleppen.) Wären sie Sherpas, Tibeter oder peruanische Hochlandbewohner gewesen, hätten die Frauen den Sauerstoffmangel vielleicht auch noch auf subtilere Weise kompensieren können – durch eine Intensivierung der Verbrennungsprozesse in den Zellmitochondrien selbst. Jedenfalls scheinen Hochgebirgskaninchen und andere in großen Höhen lebende Tierarten, anders als ihre Flachlandverwandten, dazu in der Lage.

Nach drei Wochen langsamer Akklimatisierung war alles für die Gipfelbesteigung bereit. Als sich ideale Wetterbedingungen einstellten und Becca grünes Licht gab, war die erste Seilschaft gerade in Lager IV, die zweite noch in Lager III. Das bedeutete, dass die zweite Seilschaft, um zügig aufzuschließen, an einem langen, harten Tag die ganze Strecke von Lager III bis Lager V, dem Ausgangspunkt der Gipfeletappe, zurücklegen musste. Das waren über 1300 Höhenmeter an einem Tag – eine krasse Verletzung ihrer Grundregel.

Als Adriane am Tag des Gipfelangriffs aufwachte, klagte sie über Übelkeit und Müdigkeit, erklärte aber, sie wolle dennoch mitgehen. Sie starteten in der Morgenröte und kamen ohne Probleme voran, über die von der ersten Sonne berührten, eisbedeckten Nachbargipfel hinaus, bis dann am mittleren Vormittag Linda und Mara bemerkten, dass Adrianes Kräfte nachließen, und Mara schließlich der ersten Seilschaft zurief, sie solle warten.

«Meinst du, wir können absteigen?», fragte Mara jetzt.

Adriane, die noch immer im Schnee saß, nickte, als sei sie zu müde zum Sprechen, und brachte schwerfällig die Füße unter sich, um aufzustehen.

Mara und Linda fassten sie an den Armen und halfen ihr auf. Während Mara sie beide von oben sicherte, fasste Linda Adriane um die Taille und stützte sie beim Absteigen. Sie kletterten seit Jahren zusammen, und Adriane war die Patin von Lindas Tochter. Doch selbst mit Lindas Unterstützung kam Adriane nicht weit, ohne zu stolpern. Manchmal musste Mara herabklettern, um ihnen zu helfen.

Als sie Adriane wieder einmal hochzogen, wandte diese sich plötzlich Mara zu. «Ich weiß, was ihr beide vorhabt. Ihr wollt mich vom Gipfelangriff ausschließen.»

Mara sah sie genau an, um festzustellen, ob das ein Scherz war, aber Adrianes Kinn war grimmig vorgeschoben und ihre Augen hinter der dunklen Gletscherbrille wirkten ebenfalls wütend. Irrationales Verhalten war ein Symptom des Höhenhirnödems.

«Adriane, es geht dir nicht gut», sagte Mara. «Wir bringen dich runter, damit du dich erholst.»

«Ihr wollt den Gipfel für euch allein», konterte Adriane. «Ich durchschaue eure fiesen Pläne.»

«Wir haben keine fiesen Pläne, Adriane.»

«Ich dachte, ihr wärt meine Freundinnen, und jetzt fallt ihr mir in den Rücken.»

«Adriane, wir versuchen, dir zu helfen», sagte Linda besänftigend.

«Ich will keine Hilfe von euch Verräterinnen», schoss Adriane zurück und ließ sich jäh in den Schnee fallen.

Mara sagte leise, über Adrianes Kopf hinweg, zu Linda: «Lass mich kurz was probieren.» Sie beugte sich hinab und sagte langsam und deutlich: «Adriane, ich gehe kurz zu der Kuppe da drüben. Bin gleich wieder da.»

Adriane sank nur noch mehr in sich zusammen, als hätte sie nicht einmal mehr die Kraft zum Antworten.

Mara band sich los und machte sich daran, allein den Hang zu queren. Sie hoffte, von der Kuppe aus doch noch auf Tibet hinabschauen zu können, und sagte sich, dass ihre kurze Abwesenheit Adriane vielleicht aus ihrer Paranoia herausholen würde. Sorgsam den spitzen Schaft ihres Eispickels als Selbstsicherung in den Schnee rammend, arbeitete sich Mara stetig über das Schneefeld. Doch die Kuppe war weiter weg, als angenommen, und Mara brauchte fast eine halbe Stunde, um sie zu erreichen. Als sie diese dann mit wenigen Tritten erklommen hatte, merkte sie, dass die Sicht auf Tibet immer noch durch ein Stück Bergkette versperrt war. Alles, was sie sah, waren ein paar schwarze Punkte, möglicherweise vorbeifliegende Vögel. Beim Hinunterschauen bemerkte Mara auch nebelartige Wolken, die aussahen wie Vorboten eines heraufziehenden Sturms und aus den Tälern emporquollen wie Watte. Darüber war der Himmel immer noch leuchtend blau.

In wachsender Besorgnis kehrte Mara schnell wieder zurück – oder jedenfalls so schnell es ging, wenn man sich in knapp 8000 m Höhe befand und ohnehin schon hyperventilierte. Sie würden sich beeilen müssen, nach Lager V hinunter zu kommen, ehe die Wolken höher stiegen und den oberen Teil des Bergs verhüllten. Sie schaute bergauf in der Hoffnung, die erste Seilschaft zu entdecken. Hoch über ihr auf dem Schneefeld, vor dem blauen Himmel, bewegten sich drei dunkle Punkte abwärts, winzige, zu einer Reihe formierte Punkte im endlosen Weiß und Blau. Sie mussten den Gipfel geschafft haben.

Der Wind frischte auf, als sie Adriane und Linda wieder erreichte.

«Sie hat die ganze Zeit mit dir geredet, während du weg warst», sagte Linda, gerade laut genug, um im Fauchen des in Stiefelhöhe umherwehenden Schnees noch verstanden zu werden. «Sie dachte, du sitzt direkt neben ihr, obwohl ich ihr gezeigt habe, dass du da drüben bist.»

Diese Art von Halluzination, «Phantomgefährte» genannt, ist keine seltene Begleiterscheinung der Höhenkrankheit und insbesondere des Höhenhirnödems. Es ist schon vorgekommen, dass Bergsteiger in den Anden in 6000 m Höhe Straßenbautrupps sahen, obwohl die nächste Straße mehrere Tagesmärsche entfernt war, oder dass sie am Everest Bergkameraden, die gar nicht da waren, Süßigkeiten anboten. Ein Opfer der Höhenkrankheit sah, als es im Krankenhaus lag, immer wieder Marilyn Monroe durchs Zimmer gehen. Bei einer besonders dramatischen Episode im Jahr 1981 blieb ein Schweizer Bergsteiger etwas zurück, als sich seine Kameraden am Spätnachmittag auf den Abstieg vom 7653 m hohen Glacier Dome machten, gleich östlich des Annapurna. Kurz darauf fand er sich in Gesellschaft eines deutsch sprechenden Mannes, der ihm eine Abkürzung zum höchstgelegenen Lager des Teams wies. Der Bergsteiger folgte dem Rat des Fremden, der gleich darauf verschwand, stieg ins immer dichter werdende Dunkel ab und musste die Nacht in einem Gletscherabbruch verbringen, bei etwa minus 40 °C. Er erlitt schwere Erfrierungen, wurde beinahe von einer Lawine verschüttet und halluzinierte irgendwann während der Nacht, seine Freunde hätten eine Seilbahn zu ihm hinauf gebaut, wollten ihn aber nicht einsteigen lassen. Schließlich tauchten sie tatsächlich auf – zu Fuß allerdings – und retteten ihn.

Mara und Linda stellten die jetzt fast völlig kraftlose Adriane auf die Beine und arbeiteten sich langsam bergab, indem sie sie abwechselnd stützten und sich an schwierigen Stellen gegenseitig sicherten. Adriane stolperte über ihre eigenen Füße, und ihre Steigeisen verfingen sich in ihren Schneegamaschen, sodass sie wie betrunken umhertaumelte und Mara oder Linda sie auffangen mussten. Es war unendlich mühsam. Mara hatte das Gefühl, einen Sack Zement durch tiefen Schnee zu schleppen, wenn es an ihr war, sich unter dem zusätzlichen Gewicht voranzukämpfen. Adriane bot keinerlei Hilfe. Es schien sie nicht zu kümmern, ob sie auf- oder abstieg, ob sie ihre Handschuhe anhatte, ob man ihr half oder nicht. Mara konzentrierte sich ganz auf das eine: sie alle drei heil nach Lager V hinunterzubugsieren.

Das Stolpern und die mangelnde Koordination – Ataxie genannt –, die Mattigkeit, die Unfähigkeit, auf sich selbst Acht zu geben – das sind lauter klassische Symptome des Höhenhirnödems. Warum dieses Leiden gerade Adriane und nicht die anderen befallen hatte, war nicht auszumachen. Manche Mediziner glauben, dass bei allen Menschen, die rasch in große Höhen aufsteigen, das Gehirn anschwillt und dass sie es nur unterschiedlich gut verkraften. Die genaue Ursache dieses Anschwellens ist ebenfalls nicht ganz klar. Der Blutzustrom zum Gehirn erhöht sich beim Aufstieg in große Höhen unweigerlich um 25 Prozent, aber nach mehrtägiger Akklimatisierung normalisiert er sich wieder. Es ist möglich, dass durch diesen erhöhten Blutzustrom Kapillaren im Gehirn reißen, sodass Blutflüssigkeit ins Hirngewebe gelangt und die Schwellung verursacht. Vielleicht sind die Lecks in den Kapillaren aber auch mikroskopisch kleine Löcher, die durch das Wachstum winziger neuer Zweigkapillaren entstehen – die so genannte Angiogenese, eine der vielen Maßnahmen des Körpers, um sauerstoffhungrigem Gewebe mehr Blut zuzuführen.

In jedem Fall schwillt das Gehirn an. Umgeben von schützender zerebrospinaler Flüssigkeit, liegt das Gehirn dicht umschlossen im Hohlraum des Schädels. Wenn es schwillt, muss irgendetwas nachgeben, sonst baut sich im Schädel ein enormer Druck auf. Es gibt jedoch eine Art Überlaufventil für die Gehirnflüssigkeit, das möglicherweise bei den einzelnen Menschen unterschiedlich gut funktioniert. Wenn sich das Gehirn ausdehnt, presst es überschüssige Flüssigkeit in den obersten Teil des Wirbelkanals, des Hohlraums in den Wirbeln. Möglicherweise haben manche Menschen dank ihrer physiologischen Gegebenheiten im Wirbelinneren mehr Raum für die Flüssigkeit und auch im Schädel mehr Platz, um die Schwellung zu verkraften, sodass sie deshalb weniger anfällig für ein Höhenhirnödem sind. Vielleicht hatte die Höhenkrankheit ja Adriane deshalb als Einzige befallen, weil ihr Gehirn überdurchschnittlich eng vom Schädel umschlossen war und sie außerdem besonders wenig Raum im Wirbelkanal hatte.

Als die erste Seilschaft zu den drei langsam absteigenden Frauen aufschloss, fegten Wolkenfetzen, anfangs im Sonnenlicht noch wie leuchtende Nebelschwaden, am Berg vorbei, färbten das Tiefblau des Himmels mit Pastelltönen und ließen Licht- und Schattenflecken über das breite weiße Schneefeld huschen.

«Geschafft?», rief Mara, als die anderen näher kamen.

Becca reckte den Arm in einer Siegesgeste. Mara fiel auf, dass sie und die anderen Mitglieder der ersten Seilschaft nicht mehr über ihren Triumph sagten – als hätten sie ein schlechtes Gewissen wegen des Preises, um den er vielleicht erkauft worden war. Stattdessen fragte Becca, als sich die beiden Gruppen auf dem Schneefeld trafen: «Wie geht's ihr?»

«Sehr schlecht», antwortete Linda.

Allen war klar, dass sie keine Zeit verlieren durften. Das Wetter änderte sich zusehends. Die erste Seilschaft ging voran, um einen Weg über sanfter abfallendes Terrain zu spuren, wo sie keine zusätzliche Sicherung brauchten, während Mara und Linda rechts und links von Adriane gingen und sie stützten. Die jagenden Wolkenfetzen verdichteten sich zu einem windgepeitschten, einförmig weißen Nebel, bis Mara die Mitglieder der ersten Seilschaft kaum noch sehen konnte. Inmitten der weißen Wolken und des Schnees konnte sie nicht mehr erkennen, wo Berg und wo Tal waren. Ihr war, als ob sich alles um sie drehte. Flecken tanzten vor ihren Augen. Bald war offenkundig, dass sie vor Einbruch der Dunkelheit nicht mehr Lager V erreichen würden. Adriane fiel ständig hin, die anderen waren erschöpft, es wurde schon dämmrig, und sie hatten Mühe, ihre Route einzuhalten. Am Morgen hatten sie weder Zelte noch Schlafsäcke mitgenommen, um sich bei der Gipfelbesteigung möglichst wenig zu belasten.

«Ich finde, wir sollten uns eine Schneehöhle graben, solange wir noch ein bisschen Licht haben», sagte Becca bei einem Halt.

Sie waren so erschöpft, dass niemand Einwände dagegen erhob. Sie gingen auf dem Schneefeld hin und her und bohrten die Stiefelspitzen in den Schnee, um die richtige Stelle für eine Schneehöhle zu finden. Sie brauchten eine tiefe Schneeverwehung, die sich zu einer festeren Masse konsolidiert hatte, kompakt genug, damit die Höhle hielt, aber weich genug zum Graben. Schließlich stießen sie, als sie durch das Weiß-in-Weiß links von ihrer Route stolperten, auf eine tiefe Wechte. Im schwindenden Licht und im Wolkengewirbel versuchten sie, mit den beiden leichten Schaufeln, die sie dabei hatten, einen leicht ansteigenden Gang in die Wechte zu graben, indem sie den Schnee hinter sich scharrten und hinausschoben. So schufen sie mühsam eine größere Höhle. Der Eingangstunnel musste schräg emporführen, damit ihre aufsteigende Körperwärme in der Höhle gefangen blieb wie in einer großen Luftblase. In der hinteren Hälfte der Höhle ließen sie, wie es die Inuit tun, eine Schneebank stehen, damit sie über der kalten Luft, die sich am Boden sammelte, sitzen konnten. Mit dem Schaft eines Eispickels bohrten sie ein kleines Luftloch in die Höhlendecke und formten dann einen Schneeblock, um den Eingang abzudichten. Schnee, der ja hauptsächlich aus Luft besteht, isoliert hervorragend. Bei Außentemperaturen unter dem Gefrierpunkt pflegten die Eskimos halbnackt in ihren Iglus zu lagern, im warmen Schein ihrer Robbentranlampen.

Die Frauen zogen Adriane nach drinnen, betteten sie halb sitzend auf die Schneebank, indem sie leere Rucksäcke unter sie legten, um sie vor der Kälte des Schnees zu schützen; dann schoben sie den Schneeblock vor den Eingang. Becca förderte aus ihrem Notfallpack eine Kerze zutage. Der Kerzenschein, von den funkelnden Wänden zurückgeworfen, erfüllte die Höhle mit freundlichem gelbem Licht, und ganz allmählich wurde es wärmer.

Nachdem sie sich in dem kerzenerhellten Hohlraum eingerichtet hatten, tranken die Frauen aus ihren Wasserflaschen und aßen ein paar Süßigkeiten. Auf der Schneebank zwischen Linda und Mara eingekeilt, schien Adriane ein wenig aufzuleben. Wie sie sich fühle? *Okay*. Ob sie Wasser wolle? *Ja*. Es schien, als hätte der Abstieg um etwa vierhundert Höhenmeter bereits genügt, um die Krankheitssymptome zu lindern. Außerdem hatte Adriane, auf Beccas Drängen, zu hyperventilieren versucht, was dem Körpergewebe und dem Gehirn ebenfalls Sauerstoff zuführt und die Symptome bessern kann. Doch wenn sie ihr eine Subtraktionsaufgabe stellten oder sie fragten, ob sie wisse, wo sie sei, schüttelte sie nur den Kopf. Mara bezweifelte, dass Adriane auch nur ansatzweise klar war, dass sie sich in einer Schneehöhle in knapp 8000 m Höhe auf einem Himalajariesen befand.

Becca packte einen kleinen Kocher, den sie eigens für solche Situationen mitführte, und einen kleinen Topf aus und bereitete eine Instantsuppe zu, die die Frauen herumgehen ließen. Mara fühlte die Wärme in ihr Inneres rinnen. Am frühen Abend, zur verabredeten Zeit, kroch Becca zum Tunneleingang, rief über ein Sprechfunkgerät das Basislager und erläuterte die Situation. Das Basislager funkte medizinische Ratschläge zurück. Aus dem Höhen-Erste-Hilfe-Set, das Becca bei sich hatte, sollten sie Adriane eine Dosis Dexamethason injizieren – ein Glukokortikoid mit entzündungshemmender Wirkung, das sich bei der Behandlung von Höhenkrankheit und Höhenhirnödem als hilfreich erwiesen hat – und ihr danach alle sechs Stunden dasselbe Mittel in Tablettenform verabreichen. Das Basislager wies sie außerdem an, Adriane in Sitzposition zu halten.

Im Licht ihrer Stirnlampe spritzte Becca das Mittel vorsichtig in Adrianes Gesäßmuskel. Alle wussten, dass sie jetzt nichts anderes mehr tun konnten, als auf das Morgengrauen zu warten.

Nachdem sie etwa eine Stunde damit zugebracht hatten, etwas zu essen und sich einzurichten, sagte Gayle von der ersten Seilschaft: «Wir sollten jetzt die Kerze ausblasen.»

«Warum sollen wir die Kerze ausblasen?», fragte Linda gereizt. «Das Licht tut Adriane gut.»

«Weil wir sie vielleicht später noch brauchen.»

«Ich glaube, wir brauchen sie vor allem jetzt», sagte Linda.

«Wer weiß, wie das Wetter morgen ist», erwiderte Gayle ruhig, aber kühl.

«Ich will nicht an das Wetter morgen denken», fauchte Linda zurück. «Ich will an jetzt denken.»

«Okay», mischte sich Becca ein. «Wir können die Kerze ja noch eine Viertelstunde brennen lassen und sie dann ausblasen und zusehen, dass wir ein bisschen schlafen. Wir haben ja immer noch unsere Stirnlampen.»

Ohne die Kerze war es in der Höhle stockdunkel. Von dem Sturm draußen war nichts zu hören, da das Heulen nicht durch die meterdicken Schneewände drang. Mara hörte lediglich das leise Rascheln und Knistern der kältesteifen Kletterkleidung, wenn die Frauen ihre Sitzposition auf der Bank leicht veränderten, und neben sich Adrianes schnellen, keuchenden Atem.

Adrianes Atem schien immer schneller zu gehen, statt sich, wie Maras eigener Atem, in der Ruhe zu verlangsamen, und er wurde jetzt außerdem von Hustenanfällen durchbrochen. Im Ruhezustand ist dieses schnelle Atmen – Dyspnoe genannt – eines der Warnzeichen des Höhenlungenödems, das oft mit dem Höhenhirnödem einhergeht und es in einigen Fällen überhaupt erst auslöst. Wie beim Höhenhirnödem weiß man auch beim Höhenlungenödem nicht genau, wie und warum es entsteht. Es spricht vieles dafür, dass sich durch den Sauerstoffmangel in extremer Höhe – zumindest bei anfälligen Menschen – die Blutgefäße in bestimmten Teilen der Lunge – und nur in diesen Teilen – verengen. Große Blutmengen werden durch die noch offenen Gefäße gepresst und verursachen, so die Theorie, winzige Löcher in deren Wänden, sodass Blutflüssigkeit und rote Blutkörperchen in die Lungenbläschen und die feinen Verästelungen der Bronchien, die Bronchiolen, dringen. Mit einem Stethoskop oder auch wenn sie nur das Ohr auf Adrianes bloßen Rücken gelegt hätte, hätte Mara ein rasselndes oder gurgelndes Geräusch bei jedem Ein- und Ausatmen hören können, das so genannte Knisterrasseln, das daher rührt, dass die Flüssigkeit in die Bronchiolen dringt und das Opfer langsam erstickt.

Mara befürchtete ein entstehendes Lungenödem. Sie war sich sicher, dass Becca dies ebenfalls annahm und vielleicht auch die anderen Frauen. Niemand sprach es an, weil sie Adriane nicht beunruhigen wollten und sich außerdem sagten, dass sie ohnehin bis zum Morgen nichts tun konnten. Mara versuchte, Adrianes hechelndes Atmen und das Geknister der Kleider ebenso zu ignorieren wie ihre eigene unbequeme Sitzhaltung und das Knirschen des Schnees an ihrem angelehnten Kopf. Sie versuchte, in eine liegende Position hinunterzurutschen, aber dazu war die Bank zu schmal. Also stemmte sie sich hoch.

Schlafen schien ausgeschlossen. Sie versuchte zu meditieren, wie sie es zu Hause täglich tat, im Schneidersitz auf dem weichen Teppichboden ihres stillen Schlafzimmers, aber hier war es so viel schwerer, mit dem ganzen Knistern, Rascheln und Atmen, mit dem hubbeligen kalten Schnee in ihrem Rücken, mit Adrianes rasselndem Husten im Ohr. Es war, als versuchte man in einem dunklen Kühlschrank voller atmender, raschelnder Lebewesen zu meditieren. Mara gab es auf. Stattdessen versuchte sie, wieder zu schlafen, irgendwie ihren Rücken in die Schneewand zu schmiegen. Rings um sich herum hörte sie leise Geräusche der Unruhe.

«Okay, wer hat die Chips?», fragte schließlich jemand in der Dunkelheit.

«Und das Pepsi light», fügte eine andere Stimme hinzu.

«Und das Bier und die Musik», sagte eine dritte.

Sie begannen zu lachen, das alberne, von schwarzem Humor gespeiste, halb hysterische, spannungslösende Lachen von Menschen in einer Extremsituation, noch befördert durch die Sauerstoffknappheit, die sich jetzt auch auf ihr Hirngewebe auswirkte.

«Und die Männer nicht zu vergessen», ergänzte eine andere.

«Wisst ihr's nicht mehr? Die haben wir drei Höhenmeilen unter uns zurückgelassen.»

«Die sind dort unten und machen die Hausarbeit, während wir uns hier oben amüsieren.»

Wieder aufgekratztes Gelächter. Selbst Adriane schien zu lachen; Mara fühlte das rhythmische Puffen an ihrer Schulter, wenn auch nicht klar war, ob Adriane die Witze mitbekam, weil dank der Dexamethasonspritze ihr Verstand wieder etwas klarer war, oder ob sie sich in ihrem schwachen, sauerstoffunterversorgten Zustand einfach nur von den anderen anstecken ließ.

Und so ging es weiter, die ganze Nacht. Als sich die Albernheit legte, erzählten sie sich von ihren ersten Kletterabenteuern, ihren ersten Liebesabenteuern, ihrer Lieblingsmusik, ihren Vorstellungen, was jetzt, in diesem Moment, das perfekte Dinnermenü wäre, ob es zum Dessert warmen Apple Pie oder einen Stapel siruptriefender Pfannkuchen geben sollte. Ab und zu dösten sie weg, und wenn jemand schlief, hörte Mara das charakteristische, immer wieder unterbrochene Atmen des Schlafs in extremer Höhe, wo Bergsteiger bis zu hundertfünfzigmal in der Stunde aufwachen, weil ihnen ihr eigener Atemzyklus einen Streich spielt. Der Sauerstoffmangel im Blut alarmiert den Sauerstoffsensor, der der Lunge die Anweisung zum Hyperventilieren gibt. Dadurch wird das Kohlendioxid im Blut ausgeatmet, und der Kohlendioxidsensor sagt der Lunge, dass keine akute Veranlassung zum Atmen besteht. Die Lungen stellen die Atmung ein. Der Sauerstoffgehalt des Blutes fällt rapide, und der Schlafende erwacht mit dem Gefühl zu ersticken. Die nächste Hyperventilationsphase wird eingeleitet und der ganze Kreislauf beginnt von vorn. Und immer so weiter. Dieses «periodische Atmen» in extremer Höhe kann nicht einmal die Akklimatisierung aufheben, und einige Wissenschaftler glauben, dass Menschen deshalb nicht langfristig in einer Höhe über 5500 m leben, weil sie dort so wenig Schlaf bekommen, dass ihr Körper nicht lange mitmacht.

Obwohl sie in einen unruhigen Schlaf fiel, verschlimmerte sich Adrianes Husten über Nacht. Gegen Morgen hatte sie immer längere Hustenanfälle, bei denen sie Flüssigkeit auswarf;

vornübergebeugt, ließ sie sie aus ihrem Mund in den Schnee zwischen ihren Füßen tropfen. Als Becca mit der Stirnlampe darauf leuchtete, waren in dem dünnflüssigen rosa Auswurf Blutfäden zu sehen.

«Das ist kein gutes Zeichen», sagte sie. «Gar kein gutes Zeichen.»

Becca fühlte Adrianes Puls, schaute auf ihre Armbanduhr und kam auf 130, bei etwa 35 Atemzügen pro Minute, gegenüber der üblichen Frequenz von etwa 12 Atemzügen in Meereshöhe. Herz und Lunge arbeiteten fieberhaft, um dem Körpergewebe Sauerstoff zuzuführen, aber der Sauerstoff der Luft wurde von ihren mit Flüssigkeit gefüllten Lungen einfach nicht mehr aufgenommen. Wenn es still war, hörten sie jetzt alle das Gurgeln bei jedem Atemzug und sahen im Geist den Schaum um Adrianes Mund.

Ihr Zustand verschlimmerte sich jetzt rapide zu einem schweren Höhenlungenödem, während ihr Gehirn noch immer vom Hirnödem geschwollen war.

Sie beschlossen, bis sechs Uhr morgens zu warten, die Uhrzeit, da sie genug Licht für den Abstieg haben würden, und dann erst den Schneeblock vom Eingang zu entfernen. Wenn alles gut ging und Adriane gehen konnte, dann würden sie bis zum Nachmittag Lager III erreichen, auf 6350 m, wo die Luft schon wesentlich dichter war, was ihr sehr zugute kommen konnte. Bei einem Lungenödem kann schon ein Abstieg von 300 bis 600 m eine beträchtliche Besserung bringen; in alten Aufzeichnungen aus Peru nennen die Spanier das eine Genesung *por encanto* – durch Zauber. Die Frauen verstauten ihre Ausrüstungsgegenstände in ihren Rucksäcken, zogen die Riemen ihrer Steigeisen nach, schlossen die Reißverschlüsse ihrer Kleidung. Alle paar Minuten sahen sie auf die Uhr. Punkt sechs Uhr kroch Gayle durch den Eingangstunnel und schob den Schneeblock weg. Mara sah schwach graues Licht hereindringen, gefolgt von einem

Schwall kalter Luft und dem nur gedämpft zu hörenden Heulen des Windes.

«Wie sieht's da draußen aus, Gayle?», fragte Becca.

«Alles Weiß in Weiß», rief sie zurück. «Ein gottverdammter Schneesturm.»

«Können wir absteigen?», erkundigte sich Becca.

Gayle kroch etwas weiter hinaus, rutschte dann wieder zurück.

«Keine Chance. Wir würden uns auf den ersten fünfzig Metern total verirren.»

Sie rückte den Schneeblock wieder vor den Eingang und kroch dann rückwärts in die Höhle zurück. Der Strahl ihrer Stirnlampe huschte in der Höhle herum, als sie sich wieder auf die Bank manövrierte.

«Ich hoffe nur, dass das nicht der Monsun ist», sagte sie.

«Wenn ihr nicht drauf bestanden hättet, den Gipfel zu bezwingen», sagte Linda aus dem Dunkel, «würden wir jetzt nicht hier sitzen und uns den Kopf über den blöden Monsun zerbrechen. Wir wären jetzt unten in Lager III, und es ginge ihr schon besser. Wir würden gemütlich in unseren Schlafsäcken liegen und heißen Tee trinken.»

Gayles Stirnlampenstrahl schwenkte durch das Dunkel auf Linda.

«Wolltest du nicht auf den Gipfel?», rief Gayle aus, nur eine zornige Stimme und eine Dampfwolke im Lampenstrahl. «Wenn du nicht rauf wolltest, was hast du dann in 7750 Meter Höhe am Annapurna gesucht? Ein nettes Café vielleicht?»

«Ich wollte auf den Gipfel», sagte Linda und schaltete ebenfalls ihre Stirnlampe ein. «Aber ich weiß, wann ich etwas aufgeben muss. Kein Gipfel der Welt ist es mir wert, jemandes Leben zu gefährden.»

«Red nicht so philisterhaft daher», konterte Jill, die Dritte der ersten Seilschaft, mit immer lauter werdender Stimme. «Du behauptest vielleicht, du kletterst wegen der Schönheit der Berge oder der Kameradschaft oder weiß Gott warum, aber sobald du den Fuß auf einen Berg setzt, gefährdest du dein Leben und auch das der anderen an deinem Seil. Wenn du kein Risiko eingehen wolltest, hättest du zu Hause bleiben und fernsehen sollen.»

«Schluss jetzt!», rief Becca. «Statt uns zu streiten, sollten wir lieber überlegen, was wir jetzt tun.»

Aber in Wirklichkeit gab es nicht viel zu tun, außer darauf zu warten, dass es aufklarte. Während sie tatenlos dasaß, merkte Mara, wie ihre eigenen Schuldgefühle immer stärker wurden. Wenn sie nicht so darauf versessen gewesen wäre, zu diesem Hügel hinüberzulaufen und Tibet zu sehen, dann hätten sie und Linda genug Zeit gehabt, Adriane nach Lager V zu bringen, ehe der Sturm losbrach. Und jetzt saßen sie hier.

Becca, die immer die Logistik im Kopf behielt, kroch zum Höhleneingang, verrückte den Schneeblock so weit, dass ein Spalt entstand, und rief erneut das Basislager, um Bescheid zu geben, dass das Wetter zu schlecht war, um sich von der Stelle zu rühren. Einer der Bergsteiger im Basislager hatte von einer Gruppe gehört, die, ebenfalls vom schlechten Wetter überrascht, das Lungenödem eines Teamgefährten gelindert hatte, indem die Kameraden dem Erkrankten die Flüssigkeit mechanisch aus der Lunge gepresst hatten. Linda und Mara befolgten die Anweisungen, die Becca weitergab, knieten sich abwechselnd hinter die vorgebeugt dasitzende Adriane, umfassten ihren Oberkörper mit beiden Armen und drückten, sobald sie hustete, fest zu, um die Flüssigkeit emporzuquetschen.

Das verschaffte Adriane tatsächlich für eine Weile Erleichterung, aber dann mussten sie die Prozedur wiederholen. Und kurz darauf wieder.

Wasser war jetzt ein ernsthaftes Problem, da sie ihre Wasserflaschen längst geleert hatten. Obwohl ihr Durst durch die extreme Höhe gedämpft war, brauchten sie doch gleichzeitig weit mehr Wasser als sonst – vier bis sechs Liter täglich, gegenüber höchstens drei Litern im Ruhezustand auf Meereshöhe. In Höhen über 6500 m dehydrieren Bergsteiger unweigerlich. Durch die kalte, trockene Luft verdunstet das Wasser in Lunge und Rachenschleimhaut rasant. Es war schwer, hier oben, wo es keine fließenden Gewässer gab, jeden Tag genug Schnee und Eis zu Trinkwasser zu schmelzen. Kocher arbeiteten nicht effizient. Der Siedepunkt des Wassers lag in der dünnen Luft so tief, dass das Eis in dem Wasser, das zwar kochen mochte, aber nicht sonderlich heiß war, nur langsam schmolz.

Mara half Becca, den kleinen Kocher aufzubauen, sorgsam auf dem harten Schnee des Höhlenbodens auszubalancieren und anzuzünden. Jede Handlung erforderte lange, bedächtige Vorüberlegungen, als könnte das Denken auch nur noch schwerfällig einen Fuß vor den anderen setzen. Gedächtnis und abstraktes Denken lassen in über 4250 m Höhe rasch nach. Bei Tests zur kognitiven Performanz – Aufgaben, die dem Zusammensetzen eines mechanischen Geräts vergleichbar sind – konnten die Versuchspersonen in extremen Höhen die geistige Leistung zwar noch erbringen, aber nur wesentlich langsamer. Trotz des akuten Nachlassens der geistigen Fähigkeiten gibt es keine wissenschaftlichen Indizien dafür, dass lange Aufenthalte in großen Höhen, wie viele Bergsteiger glauben, bleibende geistige Schäden hinterlassen. Man nehme nur das Beispiel des berühmten dänischen Physikers Niels Bohr. Als man Bohr im Zweiten Weltkrieg in großer Höhe von Schweden nach England flog, um ihn vor den Nazis in Sicherheit zu bringen, verstand er die Anweisung des Piloten, die Sauerstoffzufuhr anzustellen, nicht. Bohr befand sich zeitweilig in bis zu 10 000 m Höhe und mehrere Stunden in über 5000 m Höhe. Obwohl er bei der Landung zunächst leblos war, erholte er sich vollständig und setzte seine große Karriere in der Atomforschung fort.

Die Frauen schabten Schnee und Eis von den Wänden und

gaben mühsam Bröckchen für Bröckchen in den kleinen Topf. Nach und nach gelang es ihnen, drei Flaschen zu füllen. Eine vierte diente bereits als «Pinkelflasche» – ein Bergsteiger-Notbehelf, wenn es zu schwierig ist, sich außerhalb des Zelts zu erleichtern – und wurde in einen Winkel des Eingangstunnels entleert.

Sie saßen die meiste Zeit schweigend da, versuchten zu dösen, waren in sich gekehrt. Adrianes Husten wurde im Lauf des Tages immer schlimmer und feuchter, ihr schneller Atem immer mühsamer, da sich ihre Lungenbläschen und Bronchiolen zunehmend mit Flüssigkeit füllten.

«Ich bekomme nicht genug Luft», erklärte sie einmal, obwohl sie sonst kaum etwas sagte. «Es fühlt sich an, als sitze jemand auf meiner Brust.»

Diese wenigen Worte endeten in Hyperventilations- und Hustenkrämpfen. Draußen, bei Tageslicht, hätten die Frauen sehen können, dass ihre Fingernägel und Lippen, ihre Nase, Zunge und Ohren durch den Sauerstoffmangel bereits bläulich gefärbt waren – eine Erscheinung, die man Zyanose nennt. Ihre Symptome hätten sich schon nach wenigen Minuten gebessert und binnen 24 Stunden ganz gelegt, hätte sie durch eine Atemmaske hyperbaren Sauerstoff atmen können – sechs bis zwölf Liter pro Minute statt der zwei bis drei Liter, die bei Gipfelbesteigungen mit Sauerstoffflaschen üblich sind. Doch genug Sauerstoff mitzuführen, um ein Lungenödem zu behandeln, wäre sehr beschwerlich. Eine leichtgewichtige Alternative, da in zusammengefaltetem Zustand nur etwa 15 Pfund schwer, ist der «Überdrucksack». In diesen großen, luftdichten Reißverschlusssack wird die erkrankte Person «eingesiegelt» wie ein Riesentiefkühlbaguette in seine Plastikumhüllung. Dann pumpen die Teamgefährten den Sack mit einer Fußpumpe auf, sodass im Inneren ein Überdruck entsteht. Der Effekt entspricht einem Abstieg um 1500 bis 2000 Höhenmeter.

Doch die Frauen hatten weder Sauerstoffgeräte noch einen Überdrucksack dabei. Für sie war Absteigen die einzige Möglichkeit. Jede Stunde kroch eine von ihnen durch den Eingangstunnel, verschob den Schneeblock ein wenig, spähte hinaus und meldete: «Unverändert.»

Mitten am Nachmittag konnte Adriane nicht mehr aufrecht sitzen. Sie sank zuerst gegen Linda, dann gegen Mara. Sie schien immer wieder wegzudösen, konnte Fragen nicht mehr zusammenhängend beantworten und schien überhaupt nur noch halb bei Bewusstsein. Es fiel den anderen immer schwerer, regelmäßig das Pressmanöver durchzuführen, und da der Sturm unvermindert tobte, war klar, dass sie eine weitere Nacht in der Höhle würden zubringen müssen. Hilflos und niedergeschlagen, weil sie sonst nichts für sie tun konnten, machten sich die fünf Frauen daran, die Schneehöhle zu vergrößern, damit Adriane wenigstens bequemer liegen konnte. Abwechselnd höhlten sie mit den beiden Schaufeln und den Eispickeln eine Nebenkammer aus und beseitigten den herausgelösten Schnee durch den Eingangstunnel. Als Mara mit dem Eispickel dran war, schlug sie kniend im hüpfenden Strahl ihrer Stirnlampe auf die Eiswand ein. Plötzlich brach der Eispickel durch die Wand. Graues Tageslicht und eine Schneewolke schlugen ihr entgegen. Vorsichtig beugte sie sich zum Loch vor und schaute hinaus.

«Mein Gott!», rief Mara aus.

«Was siehst du?», wollte Becca wissen.

Mara kniete am Rand eines mächtigen Fels- und Eisabsturzes, der senkrecht unter ihr im Schneegewirbel verschwand. Ohne es in dem Weiß in Weiß des gestrigen Nachmittags zu merken, hatten sie ihre Schneehöhle in eine Wechte gegraben – einen jener wogenförmigen Überhänge aus verwehtem Schnee, die sich über Felswänden bilden. Während der Nacht in ihrer Schneehöhle hatten sie ihren Rücken an diese Schneewand über einem 300-Meter-Absturz gelehnt.

Mara schüttete das Loch mit einem Block aus eisigem, halb durchsichtigem Schnee zu, der zwar den Wind aussperrte, aber schwaches Licht hereinließ. Auf die Schneebank, die sie auf der gegenüberliegenden Seite für Adriane herausgehauen hatten, breiteten sie sorgsam eine Isolierschicht aus Rucksäcken. Dann trugen sie Adriane in den Nebenraum.

Doch als es Abend wurde, war Adriane bereits im Koma.

Draußen tobte noch immer der Sturm, aber sie machten sich nicht einmal mehr die Mühe nachzusehen. Sie hielten abwechselnd im Nebenraum bei Adriane Wache. Sie waren sehr still. Beccas Kocher hatte fast keinen Brennstoff mehr. Von den wenigen essbaren Dingen, die sie dabeigehabt hatten, war kaum noch etwas da. Wenn der Sturm am nächsten Tag nicht nachließ, würden ihre dehydrierten und von der Höhe und vom Hunger geschwächten Körper sich nicht mehr gegen die Kälte wehren können. Und ihre Beine würden nicht mehr die Kraft und die Koordination haben, sie den Berg hinunterzutragen. An Maras Gaumen war der Speichel zu einem dicken Belag eingetrocknet. Sie fühlte die Kälte durch ihre Hände und Füße kriechen, fühlte, wie sie ihre Finger und Zehen starr machte und plötzliche Schauer durch ihren Körper schickte, ein Zittern und Zucken, wie es durch die Schenkel eines toten Froschs lief, wenn das Sezierskalpell einen bestimmten Nerv berührte.

Niemand sprach es offen aus, aber jetzt stand auch ihr eigenes Leben auf dem Spiel.

«Der Sturm muss doch demnächst mal nachlassen», war alles, was sie sagten.

In den langen Stunden dieser Nacht reagierte jede auf ihre Art auf die immer verzweifeltere Situation. Es war, als ob sich ihre eigene Sterblichkeit und ihre eigenen Ängste in Adriane verkörperten. Linda kniete lange neben ihrer alten Freundin, massierte ihr Arme und Beine, beschwor sie flüsternd, durchzuhalten, weiterzukämpfen, erklärte ihr, dass es bald aufklaren würde und ihre

Kameradinnen sie dann hinunterbringen würden. Doch dann fing Linda an zu weinen – um ihre Freundin und vielleicht auch vor Angst um ihr eigenes Leben. Becca blieb, zumindest nach außen hin, stoisch. Als sie an der Reihe war, setzte sie sich neben Adriane, zupfte ständig an deren Kleidung und der Isolierunterlage herum, versuchte, es ihr bequemer zu machen, als ob Effizienz und Ordnung Adriane wieder zu sich bringen könnten. Gayle dagegen weigerte sich, den Nebenraum auch nur zu betreten, hockte sich an die entfernteste Wand der Haupthöhle und verkroch sich in sich selbst, um dem Unentrinnbaren zu entfliehen.

«Kannst du nicht wenigstens ein paar Minuten zu ihr rübergehen?», fragte Linda schließlich. «Du bist schließlich ihre Teamgefährtin.»

«Ich möchte wirklich lieber hier bleiben», antwortete Gayle.

Mara wiederum hielt Adrianes behandschuhte Hand und versuchte sich zu erinnern, was sie im *Tibetischen Totenbuch* gelesen hatte. Die tibetischen Buddhisten glauben, dass «die Kunst des Sterbens» genauso wichtig ist wie «die Kunst des Lebens». Während die Menschen der westlichen Welt den Tod eher fürchten, begrüßen ihn die tibetischen Buddhisten als Möglichkeit, aus dem endlosen Kreislauf von Wiedergeburt und Leiden auszubrechen. Doch der Geist des Sterbenden muss entsprechend geschult werden, um den Augenblick des Todes nutzen und in Erlösung wenden zu können. Zu diesem Zweck wird dem sterbenden oder schon toten Menschen das *Tibetische Totenbuch* – oder wie es auf Tibetisch heißt, *Das Buch der großen Erlösung durch Hören im Zwischenzustand* – von einem Lama laut vorgelesen. Es dient als eine Art Führer oder Wegweiser durch die Labyrinthe, die man zwischen Tod und Wiedergeburt – im so genannten Zwischenzustand – durchqueren muss, und enthält u. a. Ausführungen über «das klare helle Licht», «die Begegnung mit dem Herrn des Todes» und «die Wahl des Mutterschoßes».

Eine Praktik, Sterbenden zu helfen, war, wie sich Mara erinnerte, das so genannte Tonglen oder «Geben und Empfangen». Das ist eine Übung in Mitgefühl – das größte Geschenk, das man, nach dem Glauben der tibetischen Buddhisten, einem Sterbenden machen kann. Im Dunkeln auf ihrer Schneebank sitzend, stellte sich Mara Adrianes ganzes Leiden als eine heiße, schwarze, rußige Rauchwolke vor. Sie sog diesen schwarzen Rauch beim Einatmen ein. Sie sog den heißen, schwarzen Rauch in ihr Herz und bis in den schlechtesten Teil ihrer selbst, den habgierigen, selbstsüchtigen Teil. Mara benutzte die heiße, schwarze Wolke, um den Teil ihres Wesens zu zerstören, der selbstsüchtig und habgierig war, und läuterte so ihr eigenes Herz. Dann atmete sie in Adrianes Richtung aus, und der Atem, der aus ihr herauskam, war ein kühles, weißes, wohltuendes Licht, das Licht des Friedens und der Freude, des Mitgefühls und der Liebe, und es läuterte Adrianes negatives Karma ebenfalls. Auch wenn Adriane nicht bei Bewusstsein war, profitierte ihr Karma nach Auffassung der Tibeter doch von dieser Praktik, genau wie Maras Karma. «Für mich», schreibt ein tibetischer Lama, «ist jeder Sterbende ein Lehrer, da er allen, die ihm helfen, die Chance gibt, sich durch die Entwicklung des Mitgefühls zu wandeln.»

Adrianes Atem war jetzt flacher geworden. Becca zündete den übrig gebliebenen Kerzenstummel an, und die Flamme tauchte die Schneekammer in warmes gelbes Licht. Spontan kamen auch die anderen herein. Selbst Gayle hockte sich in den Eingang. Mara schien es, als sei Adriane von Hebammen umgeben, die ihr nicht beim Gebären, sondern beim Übergang in den Tod halfen, bei der Rückkehr in die Zeit vor dem Leben.

Die Tibeter glauben, dass sich alle Sterbenden – auch die, die gewaltsam zu Tode kommen – auf ein und dieselbe Art «auflösen», wenn auch die Stadien dieser Auflösung sehr schnell und in abgewandelter Reihenfolge verlaufen können. Zuerst lösen sich die äußeren Sinne auf, und der Sterbende vermag die bekannten Gesichter an seinem Totenbett nicht mehr zu erkennen. Dann ziehen sich die vier Elemente aus dem Körper zurück. Wenn sich das Erdelement zurückgezogen hat, kann der Sterbende nicht mehr aufrecht sitzen. Wenn sich das Wasserelement zurückzieht, sickern die Körperflüssigkeiten hervor. Mit dem Feuerelement weicht die Körperwärme. Und schließlich zieht sich das Luftelement zurück. Der Sterbende atmet schwer und rasselnd, halluziniert und hat Visionen – erschreckende, wenn er ein «negatives» Leben geführt hat, angenehme Visionen von alten Freunden oder himmlischen Orten, wenn es ein Leben voller Güte und Mitgefühl war. Das Einatmen wird schwacher, das Ausatmen länger, und am Ende steht ein dreimaliges langes Ausatmen. Dann hört die Atmung plötzlich auf, und alle Lebenszeichen erlöschen. An diesem Punkt hat die innere Auflösung gerade begonnen.

Kurz vor drei Uhr morgens tat Adriane, während Linda sie auf der Schneebank in den Armen hielt, ihre letzten, rasselnden Atemzüge. Linda blieb da, hielt sie weiter fest. Die anderen saßen, hockten oder knieten schweigend in der Höhlenkammer, und die gelbe Kerzenflamme brannte stetig neben Adrianes Kopf.

Nach einigen Minuten zog sich Linda ein Stück zurück. Becca trat heran, zog Adriane den dicken Handschuh aus und tastete nach einem Puls.

«Sie ist tot.»

Sie saßen lange Zeit da, jede hing ihren eigenen Gedanken nach, während die Kerze langsam herunterbrannte.

In der westlichen Medizin gilt als offizieller Todeszeitpunkt jener Augenblick, in dem die gesamte Hirntätigkeit erlischt, auch die Funktion des Hirnstamms, der die Atmung und andere grundlegende Prozesse steuert. In skandinavischen Ländern sowie in Deutschland und Österreich verlangt das Gesetz, durch bestimmte Prüfmethoden sicherzustellen, dass kein Blut mehr ins Gehirn fließt. Die tibetischen Buddhisten glauben hingegen, dass nach dem Erlöschen der feststellbaren Atmung eine «innere Atmung» weitergeht, und zwar «für die Zeit einer Mahlzeit» – etwa zwanzig Minuten. In dieser Zeit kehrt sich der Prozess der Zeugung um. Das «weiße, freudvolle Wesen» des Vaters wandert vom Kopf des Sterbenden ins Herz, löst unterwegs den Zorn auf und bewirkt ein Höchstmaß an innerer Klarheit und das Gefühl von «Weiße». Gleichzeitig wandert das «rote, heiße» Wesen der Mutter vom Unterleib, wo es seinen Sitz hatte, aufwärts, löst das Verlangen auf und gibt dem Sterbenden das Gefühl von Glück und «Röte». Das männliche und das weibliche Wesen treffen sich im Herzen und schließen das Bewusstsein zwischen sich ein. Der Sterbende empfindet jetzt Schwärze. Der Geist ist frei von allen Gedanken, aller Selbsttäuschung und Unwissenheit. Daraufhin erfährt der Sterbende jenes großartige Stadium der Erkenntnis, das «der grundlegende Glanz» oder «das klare Licht» genannt wird.

Für die tibetischen Buddhisten negiert der Tod das Bewusstsein nicht. Indem er die Hindernisse Zorn, Verlangen und Unwissenheit ausräumt, führt der Tod vielmehr zu immer fortgeschritteneren Bewusstseinsstufen und schließlich zur höchsten, der «Buddha-Natur» – dem, was andere Religionen Selbst, Wesen des Geistes oder Gott nennen.

Mara schlief unruhig, halb sitzend, halb liegend, auf ihrem Fleckchen Bank, jetzt ohne Adriane an ihrer Seite. Wie so viele Bergsteiger, die sich aufgrund der Höhe im Zustand des periodischen Atmens befinden, träumte sie, unter Wasser zu schwimmen. Als der Morgen kam und das erste schwache Licht durchs Schneefenster drang, sah sie Linda bei Adriane drüben auf dem Fußboden liegen, als wollte sie der Freundin Gesellschaft leisten. Es raschelte in der Haupthöhle, als ob sich jemand bewegte; eine dunkle Gestalt, die wie Becca aussah, kroch durch den Tunnel zum Höhlenausgang.

Sie schob den Schneeblock vorsichtig ein wenig weg. Schob ihn dann plötzlich ganz beiseite.

«Es ist klar draußen!», rief sie. «Der Wind hat sich gelegt! Die Sonne geht auf!»

Nacheinander krochen die Frauen aus dem Tunnel, richteten sich auf und standen im stillen Morgengrauen vor der Höhle. Sie schwankten ein wenig, weil sie das Stehen nicht mehr gewohnt und außerdem durch Hunger und Durst geschwächt waren. Sie fühlten die Wärme der Sonne förmlich nahen. Der Himmel glühte rosa und orange über den gletscherbedeckten Bergen des Hochhimalaja im Osten, während unter ihnen die Flanke des Annapurna, rosa getönt, in Wellen und Höckern und Steilabstürzen die drei Kilometer in das Tal abfiel, wo das Basislager noch in einer Lache von Nachtdunkel lag. Zu ihrer Linken, gleich jenseits des Höhleneingangs, stieg die wogenförmige Schneewechte sanft an und endete dann über der 300-Meter-Wand, die sich senkrecht zur spaltendurchzogenen Oberfläche des Gletschers hinabzog. Es war, als könnten sie plötzlich wieder klar sehen, als hätten sich die Schleier eines Vierzig-Stunden-Albtraums aus eisigem, windgepeitschtem Nebel und Schnee verzogen.

«Wenn wir jetzt aufbrechen, können wir am frühen Nachmittag in Lager III sein», sagte Becca, «und morgen im Basislager.»

Alle schwiegen. Jede wusste, was die anderen dachten.

«Und Adriane?», fragte Linda schließlich.

«Ich weiß nicht, was wir sonst tun könnten», sagte Becca ruhig. «Sie über die Eisfelder zu Tal zu bringen ist unmöglich, und selbst wenn es ginge, würde es Tage dauern, und bis dahin sind die Monsunstürme garantiert da.» Sie deutete mit einer ausholenden Geste auf die eisbedeckten Gipfel und den rosa Himmel vor ihnen. «Schaut euch diese phantastische Aussicht an. Ich glaube, es wäre ihr recht, dass wir sie hier lassen. Mir wäre es jedenfalls recht.»

Und so kamen sie überein, sie in der Schneehöhle zu lassen.

Sie krochen wieder hinein – in diese Enge, die Mara jetzt bereits unerträglich schien – und packten ihre Sachen, unruhig, weil sie loskommen wollten, ehe ein neuer Sturm einsetzte, und zugleich darauf bedacht, nicht den Eindruck zu erwecken, als verließen sie Adriane fluchtartig. Als sie fertig waren, rief Becca alle noch einmal in Adrianes Kammer. Im Schummerlicht sah Mara Adrianes Gesicht. Es wirkte gräulich und stumpf, als könnte es ohne Lebensenergie kein Licht reflektieren.

Als sie Adriane dort auf der Schneebank betrachtete, dachte Mara, dass diese friedliche Ruhestätte doch besser war als das, was sie erwartet hätte, wenn sie zu Hause gestorben wäre. Man hätte an ihrem Gehirn eine Autopsie vorgenommen und ein Ödem und Blutungen ins Gewebe festgestellt. Dann hätte man sie ins Bestattungsinstitut gebracht, wo man ihr vielleicht Formaldehyd oder Methylalkohol in die Adern gespritzt hätte, um ihren Körper zu konservieren. Am Ende wäre sie vermutlich in einem Stahlsarg begraben worden, in der irrigen Annahme, sie auf diese Weise von den winzigen Lebewesen abschotten zu können, die ihren Körper verzehren würden. Im Sarg selbst sind aber in der Tat genügend Bakterien, die diese Aufgabe übernehmen.

Statt ihren Leichnam durch das Einschließen in einen Sarg vor dem natürlichen Verwesungsprozess schützen zu wollen, hätten die tibetischen Buddhisten ihn möglichst weit in der Welt verstreut. Sie hätten dafür gesorgt, dass sie nach dem Tod drei Tage ungestört blieb, damit ihr Bewusstsein den Körper ganz verlassen konnte, und diesen Körper dann an einen speziellen Ort in den Bergen getragen, wo ihn Mönche zerstückelt, mit Gerstenmehl vermengt und den großen, hoch am Himmel kreisenden Vögeln des Himalaja überlassen hätten – ein Ritus, den die Tibeter «Himmelsbestattung» nennen.

Nur die bestgeschulten und bestvorbereiteten Menschen sind im Augenblick des Todes nicht vom Großen Licht überwältigt, sondern können es als Chance der Erlösung nutzen. Die meisten treten wieder in den endlosen Kreislauf von Tod, Wiedergeburt und Leiden ein, den man Samsara nennt. Die Tibeter glauben, dass das Bewusstsein, wenn es den Körper verlassen, aber keine Erlösung erlangt hat, 49 Tage im «Bardo des Werdens» verbleibt – dem «Zwischenzustand», einer Art Transitlounge für das Bewusstsein auf dem Weg ins nächste Leben, wie es ein weitgereister tibetischer Meister ausdrückte. Die vergangenen Gewohnheiten und Taten der betreffenden Person haben Konsequenzen – das so genannte Karma. Dieses schubst jetzt das Bewusstsein hierhin und dorthin und schließlich zu seinem nächsten Elternpaar und dem Mutterleib, aus dem sein neues Leben hervorgeht. Diese neue Inkarnation kann alles sein, von der Kakerlake über den Vogel bis zum Menschen, der weiter auf die Erlösung hinarbeiten kann, oder gar zum Halbgott.

Mara betrachtete den kalten, leblosen Körper im Schummerlicht der Schneehöhle und fragte sich, wo Adriane jetzt wohl war. Aber vielleicht war sie ja auch nirgendwo und würde nie mehr irgendwo sein. Wer würde es je wissen? Aber es war eine nette Vorstellung, dass Adriane jetzt gerade irgendwo dort draußen war, auf der Suche nach einem neuen Mutterleib. Es gab Mara das Gefühl, Adriane nicht ganz verloren zu haben, ihr irgendwann wieder zu begegnen.

Becca sprach ein kurzes Gebet, ein paar überkonfessionelle Worte der Hoffnung, dass Adrianes Energie, ihre Liebe zum Leben und zu den Bergen andere inspirieren würde. Sie sei in den Bergen gestorben, an einem Ort, den sie liebte, und hier solle ihr Körper auch bleiben.

«Möchte noch jemand etwas hinzufügen?», fragte Becca anschließend.

«Einen Augenblick», warf Linda ein.

Mara hörte das trockene Knistern von kaltem Papier.

«Ich möchte Adriane diese Feigenschnitten und Teebeutel hier lassen, damit sie auf ihrer Reise davon zehren kann», sagte

Linda. Sie beugte sich vor und legte die Sachen neben die Schneebank.

Mara schnürte es die Kehle zu. Sie dachte an die halbe Tafel Trauben-Nuss-Schokolade, die sie weggesteckt hatte, um sie für den Abstieg aufzuheben – das Letzte, was sie noch an Essbarem hatte. Sie zog sie aus der Innentasche ihres Kletteranzugs und legte sie behutsam auf Lindas Häufchen. Becca hinterließ Adriane ihre Lippenpomade und ihre Sonnenmilch. Und als Gayle an der Reihe war, griff sie in den Rollkragen ihres Pullovers und zog ein Goldkettchen mit einem Steinanhänger über ihren Kopf.

«Ich habe nichts Essbares mehr, aber ich möchte Adriane das hier geben – einen Rubin, den ich als kleines Mädchen von meiner Großmutter bekommen habe. Er war all die Jahre mein Talisman, und jetzt soll Adriane ihn haben.»

Sie streifte Adriane die Kette behutsam über, sodass der Stein vorn auf ihrem Kletteranzug lag, und kroch dann hinaus. Mara zögerte noch, wollte als Letzte gehen. Sie umarmte Adriane noch einmal lange, spürte den Körper der Freundin unter sich, steif und kalt und klein, richtete sich dann auf die Knie hoch und schlug mit dem Eispickel das Schneefenster, das sie konstruiert hatte, aus der Höhlenwand. Helles Tageslicht strömte herein. Sie rutschte näher heran, schaute hinaus. Durch die Öffnung – genau gegenüber von Adriane – sah Mara den tiefblauen Himmel und die steil abstürzende Felswand. Die anderen weißen Gipfel des hohen Himalajamassivs lagen unter ihr, und dahinter sah sie endlich doch noch die karstigen, kahlen Hügel des riesigen tibetischen Hochplateaus: die Grau-, Grün-, Blau- und Brauntöne von trockener Erde und Fels und hier und da das Weiß eines schneebedeckten Gipfels. Es sah so fremd und geheimnisvoll aus wie die Oberfläche eines anderen Planeten. Aus dieser Höhe konnte sie die schimmernde Luftschicht erkennen, die die Hügel umfing – der dünne Schleier der Erdatmosphäre. Hier und dort ragte ein spitzturmartiger Gipfel hervor, reckte sich durch den

Schleier den sonnendurchstrahlten, blauschwarzen Tiefen des Weltraums entgegen. Aus dieser Warte konnte sie sehen, dass die Tibeter unmittelbar unterhalb der Grenze zwischen Erde und Weltall lebten. Kein Wunder, dass ihnen die Existenz auch des kleinsten Wesens, das sich am Leben zu erhalten vermochte, so viel bedeutete.

Sie riss sich von dem Anblick los und musterte nun das Fenster selbst. Jeder Vogel, der in die Kammer gelangen wollte, ob Spatz, Raubvogel oder Geier, würde problemlos durch die Öffnung passen. Mit ihrem Werk zufrieden, kroch sie durch den Tunnel ins helle Sonnenlicht hinaus. Keuchend schoben sie alle gemeinsam den Schneeblock vor den Eingang und dichteten die Ritzen mit Schnee ab. Dann seilten sie sich an, schulterten ihre Rucksäcke und machten sich, langsam und heftig atmend, an den Abstieg.

Kapitel 4

Die kalte Umarmung der weißen Sphinx – Von einer Lawine verschüttet

Den ganzen Vormittag waren die drei mit Schneeschuhen aufgestiegen, die Snowboards auf dem Rücken. Unter einem kobaltblauen Himmel lockte die hohe Zinne der Wasatch Mountains, einer Gebirgskette im amerikanischen Bundesstaat Utah, die für ihren tiefen, lockeren Pulverschnee berühmt ist. Die feuchte Luft, die von den nördlichen Pazifikstaaten herkommt, bildet über dem warmen Great Salt Lake Wirbel und steigt dann an der steilen Front der 3000 m hohen Wasatchs etwa eine Höhenmeile in kalte, dünnere Luftschichten empor, wobei sie ihre Feuchtigkeit in Form einer dicken Decke aus federleichten Schneeflocken auf den Hängen unterhalb der Felszinnen ablädt. Diese besonderen geographischen und meteorologischen Gegebenheiten machen die Wasatchs zu einem Mekka für Snowboarder und Skifahrer, die aus der ganzen Welt in die Wintersportorte dieser Region strömen. Andere hingegen suchen die wilde, unreglementierte Weite des in Bundesbesitz befindlichen Landes abseits der überwachten Pisten. Diese abgelegenen Tiefschneegebiete heißen bei den Fans – zu denen auch die drei jungen Snowboarder gehörten – das «Backcountry».

Nachdem sie kurz nach Tagesanbruch den Wagen an der Abzweigung des Forstwegs hatten stehen lassen, waren sie durch die lichten Espenwälder der tieferen Hangregionen gestapft und dann in die schattigen Kiefernwälder der mittleren Höhenlagen eingetaucht. Am mittleren Vormittag waren sie einem Ranger der Forstaufsicht begegnet, der auf Schneeschuhen den Weg herabkam.

«Wollt ihr rauf zur Wanne, Jungs?», hatte er gefragt.

«Wollen wir», antwortete Jeremy, der voranging.

«Passt auf dort oben», sagte der Ranger und beäugte die silbernen Ohrstecker, die wie Nieten Jeremys linkes Ohr säumten. «Ich komme gerade von einer Lawinenpatrouille, und der Schnee sieht nicht besonders stabil aus.»

«Wir schauen ihn uns an», gab Jeremy zurück.

Er wollte an dem Ranger vorbeistapfen, aber der stand immer noch mitten in dem schmalen Hohlweg und machte keine Anstalten, sie vorbeizulassen.

«Ich hoffe, ihr wisst, was ihr tut», sagte er.

Jeremy ging weiter, wich drei Schritte auf die Schräge des Schneewalls am Wegrand aus und war an dem Ranger vorbei.

«Sie stehen im Weg, Mann», sagte Jeremy und stapfte weiter. Liz und Dougie folgten ihm. Der Ranger sah ihnen finster nach, sagte aber nichts mehr. Dann zog er seine Rucksackriemen nach und setzte langsam seinen Weg fort.

Sie wussten allerdings, was sie taten. Sie hatten Lawinen- und Survivalkurse gemacht, unzählige Trips ins Backcountry unternommen, tagelang im Zelt kampiert und sich an Hochgebirgsmulden wie der erprobt, die dort über der Baumgrenze schimmerte wie ein aufgehender Mond. Trotzdem hatten sie ständig Trouble mit irgendwelchen Aufpassern – den Aufpassern auf den Pisten, die ihnen die Benutzung des Lifts verwehrten und sagten, sie sollten langsamer fahren oder verschwinden; den Aufpassern der Forstbehörde, die das Boarden im Backcountry reglementieren wollten; den Eltern daheim. Mit das Tollste am Boarden im Backcountry war, dass da draußen eine ganze Welt ohne Aufpasser lag. Dort wurde man nicht diskriminiert, weil man eine Punkfrisur oder eine gepiercte Zunge hatte oder sich nichts vorschreiben ließ. Das Backcountry verteilte seine Freuden und Probleme demokratisch, ohne Ansehen der Person.

Am späten Vormittag kam das Trio schließlich, in der Hochgebirgssonne schwitzend, auf dem First an. Ringsum ragten die faltig geschichteten, weißen Zinnen der Wasatchs empor, einige höher, andere etwas niedriger. Zu ihren Füßen lag die große Wanne, baumlos und weiß wie ein riesiges Amphitheater. Über den Rand wölbte sich eine drei Meter hohe Wechte. Ein Stück vom Wechtenrand entfernt schnallten sie ihre Schneeschuhe ab und versanken sofort bis zu den Hüften im weichen Schnee. Sie zogen ihre Klappschaufeln aus den Rucksäcken und gruben ein Loch in den Schnee, um dessen Schichtung zu untersuchen. Dicht über dem Grund des Lochs entdeckten sie eine Schicht aus losem Schnee von zuckerartiger Beschaffenheit.

Jeremy hockte sich im Loch hin und scharrte eine Handvoll Schnee heraus. Er presste ihn in der behandschuhten Faust zusammen. Dann öffnete er die Hand wieder. Die zuckrigen Schneepartikel verklebten nicht miteinander, sondern rieselten wie Sand durch seine Finger. «Sieht schon ziemlich lose aus», sagte Jeremy, «aber unterwegs habe ich in den anderen Wannen hier in der Gegend nirgends eine Spur von einem frischeren Schneerutsch gesehen. Ich glaube, es ist schon okay.»

Er sprach von verräterischen Narben in steilen Tiefschneedecken und Haufen von umgewühltem Schnee am Fuß des Hangs. Jeremy hatte mehr Backcountry-Erfahrung, also vertrauten Liz und Dougie auf sein Urteil. Die drei steckten die Schaufeln wieder ein, schnallten die Schneeschuhe auf die Rucksäcke und spannten die wadenhohen Softboots in die steifen Plastikbindungen der Boards. Die Boards selbst ähnelten einem kurzen, sehr breiten, an beiden Enden aufgebogenen Ski – eine Kreuzung aus Ski und Surfbrett. Sie kontrollierten noch einmal ihre Lawinenpiepse – kleine Radiowellen-Sender/Empfänger, die sie an einem Brust- und Hüftgurt unter dem Anorak trugen. Diese Geräte sandten, ähnlich wie das Notortungsgerät eines Flugzeugs, ein Signal auf der international vereinbarten Frequenz von 457 kHz aus. Wenn der Träger von einer Lawine verschüttet wurde, konnten die Kameraden oder Suchtrupps das Signal mit ihren Geräten empfangen und orten. Die drei hüpften schwerfällig auf ihren Boards an den Wechtenrand – wie auf Surfbretter genagelte Frösche. Unter ihnen erstreckte sich die Wanne – schüsselförmig über gut dreihundert Höhenmeter abfallend, eine riesige Höhlung, die ein urzeitlicher Gletscher in den massiven Fels des Bergs gefressen hatte und die jetzt mit einer dicken, weißen, pudrigen Pulverschneeschicht ausgekleidet war.

Diesmal war Doug mit Vorfahren dran. Die Wanne war so tief und steil und derart leer, dass ihm schon vom Hinunterschauen schwindlig wurde.

«Was ist? Willst du den ganzen Tag da runterstarren oder fährst du demnächst mal los?», fragte Jeremy, der sich bückte, um seine Bindung fester zu ziehen.

«Einen Moment noch, ja?», antwortete Dougie.

«Wenn er vorfährt, kann er überlegen, solange er will», sprang Liz Dougie bei. «So haben wir's immer gemacht.»

Jeremy gab nach. «Weiß ich ja. Die Wanne sieht nur so geil aus, dass ich's kaum noch aushalte.»

«Schade, dass Cat nicht mit ist», sagte Liz und betrachtete die umliegenden Zinnen, die Türme von scharfkantigem, schwarzem Fels, die aus den windgeformten Schneewogen ragten. «Das würde ihr gefallen.»

«Ich weiß nicht», sagte Dougie zerstreut, ohne den Blick von den langen, konkav gewölbten Hängen der Wanne zu wenden. Er fühlte sein Herz in seiner Brust pumpen, merkte, wie sein Atem schneller ging. «Sie steht nicht mehr so aufs Boarden, seit Kayla da ist.»

Drei Jahre lebten Dougie und Cat jetzt schon zusammen in einer kleinen, gemieteten Hütte unten im Canyon, arbeiteten je nach Saison und Finanzlage in Restaurants oder an Skiliften. Sie waren immer mit Liz und Jeremy und noch zwei, drei Boardern herumgezogen und hatten sich, allen Einmischungsversuchen ihrer Eltern zum Trotz, geweigert, aufs College zu gehen oder sich richtige Jobs zu suchen oder überhaupt irgendetwas anderes zu tun, als den ganzen Winter Snowboard und den ganzen Sommer Mountain-Bike zu fahren. Und dann war Cat schwanger geworden. Kayla war jetzt zehn Monate alt – fing gerade an zu laufen. Dougie liebte die Kleine, liebte es, mit ihr zu spielen, sie durch Grimassen zum Lachen zu bringen, ihr das Laufen beizubringen. Aber manchmal musste er einfach raus aus dem winzigen Haus mit dem Windelgeruch, den verkrusteten Klecksen von Babynahrung auf dem Frühstückstisch, dem Geschrei, der totalen Aufmerksamkeit, die Cat der Kleinen schenkte, sodass für ihn und die Sachen, die sie früher so gern zusammen gemacht hatten, kaum noch etwas übrig blieb. Ohne das Boarden würde ihn diese Enge verrückt machen. Bevor er das Boarden entdeckt hatte, *war* er verrückt gewesen. Er hatte seine Eltern gehasst. Er war von der Schule geflogen, bei einer ganzen Reihe von Psychologen, Sozialarbeitern und schließlich Bewährungshelfern gelandet. Durch das Boarden hatte er endlich einen Platz in dieser Welt gefunden, der auf ihn zugeschnitten war.

«Was meinst du, Jer, einfach in der Mitte runter oder ein wenig rechts halten?», fragte Dougie, noch immer die Wanne studierend.

«Ich würde sagen, rechts halten», antwortete Jeremy. «Da in der Mitte ist so ein Buckel, auf der anderen Seite könnte es ganz schön steil runtergehen.»

«Meinst du, der Schnee hält?», fragte Dougie, mehr an sich selbst als an die anderen gerichtet.

«Das wollen wir doch verdammt nochmal hoffen», sagte Jeremy. «Hör zu, wenn du nicht vorfahren willst – mir macht's nichts aus.»

Dougie sah wieder in die Wanne hinab. Der makellose Hang verriet nichts, enthielt aber irgendwie doch die ganze Komplexität und Zufälligkeit des Kosmos. Die Abermilliarden von Schneekristallen, jedes mit seiner eigenen Struktur, waren in einer unendlichen Vielfalt möglicher Kombinationen geschichtet, untereinander gebunden – oder auch nicht, je nach Temperatur und Feuchtigkeit an ihren zahllosen Berührungspunkten. Die kleinste zusätzliche Belastung der Oberfläche – etwa das Gewicht eines Snowboarders – konnte sie ins Rutschen bringen. Oder aber der Hang konnte halten. Würde der Schnee abreißen oder nicht? Die Frage konnte man stellen, aber der Hang – makellos weiß und nichtssagend – würde sein Schweigen wahren. Er war wie die Sphinx, nur die genaue Anordnung seiner Myriaden von Schneekristallen enthielt die Antwort auf das Rätsel. Es war, wie in das unendliche Sternenmeer des Nachthimmels zu schauen. Dougie konnte fragen, was der Schnee vorhatte – was er *für ihn* bereithielt –, und er konnte qualifizierte Vermutungen anstellen, aber wirklich wissen würde er es erst, wenn er es ausprobierte.

Dougie griff an die rotgetönte Schneebrille über seiner lila Fleece-Mütze, zog sie vor die Augen und zurrte die Manschetten seiner Schneehandschuhe fester. Sicherheit war ihm nicht das Wichtigste im Leben. Sonst würde er unten im Tal bleiben und fünf Tage die Woche seine Karte in eine Stechuhr schieben.

«Ich mach's», sagte er.

«Yeah, Dougie!», rief Liz.

«Lass es krachen, Alter!», feuerte Jeremy ihn an.

Einen langen Augenblick starrte er über den Wechtenrand hinab, machte sich ein Bild von seiner Landung und den anschließenden Schwüngen. Er atmete langsam und tief durch, um sich zu beruhigen. Hätte auf der Wechte zufällig ein EEG-Gerät gestanden und wären dessen Elektroden an Dougies Schädel befestigt gewesen, dann hätte der Monitor einen jähen Anstieg der Alphawellen in der linken Hemisphäre seines Gehirns gezeigt, jener Hirnstromwellen mit einer Frequenz von 8 bis 13 Hz, die einem ruhigen, meditativen Zustand entsprechen. Dieser Anstieg der Alphawellen wurde bei Bogenschützen festgestellt, die im Begriff waren, einen Pfeil mitten ins Schwarze zu schießen, und inzwischen lernen manche Sportler, ihre Hirnstromwellen zu trainieren, um sich gezielt in diese «Zone» sportlicher Höchstleistungen zu versetzen. Dougie atmete dreimal gründlich aus und ruckte dann sein Board so zurecht, dass es genau auf den Wechtenrand zeigte. Er machte zwei kleine Hüpfer, dann einen großen, der ihn über den Rand trug.

«Juhuu!»

Dougie hörte den Wind um seine Ohren pfeifen. Im Fallen konzentrierte er sich darauf, eine optimale Gleichgewichtshaltung zu bewahren – Arme ausgebreitet, Knie angebeugt, Blick auf die rasch nahende Landezone im Schnee unterhalb der Wechte fokussiert.

Wump!

Er landete perfekt – federte die Landung optimal ab. Er absorbierte die Wucht des Aufschlags – gut 75 Kilo Körpergewicht, die aus der Höhe eines Fensters im zweiten Stock fallen –, indem er sich zusammenduckte und tief in die Knie ging. Das Board stanzte sich in den weichen Pulverschnee und einen Sekundenbruchteil später federte Dougie aus seiner Kauerhaltung hoch und riss das Board an die Schneeoberfläche. Und plötzlich schoss er bergab.

Er legte sich in einen weiten Rechtsschwung – zu seiner «Zehenseite» hin, was heißt, dass seine Bindungen zur rechten Boardkante zeigten. Das Board war in der Mitte schmaler als an den Enden; als Dougie es ankantete, bog es sich durch und schnitt eine elegante Kurve in den Schnee. Weiche Schneeklümpchen stoben empor auf seinen roten Anorak und seine schwarze Hose und in sein Gesicht und fühlten sich an wie die Berührung eines kalten, feuchten Pinsels.

«Yeah, super gecarvt!», hörte er Liz von oben rufen.

«Geiler Pow-Turn!», schrie Jeremy.

Er schoss aus der ersten Kurve heraus, fast schon in der Luft, legte sich nach links – zu seiner «Fersenseite» –, und das Board schnitt sich in den Schnee und tauchte am Ende des Schwungs wieder auf und der Hang fiel unter ihm steil ab und er schwebte und fiel gleichzeitig. Es war ein Gefühl von absoluter Freiheit, den scharfen Wind im Gesicht, um sich den stiebenden Schnee, über sich den blauen Hochwinterhimmel, unter sich die riesige, unberührte Schneewanne. Es war toll. Sein Körper und sein Board spielten mit dem unerbittlichen Sog der Schwerkraft, tanzten hin und her wie ein Violinbogen über dem mächtigen Resonanzkörper des Bergs. Seine Hirnstromwellen passten sich rasch und flexibel den Erfordernissen der Situation an, sprangen vom ruhigen Alpha- in den mittleren Betabereich, die normale menschliche Wachfrequenz, dann, an tückischen Stellen des Terrains, in die Bereiche erhöhter Wachsamkeit und wieder zurück in die ruhigen Alphafrequenzen – dasselbe schnelle, flüssige Rauf- und Runterschalten, wie man es im Gehirn von Formel-1-Testpiloten gemessen hat, die in ihren Boliden abwechselnd leichtere und schwierige Aufgaben bewältigen müssen.

Dritter Turn. Das Pfeifen des Winds in seinen Ohren.

Vierter Turn. Er hatte den Rhythmus gefunden.

Fünfter Turn. Hinein in die lange, rasante Kurve, hinter sich einen Schweif von stiebendem Schnee, wie eine Art alpiner Komet.

Sechster Turn. Da war der Buckel, rechts halten, um ihn zu umfahren.

Siebter Turn. Nicht weit genug, er steuerte direkt darauf zu, keine Panik, er konnte jetzt darüber wegschauen, kein Problem, diese Schanze, obwohl der Hang dahinter steiler wurde, ein kurzer Flug, weiter nichts.

Und plötzlich war Dougie in der Luft. Er fasste an die rechte Kante des Bords, jener elegante Sprungstil, der sich «method air» nennt. Ein Moment zwischen Himmel und Erde, das flüchtige Gefühl zu schweben – wie ein Vogel, ruhig, sicher, über der immensen Weite der Wanne.

Er kam auf, wieder optimal abgefedert, noch eine perfekte Landung.

«Jauuuuu!», schrie er in der Hoffnung, dass Liz und Jeremy ihn hören konnten und mitbekamen, wie toll diese Abfahrt war.

Achter Turn. Komisch, was er da aus dem rechten Augenwinkel sah – ein langer, bläulicher Riss im Schnee.

Dann ein Schrei, und der Schnee vibrierte von einem dumpfen Schlag – wie eine Riesenhand, die auf einen Riesenkürbis schlug.

Neunter Turn. Der Schnee um ihn herum bewegte sich, zerbrach in dicke Schollen.

Wieder ein Schrei, sein eigener, den nur er hören konnte.

Instinktiv kauerte er sich zusammen, die Arme als Balancehilfe ausgebreitet – jene blitzschnelle Reaktion auf ein plötzliches Geräusch oder einen Lichtblitz oder sonst etwas Überraschendes, die man «Schreckreflex» nennt. Seine Augen kreisten, suchten automatisch die Quelle der Gefahr. Adrenalin schoss durch sein Blut. Seine Hirnstromwellen schnellten in die Zone höchsten Alarms – den oberen Betabereich mit einer Frequenz von über 30 Hz pro Sekunde. Die Gefahr war überall – eine Schneebrettlawine, große, weiche Schollen der Neuschneeschicht, die in Stücke zerbrachen und den Hang hinabstürzten wie ein gesprengtes Hochhaus, das in einer Staubwolke in sich zusammenfällt.

Dougie schwang nach rechts, auf den Rand der bröckelnden Masse zu, ritt auf dem aufgewühlten Schnee wie ein Surfer auf der Brandungsgischt, eine Sekunde, zwei Sekunden, drei Sekunden.

Eine Schneescholle von einem Meter Dicke traf ihn von hinten, warf ihn um.

Auf den Rücken drehen. Er fühlte, wie die Lawine schneller

wurde, überall brodelnder Schnee. Sechzig Stundenkilometer, achtzig, hundert, er wurde auf den Bauch gewälzt, überschwemmt, musste schwimmen, um oben zu bleiben, mit den Armen rudern, weil seine Beine an das Board gefesselt waren. Wurde wieder herumgewälzt, atmete ein Gemisch aus Luft und Pulverschnee, wie Gischt beim Schwimmen in der Brandung. Fragte sich, wann der Strom zum Stehen kommen würde, ob er gegen Bäume oder Felsen krachen würde. Jetzt wurde die Bewegung langsamer – schwimmen, nach oben schwimmen – eine Hand vor den Mund, um eine Atemhöhle zu schaffen – die andere nach oben recken, als Zeichen für die anderen – der Schnee plötzlich schwer, dicht und dunkel.

Und dann stand alles still.

Im indischen Pondicherry gab es einen berühmten heiligen Mann namens Yogiraja Vaidyaraja, auch bekannt als der «Yogi, der sich begraben lässt». Als Beweis seiner Heiligkeit stieg der Yogi in regelmäßigen Abständen in einen kleinen Kasten und ließ sich in der Erde begraben, wo er mehrere Tage ausharrte. 1973 reiste ein Team amerikanischer Biofeedback-Forscher unter der Leitung von Elmer Green nach Pondicherry, baute einen Kasten von 1 × 1 × 1,5 m, stattete ihn mit einem Beobachtungsfenster aus und dichtete ihn mit Wachs und Kunststoffschaum hermetisch ab. Nachdem die Forscher ihn mit einer ganzen Batterie von Elektroden versehen hatten, um seine Lebenszeichen und Hirnstromwellen zu überwachen, stieg der Yogi in den Kasten, der gewissenhaft versiegelt wurde. Sobald Vaidyaraja den Lotossitz eingenommen hatte, begannen Greens Bobachtungen. Die Geräte zeigten, dass die Hirnströme des Yogis sofort von hochfrequenten Betawellen, dem Korrelat von hellwacher Aufmerksamkeit, auf jene langen, langsamen Alphawellen umschalteten, die einem gelassenen, meditativen Zustand entsprechen. Seine Herzfrequenz sank auf die Hälfte und seine Atmung verlangsamte sich sogar auf ein Drittel der normalen Wachfrequenz – ganze vier Atemzüge pro Minute. In diesem Zustand extrem reduzierter Stoffwechseltätigkeit verharrte der Yogi volle acht Stunden, bis er schließlich bat, aus dem Kasten entlassen zu werden, da er, wie er erklärte, von den elektrischen Geräten Stromschläge bekam.

Der Yogi hätte ein gutes Lawinenopfer abgegeben – oder vielmehr einen guten Lawinenüberlebenden. Schnee besteht hauptsächlich aus Luft – zu über 90 Prozent bei unberührtem, lockerem Neuschnee und immer noch zu etwa 60 Prozent beim komprimierten Schnee von Lawinenbrocken. Der Verschüttete kann die zwischen den Schneekristallen gefangene Luft einsaugen – jedenfalls für kurze Zeit. Vorausgesetzt natürlich, er wurde im reißenden Strom der Schneemassen nicht tödlich verletzt, nicht von der Wucht der Lawine gegen Bäume oder Felsen oder in einen Abgrund geschleudert. Und ferner vorausgesetzt, der brodelnde Schnee hat ihm nicht die Luftwege verstopft und die Schneelast, die jetzt auf ihm liegt, presst ihm den Brustkorb nicht zu fest zusammen. Doch selbst wenn der Verschüttete diesen Gefahren entgangen ist, droht ihm in der Regel dennoch bald der Erstickungstod. Ausgeatmetes Kohlendioxid sättigt den Bereich um das Gesicht des Verschütteten, und dieser leidet schon nach kurzer Zeit unter Hyperkapnie – erhöhter Kohlendioxidkonzentration im Blut – und Hypoxämie – Sauerstoffmangel im Blut. Zudem bildet sich aufgrund der warmen, feuchten Ausatmungsluft bald eine dünne Eismaske – eine Art alpine Totenmaske – um Mund und Nase und verhindert das Einatmen der im Schnee enthaltenen Luft.

Die Überlebensstatistiken ergeben eine rapide abfallende Kurve: Nach 15 Minuten Verschüttetsein beträgt die Überlebenswahrscheinlichkeit 92 Prozent. Nur 20 Minuten später – nach insgesamt 35 Minuten – ist sie auf 30 Prozent gefallen, und nach gut 2 Stunden ist sie mit 3 Prozent nur noch minimal.[1] Aber es haben auch schon Verschüttete, entgegen aller Wahrscheinlichkeit, sehr viel länger überlebt. 1955 überstand der fünfundzwanzigjährige schwedische Jäger Evert Stenmark acht Tage unter dem Schnee einer kleineren Lawine. Er konnte sich eine Atemhöhle freischmelzen und -scharren und nährte sich von rohem Schneehuhn, Skiwachs, Schmelzwasser und Hoffnung – wobei letztere umso schneller dahinschwand, je länger seine Kameraden vergeblich nach ihm suchten. Als großer Kinofan hatte Stenmark die abgerissenen Eintrittskarten aller Filme, die er je gesehen hatte, in seiner Brieftasche aufgehoben. Sein Bruder entdeckte schließlich die Karte des Stockholmer Black Cat-Kinos, die Stenmark aus seiner Brieftasche gezogen, an einem unterm Schnee gefundenen Ast befestigt und an die Oberfläche manövriert hatte.

Das sind die bizarren Ausreißer der Überlebensstatistik. Für die meisten Menschen ist das Risiko, in eine Lawine zu geraten, extrem gering – es sei denn, sie sind zur falschen Zeit am falschen Ort. Schätzungen zufolge gehen in den USA jährlich rund hunderttausend Lawinen nieder – die meisten in entlegenen Gebirgsregionen des Westens wie den Rocky Mountains, der Sierra Nevada oder dem Kaskadengebirge. Hinzu kommen pro Winter noch einige zigtausend Lawinen in Europa und Kanada. Insgesamt fordern diese Lawinen pro Jahr nur etwa vierzig Menschenleben in Nordamerika und etwa einhundert in Europa. Während in den USA die Opfer zumeist Wintersportler sind – und diese Zahl in den letzten Jahren noch gestiegen ist, da sich immer mehr Skifahrer, Snowboarder, Schneeschuhläufer und Schneemobilfahrer abseits der Pisten tummeln –, sind es in Europa vor allem die Bewohner der Dörfer in den Alpenhochtälern, die seit Jahrhunderten mit der ständigen Lawinengefahr leben. Sie haben zahllose Schutzmechanismen entwickelt: die Erhaltung der Wälder, das Aufstellen von Zäunen, um den Schnee an den Steilhängen zu halten, eine entsprechende Ausrichtung der

Bebauungsplanung, die Überdachung von Straßen, die Ausstattung von Häusern und selbst Kirchen mit schiffsbugartigen Mauern, die den Schneemassen möglichst wenig Angriffsfläche bieten sollen.

Anders als die Gewalt des Meeres ist die der Lawine plötzlicher Natur und daher umso erschreckender. Sie erinnert uns daran, dass der Grund, auf dem wir leben, und selbst die Berge – dieses Sinnbild der Stabilität – nicht statisch, sondern auf ihre Art lebendig und in stetem Wandel begriffen sind, ebenso wie der Schnee, der sie bedeckt. Einmal entfesselt, können die donnernden Schneemassen Häuser und Wälder dem Erdboden gleichmachen; sie können über kleinere Berge hinwegfluten wie eine große weiße Welle und ganze Talgründe unter sich begraben. In Japan wurden Lawinengeschwindigkeiten von über 350 Stundenkilometern gemessen, in Alaska Lawinenbahnen von einem Dutzend Kilometern. In Peru tötete eine Schnee-, Eis- und Schlammlawine, die sich 1970 von einem Andengipfel löste, Hunderte von Metern herabdonnerte und sich durch ein dicht besiedeltes Tal wälzte, zwanzigtausend Menschen.

Zu den berühmtesten Lawinenopfern zählen die Soldaten und Kriegselefanten, die Hannibals Truppen im Jahr 218, bei ihrem Zug von Spanien über die Alpen gen Rom, durch abgehende Schneemassen einbüßten. «Schnee, der von den hohen Gipfeln fällt, verschlingt die lebenden Schwadronen», schrieb der Epiker Silius Italicus. Nicht weit von jenen Orten entfernt fanden 1991 zwei deutsche Bergwanderer den 5000 Jahre alten Leichnam eines Jägers, den das tauende Eis eines Gletschers freizugeben begonnen hatte. Auch dieser rasch weltberühmte «Ötzi» (nach den Ötztaler Alpen) war möglicherweise das Opfer einer prähistorischen Lawine. Prinz Charles entging 1988 bei einer Skitour in den Alpen nur knapp abgehenden Schneemassen, als er und seine Begleiter, darunter auch ein Schweizer Bergführer, sich in Tiefschneeterrain wagten, das als lawinengefährdet eingestuft worden war. Einer seiner engsten Freunde, Major Hugh Lindsay, ehemaliger Oberstallmeister der Königin, fand den weißen Tod. Hunderte von Bergsteigern kamen in den Gebirgen dieser Erde durch Lawinen um, so auch Alex Lowe, der vielen als der beste amerikanische Alpinist galt und 1999 beim Versuch, auf Skiern von einem tibetischen Gipfel abzufahren, von einer riesigen Lawine verschüttet wurde.

Es ist nicht verwunderlich, dass auch herausragende und erfahrene Bergsteiger von Lawinen erfasst oder sogar getötet wurden. Trotz aller wissenschaftlichen Untersuchungen der Abgangsursachen von Lawinen bleiben diese doch eines der beängstigendsten Phänomene der Bergwelt. Das winterliche Hochgebirge übt auf manche Menschen einen geradezu unwiderstehlichen Reiz aus, aber andererseits ist es so gut wie unmöglich, dieser Lockung zu folgen, ohne ein gewisses Lawinenrisiko in Kauf zu nehmen. Alljährlich gehen Hunderttausende Skifahrer, Bergsteiger und Snowboarder bewusst ein solches Risiko ein und begeben sich abseits der Pisten. Und wenn sie beschließen, sich auf steilen, unberührten, pulvrigen Tiefschnee – dieses schweigende, lockende Mysterium – einzulassen, so ist das im wahrsten Sinne des Wortes ein Sprung ins Ungewisse. Es kann ihnen entweder ein ekstatisches Abfahrtserlebnis einbringen oder den langsamen Erstickungstod unter Tonnen von Schnee.

Da war schwaches Licht, wie Morgengrauen. Nichts zu hören. Das Gewicht des Schnees drückte auf ihn. Er versuchte zu atmen; sein Brustkorb dehnte sich ein wenig, stieß auf den Widerstand des kompakten Schnees, der sich jetzt bereits anfühlte wie ein Betonpanzer. Er roch feuchtes Leder. Die Innenfläche seines Handschuhs war dicht vor seinem Gesicht. Sie bildete eine kleine Atemhöhle. Dougie versuchte es mit einem flacheren Atemzug. Noch einem. Und noch einem.

Er spürte, dass er auf der Seite lag, den Kopf leicht nach oben gedreht. Er wand sich, versuchte die Arme zu bewegen, um die Atemhöhle vor seinem Gesicht zu vergrößern. Sie rührten sich nicht, waren wie in Gips, den man an einem Stahltisch festgeschraubt hatte. Er versuchte, die Beine zu bewegen. Nichts. Nur seine Zehen bewegten sich in den Stiefeln. Er versuchte, den Körper zu drehen. Nichts. Es war, als läge er in einem kalten, dunklen Kofferraum, an Händen und Füßen gefesselt.

Er wollte schreien.

Panisch machte er ruckartige Bewegungen mit dem Kopf, als wollte er sich den Weg nach draußen frei bohren, frei schlagen. Sein Kopf bewegte sich ein klein wenig, Schnee knirschte in seinen Ohren. Seine Mütze hatte er irgendwo verloren. Er wusste, es war kalt, aber darüber machte er sich keine Gedanken; bis die Unterkühlung eintrat, würde es eine ganze Weile dauern. Er wackelte mit den Fingern. Sie bewegten sich im Handschuh. Er kratzte an dem Schnee vor seinem Gesicht. Die Atemhöhle erweiterte sich um wenige Zentimeter. Aber dann fiel ihm ein Schneebrocken, den er losgekratzt hatte, in den Mund. Er bekam keine Luft mit dieser kalten, wattigen Masse im Mund. Er versuchte, sie auszuspucken, aber der Brocken war zu groß. Mit dem behandschuhten Zeigefinger schaffte er es, den Brocken herauszuziehen. Er konnte wieder atmen, aber das Atmen war jetzt noch mühsamer, die Luft so feucht und dick. Er fühlte Panik in sich aufsteigen, seine alte Kindheitsangst vor kleinen, dunklen Räumen, das Gefühl, nachts aufzuwachen, in dem Schwarz, das ihm die Luft nahm, in der Nacht, die wie ein Kissen auf seinem Gesicht lag, ihn zu ersticken drohte, sodass er nach seinen Eltern schrie.

«Hilfe!», schrie er und schlug den Kopf hin und her.

Der Schnee erstickte seinen Schrei. Vor Anstrengung rang er nach Luft. Jemand drückte das Kissen fester auf sein Gesicht.

Ich werde sterben, dachte er. *Wenn sie mich nicht finden, sterbe ich.*

Panik wallte wieder in ihm auf. Er schlug den Kopf heftiger gegen die Schneemauern, kratzte gleichzeitig mit den Fingern. Jetzt ging sein Atem schnell, beengt von dem harten Schneepanzer, und sein Herz schlug über hundertmal pro Minute.

Er war jetzt zwei Minuten verschüttet. Die Sauerstoffsättigung seines Blutes war nur leicht zurückgegangen, von 92 Prozent – der Regelfall für einen in 3000 m Höhe normal atmenden Einundzwanzigjährigen – auf etwas unter 91 Prozent. Aber der Kohlendioxidgehalt seiner Ausatmungsluft war stark angestiegen und, schlimmer noch, der Kohlendioxidgehalt der Luft, die er einatmete, hatte sich etwa verhundertfacht, von 0,035 Prozent – dem üblichen Spurengehalt unter normalen Atembedingungen – auf 4 Prozent eines jeden Atemzugs. Dieser Anteil war immer noch zu niedrig, um Dougies zentrales Nervensystem zu beeinträchtigen – beim Menschen droht der Bewusstseinsverlust erst bei einer Kohlendioxidkonzentration von 15 bis 20 Prozent in der Atemluft –, genügte aber, dass die Kohlendioxidsensoren in seinem Gehirn die Lunge anwiesen, tiefer und schneller zu atmen, um das Blut von Kohlendioxid zu reinigen. Unterdes pulsten seine Hirnstromwellen im oberen Betabereich mit einer Frequenz von 30 bis 35 Hz pro Sekunde, im Bereich von Unruhe, Angst und Hyperaktivität.

Er schrie wieder.

Und wieder wurde sein Schrei erstickt, als zeigten die Schneemassen, die auf ihm lagen, ihre absolute Gleichgültigkeit. Er dachte an Cat und Kayla, sah sie auf dem alten, abgewetzten Sofa ihrer Hütte unten im Tal sitzen und warten, dass er zur Tür hereinkam. Er würde sie nie wiedersehen. Er warf den Kopf so wild hin und her, als könnte er, indem er seinen Schädel gegen den harten Schnee schlug, die Realität seiner Gefangenschaft auslöschen.

Er hielt inne. Er atmete jetzt schnell und angestrengt, bekam aber trotzdem nicht genügend Luft. Er wollte schreien, sich winden, sich den Weg frei schlagen. Aber durch Kämpfen, wurde ihm klar, würde ihm die Luft nur noch schneller ausgehen.

Er war jetzt vier Minuten verschüttet. Die Sauerstoffsättigung seines Bluts war auf 89 Prozent gefallen, immer noch nicht niedrig genug, um ihn ernsthaft zu beeinträchtigen, da der Mensch noch eine Sauerstoffsättigung von nur 50 Prozent überleben kann. Das Kohlendioxid, das er ausatmete, hatte die Atemhöhle unmittelbar vor seinem Gesicht gefüllt und auch die Lufttaschen zwischen den Schneekristallen gesättigt. Er atmete jetzt verbrauchte Luft mit 6 Prozent Kohlendioxidgehalt, und dieser Anteil stieg rapide, in den Bereich der Beeinträchtigung der Gehirnfunktionen hinein. Er zeigte jetzt die ersten Symptome akuter Hyperkapnie – erhöhter Kohlendioxidkonzentration im Blut. Diese Symptome gehen von beschleunigter Atmung, Unruhe und einer gewissen Beeinträchtigung der Denkfunktionen bei einem Level von 4 bis 10 Prozent über schwere Beeinträchtigungen der Hirnfunktion bei 10 bis 15 Prozent bis zum Bewusstseinsverlust bei 15 bis 20 Prozent und schließlich Krämpfen bei über 20 Prozent. Affen und Hunde, die man extrem hohe Kohlendioxidkonzentrationen von 30 bis 40 Prozent atmen ließ, überlebten viele Stunden, neigten allerdings, wenn man sie zu abrupt wieder normaler Atemluft aussetzte, zu Kammerflimmern, an dem sie dann jäh starben.

Hätte Dougie eine der Lawinenwesten getragen, die seit kurzem auf dem Outdoor-Markt waren, hätten einige dieser Probleme vielleicht vermieden werden können. Er hätte durch einen in den Kragen der Weste integrierten Atemschlauch geatmet, der in eine nach vorne hin luftdurchlässige Kammer der Weste mündet. So hätte er saubere Luft aus dem Schnee an seiner Westenvorderseite saugen können, während das Kohlendioxid, das er ausatmete, durch einen zweiten Schlauch in den Schnee an seinem Rücken geleitet worden wäre. Die Kohlendioxidkonzentration in der von ihm eingeatmeten Luft wäre nicht annähernd so schnell gestiegen.

Aber er hatte keine solche Weste. Die hohe Kohlendioxidkonzentration in seinem Blut trieb seine Atemfrequenz hoch, aber das schnelle Atmen half nichts. Er nahm dabei nur immer mehr Kohlendioxid auf. In seinen Lungenbläschen war nur Raum für eine bestimmte Gasmenge; je mehr Kohlendioxid sie enthielten, desto weniger Sauerstoff konnten sie aufnehmen. Dougie begann jetzt an der so genannten Verdrängungsasphyxie zu leiden.

Liz und Jeremy johlten, als Dougie seine tollen Powderturns den Hang hinunterzog, eine pudrige Schneefontäne hinter sich herziehend. Sie sahen ihn den Hügel nehmen, einen eleganten Method-air-Sprung hinlegen, Hände um die Boardkante. Sie hörten sein freudiges «Jauuuuu», als er die Landung abfederte. Dann sahen sie ihn plötzlich in eine zusammengekrümmte Hockstellung gehen und die Arme zur Seite reißen. Sie sahen den Hang um ihn herum in Schollen zerbersten und abrutschen, zuerst langsam, dann erschreckend schnell. An ihrem Standort auf der Wechte, weit über der Abrisslinie, waren sie durch den Schneerutsch nicht gefährdet.

«Raus da, Dougie, Mann!», schrie Jeremy. «Raus da!»

«Seitwärts, Dougie, seitwärts!», schrie Liz.

Aber Dougie lag schon auf den Schneemassen, ein schwarzroter Fleck, dann war er weg, verschluckt von der brodelnden, bergab rasenden Wolke von Weiß.

Zuerst war nichts zu hören; es dauerte ein, zwei Sekunden, bis der Schall die Wechte erreichte. Dann hörten sie das Krachen des berstenden Schnees, ein Rauschen und ein mächtiges Donnern, das in der ganzen Wanne widerhallte.

«Merk dir den Punkt, wo du ihn zuletzt gesehen hast!», rief Jeremy Liz zu. «Ich schaue unten im Kegel nach ihm.»

Binnen wenigen Sekunden war die Schneewolke die rund hundertfünfzig Meter bis zum Grund der Wanne heruntergerast, hatte sich in einem breiten, geröllartigen Fächer ins Flache ergossen und war jäh zum Stillstand gekommen. Das Donnern hallte noch einen Moment nach. Dann war alles still. Jeremy sah angestrengt hinab. Kein Rot. Kein Schwarz. Nichts.

«Ich hab's mir gemerkt», sagte Liz.

Sie zeigte auf die Stelle, wo sie ihn zuletzt gesehen hatten – etwa 20 Meter rechts unterhalb des Hügels. Sie prägten sie sich ein.

«Wir müssen ganz vorsichtig sein», sagte Jeremy, «sonst werden wir auch noch verschüttet. Ich fahre vor, und wenn ich hinter dem Buckel bin, kommst du nach.»

Jeremy hüpfte mit seinem Board über den Wechtenrand, landete unten am Hang, fuhr in langen, schnellen Schwüngen zu dem Buckel ab und suchte dahinter Schutz für den Fall, dass Liz noch ein Schneebrett lostrat. Gleich darauf war sie bei ihm, unmittelbar über der Abrisskante, einer jähen, einen Meter hohen Stufe im Schnee, dort, wo sich das Schneebrett gelöst hatte. Unter der äußeren Schneehaut war eine glatte Oberfläche zum Vorschein gekommen.

In den Schneeschichten, die wie die Seiten eines Buches aufeinander lagen, steckte eine regelrechte Chronik des bisherigen Winters hier oben. Zwei Monate zuvor war auf die ersten ergiebigen Schneefälle ein Kälteeinbruch gefolgt. Der warme Boden und die eisige Luft über dem Schnee hatten die untersten Schneepartikel verdunsten lassen. Der Wasserdampf war nach oben gestiegen und hatte sich an der Unterseite der obersten, kälteren Partikel wieder kristallisiert. Irgendwann schließlich hatte sich die ganze Schneeschicht zu groben becher- und pyramidenförmigen Kristallen umgewandelt – der tückische «Tiefenreif» oder «Schwimmschnee». Diese losen Kristalle verbanden sich nicht miteinander. Dann schneite es weiter auf diese Schwimmschneeschicht, aber die neuen Schneeschichten waren nicht so großen Temperaturunterschieden zwischen oben und unten ausgesetzt, und die Partikel verbanden sich miteinander.

Zuerst brachen die kleinen Eisnadeln der einzelnen Flocken ab oder schmolzen, bis schließlich nur noch ein rundlicher Kern übrig war. Dann bildeten sich zwischen den einzelnen Partikeln kleine Brücken, Sinter genannt, ähnlich den kleinen Verbindungssteckern zwischen den Perlen einer Plastikkette. Dieser lose Verbund von Myriaden Schneekristallen, Tausende Tonnen von Schnee, ruhte jedoch auf dem unsicheren Fundament des ungebundenen Tiefenschnees. Dougies Landung – *Wump!* – war Erschütterung genug, um die obersten Schichten reißen, auf dem ungebundenen Untergrund ins Rutschen geraten und als mächtige Schneebrettlawine zu Tal donnern zu lassen.

Liz und Jeremy rutschten auf ihren Boards seitwärts die entblößte Oberfläche der Tiefenreifschicht hinunter, senkrecht unterhalb des Punkts, wo sie Dougie zuletzt gesehen hatten. Die Lawinenablagerung am Fuß des Hangs war wie der Schnee, den ein Schneepflug am Straßenrand aufhäuft – große Brocken und dazwischen lockererer Schnee, das Ganze bereits zu einer festen Masse gebunden. Als sie den Lawinenkegel erreichten, öffneten sie ihre Bindungen und sprangen von den Boards.

Von Dougie keine Spur.

«Wir müssen auf Empfang schalten», sagte Jeremy. Er selbst hyperventilierte jetzt auch vor Angst und Aufregung. Sein Herz hämmerte mit 135 Schlägen pro Minute. Liz und Jeremy rissen sich die Handschuhe herunter, griffen unter ihre Anoraks und zogen ihre Suchgeräte aus den Haltern. Sie drückten auf die Knöpfe, die die Geräte empfangsbereit für Dougies Signale machten. Sofort ertönte ein stetes *Piep-Piep-Piep*. Sein Signalgerät war hier irgendwo. Aber wo genau? Ihre Geräte waren mit Richtantennen ausgerüstet, und sobald sie in Dougies Richtung zeigten, würde ein roter Pfeil aufleuchten. Auf dem Lawinenkegel stehend, schwenkten sie, während sie auf das stete Piepsen horchten, ihre Geräte hin und her, um sein Sendegerät zu orten.

Jetzt waren es sieben Minuten. Dougie bestieg einen hohen Berg, mit einem schweren Rucksack, in tiefem Schnee – er atmete schnell und angestrengt, bekam aber trotzdem nicht genug Luft. Er träumte, dass er während des Aufstiegs von einer Lawine erfasst worden war. Aber er musste immer noch bergauf stapfen, weil er so mühsam atmete. Das Kohlendioxid in jedem Atemzug betrug jetzt über 7 Prozent – schon näher an jenem Bereich, der schwere Beeinträchtigungen der Gehirnfunktionen bedeutete. Die Sauerstoffsättigung seines Bluts war auf 83 Prozent gefallen. Seine Atemfrequenz war durch den hohen Kohlendioxidgehalt der Luft, die er einatmete, auf fast 30 Atemzüge pro Minute emporgeschnellt – aber er nahm immer weniger Sauerstoff auf. Was Lawinenopfer letztlich tötet, ist die schwere Hypoxämie, der Sauerstoffmangel im Blut, der eine Art Teufelskreis auslöst. Durch die Sauerstoffunterversorgung verlangsamen sich Hirnfunktion und Herzfrequenz. Aufgrund der niedrigen Herzfrequenz sinkt der Blutdruck – der Verschüttete wird ohnmächtig. Der niedrige Blutdruck bewirkt, dass noch weniger Sauerstoff das Herzgewebe erreicht. Das Herz schlägt noch langsamer. Der Blutdruck fällt noch weiter und das Herz bekommt noch weniger Sauerstoff. Schließlich – nach 15 bis 35 Minuten unter dem Schnee – kommt das Herz ganz zum Stillstand.

Dougie dachte an Cat und Kayla daheim auf dem Sofa. Er begriff, wo er war, und die Panik erfasste ihn wieder. Er wachte auf, wollte schreien. Dann dachte er, dass er sterben würde, wenn er schrie. Er würde noch mehr Sauerstoff verbrauchen. Nein, er durfte nicht schreien. Er musste das Gegenteil tun. Er musste sich ganz, ganz ruhig verhalten. Er musste diesen ungerichteten inneren Zustand finden. *Lass es einfach geschehen*, sagte er sich wie ein Mantra vor. Lass es einfach geschehen. *Lass es einfach geschehen*.

Vor sieben Jahren, nachdem er von der Junior High School

geflogen und bei einem Ladendiebstahl erwischt worden war, nachdem ihn seine Eltern und Lehrer zu allen möglichen Beratungsstellen geschickt hatten und er als hyperaktiv diagnostiziert worden war, hatte ihn ein neuerungsfreudiger Jugendrichter dazu verurteilt, eine Neurofeedback-Therapie zu machen. Die Therapeutin, eine nette, ältere Frau, hatte Strähnen seines strubbligen Haars hochgehoben, ihm eine leitende Haftflüssigkeit auf einige Stellen der Kopfhaut getupft und Elektroden darauf gesetzt. Dann musste er sich in einen bequemen Sessel setzen und auf einen Computerbildschirm am anderen Ende des kleinen Büros schauen. Darauf zog sich ein breiter Highway einem pastellfarbenen Wüstenhorizont entgegen, mit Vulkankegeln, die ihn an Arizona erinnerten. Die Therapeutin wies ihn an, zu verhindern, dass der Highway breiter wurde, sagte ihm aber nicht, wie.

«Das wirst du schon selbst merken», sagte sie.

Die Breite des Highways war ein Maß für die Frequenz seiner Hirnstromwellen – jener elektrischen Impulse, die beständig durch unser Gehirn gehen und aus Gründen, die wir nicht genau kennen, aber mit den verschiedenen Ebenen von mentaler Aktivität und dem Grad innerer Unruhe zu tun haben, ihre Frequenz ändern. Die Neurofeedback-Forschung hat festgestellt, dass Menschen mit einer zu kurzen Aufmerksamkeitsspanne mehr oder minder im Bereich der langen, niedrigfrequenten Alpha- und Tetawellen verhaftet sind – in der Nähe der Tagträumerei und des Schlafs –, während sich hyperaktive Menschen zu viel im Bereich der hohen, unruhigen Betafrequenzen bewegen. Ziel des Neurofeedback ist es, das Gehirn schlicht und einfach zu trainieren, leichter zwischen den Frequenzbereichen hin und her zu schalten. Obwohl dieses Verfahren von weiten Teilen der Schulmedizin immer noch nicht akzeptiert wird, hat es sich doch unter anderem bei der Behandlung von Epilepsie als sehr wirksam erwiesen.

Dougie entdeckte, dass er durch einen bestimmten, nicht näher beschreibbaren ungerichteten inneren Zustand den Highway ziemlich leicht schmal halten konnte. Wenn es ihm gelang, gab der Computer ein *Pling* von sich, um anzuzeigen, dass Dougie Punkte sammelte – wie bei einem Computerspiel –, und bei einer bestimmten Punktzahl entzündeten sich die Kegel am Horizont zu einem farbenprächtigen Feuerwerk. Nach jeder der 40 Minuten dauernden Sitzungen fühlte sich Dougie entspannt, und die ganze Welt erschien ihm unglaublich klar und lebendig. Nach sechs Monaten hatte sich sein Konzentrationsvermögen beträchtlich gesteigert und er kam in der Schule viel besser mit.

Jetzt, da er im Halbdunkel unter der Tonnenlast des Schnees lag und sich nicht bewegen konnte, nur mühsam und immer schneller atmete und gegen den Drang zu schreien ankämpfte, dachte er an diese Sitzungen. Er erinnerte sich an diese ungerichtete Aufmerksamkeit. Er erinnerte sich, wie er versucht hatte, sich nicht auf eine bestimmte Sache oder einen bestimmten Gedanken zu konzentrieren, sondern auf eine Art leeren Raum. Jetzt stellte er sich diesen Raum vor – den gesamten Raum innerhalb dieser Schneemasse, den Raum zwischen den Myriaden von Schneekristallen, den ganzen Raum des Universums. Er durfte seine Gedanken nicht auf Cat und Kayla richten, nicht daran denken, wie sie auf dem Sofa saßen und spielten und auf ihn warteten. Er musste stattdessen an einen weiten leeren Raum denken.

In gewisser Weise unterschied sich das, was Dougie machte, nicht sehr von den Techniken der indischen Yogis, die den Meditationsschüler anleiten, seinen Geist aller Gedanken zu entleeren und in dieser Leere eine heitere Ruhe zu finden. Wenn Dougie an ein EEG-Gerät angeschlossen gewesen wäre, dann hätte dieses gezeigt, dass seine Hirnstromwellen allmählich aus dem extrem unruhigen Bereich der oberen Betafrequenzen herauskamen. Sie verlangsamten sich von etwa 30 Hz pro Minute über die Frequenzen des unteren Betabereichs bis in den Bereich der

Alphawellen mit nur 8 bis 13 Hz pro Sekunde. Dougies Gehirn bestand aus hundert Milliarden Nervenzellen. Jede von ihnen hatte genau wie die Schneeflocken eine eigene Struktur und eine eigene Funktion. Doch im Unterschied zu den Milliarden Schneeflocken um ihn herum, die jeweils nur mit ihren unmittelbaren Nachbarzellen verbunden waren, kann eine Gehirnzelle potenziell mit mehreren Millionen anderer Gehirnzellen über winzige elektrische Impulse kommunizieren. Kein Wissenschaftler der Welt könnte bislang genau erklären, was in Dougies Gehirn vor sich ging – oder was überhaupt im Gehirn vor sich geht. Man hat ausgerechnet, dass die Zahl der möglichen Schaltkombinationen – eine Definition der Zahl der möglichen Gehirnzustände oder «Gedanken» – im Gehirn eines Menschen die Zahl der Atome des Universums übersteigt. Unser Gehirn ist so komplex, dass ein Supercomputer daneben wie ein simpler Abakus erscheint, und es wird vielleicht nie in der Lage sein, sich selbst vollkommen zu verstehen.

Sein Gehirn sandte jetzt einen Wellentyp aus, der durch die Vorstellung von Raum ausgelöst werden kann und den man als «synchrone Alphawellen» bezeichnet. Im normalen Wachbereich der Betawellen emittieren verschiedene Teile des Gehirns leicht unterschiedliche Frequenzen. Im Zustand der synchronen, Alphawellen hingegen sind die Frequenzen überall synchron, «wie ein leises Vibrieren im gesamten Gehirn», lautet eine Beschreibung. Es ist ein Zustand tiefer Entspannung, in dem der Körper allen Stress loszulassen scheint. In diesem Zustand sank Dougies Herzfrequenz jetzt von 120 Schlägen pro Minute auf 70. Seine Atemfrequenz war zwar immer noch hoch, aber sein Atem wurde gleichmäßiger. Er war jetzt im Reich des Yogis, der sich begraben ließ. Er hatte sich Ruhe und leeren Raum vorgestellt, und jetzt war er tatsächlich dort. Er war umgeben von Raum. Die Schneekristalle hatten Verbindung zu ihren Nachbarkristallen; seine Neuronen hatten Verbindung zu vielen anderen Neuronen, sandten die pulsenden synchronen Alphawellen weiter, ein Schaltkreis, der sich bis in den Raum zwischen den Schneekristallen ausdehnte, bis in den Raum zwischen den Sternen. Er stellte sich vor, wie seine synchronen Alphawellen in den Weltraum hinauspulsten, hin zu Tausende von Lichtjahren entfernten, unbekannten Empfängern, so wie die mysteriösen elektromagnetischen Signale, die die Astronomen auf der Erde von fernen Sternen und aus den tiefsten Tiefen des Alls empfangen.

Erstmals seit er das Schneebrett losgetreten hatte, kämpfte er nicht gegen die Enge an. Er hörte das langsame, kräftige Schlagen seines Herzens. Zum ersten Mal knirschte und kratzte der Schnee nicht in seinen Ohren, weil er aufgehört hatte, den Kopf hin und her zu werfen. Er hörte jetzt unten an seiner Brust den Lawinenpieps das Signal aussenden, ein kurzes Piep, sooft er einen elektromagnetischen Impuls durch den dicht gepressten Schnee schickte.

Oben an der Oberfläche arbeiteten sich Liz und Jeremy in der hellen Vormittagssonne über den Lawinenkegel, achteten dabei genau auf ihre Suchgeräte. Es bestand ständig die Gefahr, dass eine weitere Lawine niederging. Obwohl sie in den Schneebrocken immer wieder stolperten, bewegten sie sich so schnell wie möglich voran, da sie wussten, dass dies die entscheidenden Minuten waren. Ihre Suchgeräte schwenkend, schafften sie es mit Hilfe des roten Pfeils, die Richtung festzustellen, aus der Dougies Signale kamen. Sie folgten dem Pfeil, einigen Abstand zwischen sich haltend. In einem Grüppchen subalpiner Kiefern auf dem Grund der Wanne hörte Liz eine Krähe gegen die Störung der sonnigen Vormittagsruhe protestieren. Dann entdeckte sie, etwa zehn Meter vor sich, etwas Lilafarbenes.

«Dougies Mütze!», rief sie Jeremy zu. «Da ist seine Mütze!»

Er rannte über das Schneegeröll dorthin, wo sie stand und die Mütze hochhielt.

«Schau auf deinen Pieps!», sagte er keuchend.

Sie sahen auf das kleine Display des Geräts. Es zeigte 12 Meter an. Das war die Entfernung, aus der, nach der Berechnung des Geräts, Dougies Signale kamen.

Sie stolperten wieder über den Schnee, folgten dem Richtungspfeil auf ihren kleinen gelben Kästchen. Die Griffe ihrer Rettungsschaufeln ragten aus ihren Rucksäcken.

Die Krähe flog durch die reglose Winterluft auf einen anderen Baum.

Die Zahlen auf Liz' Suchgerät fielen ab: 12 – 7 – 4 – 1.

Sie blieb stehen.

«Hier!», rief sie Jeremy zu. «Er muss genau hier sein!»

Jeremy hatte schon den Rucksack abgestreift, die Schaufel ausgepackt und in dem harten Schnee zu graben begonnen.

Eine wohltuende Gelassenheit hatte nun Dougie erfasst. Er war jetzt wieder in einer Art Traumzustand. *Wenn das Sterben ist*, dachte er vage, *ist es nicht schlimm*. Er verbrauchte nur ganz wenig Sauerstoff. Da war auch nur noch ganz wenig Sauerstoff.

An seinem linken Ohr hörte Dougie ein seltsames Knirschen. Es klang ganz nah und energisch – kein Pulsen irgendwo zwischen den Sternen. Etwas Hartes traf seine linke Schulter, seinen Kopf. Es hätte weh getan, wenn es ihn gekümmert hätte. Es war, als hätte er geschlafen. Jetzt rüttelte jemand an seiner Schulter. Er schlug die Augen auf. Eine schwarz behandschuhte Hand bewegte sich über sein Gesicht, wischte die Klümpchen aus winzigen Schneekristallen weg.

Kapitel 5

Wer zuletzt lacht *oder* Das Lob der Botanik – Skorbut

Böen pfiffen durch die Takelage und Regen peitschte oben aufs Deck, aber hier unten, in der getäfelten Kajüte seines kleinen Segelboots, hatte Phil es warm und trocken. Auf dem Teakholztisch vor ihm lag ein aufgeschlagenes Buch, und daneben stand ein Glas mit dem französischen Rotwein, den ihm sein Weinhändler in Seattle als überaus passend für eine lange Seereise empfohlen hatte, wenngleich Phil, dessen Geschmack sonst eher in Richtung koffeinhaltiger Limonaden ging, der Erste war, der zugab, dass er das Zeug nicht von einem billigen Gesöff unterscheiden konnte. Aber so ein Gläschen Rotwein schien doch sehr stilecht – das Getränk, das sich die Offiziere der königlich britischen Marine genehmigt hatten, ehe sie ihr Schiff zu einer weiteren verhängnisvollen Expedition in Sachen Nordwestpassage ins Packeis rammten. Und natürlich hätte Phil auch die 12-Volt-Lampen der Kajüte anschalten können, aber er beschied sich lieber mit dem sanften Schein der Messing-Petroleumlampe, die er günstig beim Schiffsausrüster gekauft hatte, bevor er vor drei Tagen von Seattle aus in See gestochen war. Seine erste Entdeckung auf dieser Selbstfindungsreise war, dass Seefahrtsatmosphäre ihren Preis hatte.

Durch sein elektronisches Piepen kündete der Seefunk die Durchsage des Seewetterdienstes an. Phil sah von seinem Buch auf.

«Windwarnung für Kleinwasserfahrzeuge in der Juan-de-Fuca-Straße für morgen, bei Südwest 6–7, See 2–3 m.»

Diese Vorhersage hatte er schon den ganzen Nachmittag gehört. Dieser Schlechtwetterfront würde unmittelbar eine zweite folgen, die sich mindestens bis Sonntag halten würde. Die Frage war, ob Phil es wagen sollte, die Straße am Morgen zu passieren, oder ob es ratsam war, drei oder vielleicht auch vier Tage zu warten, bis der Sturm und die Wellen sich legten. *Drei, vier Tage!* In der Welt, in der er bislang tätig gewesen war, eine Ewigkeit – Zeit genug, um eine Firma zu gründen und zu verkaufen.

Er wandte sich wieder seinem Buch zu. Es fiel ihm schwer, es wegzulegen, trotz seiner Sorge wegen des Wetters. Georg Wilhelm Stellers *Reise von Kamtschatka nach Amerika*, das Tagebuch seiner Teilnahme an der Beringexpedition 1741/42. Vitus Bering war der alternde dänische Seefahrer, den Zar Peter und Katharina die Große beauftragten, von Sibirien Richtung Osten zu segeln und die unbekannte Nordwestküste des nordamerikanischen Kontinents zu erkunden. An ihn erinnern heute das Beringmeer und die Beringstraße zwischen Asien und Amerika. Der Verfasser des Tagebuchs, Steller – der als Schiffsarzt, Mineraloge, Botaniker und zudem als Berings Kabinengenosse an der Expedition teilnahm –, war ein energischer junger deutscher Wissenschaftler, der für Mannschaft und Offiziere des Schiffs nur Verachtung übrig hatte. Was ganz auf Gegenseitigkeit beruhte. Im Unterschied zu den Verfassern vieler schönfärberischer Entdeckungschroniken nahm Steller, verbittert über die Behandlung, die ihm zuteil wurde, kein Blatt vor den Mund – vor allem, wenn es um die Inkompetenz und die Fehleinschätzungen der Schiffsoffiziere und ihre verheerenden Folgen ging.

Das Tagebuch hatte Phil unmittelbar vor der Abfahrt von seiner Freundin Myrna geschenkt bekommen. Oder besser, Exfreundin. Vor ein paar Monaten, als er in die Planung der Fahrt eingestiegen war, hatte er sie gefragt, ob sie mitkommen wolle. Sie hatte eine Weile darüber nachgedacht und das Angebot dann abgelehnt – und ihn, Phil, auch gleich mehr oder minder abserviert. Es würde einfach nicht klappen mit ihnen, hatte sie erklärt. Sie wollte ein ruhiges, geregeltes Leben. Sie wollte ein hübsches

Haus, einen Gemüsegarten, einen festen Job mit regelmäßigen Arbeitszeiten und Kinder. Er war dafür zu rastlos – jedenfalls hatte sie das gesagt. Er hatte protestiert, erklärt, dass er das alles ja auch wolle, irgendwann, obwohl er sich da in Wirklichkeit nicht so sicher war. Aber zuerst müsse er diese Fahrt machen. Er müsse es tun, sonst wäre er nicht in der Lage, irgendetwas anderes zu tun. Ob sie das denn nicht verstehen könne?

«Doch, verstehen kann ich's schon», hatte sie gesagt. «Du kannst nur nicht davon ausgehen, dass ich hier auf dich warte.»

Das war das letzte Mal gewesen, dass sie sich gesehen hatten. Doch als Phil dann noch schnell die letzten Besorgungen gemacht hatte – Schiffsausrüster, Supermarkt, Bank, mit Zwischenstopps – und wieder zu seinem Boot im Hafen zurückgekehrt war, hatte er dort Stellers Tagebuch gefunden, sorgsam an Deck platziert, zusammen mit einem kleinen, in Packpapier gehüllten Päckchen, auf dem Myrnas Name und Adresse standen. Er hatte das Buch durch die Kabinentür auf seine Koje geworfen und das Päckchen ärgerlich irgendwo verstaut, ohne es zu öffnen. Dann hatte er seine Einkäufe unter Deck geschleppt, die Lebensmitteltüten und Rotweinkartons, seine neue Schlechtwettermontur und die Ersatzzubehörteile fürs Boot, die anderen Seetagebücher, die er sich als Reiselektüre zusammengesucht hatte, Karten, Ersatzbatterien und Dutzende anderer Dinge.

Sein – zugegeben, etwas vager – Plan war es, irgendwohin zu segeln, die Tagebücher zu lesen und den Rotwein zu trinken, bis ihm klar wurde, was er jetzt mit seinem Leben anfangen sollte. Die Softwarefirma in Seattle, bei der er gearbeitet hatte, hatte im letzten Jahr einen rasanten Wertanstieg ihrer Aktien erlebt. Phil war klar, dass irgendwann Schluss sein würde, also war er vorher abgesprungen, hatte gekündigt und seine Anteile verkauft. Von einem Teil des Geldes hatte er dieses Boot gekauft – keine Riesenjacht, sondern eine nette Elf-Meter-Sloop mit Fiberglasrumpf und ansprechender Holzverkleidung. Unter Deck gab es im Bug eine Vorderkajüte mit V-Doppelkoje, dann, Richtung achtern, einen schrankgroßen Raum mit einer kleinen Dusche und einer Toilette und noch weiter achtern, im breitesten und tiefsten Teil des Rumpfs, die Eignerkajüte mit bequemer Stehhöhe, einem Teak-Esstisch, den man in eine Zusatzkoje verwandeln konnte, und der kleinen Pantry. Das Boot verfügte außerdem über eine Segelreffanlage, die es einhandsegelbar machte, über ein gutes Funkgerät und GPS, das die eigene Position über Satellit ortete.

Er verstand einiges vom Segeln, da er im Ferienhaus seiner Familie an einem See auf der Ostseite der Niagara-Wasserfälle mit kleineren Booten umzugehen gelernt hatte – wenn sich das auch zu dieser Art von Hochseesegeln verhielt wie ein Taschenrechner zu einem superschnellen Computer. Der Jachtbroker hatte ihm versichert, dieses Boot tauge für einen Pazifiktörn bis Hawaii und weiter – vorausgesetzt, Phil sei couragiert und erfahren genug. Phil hatte das Boot stolz *Myrna Loy* getauft, nach der Schauspielerin und nach seiner Freundin, von der er damals noch gehofft hatte, dass sie ihn begleiten würde. Seine Chancen, sie je wiederzusehen, waren allerdings nicht gerade gestiegen, als die Werftarbeiter irrtümlich *Myrna Lay* hingepinselt hatten.

Nach Norden, hatte er schließlich befunden. Er würde nach Norden segeln. Dort würde er schneller einsame Küsten zum Nachdenken finden als im Süden. Wenn er wirklich wollte, konnte er durch die Binnenpassage bis nach Alaska hinaufsegeln – immer im Schutz von Inseln, bis auf einige größere Lücken, wo er dem offenen Meer ausgesetzt sein würde. Jetzt, nur drei Tage von Seattle entfernt, hatte er die erste dieser Lücken erreicht – die knapp vierzig Kilometer lange Juan-de-Fuca-Straße, zwischen dem Südrand der San-Juan-Inseln und Victoria, Britisch-Kolumbien. Eingeschüchtert vom Wind und dem herabpeitschenden Regen, den großen Wellen, die gegen den Bug der *Myrna Lay* donnerten, den kalten Regenrinnsalen in seinem Nacken, dem Auf und Ab des Decks, hatte er am Spätnachmittag Schutz gesucht und in einer kleinen, kieferngesäumten Inselbucht sich vor Anker gelegt.

Er hoffte, aus Stellers Tagebuch den Mut zu schöpfen, am Morgen den Anker wieder zu lichten. Phil musste zugeben, dass – bei allen Problemen, die die Beringexpedition gehabt haben mochte – auf jeden Fall eine Menge Mut dazu gehört haben musste, auf einem kleinen Schiff über den stürmischen Ozean einer unbekannten Küste entgegenzusegeln. Phils eigene Reise war so eine Art Expedition zu den unbekannten Küsten seiner selbst, zu den entlegeneren Gestaden des Möglichen, die schon jetzt, nach nur drei Tagen, ferner schienen, als er gedacht hatte.

Im sanften gelben Licht der Petroleumlampe beugte er sich wieder über das Tagebuch. Wenigstens brauchte er sich auf der *Myrna Lay* nicht mit zwischenmenschlichen Spannungen auseinander zu setzen, so wie Steller auf der *St. Peter*. Der Konflikt war offenkundig geworden, kaum dass diese und ihr Schwesterschiff, die *St. Paul*, am 4. Juni 1741 von der sibirischen Kamtschatka-Halbinsel in See gestochen waren. Steller, Sohn eines Musiklehrers, war ein wissenshungriger junger Mann, der sich als Hilfslehrer an einer Klosterschule sein Studium der Theologie, Philosophie, Medizin und Naturwissenschaften in Halle – damals eine der progressivsten deutschen Universitäten – finanziert hatte. Nach dem Studium hatte er beschlossen, sein Glück in Russland zu versuchen. Bald schon hatte ihn die Vorstellung fasziniert, sich einer der Expeditionen in den äußersten Osten des Russischen Reichs und den Nordpazifik anzuschließen. Erst zweiunddreißig, als Bering ihn anheuerte, begann Steller sofort, den kaum gebildeten, größtenteils russischen Offizieren und Seeleuten der *St. Peter* naturwissenschaftlich fundierte, aber unerbetene Ratschläge zu erteilen.

Auf der Fahrt zur Küste Amerikas drängte Steller die Schiffsoffiziere, einen nördlicheren Kurs einzuschlagen, da ihm treibender Seetang und andere Pflanzen und Tiere anzeigten, dass nicht weit entfernt Land sein musste. Die Offiziere taten seinen Vorschlag ab.

«Sie sind ja schließlich kein Seemann», erklärten sie ihm.

Die Seeleute hingegen, schrieb Steller mit dem ihm eigenen, ätzenden Sarkasmus, seien natürlich in Gottes Ratsstube gewesen.

Er vermerkte, dass die Missachtung seines Rats die *St. Peter* – die bald von der *St. Paul* getrennt wurde – sechs zusätzliche Wochen kostete, ehe sie schließlich auf Land stieß. Als sie dann die Küste des heutigen Alaska erreichte, wies Steller, der seine Schlüsse aus dem Salzgehalt des Wassers und den Strömungsverhältnissen zog, die Offiziere auf eine Stelle hin, die seiner Meinung nach ein günstiger Ankerplatz in einer Flussmündung war. Sie winkten ab.

«Sind Sie schon da gewesen und haben Sie sich dessen vergewissert?», fragten sie ihn.

Als sie schließlich an einem Ort ihrer Wahl den Anker auswarfen, wollten die Offiziere nur so lange in Amerika bleiben, bis die Wassertanks aufgefüllt waren, und dann sofort nach Sibirien zurückkehren. Sie wollten Steller nicht einmal mit den Wasserholern an Land lassen, um seinen Botanikerpflichten nachzukommen. Schließlich gewährten sie ihm zehn Stunden Landgang, die er zu einem hektischen Botanisier- und Sammelmarathon nutzte, und schickten ihm dann eine Botschaft. Er sollte rasch wieder an Bord gehen oder man würde ihn an Land zurücklassen.[2]

Doch diese Konflikte waren nur Meinungsverschiedenheiten in nautischen Dingen; die eigentlichen Probleme begannen, als auf der Rückfahrt nach Sibirien an Bord der Skorbut ausbrach. Nach wenigen Wochen auf See wurden die Seeleute zusehends schwächer. Bering war bereits bettlägrig, als die *St. Peter* bei einer Insel vor der heutigen Alaska-Halbinsel vor Anker ging, um Wasser zu tanken. Steller bat die Schiffsoffiziere, ihm ein paar

Männer zuzuteilen, damit sie mit ihm bestimmte Pflanzen sammelten, die seines Wissens gegen die Krankheit halfen. Außerdem zeigte er ihnen eine Quelle, die frischeres Wasser bot als der brackige Tümpel, den sich die Seeleute ausgesucht hatten, um ihre Tanks aufzufüllen. Inzwischen waren die Offiziere jedoch – zu ihrem eigenen Schaden, wie sich herausstellen sollte – dazu übergegangen, Stellers Ratschläge gar nicht mehr zu beachten. Steller, der allmählich ebenfalls die Nase voll hatte, tat einen heimlichen Schwur.

Obwohl er sich bereits eine Schutzhütte gegen den Abendregen gebaut hatte und die Nacht an Land verbringen wollte, ging er an Bord, um noch einmal mit allem Nachdruck und in aller Bescheidenheit seine Meinung bezüglich des Wassers und der zu sammelnden Pflanzen vorzubringen. Als er jedoch in der Wasserfrage nur auf verächtliche Ablehnung stieß, ihm zudem wie einem Lehrling befohlen wurde, die Pflanzen zu sammeln, und die Seeleute es nicht für nötig hielten, im Interesse ihrer eigenen Gesundheit, ja, ihres Lebens, ein, zwei Männer abzustellen, da beschloss er, in Zukunft einfach nur noch wortlos für sich selbst zu sorgen.

Phil hörte das Piepsen des Seewetterdiensts – wieder ein Durchsagezyklus. Er sah von dem Tagebuch auf und hörte zu. Die Wetterlage war unverändert. Noch immer schwere Winde, Regen, zwei bis drei Meter Seegang. Er spürte, wie die Böen, die in die Takelage fuhren, die *Myrna Lay* hin und her warfen und ihren Bug an der Ankerleine zerren ließen. Er hoffte, dass der Anker im felsigen Grund der Bucht halten würde. Er hatte nicht viel Erfahrung mit Ankern. Er hatte sogar, als er mit Motorkraft in die Bucht getuckert war, zuerst sein Segelhandbuch nehmen und hektisch den Teil «Ankern» überfliegen müssen, ehe er zum Bug gerannt war, den Anker übers Dollbord gehievt und so viel Leine gegeben hatte, wie das Handbuch angab.

Er goss sich ein weiteres Glas von dem Haut-Médoc ein. Er ließ den Blick durch die getäfelte Kajüte schweifen – über die Petroleumlampe, die Holztäfelung, das Bücherregal mit den Querleisten vor den Fächern, damit die Bücher nicht herunterfielen, wenn das Boot krängte, die kleine Pantry, die Vorratsfächer. Er öffnete das oberste Vorratsfach und inspizierte den Inhalt: zwei große Packungen Barbeque-Chips, fünf Dosen Ravioli, acht Packungen Ramen-Nudeln mit Huhn in Sahnesauce, drei 2-Liter-Flaschen Cola light, eine 200-g-Packung Gummibärchen. Er öffnete das unterste Fach: ein Glas Erdnussbutter, ein Glas Gelee, zwei Laibe Weißbrot, Tortilla-Chips, eine Kilopackung vom feinsten Kaffee, eine 5-Pfund-Packung Zucker.

Und in diesem Augenblick merkte Phil, dass er nicht das kleinste bisschen Obst oder Gemüse an Bord der *Myrna Lay* gebracht hatte.

Im ausgehenden 15. Jahrhundert, mit dem Aufkommen neuer Schiffstypen und Navigationstechniken und den weit längeren Schiffsreisen auf der Suche nach Seewegen in den Orient, wurde der Skorbut – die «Entdeckerkrankheit» – zur Geisel der Seefahrer. Üblicherweise schlug der Skorbut nach zehn bis zwölf Wochen auf See zu. «Viele unserer Männer wurden hier krank», schrieb der portugiesische Entdecker Vasco da Gama 1497, als er das Kap der Guten Hoffnung umsegelte. «Ihre Hände und Füße schwollen an und das Zahnfleisch wuchs ihnen über die Zähne, sodass sie nicht mehr essen konnten.» Die Männer wurden dadurch gerettet, dass vor Mombasa ein Boot mit maurischen Händlern auftauchte, die Apfelsinen – «besser als jene aus Portugal» – feilboten. Nach deren Genuss festigte sich das Zahnfleisch rasch wieder.

Das Muster wiederholte sich bei nachfolgenden Expeditionen. Nach etwa drei Monaten auf See fiel die Besatzung dem Skorbut anheim und begann rasch dahinzusterben, es sei denn, man kam an Land, wo ein paar Tage Frischkost eine «Wunderheilung» bewirkten. Ein penibler portugiesischer Zahlmeister errechnete 1643, dass in den vorausgegangenen fünf Jahren nicht einmal die Hälfte der von Lissabon nach Indien in See gestochenen Soldaten die beiden großen Gefahren der See überlebt hatten – Schiffbruch und Skorbut, bei den Portugiesen bekannt als *amalati de la bocca* oder «Mundübel». Eine der vorherrschenden Theorien war, dass Skorbut durch schlechte Luft – insbesondere die Luft unter Deck – verursacht wurde, wobei die Spanier allerdings glaubten, dass sie bei ihren Pazifiküberfahrten Opfer eines fauligen Windes wurden, der leise vom kalifornischen Kap Mendocino her wehte und – wie vielleicht auch heute noch – «die Säfte verdarb».

Obwohl einzelne Kapitäne und Schiffsärzte offenbar wussten, dass frisches Obst und Gemüse den Skorbut zu verhindern oder zu heilen vermochten, hielten sich doch noch fast drei Jahrhunderte lang die widersprüchlichsten und verwirrendsten Gerüchte über diese Krankheit. Es ist im Grunde unerklärlich, dass die europäischen Seemächte nicht schon viel früher dieses so sichere, in der Natur reichlich verfügbare und vielen Eingeborenenvölkern bekannte Heilmittel ihren Seeleuten routinemäßig «verordnet» haben. Die Tatsache, dass es so lange kein Standardmittel gegen den Skorbut gab, kostete – Schätzungen anhand von Seefahrtsdokumenten zufolge – zwischen dem Beginn des 16. und dem des 19. Jahrhunderts rund zwei Millionen Seeleuten das Leben.

Es gab reichlich Hinweise auf die Ursachen und Behandlungsmöglichkeiten von Skorbut. Im Jahr 1530 überwinterte eine französische Expedition unter Jacques Cartier auf der Suche nach einem Schifffahrtsweg durch Nordamerika im zugefrorenen St.-Lorenz-Strom, und Mitte Februar war die Besatzung bereits erheblich skorbutgeschwächt. Schließlich hatten nur noch drei, vier Männer – darunter Cartier, der sich offenbar aus einem privaten Lebensmittelvorrat ernährte – die Kraft, sich von ihren Kojen zu erheben. Fünfundzwanzig von hundertzehn Mann starben. Cartier befahl, die Autopsie eines der Opfer, des zweiundzwanzigjährigen Philippe Rougemont d'Amboise, vorzunehmen, in der Hoffnung, einen Hinweis zu finden, wie sich verhindern ließe, dass die Krankheit die gesamte Besatzung dahinraffte.

«Man fand», schrieb der Chronist der Expedition, «dass sein Herz ganz weiß und eingeschrumpft und von mehr als einem Krug rötlichen, dattelfarbenen Wassers umgeben war. Seine Leber war in gutem Zustand, die Lunge hingegen ganz schwarz und brandig. Die Milz war ebenfalls in der Nähe der Wirbelsäule zwei Fingerbreit angegriffen, so als hätte sie über rauen Stein gescheuert. Nachdem wir dies festgestellt hatten, schnitten wir seinen einen Oberschenkel auf, der außen ganz schwarz war, fanden das Fleisch darin aber recht gesund. Daraufhin bestatteten wir ihn, so gut wir konnten.»

Cartier wollte die einheimischen Indianer von seinem Schiff fern halten, damit sie nicht sahen, wie hilflos die Besatzung einem Angriff preisgegeben gewesen wäre, aber gerade diese Indianer waren ihre Rettung. An Land lief eines Tages Cartier Dom Agaya über den Weg, einem Indianer, der, als er ihn ein paar Tage zuvor schon einmal getroffen hatte, selbst an Skorbut erkrankt war. Als Cartier ihn fragte, wie er geheilt worden sei, zeigten Dom Agaya und zwei Frauen seines Stamms dem Kapitän, wie man Zweige des «Annedda»-Baums schnitt, Rinde und Blätter zerstampfte und in Wasser kochte, um dann alle zwei Tage von diesem Sud zu trinken und mit dem Satz Umschläge um die geschwollenen Beine zu machen.

«Der Kapitän befahl, sofort einen Trank für die kranken Männer zu bereiten», schrieb der Chronist, «aber keiner wollte davon kosten. Schließlich entschlossen sich zwei oder drei, den Versuch zu wagen. Sobald sie davon getrunken hatten, ging es ihnen besser, was eindeutig auf wundersame Ursachen zurückzuführen ist, denn als sie zwei- oder dreimal davon getrunken hatten, erlangten sie Kraft und Gesundheit wieder und waren von allen Krankheiten geheilt, die sie je gehabt hatten. Und einige Seeleute, die schon fünf oder sechs Jahre an der Syphilis litten, wurden durch diese Medizin geheilt. Darauf setzte ein solcher Sturm auf das Heilmittel ein, dass in nicht einmal acht Tagen ein ganzer Baum, einer der größten und mächtigsten, die ich je gesehen habe, aufgebraucht war.»

Ein neuzeitlicher Forscher gelangte zu dem Schluss, dass es sich bei dem rätselhaften, hoch wirksamen «Annedda»-Baum um die Weiße Zypresse gehandelt haben muss. Ein paar Jahre nach Cartiers Unternehmen brachte eine andere Expedition Schösslinge der Weißen Zypresse nach Frankreich mit, wo der Baum den heute jedem Gärtner vertrauten Namen *Arbor vitae*, «Lebensbaum», bekam. Seine Wunderwirkung gegen Skorbut geriet jedoch offenbar rasch in Vergessenheit. Nicht einmal ein Jahrzehnt nach Cartiers Expedition verlor eine weitere Expedition, die fast an derselben Stelle des St.-Lorenz-Stroms überwinterte, 50 von 200 Mann durch Skorbut. Wenige Jahrzehnte später wurde die Expedition des Monsieur de Mont, die auf dem St. Croix River im heutigen Maine überwinterte, durch das *mal de terre*, die «Landkrankheit», von 80 auf 36 Mann dezimiert. In einer Mischung aus wilder Spekulation und richtigen Schlüssen führte Monsieur Lescarbot, der Chronist der Expedition, die Krankheit auf die «mächtige Fäulnis in den Wäldern während der Herbst- und Winterregen», die «primitiven, unverfeinerten, kalten und düsteren Fleischmahlzeiten» und – um seine blumige Ausdrucksweise auf einen knappen Begriff zu bringen – auf den Triebstau zurück.

Allein die Sache mit den «düsteren Fleischmahlzeiten» trifft einigermaßen ins Schwarze, da der Skorbut vor allem durch Mangelernährung verursacht wird. Bei allen Schwächen seiner

Analyse bemerkte Lescarbot immerhin den Zusammenhang zwischen Skorbut und Stress, auf den auch moderne Forscher hinweisen. Die Krankheit «suchte sich diejenigen Seeleute heraus», die «voller Groll und Heimweh waren, nie zufrieden, untätig». Die Gegenmittel, die Lescarbot empfiehlt, darf man wohl als die französische Schule der Skorbuttherapie bezeichnen: reichhaltige Buttersoßen zu Kapaun und frischem Wild, dazu frisches Frühlingsgemüse, ein froher Geist und reichlich Sex, wobei letzterer natürlich nur mit dem Segen der Kirche gestattet war. «Es erweist sich als notwendig, dass ein jeder die treue Gesellschaft seines rechtmäßigen Weibes habe: Ohne diese ist der Geist stets bei dem, was man liebt und begehrt; der Körper füllt sich mit bösen Säften an, und darin brütet die Krankheit.»

Mit einigen Ausnahmen – etwa Sir Francis Drakes Weltumseglung auf der *Golden Hind* in den siebziger Jahren des 16. Jahrhunderts, bei der er und seine Besatzung sich mit den Wildkräutern Südamerikas, den Panzerkrebsen der Großen Sunda-Inseln, den Zitronen und frischen Austern Westafrikas «erfrischten» – erging es den Briten auf ihren langen Seefahrten nicht besser als vorher den Portugiesen, Spaniern und Franzosen.[3] Die Kolonie Plymouth verlor die Hälfte ihrer englischen Gründer durch Skorbut, wenn auch die späteren Siedler der Krankheit durch Zitronensaft wehrten, der ihnen per Schiff gebracht wurde. «Dies ist ein wunderbares Geheimnis göttlicher Macht und Weisheit, die so große und unbekannte Kraft in dieser Frucht verborgen hat», schrieb Sir Richard Hawkins von der britischen Marine, als seine skorbutgeschwächte Mannschaft nach der Landung in Südbrasilien durch Zitronen und Orangen gerettet worden war. Obwohl Hawkins' Bericht nur eines von vielen beredten Zeugnissen für die Heilkraft von Zitrusfrüchten war und er selbst vermerkte, dass er in zwanzig Jahren auf See wohl zehntausend Mann an Skorbut habe sterben sehen, diskutierte man in den höchsten Rängen der britischen Marine noch immer über die Wirksamkeit von Maßnahmen wie dem Trinken von Meerwasser, dem Gurgeln mit Schwefelsäure oder – dies nun die englische Schule der Skorbuttherapie – dem literweisen Hinunterkippen von Bierwürze, d.h. in Wasser eingeweichter, gemälzter Gerste. Die Theorie war, dass die Bierwürze im Inneren des Patienten gären würde, wie sie es in den Braukesseln Englands tat, und dass dies einen nicht näher erklärbaren Heileffekt habe.

Erst zweihundert Jahre nach Hawkins' Erfahrungsbericht gelang es schließlich Gilbert Blane, einem hoch angesehenen Arzt, der bei der britischen Westindienflotte gedient und Dutzende von Skorbutfällen behandelt hatte, die Versorgungskammer für kranke und verletzte Seeleute und die Admiralität zu überreden, die später berühmt gewordene Ration von 1 cl Zitronensaft pro Mann und Tag zu verfügen. Die Vorschrift trat 1795 in Kraft, und während der folgenden zwanzig Jahre verteilte die britische Marine 7,2 Millionen Liter Zitronensaft (der später durch Limettensaft ersetzt wurde, wenngleich beide Bezeichnungen damals weitgehend austauschbar waren). Diese Maßnahme reduzierte die Skorbutfälle drastisch, trug zum Sieg der Briten über die französische und spanische Flotte in der Seeschlacht von Trafalgar 1805 bei und brachte britischen Staatsbürgern auf entlegenen Außenposten in aller Welt des Spitznamen «Limeys» ein. «Das britische Empire», schrieb eine medizinische Kapazität, «erblühte aus den Samen von Zitrusfrüchten.»

Dennoch war der Skorbut nicht ausgerottet. Während der großen Kartoffelhungersnot griff die Krankheit in Europa ebenso um sich wie beim kalifornischen Goldrausch Mitte des 19. Jahrhunderts, bei Polarexpeditionen und im amerikanischen Bürgerkrieg, in dem sie verantwortlich war für den Tod von etwa einem Viertel der zwölftausend Menschen, die im berüchtigten Konföderiertengefängnis von Andersonville starben. Im ausgehenden 19. Jahrhundert beobachteten Ärzte in Europa wie in den USA eine Zunahme der Fälle von «Säuglingsskorbut», da immer mehr

Säuglinge denaturierte Nahrung und Kuhmilch statt der ernährungsphysiologisch hochwertigen Muttermilch bekamen.

Obgleich der Skorbut nun relativ leicht zu heilen war, kannte man seine Entstehungsmechanismen doch immer noch nicht genau. Zu einem wichtigen Durchbruch kam es, als 1907 zwei norwegische Wissenschaftler versuchten, bei Meerschweinchen gezielt Beriberi – eine andere Mangelkrankheit, an der damals viele norwegische Seeleute litten – hervorzurufen, indem sie die Tiere ausschließlich mit Brot fütterten. Sie lösten jedoch stattdessen Skorbut aus und entdeckten so, dass auch Meerschweinchen diese Krankheit bekommen können. Das ermöglichte umfangreiche Skorbutversuche an Tieren und brachte die Forschung rasch voran. Vier Jahre darauf, 1911, stellte ein junger polnischer Chemiker namens Casimir Funk eine revolutionäre Theorie auf, die besagte, dass Skorbut und einige andere Krankheiten aus Ernährungsformen resultierten, denen jeweils bestimmte Substanzen fehlten, die er «vitale Amine» nannte. Andere Forscher suchten in Rattenversuchen nach nicht näher bekannten Nahrungssubstanzen, die sie «fettlöslicher Faktor A» und «wasserlöslicher Faktor B» nannten, weshalb die Wissenschaftler, die das gegen Skorbut wirksame Nahrungselement aufzuspüren suchten, dieses, einer gewissen Logik folgend, «akzessorischer Nahrungsfaktor C» nannten. Obwohl diese Substanzen faktisch nicht unbedingt «Amine», eine Gruppe basischer Verbindungen, waren, wurde doch Casimir Funks Terminus «vitale Amine» in der Kurzform bald allgemein übernommen. Wir nehmen daher unseren Tagesbedarf an *Vitaminen* zu uns und nicht, wie offenbar anfangs vorgeschlagen, an «Funkianen».

Die Isolierung von Vitamin C gelang dem ungarischen Biochemiker Albert Szent-Györgyi, der an einem ganz anderen Problem arbeitete, als er eine kristalline Substanz aus den Nebennieren von Ochsen und später aus Kohl, Orangen und Paprika gewann. Die Molekularstruktur der Kristalle erinnerte an die wichtiger

Zuckerarten, wie etwa der Glukose und Fruktose, die «Hexosen» genannt werden. Da er sie jedoch nicht genau bestimmen konnte, wollte Györgyi die Substanz zunächst «Ignose» oder – von «God knows» – «Godnose» nennen. Auf Drängen des Herausgebers einer wissenschaftlichen Zeitschrift taufte er sie jedoch in «Hexuronsäure» um – später bekannt als Ascorbinsäure oder Vitamin C. Obwohl er gar nicht auf der Suche nach dem Vitamin C gewesen war, trugen ihm seine Arbeiten 1937 den Nobelpreis für Physiologie und Medizin ein. «Das ganze Problem», schrieb er dreißig Jahre später, «war mir einfach zu glamourös, und Vitamine waren für mich theoretisch uninteressant. ‹Vitamin› bedeutet, dass man es essen muss. Was man essen muss, ist in erster Linie Sache des Kochs, nicht des Wissenschaftlers.»

Phil schwankte ein wenig von dem Haut-Médoc und dem Krängen der *Myrna Lay*, als er in der getäfelten Kajüte stand und in die offenen Vorratsfächer schaute. Im Supermarkt hatte er die Orangen verworfen – zu viel Schälerei. Die Äpfel hatte er ebenfalls liegen lassen – zu druckempfindlich. Salat und roten und grünen Paprika hatte er gar nicht erst in Erwägung gezogen, weil er das Gemümmel, das einem dieses Zeug abverlangte, tunlichst vermied. Nein, er bevorzugte konzentrierte Nahrung. Und genau wie die Seeleute vor zwei-, dreihundert Jahren hatte er solche Nahrungsmittel an Bord – im Überfluss. Sein Problem war nicht Nahrungs*mangel*. Es war die *Nahrungsqualität*. Er kramte hinter den Chipstüten, Raviolidosen, Colaflaschen und Gummibärchen herum. Er fand einen Dosenkäse, eine plastikverpackte Knoblauchsalami und eine Packung Cracker.

Das reichte auf keinen Fall aus. Unbewusst ließ er die Klappe des Vorratsfachs los und griff sich an die oberen Schneidezähne. Er wackelte daran. Sie fühlten sich schon ein bisschen locker an. Bei der Vorstellung, mit skorbutgelockerten Zähnen die klebrigen Gummibärchen zu essen, wollte er die Tüte am liebsten über

Bord werfen. Oder bildete er sich das mit den Zähnen nur ein? Er war schließlich erst drei Tage unterwegs, nicht drei Monate. Aber vielleicht waren die Vitamin-C-Reserven seines Körpers ja schon vorher erschöpft gewesen, dann schlug der Skorbut womöglich früher zu. Er fühlte sich ein wenig schwach. Das war das erste Zeichen. Die Schwäche konnte schon Tage oder Wochen vor den Zahnfleischproblemen und anderen grässlichen Symptomen einsetzen. Wie hatte es um seine Vitamin-C-Reserven gestanden, ehe er in See gestochen war? Das war die Schlüsselfrage. Ganz mies vermutlich. Er versuchte sich zu erinnern, wann er zuletzt Salat gegessen hatte. Oder Obst. Oder irgendein grünes Gemüse. Er fragte sich, ob die grünen Oliven auf der Mozzarella-Pizza, die er sich während des Streits mit Myrna bei ihrem letzten Treffen in den Mund gestopft hatte, wohl mitzählten.

Phil griff tief in das oberste Vorratsfach, auf der Suche nach irgendetwas Essbarem, das Vitamin C enthalten könnte.

Es ist nicht klar, wie viel Steller von Skorbutbehandlung wusste, als die *St. Peter* bei der Insel vor der Alaska-Halbinsel Anker warf. Er kannte das Löffelkraut – *Cochlearia* –, das einige europäische Ärzte und Seefahrer schon seit mindestens hundert Jahren gegen diese Krankheit verordneten.[4] In seiner unersättlichen botanischen Wissbegier hatte Steller offenbar auch registriert, welche Pflanzen die Bewohner von Kamtschatka, wo er vor dem Aufbruch der Expedition einige Monate verbracht hatte, zur Erhaltung ihrer Gesundheit zu sich nahmen. Obwohl man ihm die erbetene Unterstützung so schroff verweigert hatte, ging Steller dennoch an Land und sammelte, was er an Heilpflanzen finden konnte. Neben einer einheimischen Variante des Löffelkrauts gab es da ein Rhabarbergewächs, das von den sibirischen Eskimos roh verzehrt wurde, sowie «Enzian und andere kressartige Kräuter, so ich nur zu meinem und des Herrn Capitain-Commandeurs Gebrauch sammlete».

Während Steller noch mit Sammeln beschäftigt war, wurde einer der kränksten Seeleute, Nikita Schumachin, von den Wasserholern an Land gebracht, da man hoffte, allein schon auf festem Boden zu sein würde ihm gut tun. (Eine Skorbuttheorie der damaligen Zeit ging davon aus, dass Menschen bestimmten, nicht näher definierten «Erdpartikeln» ausgesetzt sein mussten, um gesund zu bleiben.) Kaum an Land, starb Schumachin. Zum Andenken an den ersten gestorbenen Bordkameraden tauften die Männer der *St. Peter* die Inselgruppe vor der Alaska-Halbinsel Schumachin-Inseln (heute Shumagin-Inseln).

Natürlich weigerten sich die anderen kranken Seeleute von der *St. Peter* zunächst, die von Steller gesammelten Pflanzen anzurühren. Doch bald änderte sich der Tenor. «Es musste auch wohl den gröbsten und undankbarsten Leuten endlich in die Augen leuchten, da ich den vom Scorbut und vielem Liegen schon des Gebrauchs seiner Glieder gänzlich beraubten Herrn Capitain-Commandeur, blos durch den Gebrauch des frischen Löffelkrauts, wieder so weit brachte, dass er binnen acht Tagen wieder aus dem Bette auf das Deck kommen konnte und sich so frisch wie am ersten Anfang der Reise befand; auch das nur drei Tage lang gebrauchte Lapathum, so ihnen von mir angewiesen wurde, den mehresten Seeleuten die Zähne wieder befestigte.»

Offenbar hielten die Vorräte nicht lange – kein Wunder, da man Steller nicht beim Sammeln geholfen hatte. Das Schiff lichtete am 6. September die Anker und kämpfte sich langsam über den Pazifik, gegen tobende Herbststürme, die sein Fortkommen erheblich behinderten, was zur Folge hatte, dass der Skorbut wieder um sich griff. Der Wind heulte und pfiff durchs Takelwerk. Wellen erschütterten den Rumpf der *St. Peter* wie krachende Kanonenschüsse. Der alte Steuermann, Andreas Hesselberg, erklärte, in fünfzig Jahren auf See noch keine so heftigen Stürme erlebt zu haben. «Wir warteten alle Augenblicke auf die Zerscheiterung unseres Fahrzeugs, und konnte niemand weder liegen, sitzen noch stehn», schrieb Steller. «Keiner vermochte mehr auf seinem Posten zu stehen, sondern wir trieben unter Gottes Gewalt, wohin der erzürnte Himmel mit uns wollte. Die Hälfte von unseren Leuten lag krank darnieder; die andere Hälfte war aus Noth gesund, aber von der entsetzlichen Bewegung der See und des Fahrzeuges ganz verrückt und sinnenlos.»

Am 2. Oktober machte Steller in einer Sturmpause eine Bestandsaufnahme: vierundzwanzig Männer krank, zwei tot. Der Sturm hatte das Schiff rund 230 Meilen in Richtung Amerika zurückgeblasen. Die Branntweinvorräte gingen zur Neige. Doch der Sturm wütete weiter und ebenso der Skorbut. Am 20. Oktober starb bereits fast jeden Tag ein Mann. Nur noch zehn Mann hatten überhaupt die Kraft für seemännische Verrichtungen – darunter Steller, der mithalf, die *St. Peter* zu segeln, obwohl dies, wie er klarstellte, nicht zu seinen Aufgaben gehörte. Doch auch diese zehn waren so schwach, dass man darauf verzichtete, auf einer kleinen Insel, die gesichtet worden war, Wasser zu fassen, da die dezimierte Crew den Anker nicht mehr vom Grund hätte heraufwinden können.

Das war der Zeitpunkt, da die beiden ranghöchsten Offiziere unter dem angeschlagenen Bering, Meister Chytrew und Leutnant Waxel, eine – jedenfalls laut Steller – seltsame und überraschende Order gaben: den Kurs zu ändern und weiter nordwärts zu halten. Sie wichen also «wider alle Vernunft» von dem einvernehmlichen Plan ab, direkt nach Awatscha, dem Heimathafen der *St. Peter* auf der Kamtschatka-Halbinsel, zu segeln. Kurz darauf verkündeten die Offiziere, dass die *St. Peter* mit «mathematischer Gewissheit» demnächst die Kamtschatka-Halbinsel erreichen würde. Und so versammelten sich am Morgen des 5. November 1741 die Männer – zumindest die, die noch gehen konnten – an Deck, um zu verfolgen, ob sich diese Voraussage bewahrheiten würde. «Zu unser aller Erstaunen», berichtet Steller, «fügte es sich, dass man gegen neun Uhr Land sahe.»

Nach einer Phase des Jubels und der Dankgebete nahmen sich Offiziere und Männer Skizzen von Awatscha vor und verglichen sie mit der vor ihnen liegenden Küste. Man stellte absolute Übereinstimmung fest, glaubte sogar, die Hafeneinfahrt und den Leuchtturm von Awatscha zu erkennen. Die *St. Peter* fuhr näher heran. Die Sonne ging auf, und die Offiziere nahmen eine Sextantenpeilung mit Hilfe der Mittagssonne vor. Demnach befanden sie sich zwischen 55 und 56 Grad nördlicher Breite statt bei etwa 52 Grad, wo Awatscha lag und sie sich vom Studium der Küste her wähnten. Sie versuchten, das Schiff wieder südwärts zu manövrieren, in die Nähe der Landzunge, die sie als Kap Isopa identifiziert hatten, aber starker Gegenwind hinderte sie. Erneut kam Sturm auf, und die Mannschaft hatte nicht mehr die Kraft, in die Wanten zu klettern und die Segel zu reffen. In der Nacht zerfetzten der tobende Wind und die umherpeitschenden Segel die Wanten des Großmasts.

Am Morgen des nächsten Tages, am 6. November, stritten sich Offiziere und Kommandeur über das weitere Vorgehen. Bering bestand darauf, weiter nach Süden zu segeln, bis man den sicheren Hafen von Awatscha erreichen würde, obwohl der Großmast jetzt zu schwach war, um viel Segelzeug zu tragen, und die Mannschaft noch schwächer. Chytrew hingegen – der erklärte, wenn das nicht Kamtschatka sei, wolle er sich den Kopf abhacken lassen – redete auf die Männer ein, dass die *St. Peter* unverzüglich an der unbekannten Küste landen solle. Die Mannschaft schlug sich auf Chytrews Seite, und als ein rangniedrigerer Offizier Einwände gegen Chytrews Plan erhob, warfen ihn Chytrew und Waxel einfach aus der Besprechung. «Heraus!», brüllten sie laut Steller. «Hundsfott, Canaille!»

An diesem Abend, als die *St. Peter* in einer Bucht der unbekannten Küste Schutz suchte, rollten plötzlich mächtige Wellen heran und warfen das Schiff umher «wie einen Ball». Die Abergläubischen unter den Seeleuten beförderten die letzten Todesopfer, denen man ein Landbegräbnis hatte bereiten wollen, kurzerhand über Bord, in der Hoffnung, dass das die wütende See befrieden würde. Am nächsten Morgen ging Steller – der wohl dank seiner Wildkräuterdiät noch gesund war und zweifellos darauf brannte, das Schiff zu verlassen – sofort an Land, zusammen mit seinem Kasakendiener, seinem Freund, dem Geometer Plenisner, und einigen Kranken. Er nahm von seinem Gepäck mit, was er konnte; angesichts der dürftigen Verankerung des Schiffs und dem Mangel an arbeitsfähigen Matrosen war ihm klar, dass der erste Sturm die *St. Peter* aufs Meer hinausblasen oder an der Küste zerschmettern würde. Diesen ersten Tag, den 7. November, verbrachte er damit, die Gegend zu erkunden, wobei ihm auffiel, wie wenig Angst die Seeotter – eine auf dem Festland ihres Fells wegen heftig gejagte Tierart – vor dem Menschen zeigten: Sie kamen neugierig das Ufer herab und ins Wasser, um das Ruderboot zu begrüßen. Als Steller später zur Landestelle zurückkam, stieß er auf den skorbutgeschwächten Leutnant Waxel, der sich an Land zu regenerieren versuchte.

«Gott weiß, ob dieses hier Kamtschatka ist», sagte Steller.

«Was sollte es sonst sein?», erwiderte Waxel. «Wir werden bald nach Pferden schicken.»

Die nächsten beiden Tage erkundeten Steller und seine beiden Gefährten, sein Kasake Thoma und sein Freund und Landsmann Plenisner, die unbekannte Küste eingehender. Steller fand noch mehr verdächtige Anzeichen – ungewöhnlich freche Blaufüchse, das völlige Fehlen von Bäumen und Sträuchern auf dem bergigen Terrain, die am Strand liegenden «Seekühe»[5], von denen Thoma sagte, dass er sie auf Kamtschatka noch nie gesehen habe, und typische Seewolken gegenüber im Süden, was darauf schließen ließ, dass sie von Wasser umgeben waren.

Vielleicht, dachte Steller, waren sie ja auf einer großen Insel gelandet.

Es ist anzunehmen, dass die drei diese Möglichkeit in Erwägung zogen – oder wohl eher, dass Steller sie ihnen auseinander setzte, als sie an diesem ersten Abend an ihrem Strandfeuer saßen. Jedenfalls kam, laut Steller, ein Blaufuchs in ihr Lager spaziert und schnappte sich vor ihren Augen zwei von den Morasthühnern, die sie erlegt hatten. Es war, wie sich später erwies, ein entscheidender Wendepunkt, als Thoma, der ebenfalls an Skorbut litt, plötzlich Steller vorwarf, dass nur er und seine Neugier ihn, Thoma, in diese missliche Lage gebracht hätten.

Laut seinem Tagebucheintrag antwortete Steller: «Sei guten Muths. Gott wird helfen, wo dieses auch unser Land nicht ist, so haben wir doch Hoffnung, dahin zu kommen. Du wirst nicht verhungern, kannst du nicht arbeiten und mir aufwarten, so will ich's vor dich thun. Ich kenne dein redliches Gemüt und deine Verdienste gegen mich; alles, was ich habe, das gehört auch dir zu; fordere nur, ich werde alles mit dir, bis Gott helfen wird, zur Hälfte theilen.»

Dieses Gespräch veranlasste Steller, sich Gedanken zu machen, wie man sich auf den Winter vorbereiten könnte, für den Fall, dass diese unbekannte Küste sich als Insel erweisen sollte. Auf sein Drängen erklärte sich Plenisner bereit, mit ihm eine Hütte zu bauen, und sie schlossen einen Pakt, einander als Freunde beizustehen. Mit Behelfsschaufeln begannen die drei, eine Erdhütte auszuheben und mit einem Dach aus Treibholz zu versehen, eine Zuflucht ähnlich den Hütten, die sich die Kamtschadalen für den Winter bauten. Drei weitere deutsche Besatzungsmitglieder der *St. Peter* schlossen sich ihrem Haushalt an, ebenso zwei weitere Kasachen und die beiden Diener Berings. Sie alle gelobten, eine Gütergemeinschaft einzugehen.

Es dauerte nur ein, zwei Tage, bis auch die übrigen Besatzungsmitglieder, die noch an Land zu rudern vermochten, Stellers Beispiel folgten und sich ebenfalls Erdhütten bauten und ihre eigenen Haushalte organisierten. Plötzlich war Steller nicht mehr der verachtete Arzt und Botaniker, sondern Vorbild und Anführer. Chytrews Stern hingegen sank rapide. Die Seeleute gaben ihm die Schuld dafür, dass sie krank und gestrandet waren. Mit Betteln und Schmeicheln versuchte er, die Deutschen dazu zu bewegen, ihm ein Eckchen ihrer Hütte zu überlassen, damit er nicht bei den gewöhnlichen Matrosen schlafen musste, die ihn Tag und Nacht bedrohten. Doch Steller und seine Hausgenossen waren «alle gleich von ihm beleidigt (...) und schlugen es ihm rund ab, zumal da er mehr aus Faulheit krank und der Haupturheber unseres Unglücks war».

Die Arbeit an den Hütten beanspruchte auch noch den 12. November – eine Woche, seitdem sie Land gesichtet hatten – und wurde am folgenden Tag abgeschlossen. Doch für viele Besatzungsmitglieder kam die Zuflucht zu spät.

«Diesen Tag brachte man viele Kranke vom Fahrzeug», schreibt Steller, «worunter einige, sobald sie an die Luft gekommen, wie der Canonier, andere im Boot bey der Überfahrt, wie der Soldat Sabin Stepanow, einige, wie der Matrose Sylvester, gleich am Ufer wegstarben. (...) Die Toten wurden, ehe man sie noch begraben konnte, von den Füchsen verstümmelt, welche sich sogar über die lebendigen und hülflosen Kranken, die ohne Bedeckung am Strande herumlagen, herzumachen nicht scheuten und sie nach Hundesart berochen. Von diesen schrie einer über Frost, der andere vor Hunger und Durst, weil viele vom Scharbock so erbärmlich im Munde zugerichtet waren, dass sie, wegen großer Schmerzen, nichts mehr genießen konnten, da das Zahnfleisch wie ein Schwamm angeschwollen, braunschwarz, über die Zähne emporgewachsen war und selbige bedeckte ... Diesen Tag wurden sonst die Kasernen zu Stande gebracht, in welche Nachmittags viele Kranke zusammen getragen wurden, die aber wegen der Enge des Raums, überall auf der Erde, mit Lumpen und Kleidern bedeckt, herumlagen.»

Obwohl er die Sterbenden am Strand nicht genauer beschreibt, sah Steller wohl alle klassischen Skorbutsymptome. In der Regel wurden die Seeleute zunächst nur immer schwächer, bevor sich äußere Krankheitszeichen zeigten, zuerst kleine blaurote Pünktchen am Gesäß und auf der Rückseite der Beine, da es um die Haarbälge zu kleinen Blutergüssen kam. Die Haut wurde trocken und rau. Manchmal war der Kranke kurzatmig. Die Gelenke schmerzten, vor allem Knie, Hüften und Knöchel, da allein schon das Körpergewicht zu Gelenktraumata führte. Die Beine schwollen an und schmerzten von Blutungen ins Muskel- und Bindegewebe. Die kleinste Berührung hinterließ blaue Flecken. Alte Narben brachen wieder auf, da das Bindegewebe nachgab. Kratzer und Wunden heilten nicht. Der Kranke wurde so schwach, dass er nicht einmal mehr die Beine heben konnte. Wenn die Kapillaren rissen, kam es zum berühmtesten Skorbutsymptom – das Zahnfleisch schwoll zu einer schwarzlila Masse, die so empfindlich war, dass sie bei der geringsten Belastung blutete und Kauen unmöglich wurde. Die Zähne lockerten sich im Kiefer. Wenn der Kranke noch die Kraft gehabt hätte, hätte er sie mit der bloßen Hand herausziehen können.

«Wenn die Situation fortdauert», lautet eine Skorbutbeschreibung, «verfällt der Körper zu einer blutenden Masse, für die der Tod ein Segen ist.»

Es endete meist damit, dass der Seemann, wenn er etwa, vor Schmerzen stöhnend, an einem eiskalten Strand lag und seine Offiziere und seinen Gott dafür verfluchte, dass sie ihn hierher geführt hatten, seinen schwachen Körper überstrapazierte, indem er etwa in den Schutz einer gerade vollendeten Erdbaracke zu kriechen versuchte. Durch die plötzliche Anstrengung rissen skorbutzermürbte Hauptblutgefäße in Herznähe. Der Mann fiel tot in den gefrorenen Sand.

Phil hatte inzwischen, im verzweifelten Bemühen, etwas zu finden, was Vitamin C enthalten könnte, die meisten Packungen aus den Vorratsfächern gerissen und auf den Fußboden der Kajüte geworfen. Dorthin kullerten jetzt auch Konservendosen mit Chili und gebackenen Bohnen. Zwischen dem Poltern der Dosen hörte er den Regen mit neuer Kraft aufs Deck trommeln. Wie lange würde er noch in dieser Bucht festsitzen? Den Konserven folgten eine Packung Tacofladen, eine Dose Anchovis, eine Reservetube Zahnpasta. Wenigstens hatte er an seine Zahnbürste gedacht; er hatte seine Gesundheit doch nicht total vernachlässigt. Aber gestern Abend beim Zähneputzen, als er die Zahnpasta ins Edelstahlwaschbecken der *Myrna Lay* gespuckt hatte, war da nicht ein Hauch von Blut dabei gewesen? Oder nur die Reste eines roten Gummibärchens? Oder war es der Satz des Haut-Médoc? Er stellte sich das Zahnfleisch der sterbenden Seeleute dort am Strand vor. Wie lange noch, bis sein eigenes Zahnfleisch auch so aussehen würde? Bei der Vorstellung, mit den extraharten Borsten seiner Zahnbürste über sein Zahnfleisch zu kratzen, womöglich beim Bürsten Streifen herauszufetzen, würgte es ihn.

Phil gab die Suche vorübergehend auf und lief in die Bordtoilette, um seinen Mund im Spiegel zu inspizieren.

Es gab eine Reihe von Forschern, die, gezielt oder unabsichtlich, bei sich selbst Skorbut hervorriefen. Die Geschichte dieser Selbstversuche ist kurz, aber faszinierend. Sie beginnt Mitte des 18. Jahrhunderts, als ein gewisser William Stark – ein exzentrischer junger englischer Arzt, der Benjamin Franklin begegnet war und dessen Rat, sich an eine schlichte Kost zu halten, womöglich etwas zu ernst nahm – durch eine vorwiegend aus Brot und Wasser bestehende Diät zu Tode kam.

1939 induzierte John Crandon, Mediziner an der Harvard Medical School, bei sich selbst absichtlich Skorbut, indem er sich zwölf Wochen an eine Diät hielt, von der wohl viele Studenten gesagt hatten, dass sie doch alle wichtigen Nährstoffe enthielt: Brot, Cracker, Käse, Eier, Zucker, Schokolade und Bier. Ein paar Jahre darauf, im Zweiten Weltkrieg, unterzog sich eine kleine Gruppe von Kriegsdienstverweigerern im englischen Sheffield freiwillig einem Experiment, bei dem ihnen, nachdem zuvor ihr Vitamin-C-Spiegel durch hohe Dosen emporgetrieben worden war, nur solche Nahrungsmittel verabreicht wurden, in denen das Vitamin C durch Kochen, Sterilisieren oder auf andere Weise zerstört worden war. Nach vier bis zwölf Wochen war der Vitamin-C-Spiegel in ihrem Blut auf ein kaum noch feststellbares Maß gefallen. Nach zwanzig Wochen zeigten sie alle kleine Pfropfen in den Haarfollikeln an Gesäß und Beinrückseite, und sechs von zehn Mann hatten subkutane Blutungen. Nach sechsundzwanzig Wochen mussten die Freiwilligen – die sich inzwischen vermutlich wünschten, sie hätten sich für die Front entschieden – feststellen, dass Wunden, die man ihnen absichtlich zugefügt hatte, nicht mehr heilten.

In der sechsunddreißigsten Woche war bei neun von zehn Mann das Zahnfleisch bereits «bläulich, geschwollen und schwammig» und es kam zu «besonderen Vorfällen». Einer der Freiwilligen erlitt nach sportlicher Anstrengung einen Herzanfall. Ein anderer erwachte mitten in der Nacht mit Schmerzen in der Brust und schweren Herzrhythmusstörungen. Bei einem dritten zeigte eine Thoraxröntgenaufnahme das plötzliche Umsichgreifen eines bereits bestehenden Tuberkuloseherds. Massive Vitamin-C-Injektionen beseitigten diese speziellen Beschwerden. Die Forscher entschärften daraufhin das Experiment, indem sie den noch verbliebenen Freiwilligen täglich 10 mg Vitamin C verabreichten – nur ein Sechstel der heute empfohlenen Tagesmenge von 60 mg für gesunde Erwachsene. Schon mit diesen Minimaldosen Vitamin C zeigten die Freiwilligen binnen vierzehn Tagen eine merkliche Besserung, und nach zehn bis vierzehn Wochen hatten sie sich völlig erholt.

Durch ausgeklügelte biochemische Analysen haben Forscher

inzwischen herausgefunden, dass das Vitamin C als eine Art Atomschweißkolonne in den Eiweißfabriken des Körpers fungiert. Um zu wachsen oder verschlissene Teile zu ersetzen, produziert der menschliche Organismus ständig Eiweißstoffe – allein in den ersten fünf Lebensjahren rund eine halbe Tonne und im Lauf des Lebens ganze fünf Tonnen, einen halben Mülllaster voll. Diese Eiweißstoffe oder Proteine entstehen in den winzigen Zellribosomen, die unter den zwanzig Aminosäuren des Körpers bestimmte Bausteine auswählen und dann in verschiedenen Kombinationen zusammenfügen. Ein wichtiges Protein ist das Kollagen – eine extrem widerstandsfähige, dabei jedoch flexible Substanz, die die Grundlage des Bindegewebes des Körpers ist, also etwa der Bänder, Sehnen und Knochen, aber auch Stabilisierungsschichten in den Gefäßwänden und der Haut bildet. (Leder ist beispielsweise präpariertes tierisches Kollagen.) Das Vitamin C oder die Ascorbinsäure ist letztlich dafür zuständig, an einige der Aminosäuren, die das Kollagen bilden, eine zusätzliche Gruppe von Sauerstoff- und Wasserstoffatomen anzukoppeln, die eine engere Verbindung der Bausteine bewirkt und so dem Kollagen die Widerstandsfähigkeit und Flexibilität verleiht. Eine ähnliche, aber nicht ganz so klare Rolle spielt das Vitamin C bei der Bildung von Elastin, einem Protein der elastischen Fasern des Körpers, etwa in den Venen und Arterien.

Die Seeleute der *St. Peter*, die stöhnend am Strand lagen, hatten kein Vitamin C mehr im Körper, das diese Bindefunktion hätte erfüllen können, und so lösten sich diese Proteine auf, ähnlich wie die zerfetzten Wanten des Schiffs. Kapitän-Kommandeur Bering war unter den Schwerstkranken. Nachdem er an Land getragen und unter einem Segeltuchzelt in den Sand gebettet worden war, fragte er Steller, was er von dem neuen Land hielt.

«Mir kommt es nicht wie Kamtschatka vor», sagte Steller.

«Das Fahrzeug wird wohl nicht können gerettet werden», antwortete Bering. «Gott erhalte nur unser Langboot!»

Steller sah oft nach Bering, da dessen Diener sich inzwischen vorwiegend um ihr eigenes Überleben kümmerten. Er gab Bering Wasser und brachte ihm Speisen, wie etwa das Fleisch von noch gesäugten Seeotterjungen, das, wie Steller wusste, besonders reich an Nährstoffen war. «Allein er bezeugte allzu großen Abscheu dawider», schreibt Steller, «und wunderte sich über meinen Geschmack, der nach den Umständen eingerichtet war.»

Wieder hatten sich die Offiziere der *St. Peter*, zu ihrem eigenen Schaden, rigide gezeigt, wo Steller Flexibilität und Improvisationstalent an den Tag legte. Obwohl Bering sich mit Morasthühnern «erfrischte», wurde er immer schwächer und verzweifelter. Sein Körper wimmelte von Läusen. Er ließ sich von der Taille abwärts im Sand eingraben. Je tiefer er im Boden liege, erklärte er, desto wärmer sei ihm.

Am 8. Dezember 1741, zwei Stunden vor Tagesanbruch, starb Kapitän-Kommandeur Vitus Bering. «Ohne Zweifel würde er am Leben geblieben seyn», schreibt Steller, «wenn er Kamtschatka erreicht und nur der Wärme eines Zimmers und frischer Speisen sich hätte bedienen können. So aber kam er fast vor Hunger, Durst, Kälte, Ungemach und Betrübniß um.»

Dennoch zeigte Berings Körper ausgeprägte Skorbutsymptome: geschwollene Füße und Gelenke sowie Absterben («Brand») des Gewebes. Bering starb gefasst und «bei völliger Vernunft und Sprache». «Er selbst war überzeugt, dass wir an ein unbekanntes Land verschlagen worden, dennoch wollte er durch seine Behauptung die übrigen nicht gern niedergeschlagen machen, sondern ermutigte vielmehr auf alle Weise zu Hofnung und Thätigkeit.»

Im Licht der 12-Volt-Birne starrte Phil in den Spiegel über dem kleinen Waschbecken und musterte sein Zahnfleisch. Es sah irgendwie ziemlich normal aus. Vielleicht ein bisschen dunkler als sonst. Und seine Zähne schimmerten leicht rötlich. War das der

Rotwein oder das erste Anzeichen von Kapillarblutungen? Aber zuerst müssten da die lila Pünktchen am Gesäß und hinten an den Beinen sein. Phil öffnete rasch den Reißverschluss seiner Jeans und streifte diese samt seinen Boxershorts bis zu den Knien hinunter. Er raffte sein Hemd hoch und verrenkte den Hals. Er konnte nicht bis dahinten schauen. Er fuhr sich mit der rechten Hand über den Hintern. Fühlte kleine Erhebungen. *Verdammt!* Er verrenkte sich noch heftiger. An der Rückseite seiner Oberschenkel und auf seinem Hinterteil waren *mindestens vier oder fünf kleine lila Pünktchen*. Waren das nur Pickel? Oder der Beginn der Haarbalgblutungen?

Phil zog sich mit einer Hand die Hose hoch, rannte in die Kajüte zurück und kickte mit bloßen Füßen die Packungen und Konservendosen durcheinander. *Irgendwo* in diesem Chaos musste doch etwas Vitamin C sein.

Berings Tod markierte das Ende des Massensterbens. Um Weihnachten waren die Überlebenden gesundet, wenn auch noch nicht wieder voll bei Kräften. Unterdessen hatte ein Sturm die *St. Peter* an Land getrieben und tief in den Sand gesetzt, sodass sie nicht mehr seetüchtig war. Erkundungstrupps berichteten bei ihrer Rückkehr, dass man sich, wie Steller prophezeit hatte, auf einer Insel befand – einer allem Anschein nach unbewohnten Insel. Was auch immer die Gestrandeten zu ihrer Rettung unternehmen würden, musste bis zum Frühjahr warten.

Die Männer, die hauptsächlich von erlegten Meerestieren lebten, richteten sich auf den Winter ein. So wie die Eskimos über die Jahrhunderte vom Skorbut verschont blieben, machten auch die Seeleute die Erfahrung, dass eine reine Fleischkost durchaus die nötigen Nährstoffe liefern kann – vor allem Organfleisch, roh oder nur leicht angebraten. 100 g rohe Seehundleber enthalten allein schon die empfohlene Tagesmenge Vitamin C. Dasselbe gilt für zwei bis drei Pfund – bei einer reinen Fleischkost keine unübliche Menge – leicht angebratenen Seehundfleischs. Kochen oder Durchbraten erhöht die erforderliche Fleischmenge, da Sauerstoff und große Hitze das Vitamin C zerstören. Die Yukon-Indianer aßen die vitaminreichen rohen Nebennieren von Feldmäusen gegen Skorbut. Bis heute schneiden eingeborene Jäger in der Mandschurei, in Grönland und anderen nördlichen Ländern frisch erlegten Seehunden und anderen Tieren Nieren und Leber noch warm heraus und verschlingen sie wie riesige, rohe, blutige Vitamin-C-Kapseln. Ebenso lieben sie es, auf besonders vitaminreicher Walhaut herumzukauen. Alle Säugetiere brauchen Vitamin C genauso nötig wie Menschen, aber die meisten haben körpereigene Mechanismen, um es aus einfacher Glukose herzustellen. Die einzig bekannten Landsäuger, die ihr Vitamin C nicht selbst produzieren können, sind die Meerschweinchen, die Flughunde, die Primaten (einschließlich des Menschen) und ein Vogel namens Rotbauchbülbül – ihnen allen fehlt ein Enzym, das eine Schlüsselfunktion bei der Umwandlung von Glukose in Ascorbinsäure hat. Durch das frische Fleisch begann der Ascorbinsäurepegel im Blut der Seeleute zu steigen, und ihre Organe absorbierten die Substanz. Ihre Nebennieren nahmen große Mengen auf, um Noradrenalin und Adrenalin zu produzieren – die Hormone, die der Körper in Stresssituationen ausschüttet, um die Herzfrequenz zu erhöhen, die Blutgefäße zu erweitern und zusätzliche Zellbrennstoffe ins Blut gelangen zu lassen, kurz, um zum «Kämpfen oder Flüchten» bereit zu sein.

Wenn man annimmt, dass die Seeleute bei ihrer Meerestierfleischdiät mindestens 10 mg Vitamin C täglich aufnahmen, wäre zu erwarten, dass sich nach zwei Wochen bereits eine gewisse Besserung zeigte, die Kräfte wiederkehrten und die Zähne sich festigten. Nach rund acht Wochen hätte die Haut wieder ihre normale Farbe angenommen haben müssen, abgesehen von einigen bräunlichen Stellen, einem Überbleibsel der Blutergüsse.

Nach zehn bis vierzehn Wochen hätte, wenn man von dem Experiment der britischen Kriegsdienstverweigerer ausgeht, das Zahnfleisch völlig wiederhergestellt gewesen sein müssen. Der Prozess kann aber auf der Insel auch langsamer verlaufen sein.

Während des langen Winters flammte unter den Seeleuten die Glücksspielsucht auf, was zu Streit und handgreiflichen Auseinandersetzungen führte. Schließlich verboten die Unteroffiziere jede Form von Glücksspiel. Im Frühling machte man sich an den Bau eines neuen, kleineren Schiffs, unter Verwendung des geborgenen Holzes der *St. Peter*. Aus dem Chaos – dem «Naturzustand», wie es Steller nennt – organisierten sich die Männer zu einer funktionierenden Gemeinschaft. Alle unterzeichneten einen Pakt: Die zwölf Männer, die mit der Axt umzugehen verstanden, würden ganztags als Zimmerleute an dem neuen Schiff arbeiten, während sich die übrigen in zwei Jägerschichten aufteilten, um eine kontinuierliche Fleischversorgung zu gewährleisten. Das gemeinsame Ziel – die Erlösung vom Inseldasein – vor Augen, kamen sie, nachdem die Schneeschmelze eingesetzt hatte, rasch mit der Arbeit voran. Ihre «abgemergelten» Körper profitierten jetzt von riesigen Fischschwärmen, die so dicht waren, dass man die alten Netze nur ein einziges Mal auszuwerfen brauchte, um den Vorrat für eine Woche einzuholen. Von Steller angeleitet, genossen die Männer Kamtschatka-Süßgras, Zwiebeln der Saranalilie, Wurzeln von wildem Sellerie, lauchblättrigen Bocksbart, Weidenröschentriebe, Salat aus «antiscorbutischen Kräutern», Bachbunge und Bitterkresse und zum Hinunterspülen einen teeartigen Aufguss von Preiselbeeren und Wintergrün. Leutnant Waxel berichtete, dass er seine Kräfte erst vollständig wiedererlangt habe, als er mit Frühlingsbeginn diese Grünpflanzen habe zu sich nehmen können.

Mitte Juli war der Rumpf des neuen Schiffs fertig. Im folgenden Monat fertigten sie Takelwerk, Mast und Rahen, schmiedeten die Eisenteile, buken Schiffszwieback aus den geborgenen

Mehlvorräten und pökelten Seekuhfleisch in Fässern ein. Am 13. August begaben sich die Männer an Bord des vierzehn Meter langen Schiffs, eines einmastigen Hookers, den sie ebenfalls *St. Peter* getauft hatten. Von der ursprünglich achtundsiebzigköpfigen Besatzung waren nur noch sechsundvierzig Mann am Leben. Dennoch wurde es eng, wenn sie sich zum Schlafen zwischen Ladung und Deck quetschten – zur Fracht gehörten auch neunhundert wertvolle Otternpelze, von Tieren, die sie auf der Insel erlegt hatten. «Diesen Tag brachten wir sehr vergnügt zu», schreibt Steller, «da wir so bey hellen und angenehmen Wetter längst der Insel hinschifften, auf welcher uns alle Berge und Thäler bekannt waren, die wir so oft unsrer Nahrung oder andrer Kundschaft wegen mit großer Mühe erstiegen, und nach verschiedenen Umständen mit Namen belegt hatten. Spät am Abend waren wir, Gottlob, so weit gekommen, dass wir der äußersten Landspitze gegenüber waren.»

Barfuß, mit notdürftig hochgezogener Hose, sammelte Phil die vielversprechendsten Lebensmittel vom Fußboden der Kajüte auf und hielt sie in den Schein der Messinglampe, um die Nährstoffangaben auf den Packungen lesen zu können.

Eine Dose Chili – 0 Prozent Vitamin C.

Er warf die Dose wieder hin und schnappte sich die gebackenen Bohnen. 0 Prozent.

Weg damit. Dann waren da noch die Zahnpasta – *keine Chance* –, der Zucker und der Kaffee – *vergiss es*. Eine Packung Käsemakkaroni, eine Tüte Donuts mit Puderzucker, eine Packung Spaghetti. Alles 0 Prozent.

Da trat Phil versehentlich auf eine Tüte Barbeque-Chips. Es knirschte vernehmlich. Die brauchte er gar nicht erst aufzuheben. Aber wenn die Kartoffelhungersnot damals in Europa eine so gewaltige Skorbutepidemie ausgelöst hatte, mussten Kartoffeln doch wohl irgendwie Vitamin C enthalten.

Er bückte sich nach der Tüte. Hielt die silbrige Rückseite ins Lampenlicht. Nicht zu glauben. Eine Portion – ca. fünfzehn Chips – enthielt bereits 10 Prozent der empfohlenen Tagesmenge von 60 mg, demnach also 6 mg. Wenn die Kriegsdienstverweigerer bei dem Experiment schon durch 10 mg am Tag gesund geworden waren, bedeutete das, dass eine ordentliche Handvoll Chips zweimal täglich genügte, um Skorbut zu verhindern oder sogar zu heilen. Wenn die Beringexpedition nur genügend Kartoffelchips dabeigehabt hätte, dachte Phil, hätten die Männer problemlos überlebt.

Phil riss die Tüte auf, stopfte sich eine Handvoll würziger, salziger Chips in den Mund und kaute sie, orangefarbene Krümel verstreuend, während er mit dem Fuß die restlichen Dosen, Packungen und Gläser durchstöberte. Er stieß sich den großen Zeh an einem Glas scharfer Soße. Das war wohl das Gemüseartigste, was er auf die *Myrna Lay* gebracht hatte. Er inspizierte das Etikett. *Wieder ein Treffer!* Zwei Esslöffel Soße – eine Portion – enthielten 8 Prozent der empfohlenen Tagesmenge. Das mussten die vitaminreichen roten Paprikaschoten sein. Er drehte den Deckel auf, quetschte eine weitere Ladung Chips in die Soße und schob sie sich in den Mund. Die Soße rann ihm übers Kinn und tropfte auf den Boden.

Er sah hinab. Zu seinen Füßen lag eine Packung Traubenkonzentrat. Er hob sie auf und studierte das Etikett. Jede Trinkportion enthielt 10 Prozent der erforderlichen Vitamin-C-Tagesmenge. Er kramte in den Geschirrfächern, fand einen Plastikkrug und mixte sich einen Liter Saft. Er nahm einen ordentlichen Schluck direkt aus dem Krug. Köstlich. Er fühlte das Vitamin C förmlich durch seinen Körper strömen – wie der aufsteigende Saft eines Baums im Frühling. Diese Haarbalgblutungen – oder Pickel, was immer es war – hatten keine Chance. In diesem Augenblick entdeckte er auf dem kleinen Bord über der Pantry-Spüle das Päckchen, das Myrna mit den Steller-Tagebüchern auf dem

Deck hinterlassen hatte. Er war so sauer auf sie gewesen, dass er es einfach hier verstaut hatte. Jetzt kam ihm der Gedanke, dass es ja etwas Essbares enthalten könnte. Vielleicht sogar etwas Frisches.

Er griff nach dem Päckchen und riss es auf. Darin war eine kleine Schachtel. Er riss auch diese auf. Sie war mit Seidenpapier ausgepolstert. Im Inneren des Seidenpapiers klapperte etwas. Er zerfetzte das Seidenpapier und fand ein Plastikfläschchen. Er hielt es ans Licht. Es war aus dunklem Plastik – um den lichtempfindlichen Inhalt zu schützen – und auf dem Etikett stand: «Vitamin-C-Supplement, 500 mg».

An dem Fläschchen klebte ein Zettel. Phil las ihn. «Damit du gesund bleibst. Alles Liebe, Myrna.»

Lächelnd öffnete er das Fläschchen, schob sich zwei Pillen in den Mund und spülte sie mit dem Traubensaftgetränk hinunter.

Kapitel 6

Noch spürbar warm – Hitzschlag

Die Passhöhe – dann hat sie gewonnen. Der Rest geht bergab, so schnell, dass der Wind durch den Helm pfeift und die Speichen schwirren. Sie werden sie nie einholen. Die Passhöhe, und das Geld gehört ihr. Ihr und ihrer Familie – den Eltern und jüngeren Geschwistern, der zaushaarigen, Verwünschungen ausstoßenden Großmutter, die immer noch, fünfzig Jahre danach, auf die Nazi-Invasoren schimpft –, der ganzen Familie, die sich die Wohnung in dem heruntergekommenen Betonblock in einer osteuropäischen Stadt teilt. Die Passhöhe noch, und sie wird dieser brutalen Hitze entkommen, auf der anderen Seite hinabtauchen, in kühlen Fahrtwind, in eine Flut von grünen amerikanischen Dollars.

Sie muss bald oben sein. Nach dem frühmorgendlichen Start bei der Handelskammer, die dieses Rennen sponsert, um die wirtschaftliche Entwicklung der Region anzukurbeln, wurden die Rennfahrerinnen durch eine Straße mit Fastfood-Restaurants und Parkplätzen geschleust und dann bergauf geschickt, immer weiter bergauf, auf dem gewundenen Sträßchen in die Appalachen. Am ersten richtigen Berg hat sie ihren Ausreißversuch unternommen. Ihr Trainer sagt immer: «Angreifen am Berg, verteidigen bei der Abfahrt. Rennen werden am Berg gewonnen.»

Sie schaut sich um. Niemand zu sehen.

Sie war immer schon eine gute Kletterin, aber einen so kühnen Ausreißversuch hat sie noch nie gewagt. Irgendwo dort hinten ist der Rest des Felds und irgendwo dort im Feld sind die drei besten Bergfahrerinnen der Welt – die Italienerin, die Französin und die Kolumbianerin, berühmte Radfahrerinnen, alle drei. Für die ist sie ein Nichts, ein Niemand. Sie weiß es und die drei wissen es, aber genau das wird sie zu ihrem Vorteil wenden. Vorerst lassen sie sie ziehen, allein dem Feld davonsprinten, weil sie sich sagen, dass sie sie leicht wieder kriegen, wenn sie sich erst verausgabt hat. Die werden staunen. Das ist ihre Strategie: sich auf dieser Steigung so weit absetzen, dass sie sie nicht mehr einholen können.

Wie viele Serpentinen noch?, fragt sie sich. Es kann nicht mehr weit sein. Es ist so heiß. Ihre Schenkel brennen vom Bergauftreten und Nacken, Arme, Schultern und Rücken schmerzen ebenfalls, da alle Muskeln zusammenarbeiten, um jedes Mal die ganze Kraft des Körpers auf die Pedale zu bringen. *Kam der Ausreißversuch zu früh?* Wenn sie noch viel länger gewartet hätte, hätten die anderen sie nicht mehr ziehen lassen. Es ist so heiß. Die schnellen, kurzen Atemzüge sind eher schlauchend als belebend – als ob sie Dampf einatmen würde. Tief atmen, ermahnt sie sich. Es ist so heiß, dass der Schrittmacherwagen auf der ersten Steigung zu kochen anfing und Dampf speiend am Streckenrand stand, als das Feld vorbeisauste. Dann trat sie stehend an, löste sich aus dem stattlichen Feld und war vorn, ganz allein, vor sich nur noch freie Straße, die sich immer weiter in den Laubwald emporwand.

Treten, treten, treten, sagt sie sich vor.

Es ist so heiß. Der Schweiß rinnt ihr über Nacken, Rücken, Arme und Beine. Es ist so heiß – bis 35 °C heute, hieß es am Start –, dass ein bläulicher Dunstschleier in der Luft hängt. Die Buchen am Streckenrand sehen aus wie von einem Impressionisten gemalt, in Tupfen aufgelöste Konturen und dichte dunkle Ölfarbtupfen als Schatten im Wald. Ihr Trainer hat sie vor der Feuchtigkeit der Appalachen gewarnt – etwas, was sie aus Europa nicht kennt. Sie hätte seinem Rat folgen und zwei Wochen früher herkommen sollen, um sich zu akklimatisieren, statt bei ihrer Familie zu bleiben, wo es billiger war, und jeden Tag in der kühlen Luft des Baltikums zu trainieren. Sie hätte auf ihn hören sollen. Jetzt ist er nicht mal hier – daheim haben sie nicht mehr das Geld, ihn ins Ausland zu schicken. Bei diesem Rennen ist sie ganz auf sich gestellt. Sie hat beschlossen, dass das der Augenblick ist, alles auf eine Karte zu setzen.

Ausruhen, in diesem dichten, dunklen Impressionistenschatten! Aber zuerst das Preisgeld! Nur noch die Passhöhe, und das Preisgeld gehört ihr. Der Rest ist Abfahrt, kein Problem, ihre Führung zu verteidigen. *Konzentrier dich!*, ruft sie sich zur Ordnung. Sie konzentriert sich auf das regelmäßige Kreisen der Pedalen und auf den Rhythmus ihres Atems, ignoriert das Brennen in ihren Oberschenkeln. Nur noch die Passhöhe, das ist alles, dann der kühle Fahrtwind, und das Geld gehört ihr.

Jesus Christus war ein Hitzeopfer. [Die Kreuzigung, eine bevorzugte Hinrichtungsmethode der Herrscher des alten Persien und des Mittelmeerraums, die es der Sonne überließ, das Weitere billig und effizient zu verrichten.] Wenn das Opfer – oft ein Pirat oder politischer Aufwiegler – aufrecht an ein Holzkreuz genagelt oder gefesselt und der sengenden Hitze der Sonne preisgegeben wurde, weiteten sich die Gefäße in den Extremitäten als Teil des körpereigenen Kühlmechanismus. Wenn dann die Beine jedoch lange Zeit nicht bewegt werden konnten und keine Muskelkontraktion dazu beitrug, das Blut aus den Gefäßen wieder emporzupumpen, dann versackte eine große Blutmenge in den Beinadern, und das Gehirn wurde nicht mehr richtig durchblutet. Aus diesem Grund haben Wachsoldaten, die in der Hitze strammstehen müssen, Weisung, die Zehen zu beugen und zu strecken, um die Beinmuskeln in Aktion zu halten. Sonst kann es sein, dass sie plötzlich kollabieren und erst wieder zu sich kommen, wenn sie am Boden liegen und das Blut aus den Beinen ungehindert ins Gehirn gelangen kann.

Der Gekreuzigte hingegen, der stundenlang reglos da hing, fiel in immer tiefere Bewusstlosigkeit; das Gesicht wurde kalt und weiß, Herzschlag und Atmung kamen zum Erliegen, und schließlich trat der Tod ein, wobei der Prozess manchmal dadurch beschleunigt wurde, dass man dem Hinzurichtenden mit einer Eisenstange die Beine zertrümmerte, wobei zwangsläufig Gefäße beschädigt wurden, was einen zusätzlichen Blutverlust bewirkte. Eine Eigentümlichkeit des physischen Zustands, den die Kreuzigung hervorruft, besteht darin, dass das Opfer von allen äußeren Anzeichen her tot scheinen kann, ohne es bereits zu sein. In diesem Fall kann es sich, wenn es einige Stunden waagrecht an einem kühlen Ort liegt, wieder vollständig erholen. Als Ungläubiger könnte man argumentieren, dass die Grablegung nach der Abnahme vom Kreuz die Erklärung für die «Auferstehung» Jesu ist.

Der Hitzetod hat etwas Alttestamentarisches, eine archaische Symbolkraft, die nicht zuletzt in der Vorstellung von der Hölle als einem Feuerschlund zum Tragen kommt. Judentum, Christentum und Islam entstammen allesamt glutheißen Wüstengegenden, wo unerträgliche Hitze und Durst als angemessene Strafe für Sünder erschienen – anders als bei den Wikingern, die sich die Hölle als kalte, dunkle Unterwelt vorstellten. Der Hitzschlag ist in der Bibel vielerorts präsent, etwa in der Geschichte von Manasse, der starb, nachdem er auf den heißen Feldern Gerste geerntet hatte. Die Araber nannten den Hitzschlag «Siriasis» – nach Sirius, dem Hundsstern, der in den heißen Sommermonaten am Himmel der Sonne nachjagt. Römische Legionen, die 24 v. Chr. in Arabien einmarschierten, trafen auf einen Feind, der viel mörderischer war als die feindlichen Heere: auf den Hitzschlag, der laut antiken Geschichtsschreibern «den Kopf angriff und ausdörrte und so die meisten, die er überfiel, tötete». Frühe europäische Abenteurer fürchteten nach ihren Tropenerfahrungen sogar das Sonnenlicht. Sie glaubten, es enthielte «aktinische

Strahlen», die den Schädel zu durchdringen vermochten. Bis 1940 rüsteten die Briten ihre Tropeneinheiten mit einem speziellen Kopf- und Nackenschutz gegen die tödlichen Strahlen aus und schufen so das Symbol britischer Kolonialmacht, aber auch der physischen Verletzbarkeit ihrer Repräsentanten unter tropischen Hitzebedingungen – den Tropenhelm.

In den USA sterben laut offiziellen Statistiken pro Jahr rund 200 Menschen an Hitzefolgen, aber die tatsächliche Zahl dürfte höher liegen und kann durch sommerliche Hitzewellen auf 1000 oder sogar noch darüber steigen, wenn man die Fälle mitzählt, in denen die Hitze im Verein mit anderen Faktoren zum Tod führt. Allein die Chicagoer Hitzewelle von 1995 forderte, Schätzungen zufolge, in einer Woche 700 Menschenleben. Der New Yorker Stromausfall von 1977 ließ bei gleichzeitiger Hitzewelle die tägliche Sterbeziffer von 197 – dem für diese Jahreszeit normalen Tagesdurchschnitt – auf 237 emporschnellen und schließlich sogar auf 298 hinaufklettern, als die Temperatur 40 °C erreichte.

Der Hitzschlag kann jeden treffen. Er ereilt jedoch bevorzugt ältere Menschen, Übergewichtige, chronisch Kranke – etwa mit Herz-Kreislauf-Erkrankungen – und Menschen, die bestimmte Medikamente genommen oder zu viel Alkohol getrunken haben. Alleinlebende, die kaum Verwandte oder Freunde haben, die nach ihnen schauen, sind zusätzlich gefährdet. Dasselbe gilt für Menschen, die im obersten Stockwerk leben, wo sich die Hitze ansammelt. Ein Ventilator kann eine gewisse Hilfe sein, bietet aber bei Temperaturen über 33 °C keinen Schutz mehr.

Die meisten Fälle von Hitzetod gehen aufs Konto des «klassischen» Hitzschlags – des allmählichen Ansteigens der Körpertemperatur bei Menschen, die einer heißen Umgebung ausgesetzt sind, ohne sich viel zu bewegen. Der zweite Hitzekiller, der «Überanstrengungshitzschlag», trifft die Jungen und Gesunden. Seine Opfer sind Fußsoldaten, Feldarbeiter, Goldgräber, Marathonläufer, Radrennfahrer, Ringer und Fußballspieler. Es sind diejenigen, die ihren Körper bei Hitze oder Schwüle rücksichtslos antreiben – oder von anderen, sei es real oder in der Vorstellung, angetrieben werden. Besonders anfällig sind solche Menschen, wenn sie nicht genügend trinken oder nicht ausreichend akklimatisiert sind, ein Prozess, der etwa vierzehn Tage dauert. Der Hitzschlag ist, nach Kopf- und Genickverletzungen und Herzschwäche, Todesursache Nummer drei unter Hochleistungssportlern. «Es gibt für den menschlichen Körper wohl keinen größeren Stress», schreibt ein Medizinexperte, «als schwere körperliche Anstrengung bei Hitze.»

Seltsamerweise verkraftet der menschliche Körper zwar ein beträchtliches Absinken seiner Kerntemperatur mit der damit verbundenen radikalen Verlangsamung des Stoffwechsels (Hypothermie), aber er erträgt nur einen sehr geringen Anstieg der Kerntemperatur, wobei der Stoffwechsel auf Hochtouren schaltet (Hyperthermie). Frauen verkraften wegen ihrer isolierenden Fettschicht Kälte besser als Männer, aber Hitze trifft sie stärker. Hitzeschäden zeigen sich in vielfältigen Symptomen, einem komplexen Kontinuum von Beschwerden, das die ansteigende Körpertemperaturkurve spiegelt. Die mildeste Form ist das Hitzeödem, bei dem Füße und Beine aufgrund der Gefäßerweiterung nach langem Sitzen oder Stehen anschwellen. Dann folgen Hitzesynkope – Ohnmachtsanfälle oder Benommenheit – und Hitzekrämpfe, schmerzhafte Spasmen der Bein-, Arm- und Bauchmuskeln, die durch Salzmangel oder die vorangegangene Einnahme von harntreibenden Mitteln noch verschlimmert werden können. Der Hitzekollaps – oft mit dem Hitzschlag verwechselt, aber weit weniger gefährlich – kommt von extremem Schwitzen bei Hitze und hoher Luftfeuchtigkeit und ist gekennzeichnet durch Körpertemperaturen über 37,8 °C, aber unter 40,5 °C, Kopfschmerz, Schwindel, Übelkeit und Erbrechen, Schüttelfrost, Schwäche, beschleunigten Herzschlag und niedrigen Blutdruck.

Wenn man ihm nicht durch Abkühlung, Ruhe und Flüssigkeitszufuhr begegnet, kann sich der Hitzekollaps rasch zum äußerst gefährlichen Hitzschlag entwickeln, bei dem die Kerntemperatur des Körpers über 40,5 °C ansteigt. Das Überleben hängt von der Dauer der Überhitzung ab, und ein Hitzschlag verlangt die sofortige und rasche Absenkung der Körpertemperatur. Dank unverzüglicher Behandlung überlebten Menschen schon extrem hohe Körperkerntemperaturen, so etwa der – von der Presse als «menschliche Fackel» bezeichnete – Amerikaner Willie Jones, den Ärzte mit Eiswasser rasch von einer geschätzten Körpertemperatur von 48 °C herabkühlten, nachdem er 1980 bewusstlos in seiner Wohnung in Atlanta gefunden worden war. Immerhin 45 °C überlebte ein anderer Amerikaner, der, nach einem harmlosen Zusammenstoß mit einem Polizeiwagen, ein Gramm Methamphetamin schluckte – wohl um es zu verstecken – und zu Fuß vor den Polizisten floh, wobei seine Körpertemperatur gefährlich anstieg. Sofortige Abkühlung und Rehydratation im Krankenhaus senkten seine Temperatur binnen 90 Minuten auf 41 °C; er erwachte nach 26 Stunden aus dem Koma und wurde nach fünf Tagen in stabilem Zustand entlassen. Nicht zuletzt wegen der vielen möglichen Komplikationen – von denen nahezu jedes Organ des menschlichen Körpers betroffen sein kann – gehen die Schätzungen der Sterblichkeitsrate beim Hitzschlag weit auseinander, von 10 bis hin zu 80 Prozent; dennoch sind sich die Ärzte einig, dass der Hitzschlag «einer der wenigen echten medizinischen Notfälle ist».

Es gibt komplizierte Gleichungen, um den Wärmeanstieg im Körper zu beschreiben[6], aber letztlich reduzieren sie sich alle auf eine simple physiologische Wahrheit: Wenn der Körper mehr Wärme erzeugt, als er abgibt, wird er heißer. Und wenn man dann nicht aufhört, Wärme zu erzeugen – indem man sich in den Schatten begibt, hinlegt und die Muskelkontraktionen abstellt –, dann knallt schließlich der innere Thermostat durch. Die Körpertemperatur schnellt empor. Der Zellmetabolismus beschleunigt sich rasant und erzeugt immer noch mehr Wärme. Was folgt, ist ziemlich genau vorhersagbar: Bewusstlosigkeit, Krämpfe und Tod, da der Körper letztlich von innen zerkocht.

Treten, treten, treten. So viel Tempo machen, wie sie irgend kann, mehr als die anderen schaffen, treten, damit der Abstand zwischen ihr und dem Feld sich dehnt wie ein Gummiband, das immer länger und länger wird, bis es reißt und sie sie nicht mehr einholen können.

Ihre muskulösen Beine pumpen und pumpen in einer gleichmäßigen, kreisförmigen Bewegung. Ihr Atem hält die doppelte Taktlänge ihres Beinrhythmus, und den Kontrapunkt setzt das präzise *Klick* der Kette, die beim Heraufschalten auf einen größeren Zahnkranz am Hinterrad springt. Mehr Pedalumdrehungen, weniger Tempo. Als sie um eine Haarnadelkurve kommt, wird die Straße noch steiler, windet sich zwischen den Buchen, Ahornbäumen und Eichen bergauf wie in einem Tunnel. Die üppige Appalachen-Landschaft ist für sie nur ein Vorbeihuschen von Licht und Schatten, Hitze und Kühle, so wie ein dahinhetzendes Tier den Wald wahrnehmen mag. Ihre ganze Konzentration gilt dem Rhythmus ihrer Beine, der Feinabstimmung der Schaltung auf subtile Steigungswechsel, dem tiefen Keuchen ihres Atems. *Klick*, erneutes Herunterschalten. Ihre Beine wirbeln stetig weiter, aber das Rad bewegt sich langsamer voran und ihre ganze Person müht sich, es den steilen Anstieg hinaufzuwuchten.

Schweißrinnsale schwellen zu Bächen. Jede einzelne ihrer zwei Millionen Schweißdrüsen – eng aufgerollte, winzige Schläuche unter der Hautoberfläche, die ausgestreckt über einen Meter messen würden – zieht sich alle neun Sekunden zusammen, quetscht ein paar Tröpfchen Flüssigkeit durch die Poren und füllt sich dann wieder. Ingesamt sondern sie pro Stunde über zwei Liter Schweiß ab, der zu 99,5 Prozent aus Wasser und darin gelösten Salzen besteht. Sie trinkt zwar zwischendurch immer wieder aus der Wasserflasche an ihrem Radrahmen, aber der menschliche Organismus kann über den Magen nicht mehr als einen guten Liter Wasser pro Stunde resorbieren – egal, wie viel man hineinschüttet. Auch wenn sie reichlich trinkt, trocknet sie also langsam aus.

Bei kälterem Wetter würde kühle Luft über ihre Haut streichen und ihre überschüssige Körperwärme abführen – ein Vorgang, den man Konvektion nennt –, aber bei Lufttemperaturen über 35 °C ist Schwitzen das einzige Selbstkühlungsmittel des Körpers. Ohne jede Form der Kühlung würde sie, selbst wenn sie nur ruhig da säße, pro Stunde um ein Grad heißer werden – nur durch ihren eigenen Stoffwechsel. (Allein das menschliche Gehirn, egal ob hochintelligent oder dumm, produziert im Wachzustand wie im Schlaf soviel Wärme wie eine 15- bis 20-Watt-Birne.) Beim mühsamen Treten hier auf diesen Serpentinen käme sie binnen 10 bis 12 Minuten in den Hitzschlagbereich, wäre da nicht der Schweiß, der einen guten Teil der überschüssigen Körperwärme abführt – jedenfalls, wenn er problemlos auf der Haut verdunsten kann, was an diesem Tag nicht der Fall ist.

Sie müht sich weiter bergauf. Ihre Kerntemperatur liegt im Bereich des «Anstrengungsfiebers», jener erhöhten Temperatur, die der menschliche Körper bei längerer hochgradiger Anstrengung erreicht, ohne Schaden zu nehmen. Bei durchtrainierten Sportlern geht dieser Bereich, wie erstmals 1903 bei Teilnehmern des Boston Marathon gemessen, von etwa 37,8 bis 40 °C. Es liegt jedoch nur ein schmaler Grat zwischen «Hitzekollaps» und Hitzschlag.

Bei jedem energischen Treten steigt ihre Körpertemperatur um einen winzigen Bruchteil eines Grads und ihr Organismus intensiviert seine Kühlungsmechanismen. Ihr ganzer Körper funktioniert jetzt wie der Kühler eines Autos. Sie spürt, wie ihr Uhrarmband ins Fleisch einschneidet. Die oberflächennahen Blutgefäße schwellen, um das heiße Blut aus ihren arbeitenden Muskeln und überhitzten Organen an die schweißgekühlte Oberfläche zu transportieren. Allein die Blutzufuhr zu ihren Fingerspitzen ist etwa hundertmal so intensiv wie bei kaltem Wetter. Bei Hitze können sich die Kapillaren der gesamten Körperoberfläche so stark erweitern, dass ein Blutdurchsatz von bis zu acht Litern pro Minute nötig wäre, um sie ganz gefüllt zu halten. Beim Versuch, dies zu leisten, muss das Herz wild pumpen.

Die Straße windet sich in engen Serpentinen bergauf, wird mit jeder Biegung steiler. *Klick* macht es, als sie erneut heraufschaltet, jetzt in den kleinsten Gang. Aber es reicht noch nicht. Ihre Oberschenkel brennen. Die Zahl der Pedalumdrehungen geht zurück – von 80 auf 60 auf 50 pro Minute. *Weiter*, sagt sie sich, *weiter*. Sie steht auf, um jedes Mal ihr ganzes Körpergewicht auf die Pedale zu legen. Hitze flimmert auf dem Asphalt, glänzende Hitzepfützen. Sie sehnt sich nach dem zischenden Geräusch von Reifen in Pfützen, nach dem Gefühl aufspritzender Tröpfchen im Gesicht, aber vergebens.

Stattdessen rinnt Schweiß über ihren Körper und fällt in dunklen, spinnenbeinigen Tropfen auf den rissigen Asphalt. Wenn die relative Luftfeuchtigkeit 75 Prozent übersteigt und gar in den 90-Prozent-Bereich kommt, kann in der flüssigkeitsbefrachteten Luft kaum noch Schweiß verdunsten, zumal wenn kein Wind weht, der große Mengen Luft über die Körperoberfläche streichen lässt. Diese mangelnde Verdunstungskühle wurde auch drei amerikanischen High-School-Ringern zum Verhängnis, die 1997 bei drei verschiedenen Vorfällen ums Leben kamen, weil sie in wasserdichten Anzügen schweißtreibendes Training machten, um in niedrigeren Gewichtsklassen antreten zu können. Ein ähnliches Problem hat unsere Radrennfahrerin, denn jetzt, da sie sich im kleinsten Gang nur noch ganz langsam bergauf bewegt, ist auch der Fahrtwind nahezu gleich null. Ihre

Schweißdrüsen arbeiten hektisch, aber aufgrund der hohen Luftfeuchtigkeit, der Hitze und dem Mangel an Luftbewegung ist ihr Kühlsystem so gut wie nutzlos.

Sie fühlt sich von Hitze umhüllt und erfüllt. Selbst die Schattenflecken auf dem schwarzen Asphalt sind heiß. Wenn sie dem Rat ihres Trainers gefolgt und schon vor zwei Wochen in die Appalachen gekommen wäre, hätte ihr Körper bereits gelernt, schon bei einer niedrigeren Kerntemperatur seine Gefäße zu erweitern und seine Schweißdrüsen zu aktivieren, kurzum, seine Kühlaggregate anzuwerfen, ehe die Körpertemperatur zu sehr steigt. Nach mehreren Akklimatisierungswochen in einem heißen Klima vermag man zweieinhalbmal so viel Schweiß abzusondern wie vorher.

Sie arbeitet sich durch eine Ansammlung von vier, fünf heruntergekommenen Häusern: verwitterte Bretterverkleidungen, bröckelnde Teerpappe, aufgebockte Schrottautos in den Höfen. Familien auf windschiefen Veranden, in speckigem Arbeitszeug und T-Shirts, während sie im mitternachtsblau-schwarzen Renntrikot vorbeifährt, auf einem aerodynamischen Titan-Rad. Sie starren sie an, reglose Eidechsen, die sich vor der Mittagshitze in den Schatten eines Felsens zurückgezogen haben.

Sie passiert ein Schild, das 25 Meilen pro Stunden vorschreibt. Es ist rostig und zerschossen. Dann ein verlassener Trailer am Straßenrand. Die Tür hängt an verbogenen Angeln, halb offen. Ihre Körpertemperatur nähert sich jetzt 40,5 Grad, der Grenze des «Sportfiebers» und jener Dämmerzone, in der die Konzentration schwindet, die Emotionen wild schwanken, übersteigerte Reizbarkeit einsetzt. Der verlassene Trailer macht sie wütend. Welche Vergeudung hier in diesem Land, diesem Land des Überflusses, denkt sie, im Gegensatz zu ihrer Heimat, wo alles bis zuletzt benutzt, dann wiederverwendet und abermals wiederverwendet wird. Die korrodierte Metallhaut des Trailers schimmert stumpf im Sonnenlicht.

Sie pumpt weiter. Ja, sie wird das Geld dieses Landes nehmen und verschwinden. Lichtstrahlen fallen jetzt zwischen den Bäumen hindurch, als ob der Wald dünner würde. Der Impressionist hat jetzt eine hellere Palette benutzt, leichtere, luftigere Gelb- und Grüntöne. Sie spürt, wie die Steigung nachlässt, wie sich das Terrain krümmt, so wie der Rücken eines Delphins, der emporspringt, um dann wieder tief ins kühle Wasser hinabzutauchen. Noch eine Haarnadelkurve, noch zwei – es kann nicht mehr weit sein. Ihr ganzer Körper schmerzt. Sie hyperventiliert jetzt, in heftig schnappenden Atemzügen, die ihr keinen Sauerstoff mehr zuzuführen scheinen. Die nächste Biegung führt in ein hohlwegartiges Stück, die übernächste wieder hinaus. Der Impressionistenwald endet. Aber es ist nicht die Passhöhe – bestimmt noch eine Meile bis dahin, vielleicht zwei. Es ist, als ob ein riesiger Malerspachtel all die sattgrünen Pigmente weggekratzt hätte. Darunter zum Vorschein gekommen ist ein Ödland aus roter Erde und braunen Baumstümpfen, die sich als weiter Hang zum kahlen Bergkamm emporzieht. Aus der hartgebackenen roten Erde kochen Hitzeschwaden. Die flimmernde Asphaltstraße führt in langgestreckten Windungen zum Gipfel hinauf. Rötliches Wasser rinnt im Straßengraben, wie von der Erde hervorgeblutet. Warum haben sie das getan? Wie konnten sie ihr das antun? Sie ist von so weit her gekommen und hatte es fast geschafft, und jetzt haben sie dieses kahle Stück Hitze, Mühsal und Schmerz vor ihr ausgebreitet. Sie möchte sich vom Rad fallen lassen und sich auf der Erde zusammenrollen, als wäre sie zwei Jahre alt.

Konzentrier dich!, ermahnt sie sich. *Konzentrier dich! Du kannst es schaffen!* Sie sieht im Geist ihre zaushaarige Großmutter in der kleinen Wohnung von einem Raum in den anderen stürmen. Sie schaut sich um. Zwei Kurven tiefer sieht sie blankes Metall in der Sonne aufblitzen. Vier Radfahrerinnen arbeiten sich in einer dichten Linie die Straße herauf. Sie erkennt sie an den Trikots: die Italienerin, die Französin, die Kolumbianerin und eine deutsche Fahrerin, die kaum mitkommt. Selbst von hier oben sieht sie, wie scharf ihr Tempo ist, wie kräftig das Pumpen ihrer Schenkel – noch im Sattel sitzend, ziehen sie fest entschlossen die Aufholjagd durch.

Treten, treten, treten. Nur noch bis zum höchsten Punkt. Sie hört ihren Trainer sagen: «Wenn du als Erste oben bist, hast du gewonnen, aber wenn sie dich jetzt kriegen, ziehen sie einfach an dir vorbei und du holst sie nie mehr ein. Dann hast du *gar nichts.*»

Sie legt sich in jeden Tritt, dass das Rad unter ihr schwankt, während sie sich über den kahlen, roten Erdhang müht. Die Schwüle erstickt sie fast. Sie ackert sich an einem Schild vorbei, das für die Produkte der Holzfirma wirbt, die diese Bergkuppe abgeholzt hat: «Wir machen das Beste aus unseren Wäldern.» In dem dicken Blech sind Dutzende von Kugellöchern und die Dellenmuster von Schrotladungen, wie Spuren von Explosionen tief sitzender Wut.

Sie ist sich nicht sicher, ob sie's schafft. Sie fühlt sich schwach. Schmerzhafte Knoten bilden sich jetzt in ihren Oberarm-, Waden- und Bauchmuskeln – Hitzekrämpfe, vielleicht die Folge des hohen Kochsalzverlusts durch das Schwitzen. Ihr Herz arbeitet mit den kräftigen, effizienten Kontraktionen des trainierten Hochleistungssportlerherzens, schafft es aber doch nicht, genug Blut in all die erweiterten Gefäße zu pumpen und gleichzeitig den Sauerstoffbedarf der Muskeln zu decken. Es ist, als seien ihre Arterien lauter Wasserballons, die an einem Hahn hängen, dessen Druck nicht reicht, sie alle gleichzeitig zu füllen. Die Blutzufuhr zu den oberen Regionen ihres Körpers und ihrem Gehirn lässt nach. Ihr Gesichtsfeld wird von der Peripherie her dunkel und verschwommen, Funken tanzen ihr vor den Augen wie Glühwürmchen. Kälteschauer durchlaufen ihren Körper; auf ihren Armen bildet sich Gänsehaut. Ihr Rad schwankt trunken hin und her, da ihr Körper unkoordiniert auf die Pedalen sackt und die Bewegung ihrer Beine eckig wird. In ihrem Kopf pocht es und ihr ist übel – die Symptome des Hitzekollapses.

Sie hat ihre Gangschaltung bereits ausgeschöpft. Sie versucht, sich hin und her zu schlängeln, wie es Kinder beim Radfahren am Berg tun, damit die Strecke nicht so steil ist, aber sie schwankt wie betrunken, kann das Rad kaum senkrecht halten. Sie traut sich nicht zurückzuschauen, hat auch keine Kraft dafür übrig. Ihre kurzen, schnellen Atemstöße brechen aus ihr hervor wie die Stöhnlaute eines Tiers, und in einem Nebel aus Hitze, Schmerz und Schweiß erreicht sie die Kuppe. Der höchste Punkt. Der Schmerz in Schenkeln, Armen, Rücken, Nacken lässt plötzlich nach. Laubwald ergießt sich über die Rückseite des Berges wie ein Wasserfall aus Schatten und Kühle. Die Straße taucht in Serpentinen in den kühlen Schattenfluss hinab. Sie weiß, sie sollte für die Abfahrt in einen anderen Gang schalten, aber sie weiß nicht mehr, in welche Richtung man den Hebel bewegen muss. Ihre zaushaarige Großmutter steht auf der Straße und winkt sie weiter, zeigt bergab, auf den kühlen Schattenwasserfall, auf die Ziellinie, auf den Strom von amerikanischem Geld, gleich dort unten. Sie lenkt dorthin, wo ihre Großmutter hingezeigt hat. Komischerweise ist niemand an der Ziellinie, aber sie weiß, sie hat sie passiert. Der Sieg und das Geld gehören ihr – jawohl, ihr –, aber die Straße hat eine Kurve gemacht, und jetzt schießt ihr Rad eine Böschung hinunter, und dann ist alles schwarz.

Es wäre vielleicht anders gekommen, wenn sie im Schatten gelandet wäre. So aber sengt die Sonne auf ihre schutzlosen Arme und Beine und ihren Kopf; ihr mitternachtsblau-schwarzes Renntrikot und ihr schwarzer Sport-BH absorbieren die Hitze, während sie neben einem Rhododendronbusch liegt, unter ihrem Rad.

Die wärmegenerierenden Muskelkontraktionen haben aufgehört, aber ihr Körper wird trotzdem weiter aufgeheizt, von außen wie von innen. Heiße Sonne auf einem halbnackten menschlichen Körper kann in dessen Innerem genauso viel Wärme erzeugen wie anstrengendes Gehen, etwa 250 Kilokalorien pro Stunde. Schlichtes Dasitzen produziert schon 100 Kilokalorien pro Stunde. Das bedeutet, dass ein 68 kg schwerer, halbnackter Mensch, der in der heißen Sonne säße, egal ob am Strand oder an einem Berghang der Appalachen, und nicht in der Lage wäre, die Hitze – sei es durch Schwitzen, kühlenden Wind, ein Bad im Meer oder Ähnliches – abzuführen, einem Anstieg der Körpertemperatur um mehr als ein halbes Grad pro zehn Minuten unterläge und sich nach etwa einer Stunde im Hitzschlagbereich – der Zone über 40,5 °C – befände.

Aber der innere Brennofen unserer Radrennfahrerin brennt wesentlich heißer, als wenn sie nur dasäße. Ihr Zellmetabolismus – der Vorgang, bei dem die Zellen Brennstoff in Energie verwandeln – beschleunigt sich bei höheren Temperaturen, sodass er bei 40,5 °C um die Hälfte schneller verläuft als bei der normalen Körpertemperatur von 37,0 °C. Diese erhöhte Aktivität erzeugt noch mehr Hitze im Körper.

Obwohl ihre Haut von Schweiß glänzt, kann dieser aufgrund der hohen Luftfeuchtigkeit nicht verdunsten und daher keine Kühlung bewirken. Während sie in der Sonne liegt, schnellt ihre Temperatur in die Hitzschlagszone hinein. Ihre Körperfunktionen versagen jetzt so gründlich und in so vielfältiger Form, dass es schwer ist, die Schäden zu spezifizieren.

40,5; 41,0 °C. Krämpfe erfassen die Arm-, Bein- und Rumpfmuskulatur.

41,5; 42,0; 42,5; 43 °C. Sie erbricht sich wiederholt, und der Schließmuskel löst sich.

43,5; 44 °C Grad. Die Hitze beginnt, die Zellen zu zerstören. Proteine schmelzen und verändern sich, und die Mitochondrien, die kleinen Kraftwerke der Zellen, arbeiten nicht mehr richtig. Das Muskelgewebe verfällt. Die Hitze versengt kleine Flüssigkeitsgefäße in den Nieren und tötet Leberzellen ab. Sie lässt die Dendriten des Kleinhirns – jenes Teils des Gehirns, der die Muskelkontraktionen koordiniert – schwellen und vernichtet außerdem die Purkinje-Zellen in der Großhirnrinde, dem denkenden Teil des Gehirns. Sie verursacht Blutungen im gesamten Körper, auch in Herz und Lunge, und sie beschädigt die schützende Schicht im Inneren der Blutgefäße. Das Kreislaufsystem reagiert, als seien die Blutgefäße durchtrennt worden, löst seine Gerinnungsmechanismen aus und es kommt zu einer so genannten «Gerinnungskaskade». Das Blut beginnt in den Venen und Arterien zu stocken. Sie erbricht sich wieder, diesmal ist das Erbrochene blutig. Die Darmwand wird porös und von Verdauungsbakterien abgesonderte Toxine gelangen ins Blut, was bei manchen Hitzschlagopfern einen septischen Schock auslöst. Andere sterben an Herzversagen, vermutlich wegen der Hitzeschäden am Herzmuskel.

Die Liste der zerstörerischen Hitzschlagsfolgen lässt sich immer weiter fortführen. Autopsien an Hitzschlagopfern zeigen Schäden an nahezu allen wichtigen Organen. Während die Radrennfahrerin komatös in der Sonne liegt und Blut erbricht, während ihre Arme und Beine von Krämpfen zucken und auf ihren Schultern lila Blutergüsse erscheinen, läuft in ihrem Körper ein Prozess ab, der in vielem der Kernschmelze in einem Atomkraftwerk ähnelt. Einen gnädigen Schutzmechanismus belässt ihr der Körper jedoch angesichts dieser massiven Hitzeattacke: Sie ist bewusstlos und bekommt nichts mit. Würde sie jetzt wiederbelebt, könnte sie sich an nichts erinnern.

Gut drei Minuten nach dem Kollaps der Osteuropäerin erreichen die Italienerin, die Französin und die Kolumbianerin die Passhöhe; die Deutsche haben sie abgehängt. Die drei fragen sich, wo die Osteuropäerin geblieben ist, und beschleunigen gemeinsam das Tempo, um sie einzuholen – erst wenn sie die Osteuropäerin erreicht haben, gilt die Devise: Jede für sich.

Klick, Klick, Klick machen die Gangschaltungen in präziser Folge, als die drei den höchsten Punkt überqueren, mit schwirrenden Speichen und singenden Kugellagern auf der anderen Seite hinabtauchen und sich, auf der Jagd nach der Osteuropäerin, so tief in die Kurven legen, dass die Kettenwerfer beinahe über den Asphalt schleifen. Der Luftzug, mit dem sie vorbeisausen, lässt die Büsche am Straßenrand erzittern. Der kühlende Fahrtwind fegt über ihre schweißnassen Körper.

Die drei bemerken die Osteuropäerin dort unten in den Büschen nicht. Ihre einzige Chance wäre jetzt sofortige, drastische Kühlung. Vorgenommen wird diese normalerweise mit Eispackungen, durch ein Kaltwasserbad oder, was das Beste ist, durch Vernebeln von kaltem Wasser in unmittelbarer Hautnähe. Hitzschlagopfer bei Militäreinsätzen wurden schon erfolgreich mit dem kühlen Rotorwind über ihnen schwebender Hubschrauber behandelt. Bei rascher Behandlung und Einlieferung in die Klinik überleben heute viele Hitzschlagopfer, wenn auch die Statistiken bezüglich der genauen Überlebensrate wie auch der Rate bleibender Schädigungen des Gehirns oder anderer Organe erheblich differieren. Eine ernüchternde Studie verfolgte 58 Fälle von klassischem Hitzschlag, die während der Chicagoer Hitzewelle von 1995 ins Krankenhaus eingeliefert wurden, und stellte fest, dass es bei der Hälfte dieser Patienten zu Nierenversagen kam, dass 21 Prozent in der Klinik starben, 33 Prozent «mäßig bis schwer behindert» entlassen wurden und weitere 28 Prozent das folgende Jahr nicht überlebten. Bei den meisten Überlebenden war keine Besserung eingetreten.

Siebzehn Minuten nach Überquerung der Passhöhe entscheidet die Italienerin den Schlusssprint für sich. Sie schießt unter einem schlaffen Zieltransparent hindurch und ist in dem Dorf, das sich in ein enges Tal quetscht. Unter einem Baum fällt sie vom Rad. Ihre Betreuer kommen mit nassen Handtüchern und Eiswasser-Thermosflaschen angerannt. Zuerst begreift sie gar nicht, dass sie gewonnen hat; sie glaubt, dass die Osteuropäerin durch irgendeinen übermenschlichen Kraftakt als Erste das Ziel passiert hat.

Niemand vermisst die osteuropäische Radfahrerin, bis zur Siegerehrung, eine Stunde nachdem auch die letzten Nachzügler eingetroffen sind. Da fragen sich die Radfahrerinnen dann doch gegenseitig: *War sie nicht vorn? Wo ist sie geblieben?* Der Direktor der regionalen Handelskammer überreicht der Italienerin den Preisscheck. Ein paar Lokalpolitiker sagen jeweils ein paar Worte, aber die Einheimischen haben sich inzwischen auf ihre Veranden und in ihre klimatisierten Trailer zurückgezogen und die Politiker haben nicht mehr viel Publikum. Der wirtschaftliche Nutzen für die Region ist bisher praktisch gleich null, abgesehen von den Einnahmen einiger Hotels und Restaurants in der Kreisstadt. Und profitiert hat natürlich auch die Italienerin, die sich vom Preisgeld einen neuen Sportwagen zu kaufen gedenkt.

Bis zum späten Nachmittag hat der Sheriff ein paar Einheimische mit Jagdhunden zusammengetrommelt und mit Pritschenwagen an der Straße verteilt, ab dem Punkt, wo die Osteuropäerin zuletzt gesichtet wurde. Die Hunde stürmen los, schnüffeln den Asphalt ab. Gegen Abend ist die Lufttemperatur auf vergleichsweise kühle 30 °C Grad gesunken. Der dunstverschleierte, orangerote Sonnenball taucht gerade hinter die fernen, lila Berge hinab, als sie die Radfahrerin neben dem Rhododendronbusch finden. Ihr Körper ist immer noch spürbar warm, als der Organisator nach dem Puls tastet, während der riesige Kernreaktor der Sonne endlich hinter dem Horizont versinkt.

Kapitel 7

Aus dem Reich der Senkrechten geschleudert – Sturz

Er hängt an der senkrechten Felswand wie eine Spinne: die linke Hand hochgereckt und die Fingerspitzen um eine Felswarze gekrallt, das linke Bein weit abgespreizt und die Innenseite des Kletterschuhs auf einem «kleinen Tritt», den rechten Fuß als Hebel in einen Vertikalriss geklemmt. Das sind alles sichere Haltepunkte. Das Problem ist die rechte Hand. Mit der versucht er einen pilzhutförmigen Griff schräg rechts über sich zu erreichen. Diesen einen Griff bzw. «Move», wie es im Kletterjargon heißt – den Knackpunkt der ganzen Route –, und er hat's geschafft. Der Rest ist kein Problem.

Er hat kein Seil. Außer seinem Tagesrucksack und einem kleinen Magnesiabeutel am Gürtel hat er nur das bei sich, was er am Leib trägt: ein gelbes T-Shirt und ausgebeulte schwarze Stretchkletterhosen, die an der Wade enden wie Tom Sawyers Hosen. An den Füßen hat er den wichtigsten Bestandteil seiner Ausrüstung: Kletterschuhe, so weich und passgenau gearbeitet wie Aschenputtels Ballschühchen, mit dünnen Sohlen aus einem speziellen Gummi, der eigens dafür entwickelt wurde, an Fels zu haften.

Mit beiden Füßen und einer Hand sicher an den drei Haltepunkten verankert, reckt er die rechte Hand nach dem pilzhutförmigen Griff. Aber da fehlen gut fünfzehn Zentimeter. Er muss etwas höher kommen, sich ein wenig länger machen. Wenn er den linken Fuß vom «kleinen Tritt» nimmt und unter den Körper bringt, schiebt sich sein Schwerpunkt etwas höher. Das kann genügen, um ihm ein paar Zentimeter mehr Reichweite zu bringen.

Vorsichtig nimmt er den linken Fuß vom Tritt. Er zieht ihn

unter sich, lässt ihn im Leeren baumeln. Er holt tief Luft und reckt wieder die rechte Hand empor. Immer noch zu kurz. Mit einem so schwierigen Move hat er nicht gerechnet; er muss von der normalen Route abgekommen sein. Er sammelt sich, den linken Fuß noch immer im Leeren. Er atmet jetzt schneller. Die Kraft in den Fingerspitzen seiner linken Hand lässt nach. Sein rechtes Bein, mit dem im Riss verklemmten Fuß, trägt jetzt den größten Teil seines Körpergewichts. Die Muskeln beginnen zu brennen. Er muss etwas tun. Und zwar bald.

Er schätzt seine Möglichkeiten ab. Das Einzige, was etwas bringt, ist ein dynamischer Move – ein «Dyno» in der Fachsprache –, ein Move, der absolute Entschlossenheit verlangt. Dabei lässt der Kletterer alle Haltepunkte los und hechtet wie ein Eichhörnchen nach dem nächsten Griff. Es ist nicht weit. Er muss nur ein paar Zentimeter hochschnellen. Und der Griff ist groß, im Sprung leicht zu fassen. Er weiß, er kann es locker schaffen. Oder könnte es zumindest, wenn das hier die Kletterwand im Fitnesscenter wäre, wo er nicht mehr riskiert, als ein paar Meter zu fallen. Oder wenn er gesichert wäre – per Seil mit einem anderen Kletterer verbunden, der selbst sicher am Fels verankert wäre und ihn bei einem Sturz sofort abfangen könnte. Aber er ist nicht im Fitnesscenter. Und da ist niemand, der ihn sichert. Er schaut hinunter auf die Gebirgswiese am Fuß der Wand – die grünen Strauchbüschel, die gelben und blauen Wildblumenflecken. Nur zwei schmale Simse und fünfzig Meter Luftlinie zwischen ihm und dort unten. Er ist gar nicht so hoch. Aber hoch genug, wenn er daneben springt.

Wahrscheinlich wird er es schaffen. Die Chancen dürften 60 zu 40 stehen. Im Geschäftsleben hat er seine 60-zu-40-Regel: Wenn er die Erfolgschancen auf mindestens 60 zu 40 schätzt, dann wird es gemacht – ohne Rücksicht auf eventuelle Verluste. Er ist im Takeover-Business und lässt sich – für eine hübsche Stange Geld natürlich – von Investoren anheuern, die durch den

Kauf großer Aktienblöcke die Kontrollmehrheit einer angeschlagenen Firma erlangen wollen, um diese dann umzustrukturieren, Beschäftigte zu entlassen, im Zuge des «Downsizing» Unternehmensteile herauszubrechen und zu verkaufen, kurzum, das Maximum herauszupressen. In seinem Job ist ein Zugreifen bei einer Chance von 60 zu 40 kühn und verwegen – aber durchaus vertretbar. Schließlich sind es nicht *sein* Geld und *sein* Job, die auf dem Spiel stehen. Aber das hier ist etwas anderes. Hier geht es um *sein* Leben.

Er schaut zu dem Griff empor. Ein Dyno, fünfzig Meter über dem Boden und ungesichert. Das ist ein Verlierer-Move. Das sagen ihm seine Instinkte. Es gibt zwei Sorten Menschen auf der Welt: Sieger wie ihn und Verlierer, die 95 Prozent der Bevölkerung ausmachen. Siegertypen wissen, wann man vorpreschen und wann man sich zurückziehen muss, und manchmal muss man sich, um Sieger zu bleiben, zurückziehen. Das erklärt er seinen Kunden ständig. Und Verlierer bekommen normalerweise nur, was sie verdient haben. Durch blödsinnige Moves. Solche wie diesen hier.

Zurück. Das ist die richtige Strategie. Abklettern, zu einem der Simse oder ganz nach unten, und sich eine neue Route aussuchen. Oder das Klettern für dieses Wochenende ganz vergessen. Am Montag, wenn er ins Büro kommt, wird er den Jungs von diesem knallharten Moment an der Wand hier erzählen. Sie wissen, wie taff er ist – physisch, mental und überhaupt. Sie haben ja miterlebt, wie er dem Management einer Zielfirma die Daumenschrauben angesetzt hat, als kein anderer den Mumm dazu hatte. Sie wissen verdammt gut, dass er nicht ohne zwingenden Grund kehrtmachen würde. Er klettert schließlich solo und frei eine 5.9. Er wird ihnen klarmachen, dass Solo-Freiklettern die riskanteste Art des Felskletterns überhaupt ist.

Beim Solo-Freiklettern gibt es keinerlei Absicherung. Beim Klettern mit künstlichen Hilfsmitteln, der ausrüstungsintensivsten Form des Kletterns, werden verschiedenste Arten von Hilfsmitteln – Dinge mit Namen wie Camelots und Friends und Bohrhaken – in Felsrissen verkeilt oder sonst wie an der Wand angebracht und mit Seilen und Trittschlingen versehen, sodass man sich eine Art künstliche Leiter schafft. Auf der anderen Seite gibt es das Freiklettern: Man klettert mit einem Partner unter Ausnutzung der natürlichen Haltepunkte und kann dabei schon mal abrutschen, hat aber ein Sicherungssystem aus Haken und Seilen. Es klettert immer nur einer, damit ihn der andere im Fall eines Sturzes abfangen kann. Beim Solo-Freiklettern dagegen gibt es kein Sicherungssystem – keine Seile, keine Haken, keine Kameradensicherung. Da hat man nichts als sich selbst, die Wand und das eigene Können und Urteilsvermögen. Es ist bei weitem die riskanteste Form des Felskletterns und die seltenste: Die, die es betreiben, gelten als eine Klasse für sich.

Er wird dafür sorgen, dass dies allen im Büro einleuchet, und er wird ihnen, auf seine kompetente Art, das System der Schwierigkeitsgrade erklären, damit sie auch wirklich begreifen, womit er's zu tun hatte. Ein flacher Weg hat nach dem amerikanischen Gradsystem den Schwierigkeitsgrad 1.0. Eine 2.0-Route ist vielleicht ein ansteigender, steiniger Pfad. Bei einer 3.0-Route ist das Terrain immerhin so steil, dass man sich an ein paar Stellen mit den Händen hochziehen muss. Bei einer 4.0 ist man bereits im Bereich des Kletterns und benutzt Griffe und Tritte, wenn der Fels auch nicht unbedingt senkrecht ist. Im wahren Reich der Senkrechte – dem Reich der Spinne, der nackten Felswände – ist man bei Schwierigkeiten ab 5.0, wobei sich diese sehr präzise unterteilen, von 5.1, dem leichtesten Grad der wirklich senkrechten Kletterrouten, bis 5.8, 5.9, 5.10. Alles, was über 5.0 ist, hat Ähnlichkeit mit dem Erklettern einer Hauswand; der Unterschied liegt nur in der Textur der Fassade – wie weit die Griffe und Tritte auseinander liegen, was sie einem an Reichweite, Gelenkigkeit, Kraft und Kreativität abverlangen.

In den letzten Jahrzehnten, da die präzise und ehrgeizige Welt des Hochleistungskletterns eine enorme Entwicklung durchgemacht und echte internationale Events hervorgebracht hat, ist das Können der Kletterer über das alte Bewertungssystem hinausgewachsen. Weitere Gradziffern bezeichnen inzwischen jene extrem schwierigen Routen, auf denen die Kletterer nur noch mit den äußersten Spitzen ihrer kräftigen Finger an winzigen Felswarzen hängen und mit ihren Haftsohlen die Reibung auf geringsten Felswölbungen nutzen. Oft hängen die Kletterer wie Affen an Überhängen, ein paar Hundert Meter über dem Boden. Heute sind im amerikanischen System die 5.10-Routen in die Schwierigkeitsstufen a, b, c und d unterteilt und jeweils noch in plus und minus differenziert, und darüber kommt dann der Schwierigkeitsgrad 5.11. Momentan geht das Gradsystem bis 5.14 d – die schwierigsten Routen, die weltweit jemals gemacht wurden, ohne Sturz oder Zuhilfenahme künstlicher Hilfsmittel bezwungen. «Sauber klettern», nennen das die Freikletterer.

Er ist auf einer 5.9 – unter normalen Umständen für einen guten Kletterer nicht allzu schwierig. Aber er klettert sie nicht unter normalen Umständen, er klettert solo und frei, und eine 5.9 solo und frei anzugehen – ohne Seil, ohne jede Sicherung, nichts als die eigene Technik und das eigene, eiserne Selbstvertrauen zwischen sich und dem harten, harten Boden –, das ist schon was vom Taffsten. Dass er es überhaupt versucht hat, wird seinen Ruf stärken, ein Bursche mit Biss zu sein – diesen Ruf, der ihm im Geschäftsleben so sehr zugute kommt, wenn es darum geht, Gegner einzuschüchtern. Aber es gibt noch andere Gründe, warum er das Klettern liebt, außer dem Mummaspekt. Er liebt dieses Unverrückbarkeitsgefühl der Felswand unter seinen Händen und Füßen, all die verschiedenen Strukturen und Texturen – rauer und glatter Stein, breite Tritte und kleinste Trittchen, das elegante System der Vertikalrisse. Er liebt das komplexe intellektuelle Puzzle, eine Route ganz nach oben zu finden, im Geist all die Griffe und Tritte zu einer präzisen, durchchoreographierten Abfolge von Bewegungen zu arrangieren, und er liebt die sehnige, animalische Kraft seiner Arme und Beine, wenn er sich die Wand hinaufarbeitet, aus eigener Kraft, nur mit seiner Beweglichkeit und seinem Grips dieses massive Hindernis überwindet, das unsagbar gewaltige Kräfte einst aus den Tiefen der Erde hervorgepresst haben. In solchen Momenten ist er der Herr der Felsen.

Ja, er wird den Jungs am Montag die Story dieses Unternehmens erzählen. Vor allem Antoni. Dem wird er sie um die Ohren hauen. Dieser Trottel hatte ihm versprochen, dieses Wochenende mit ihm klettern zu gehen. Wenn Antoni ihn jetzt sichern würde, hinge er nicht mit halbtauben Fingerspitzen hier in der Wand. Bräuchte er jetzt nicht über den Dyno nachzudenken. Er würde einfach losschnellen, und wenn es schief ginge und er sich von der Wand lösen würde, dann würde er einfach «Ich falle!» schreien, und der Klettergurt würde sich mit einem Ruck straffen, wenn Antoni das Seil blockieren und ihn nach ein paar Metern auffangen würde. Vorausgesetzt, Antoni würde aufpassen. Er hat dem Kerl noch nie recht getraut. Und dann ruft der Trottel Freitagabend an und sagt ab, weil er das Wochenende mit Frau und Tochter verbringen will. Na ja, zum Teufel mit Antoni. Der bringt es eh zu nichts. Zu Hause bleiben, bei Frau und Tochter! Damit hat sich Antoni unter die Verlierer eingereiht.

Um sich an den Abstieg zu machen, tastet er mit dem linken Fuß die Wand ab. *Rückzug* – ja, er kann damit leben. Er bleibt trotzdem so taff wie eh und je. Er hört die dünne Gummisohle seines linken Kletterschuhs über den nackten, rauen Granit scharren wie die Pfote eines Hundes, der an der Tür zum Garten kratzt. *Wo ist dieser linke Tritt?* Er beugt den Kopf, um runterzugucken. *Da* – ein bisschen höher und weiter weg, als er ihn in Erinnerung hatte. Er reckt das linke Bein, dass sich die schwarze Kletterhose um seinen drahtigen linken Quadricepsmuskel spannt. Er kommt nicht ganz bis zu dem Trittchen. Bei diesen ganzen Manövern ist seine rechte Fußspitze in dem Riss ein paar Zentimeter abgerutscht. Er hängt jetzt etwas tiefer in der Wand und erreicht diesen linken Tritt nicht. Plötzlich wird ihm klar, dass er festsitzt. Er kann nicht vorwärts. Und nicht zurück. Er hat nur zwei Haltepunkte – linke Hand und rechter Fuß –, wie ein Scheunentor, das an zwei Angeln schwingt, fünfzig Höhenmeter über dem Grund. «Scheiße!», flüstert er und angelt wieder nach dem Tritt.

Die erste Panikwelle überschwemmt seinen Körper. Sein Herz schnellt plötzlich auf die Höchstfrequenz, etwa 160 Schläge pro Minute. Sein rechtes Knie, das fast sein ganzes Gewicht trägt, beginnt zu zittern, schnell auf und ab zu wippen. «Nähmaschine» nennen das die Kletterer oder «Elvis-Bein». In seiner ängstlichen Anspannung hat er die Zehen stärker als nötig belastet, wodurch sich die Muskeln seiner rechten Wade fest zusammengezogen haben. Wenn er sie jetzt zu entspannen versucht, dehnen sie sich. Die Dehnung strapaziert sie aber erst recht, und reflexhaft kontrahieren sie wieder. Entspannung, Kontraktion, Entspannung – immer wieder und wieder, ein Stakkatozyklus, den man «Klonus» nennt.

Klicketi, Klicketi, Klicketi, Klicketi, macht sein rechtes Knie, wie eine alte Singer-Nähmaschine, die einen langen Saum entlangrattert, oder Elvis' schwarzgestiefelte Beine im Rock-'n'-Roll-Rhythmus. Seine Fingerspitzen werden jetzt endgültig taub. Er spürt, wie die abgewetzten Kuppen auf der winzigen Felswarze ihre Hebelkraft verlieren. Er wird abstürzen, wenn er nicht schnell etwas tut. Kein Seil, keine Sicherung. Eine zweite Panikwelle jagt durch seinen Körper. Seine Atemfrequenz – bei etwa 24 Atemzügen pro Minute, während er ruhig dahinkletterte – schnellt auf 40 schnelle, hechelnde Atemzüge. Er angelt und scharrt mit dem freien Fuß, sucht verzweifelt irgendeinen Halt auf dem glatten Granit. Nichts. Er muss etwas tun – *schnell.* Er zieht heftig mit dem linken Arm, versucht seinen Körper ein Stück emporzuhieven, um an den Tritt zu kommen.

Da rutschen seine Fingerspitzen ab.

Der längste Fall, den ein Mensch ohne Fallschirm überlebt hat, betrug rund zehn Kilometer – was einem dreitausendstöckigen Hochhaus entspräche – und ereignete sich, als die Stewardess Vesna Vulovic am 26. Januar 1972 über dem heutigen Tschechien im abgebrochenen Heck einer explodierten DC-9 zur Erde stürzte. Nicht weit zurück liegt Nicholas Stephen Alkemade, Bordschütze der britischen Luftwaffe, der sich in der winterlich-kalten Nacht vom 24. auf den 25. März 1944 ohne Fallschirm aus dem Flammeninferno eines über Deutschland abgeschossenen britischen Bombers stürzte und rund sechstausend Meter fiel. Was ihm von dem langen Sturz durch den kalten, sternenklaren Nachthimmel in Erinnerung blieb, war das Gefühl, bequem auf einem Luftpolster zu liegen, und die enorme Erleichterung, der Hitze und den Flammen entronnen zu sein. Er bedauerte nur, dass er sich nicht mehr von seiner Freundin Pearl, daheim in Loughborough, verabschieden konnte. Alkemades vertikale Idylle endete abrupt, als er mit einer Endgeschwindigkeit von etwa 200 Stundenkilometern – der Maximalgeschwindigkeit, die ein fallender Körper aufgrund des zunehmenden Luftwiderstands, unabhängig von der Fallhöhe, erreichen kann – durch einen Baldachin von Kiefernästen brach und in dichtem, verschneitem Unterholz landete. Als er drei Stunden später zu sich kam – mit Verbrennungen und Schmerzen am ganzen Körper und gehunfähig –, zündete er sich eine Zigarette aus seinem plattgequetschten Päckchen an, blies eifrig in seine Rettungstrillerpfeife und ließ sich schließlich mehr als bereitwillig von einem deutschen Kommandanten und dessen Offizieren gefangen nehmen. Die Deutschen fanden ein paar Tage darauf den Fallschirm in dem Flugzeugwrack und verifizierten so Alkemades unglaubliche Aussage. Sie gratulierten ihm per Handschlag, klopften ihm auf den Rücken und beglückwünschten ihn zu einer Geschichte, die er noch seinen Enkeln würde erzählen können.

Die Überwindung der Schwerkraft ist unsere universelle Metapher für die Beschreibung von Leistung, Erfolg und Glück: Wir sprechen von Aufstieg, Höhenflug, Auftrieb, Schweben. Und ebenso universell sprechen wir vom Fallen, wenn es um Unglück und Scheitern geht – insbesondere um ein Scheitern, das aus Hochmut und Anmaßung gegenüber den Göttern resultiert. Satan stürzte aus dem Himmel. Adam und Eva fielen aus der Gnade Gottes. Ikarus kam auf seinem Flug der Sonne – dem Reich der Götter – zu nahe und das Wachs seiner Flügel schmolz. «Es ist der Brauch der Götter», schrieb Herodot, «alles, was von überragender Größe ist, zu stürzen.»

Dass unsere Weltsicht zutiefst von der Schwerkraft und der Gefahr des Fallens geprägt ist, resultiert zweifellos aus unserer Physiologie. Menschen lernen schon sehr früh, eine prekäre Balance auf zwei Stützen – ihren Beinen – zu halten. Die Gefahr des Fallens verfolgt uns von dem Moment, da wir aus dem Mutterleib gleiten, bis zu dem Tag, da wir ins Grab sinken. Uns drohen Stürze von Bäumen, Dächern, Fenstern, Leitern, Brücken, Bergen, Treppen; Ausrutschgefahr besteht auf Eis, in der Badewanne, auf nassen Böden; wir können von Fahrrädern und Pferden fallen, aus Autos, Rennwagen, Pferdewagen und Flugzeugen geschleudert werden. Landen können wir auf Erdboden, Stein, Holz, Beton, Wasser oder – wenn wir Glück haben – in einem Netz, auf einer Matratze, auf Stroh.

Der Schwerkraft entgehen wir nirgendwo auf der Erde, wenn sie auch an den Polen um etwa 0,5 Prozent stärker ist als am Äquator, wo man gewissermaßen am Rand des Karussells steht statt in der Mitte, und daher die nach außen gerichtete Fliehkraft den Abwärtszug der Schwerkraft ein klein wenig reduziert. Galileo Galilei ließ zwar, entgegen der Legende, keine Gewichte vom Schiefen Turm von Pisa fallen, maß aber dennoch die Fallgeschwindigkeit eines zur Erde fallenden Objekts – 9,81 m/s². Das heißt, dass das fallende Objekt mit jeder Sekunde um 9,81 Meter pro Sekunde (oder etwa 35 km/h) schneller fällt. Dabei, so erkannte Galilei, ist es gleichgültig, ob es sich bei dem Objekt um eine Feder oder eine Bleikugel handelt. Wenn es keinen Luftwiderstand gäbe – also im Vakuum – würden beide genau gleich schnell fallen. Isaac Newton, der im Garten seiner Mutter in Lincolnshire herumlungerte, als die Pest 1665/66 seinen Studienort Cambridge lahmgelegt hatte, spekulierte, ob dieselbe Kraft, die einen Apfel vom Baum fallen lässt, auch noch auf den Mond wirkt. Das Studium der Umlaufbahnen des Mondes und der Planeten brachte ihn zu jener klassischen Formel, die die universelle Kraft der Gravitation beschreibt: Jedes Materiepartikel im Universum übt eine Anziehungskraft auf jedes andere Materiepartikel; größere Partikel üben eine größere Anziehungskraft als kleinere, und diese Anziehung verringert sich – anders als die zwischen Liebenden – mit wachsender Entfernung.[7]

Wie zum Beweis für Herodots Diktum, stand Galilei die letzten acht Jahre seines Lebens unter Hausarrest, weil er sich in das Reich der Schwerkraft und der Himmelskörper vorgewagt hatte. Dem brillanten Newton erging es auch nicht besonders gut: Er kochte vor Wut und Eifersucht auf seine Rivalen, ein Zustand, der sich bis zur Paranoia und zu diversen Nervenzusammenbrüchen steigerte. Seinen Vater hatte er schon als Kleinkind verloren. Die Mutter war eine neue Ehe mit einem reichen Mann eingegangen und in ein benachbartes Dorf gezogen. Klein Isaac musste bis zum elften Lebensjahr bei den Großeltern bleiben, wo er wiederholt drohte, das Haus seiner Mutter und seines Stiefvaters samt Insassen niederzubrennen.

Kein Wunder, dass Newton instinktiv die Gefahren und Vorteile der Anziehungskraft zwischen Körpern erahnte. Ohne die

Schwerkraft würden wir alle von der Erdoberfläche in den Weltraum fliegen, aber manchmal – nur zu oft – zieht uns die Schwerkraft heftiger in ihren Sog, als uns gut tut. Stürze sind so häufig und so universell, dass sie eine eigene Kategorie in der Sterblichkeitsstatistik der WHO bilden – mit etwa 300 000 Todesfällen pro Jahr. Stürze sind wie Herzkrankheiten eine Geißel der reichen Länder, wo sie, proportional gesehen, doppelt so viele Todesfälle (1 Prozent der Gesamtzahl) verursachen wie in den armen Ländern (0,5 Prozent). Das liegt wohl daran, dass die Einwohner der reichen Länder zum einen mehr Hochhäuser, Strommasten und Brücken haben, von denen sie fallen können, und zum anderen alt genug werden, um sie zu erklimmen.

Bergsteigerunfälle machen nur einen winzigen Prozentsatz der tödlichen Stürze aus – in Nordamerika ganze 35 Todesfälle jährlich. Doch ihre zahlenmäßig geringe Bedeutung machen sie durch metaphorische Kraft wett. Wie Ikarus wagen sich auch die Kletterer in das erhabene Reich der Götter vor. Die Interpretation hängt vom eigenen Standpunkt ab. Für diejenigen, die unten bleiben, ist es leicht – womöglich zu leicht –, einen Absturz am Berg als Rache der Götter wegen der Hybris des Bergsteigers zu deuten. Für den Kletterer ist vielleicht gerade die Möglichkeit eines Absturzes Teil der Faszination des Kletterns. Das ist keine Todessehnsucht – ganz im Gegenteil: eine Leidenschaft für das intensive Gefühl von Lebendigkeit, absoluter Konzentration und höchster Wachsamkeit aller Sinne, das die Präsenz von Gefahr mit sich bringt. Felsklettern verlangt vollkommene Aufmerksamkeit. Beim Klettern gibt es keine Zukunft, keine Hoffnung auf das, was sein könnte, keine Trauer um das, was hätte sein können. Es gibt nur die Gegenwart, diesen Augenblick, diese Bewegung am Felsen – die manchmal ästhetisch und elegant, dann wieder schwerfällig und mühsam, immer aber absolut absorbierend ist. Abstürze – ob ein rasch vom sichernden Kletterkameraden abgefangenes Abrutschen oder ein unkontrollierter Fall in die Tiefe – sind der Preis für das Gefühl, voll und ganz in der Gegenwart, voll und ganz lebendig zu sein.

Wenn der Sturz für den Dichter eine Metapher, für den Kletterer eine Art intensivierendes Moment und für den Physiker Ausdruck der Anziehungskraft zwischen Massen ist, so ist er für den Mediziner wohl am ehesten ein breitgefächertes medizinisches Phänomen, das in zwei Worte gefasst wird, die ebenso hart sind wie die Sache selbst: «stumpfes Trauma». Das stumpfe Trauma, bei dem ein stumpfer Gegenstand gewaltsam auf den Körper einwirkt oder umgekehrt, steht im Gegensatz zum «perforierenden Trauma». Letzteres umfasst etwa Messerstiche und Schusswunden, während ersteres beispielsweise entsteht, wenn jemand vom umstürzenden Traktor begraben oder aus dem sich überschlagenden Auto geschleudert wird – oder eben wenn ein Kletterer abstürzt. In diesem Fall ist der medizinische Terminus spezifischer – «Dezelerationstrauma». Hierunter fällt das Spektrum der Verletzungen, zu denen es kommen kann, wenn der menschliche Körper jäh abgebremst wird.

Er hat keine Zeit, Angst zu empfinden, als er den Halt verliert. Binnen weniger Hundertstelsekunden löst das Fallen bei ihm den «Schreckreflex» aus – eine Reaktion, die schon Kleinkinder zeigen, wenn sie plötzlich ein paar Zentimeter tiefer sacken. Die Arme breiten sich aus, als suchten sie etwas zum Festhalten, die Augen kreisen, um die Quelle der Gefahr auszumachen, der Rumpf krümmt sich nach vorn, um die inneren Organe zu schützen. Indes beschleunigt der unbarmherzige Zug der Schwerkraft seinen Körper mit jeder Sekunde um die Galileischen 9,81 m/s. Das bedeutet, dass er theoretisch am Ende der ersten Sekunde mit ca. 35 km/h fallen würde, am Ende der zweiten mit 70 km/h und am Ende der dritten bereits mit 105 km/h. Faktisch verläuft die Beschleunigung jedoch nicht so schnell, da mit steigender Fallgeschwindigkeit der Luftwiderstand wächst. Nach etwa neun

Sekunden hätte er die Endgeschwindigkeit von etwa 175 km/h erreicht, falls er in der Schwebehaltung eines Fallschirmspringers fiele. Sauste er kopfüber hinab, betrüge seine Endgeschwindigkeit etwa 300 km/h.

Selbst bei langen Stürzen erreichen nur wenige Kletterer die Endgeschwindigkeit, da sie dafür, angenommen, sie befänden sich in der Fallschirmspringerhaltung, ca. 330 m senkrecht hinabfallen müssten. Was Kletterern häufiger widerfährt – und was einige wenige Glückspilze überlebt haben –, ist eine schreckliche Form des Abstürzens in Etappen. Der unangeseilte Kletterer gleitet auf steilem Eis aus, macht einen Abseilfehler oder reißt im Fallen die Haken, die ihn halten sollten, aus dem Fels. Laut Berichten von Kameraden, die sich auf einer tieferen Position befanden, dreht sich der Körper um seine Achse und springt, womöglich in ein Seilstück verheddert, in immer längeren Etappen den Hang oder die Wand hinunter. Eispickel, Handschuhe, Mütze lösen sich. Schließlich ist der Abstürzende keine Person mehr, sondern nur noch ein Gegenstand, der die Bergflanke hinunterpoltert und irgendwann über eine vorspringende Felskante ins Leere segelt, manchmal sogar in ein anderes Land – etwa von Nepal nach Tibet. Dabei erliegt er sehr wahrscheinlich schon lange vor dem endgültigen Aufprall massiven Kopfverletzungen. Es heißt, das Ganze sei ein schneller Tod.

Doch der Sturz unseres Kletterers, der eben noch solo in der Wand hing und Antoni verfluchte, ist eher prosaisch. Er fällt zehn Meter in 1,4 Sekunden – d. h. die Strecke, die der Höhe eines dreistöckigen Hauses entspricht, in der Zeit, die man braucht, um «Guten Morgen, wie geht's?» zu sagen. Er hat gar keine Chance, genau mitzubekommen, was passiert, geschweige denn, sein Leben an sich vorbeiziehen zu sehen. Für einen Moment ist da ein verschwommener Wirbel aus Fels und Himmel, dazu atemlose Stille. *Krack!* Sein rechtes Bein schlägt auf einen Felssims. Der Aufprall katapultiert ihn kopfüber weiter. Er hört ein jähes Luftrauschen, das Prasseln abgehender Steine, nimmt vage einen Strudel von Himmelsblau und Felsgrau wahr, als würde beides miteinander verrührt.

Plötzlich ist es ganz still, und er ist nirgendwo. Er schwebt im Dunkeln, auf der Stelle, endlos. Nach einer Ewigkeit, wie ihm scheint, hört er ein anschwellendes Geräusch, ein Klappern, als ob ein Reiter über Kopfsteinpflaster auf ihn zugaloppiert. Er spürt einen Hagel kleiner Schläge am ganzen Körper und ein *Plonk* auf der Stirn. Das war etwas Reales – herabstürzende Steine. Also ist er nicht tot. Er versucht zu atmen. Nichts passiert, als ob alle Luft aus ihm entwichen sei wie aus einem erschlafften Ballon und das Wiederaufpumpen mehr Kraft koste, als er hat. Ist es das wert? So viel leichter, nicht zu atmen. Aber wenn er nicht atmet, ist das hier das Ende. Dann stirbt er. Er konzentriert noch einmal seine gesamte Willenskraft auf seinen Brustkorb und sein Zwerchfell, erzwingt einen kurzen Spasmus von Atembewegung, noch einen und noch einen. Er bemerkt einen heftigen Schmerz ganz hinten im Brustkorb, als ob eine Hand hineinlangt und das Fleisch von der Wirbelsäule reißt. Genauso plötzlich, wie der Schmerz eingesetzt hat, hört er wieder auf. Flach und mühsam atmend, öffnet er die Augen. Er liegt auf der Seite. Er schaut über den Talgrund hinweg auf die gegenüberliegende Felswand, sieht, noch immer weit unter sich, die Gebirgswiese.

Eine intensive Übelkeitswelle steigt in ihm auf. Er beugt den Kopf über die Felskante, würgt einmal, speit einen Schwall von Haferbrei mit Ahornsirup und Kaffee im weiten Bogen ins Leere, atmet dreimal keuchend und erbricht explosionsartig die nächste Ladung in die Tiefe. Nach einem dermaßen heftigen Schlag gegen den Rumpf entledigt sich der Körper instinktiv des belastenden Mageninhalts, um sich in Bereitschaft zum «Kämpfen oder Flüchten» zu versetzen. Der menschliche Körper will sich nicht mit der Verdauung von Frühstück befassen, wenn ein Kampf ansteht.

Er lässt sich zurücksinken. Er fühlt sich jetzt schon etwas besser und reimt sich langsam zusammen, was passiert sein muss. Nachdem er sich von der Wand gelöst hat, ist er sieben bis zehn Meter gefallen, dann von einem Sims abgeprallt, was den Sturz verlangsamt hat, erneut etwa sieben Meter gefallen und auf diesem Sims gelandet. Der ist etwa so groß wie der Balkon seiner Eigentumswohnung, vielleicht drei Meter tief und sieben Meter lang, mit ein paar dürren Grasbüscheln in Gesteinsspalten am anderen Ende. Der Sims besteht aus schierem Granit. Er hat Glück gehabt, dass er auf seinem Rucksack gelandet ist, denn der hat den Aufprall abgedämpft. Ein physikalisches Gesetz besagt: Je kürzer die Strecke, auf der die Verlangsamung stattfindet, desto größer die Wucht des Aufpralls. Bei den rund dreißig Zentimetern Knautschzone, die sein Rucksack darstellte, seinem Körpergewicht von rund achtzig Kilogramm und einer Fallhöhe von sieben Metern, ist er mit einer Kraft von etwa 1700 Kilopond auf dem Sims aufgeprallt. Wäre er, statt auf dem Rucksack, beispielsweise auf einer Isomatte gelandet, die nur ein Zehntel dieser Knautschzone geboten hätte, dann wäre er, angenommen, sein Körper hätte sich bei dem Aufprall gar nicht verformt, mit rund 17 000 kp (entsprechend einem Gewicht von etwa 17 Tonnen) aufgeschlagen.

Nachdem er noch einmal erbrochen hat, wieder einigermaßen zu Atem gekommen ist und ein gewisses inneres Gleichgewicht wiedergefunden hat, rutscht er langsam von der Simskante weg. Sein rechtes Bein fühlt sich irgendwie komisch an. Er schaut hin. Irgendwie muss sich da ein dickes Aststück unter seine Kletterhose gebohrt haben. Ist er während des Falls in einen Baum gekracht? Er schaut genauer hin und merkt, dass es kein Stück Holz ist, sondern ein Stück seines rechten Oberschenkelknochens, das da durch den schwarzen Elastikstoff spießt. Er reißt das Loch etwas weiter auf, späht hindurch. Das Bruchende des Knochens ragt aus einem hässlichen roten Riss in seiner Haut, durch den zerfetztes Muskelgewebe und ein klebrig-roter Blutfilm sichtbar sind.

Erstaunlicherweise tut es gar nicht besonders weh – im Augenblick jedenfalls. Was könnte er sich noch gebrochen haben? Ein dumpfer Schmerz pocht in seiner linken unteren Rippengegend. Er checkt innerlich seinen ganzen Körper durch – Kopf, Arme, Rücken. Scheint alles okay – es sind nur die Rippen und das Bein. Der Schmerz ist gar nicht so schlimm. Das wird schon wieder. In ein paar Monaten wird er vielleicht schon wieder klettern. Seiner Schätzung nach stehen die Chancen, dass alles wieder so wird, als sei nichts gewesen, mindestens 80 zu 20 – wahrscheinlich sogar besser. Er hat dort oben an der kritischen Stelle die richtige Entscheidung getroffen. Okay, er ist abgestürzt, aber er lebt noch, oder? Das ist doch wesentlich besser, als tot zu sein.

Er reckt den Kopf über die Simskante. Granitpfeiler fallen senkrecht zum Talgrund ab. Mindestens dreißig Höhenmeter, Schwierigkeitsgrad 5.9, das wäre in etwa so, wie sich die Außenwand eines zehnstöckigen Gebäudes hinunterzuarbeiten. Keine verdammte Chance. Wäre schon mit zwei gesunden Beinen schwer genug, Hände und Füße in diesen Rissen zu verkeilen. Wenn er nur ein Seil hätte, dann könnte er es hier verankern und um seinen Körper führen und sich abseilen. Dann stünde er in zehn Minuten dort unten auf der Bergwiese. Aber er hat es nicht für nötig gehalten, ein Seil in seinen Rucksack zu packen. Was nützt einem ein Seil, wenn man keinen Kletterpartner hat, der einen am anderen Ende sichert?

Das Handy! Ja! Das hat er völlig vergessen. Als er am Freitag, nach dem Gespräch mit Antoni, ärgerlich am Packen war, hat er sein Zweithandy statt des Seils in den Rucksack geworfen. Im unwahrscheinlichen Fall, dass etwas schief geht, hat er sich gesagt, nützt ein 250 g leichtes Handy viel mehr als 250 g Seil. Ja! Diese Art vorausschauendes Denken hat ihn im Geschäftsleben so weit gebracht. Er schüttelt den Rucksack ab, lehnt sich an die Wand, die Füße zum Abgrund, und gräbt in seinem Rucksack, fühlt nach der Kalbslederhülle des Handys. Seine Erfolgschancen sind soeben in den Neunzigerbereich emporgeschnellt.

Auch Notärzte verstehen etwas von Wahrscheinlichkeiten. Sie sprechen oft von der so genannten «goldenen Stunde». Wenn ein Trauma nicht gerade katastrophal ist, kann sich der Körper in der Regel etwa eine Stunde zusammenreißen und den Blutdruck oben halten, selbst bei inneren Blutungen aus einem gerissenen Organ. Nach Ablauf dieser Stunde sinken die Überlebenschancen jäh. Natürlich ist eine Stunde lang, wenn man einen Verkehrsunfall in einer größeren Stadt gehabt hat, sofort mit dem Krankenwagen in die Klinik gebracht wird und binnen dreißig Minuten auf dem Operationstisch liegt. In der Wildnis dagegen hat nach einer Stunde oft noch nicht einmal die Bergung begonnen, vor allem dann, wenn ein Hubschraubereinsatz wegen schlechten Wetters oder extrem steilen Terrains entfällt. Da kann es etliche Stunden oder gar Tage dauern, bis das Opfer – so es noch lebt – zu irgendeiner medizinischen Außenstation gebracht werden kann.

Während er in die Tiefen seines Rucksacks vorstößt, vorbei an Wasserflaschen, Lunchdose, Notfall-Set und Anorak, registriert er vage den dumpfen Schmerz in der linken unteren Rippengegend. Er schiebt ihn auf die gebrochenen Rippen, weil er nicht ahnt, dass die Wucht des Aufpralls nicht nur die vier untersten Rippen auf der linken Seite gebrochen, sondern auch die unmittelbar darunter gelegene Milz – das Organ, welches das Blut filtert – beschädigt hat. Die weiche, blutgefüllte Masse der Milz ist bei dem Aufprall aufgeplatzt wie eine reife Cantaloupe, die man auf den Gehweg fallen lässt. Der Riss ist nicht sehr groß, aber doch so groß, dass jetzt Blut aus seinem Kreislaufsystem in die Bauchhöhle entweicht. Da die Milz aber kaum Nerven besitzt, bereitet ihm diese Verletzung keinen heftigeren Schmerz. Er ahnt nicht, dass er innerlich langsam vor sich hin blutet.

Er findet das Handy auf dem Grund des Rucksacks, zieht es aus der eleganten Hülle, klappt es auf, schaltet es ein, drückt die Notrufnummer 911 und dann die Telefoniertaste. Er hört ein Klicken, dann ein schnelles *Piep-Piep-Piep*. Kein Netz; er muss zu tief im Canyon sein. *Mist!* Er schaltet das Handy aus, dann wieder an, drückt noch einmal 911. *Piep-Piep-Piep*. Er drückt weitere Tasten, schneller jetzt. «O» für den Operator. Seine Büronummer. Seine alte Privatnummer, jetzt die Nummer seiner Exfrau. Wieder nur das *Piep-Piep-Piep* der nicht zustande kommenden Verbindung, als ob der ganze Cyberspace von stärkeren Geräten mit Beschlag belegt wäre und es für sein einsames schwaches Signal hier vom Sims einfach keinen Platz mehr gäbe.

Er sieht noch das Pickelgesicht des schmierigen Elektronik-Shop-Verkäufers, der ihm das Ding angedient hat. Das verlogene kleine Arschloch hat behauptet, es sei das stärkste derzeit auf dem Markt befindliche Modell und garantiert unverwüstlich. Gekauft hat er das Ding nur, weil er gerade dabei war, eine Menge Kohle mit dem Aufkauf der Herstellerfirma zu machen. Er wusste wohl, dass die Hälfte ihrer Produkte Schrott war, aber es kam nicht darauf an, was *er* dachte, sondern nur darauf, was die Trottel dort draußen am Aktienmarkt dachten, und auf das Lemmingverhalten dieser Trottel konnte man sich immer verlassen. Und prompt stiegen die Aktien. Er hatte die Chance bei diesem Geschäft auf 75 zu 25 geschätzt, und er hatte gewonnen. Wieder mal.

Aber jetzt möchte er das Handy am liebsten über die Simskante feuern und zuschauen, wie es unten am Felsen in seine windigen Silikonkomponenten zerschellt. Nein, er wird es behalten und später noch einen Versuch starten. Vielleicht werden ja nachts die Funksignale stärker und es kommt doch eine Verbindung zustande. Wenn ja, dann wird er zuerst 911 anrufen und dann diesen Antoni, um ihm zu sagen, was er für ein Arschloch sei, ihn in so eine Situation zu bringen.

Er schaut über die Simskante, taxiert die Lage. Kein Seil. Kein Handy. Ein übel gebrochenes Bein. Aber er wird trotzdem Sieger bleiben. Da ist er sich ganz sicher. Wenn er wetten müsste, würde er *ganz klar* auf sich selbst setzen. Das ist es, was er jetzt einem Kunden erzählen würde. In aller Aufrichtigkeit. Hier geht es um eine Erfolgschance von 96, 97, vielleicht sogar 98 Prozent. Es wäre idiotisch, nicht auf ihn zu setzen. Es wird folgendermaßen ablaufen, würde er dem Kunden erklären: Am Montagmorgen – also übermorgen, das sind nur achtundvierzig Stunden – werden sie ihn im Büro vermissen. Antoni weiß ja, dass er am Wochenende klettern gehen wollte, und wird Alarm schlagen. Ein paar Stunden später wird sich ein Mann von der Bergwacht von oben auf den Sims abseilen und ihn auf einer Bergungsbahre ins Tal hinunterlassen. Dann wird ihn ein Hubschrauber aufnehmen, *und tschüs*. Das ist das Szenario. Ganz sicher. Und am Montagabend liegt er dann bequem in einem Krankenhausbett mit frisch gewaschener Bettwäsche, das Bein im Gips, und eine knackige junge Schwester massiert ihm Öl in seinen zerschundenen Siegerbody, bewundert seine Siegermuskeln.

Bis Montag hält er durch, kein Problem. Ist doch nichts als ein gebrochenes Bein und ein paar gebrochene Rippen. Er hat einen Liter Wasser, außerdem Käse, Apfel, Brot und Schokoriegel in seiner Lunchbox. So kalt wird es heute Nacht schon nicht werden. Eine Erfolgschance von mindestens 98 Prozent. Wahrscheinlich eher 99. Nur muss dieser Antoni am Montagmorgen auch wirklich im Büro aufkreuzen, das ist das Einzige. Nicht, dass er sich vor der Arbeit genauso drückt wie vor diesem Klettertrip. Hat Antoni irgendetwas davon gesagt, dass er ein verlängertes Wochenende mit seiner Familie verbringen will, noch ein paar Tage freimachen? Er kann sich nicht erinnern. Er war in dem Moment zu sauer, um zuzuhören. Hat mit dem Daumen die

Verbindung unterbrochen, während Antoni noch weiter von seinen familiären Verpflichtungen schwadronierte. Der Kerl hat gefälligst am Montagmorgen *zeitig* im Büro zu sein. Hat gefälligst seine Abwesenheit zu bemerken: sein leeres Büro, das Fehlen einer dominierenden Präsenz in den Räumen, das Vakuum anstelle seines Kein-Gefackel-hier-werden-Nägel-mit-Köpfen-gemacht-Drives, der der Motor des Firmenerfolgs ist. Er *muss* es bemerken. Alles hängt an Antoni. Wenn Antoni nicht schnallt, dass er in der Bredouille sitzt, dann sitzt er wirklich in der Bredouille. Verdammt, Antoni, guck hin. Sperr einmal deine verflixten Augen auf.

Die «goldene Stunde» vergeht über diesen Beschwörungen von Wahrscheinlichkeiten, einem statistischen Abwehrschild gegen die Angst. Doch schon bald beschäftigt ihn anderes als Wahrscheinlichkeiten. Ist die «goldene Stunde» erst einmal um, setzt der Schmerz richtig ein. Sein Gehirn war so damit beschäftigt, die unmittelbaren Folgen des Sturzes zu bewältigen – seine Vitalfunktionen aufrechtzuerhalten, seine physische Verfassung zu taxieren, seinen Überlebenswillen zu stärken –, dass es die Schmerzsignale, die sich von dem gebrochenen Bein durch die Nerven zu ihm durchzukämpfen suchten, erst einmal blockierte. Das tut es durch die Ausschüttung körpereigener Schmerzstillungssubstanzen, der Endorphine (der «von innen kommenden Morphine»), insbesondere der hochwirksamen Enkephaline. Genau wie das aus Mohn gewonnene Morphium, dem sie von der chemischen Struktur her ähneln, docken diese Moleküle an die Nervenendungen an, welche die von einer schweren Verletzung ausgehenden Schmerzsignale empfangen. Auf diese Weise hindern sie die Nerven daran, die «Substanz P» abzugeben, jenen Stoff, der das Schmerzsignal dem nächst höher gelegenen Nervengefüge und schließlich dem Gehirn übermittelt.

Nach Ablauf der «goldenen Stunde» hebt sein Gehirn jedoch die Blockade auf, denn es will jetzt, dass er genau weiß, wie schwer er verletzt ist und dass sofort etwas dagegen unternommen werden muss. Als er sich bequemer an der Felswand zurechtzusetzen versucht, verdreht er versehentlich das Bein. Die Bruchenden des Knochens scheuern aneinander. Schmerzimpulse rasen durch seine jetzt nicht mehr von Endorphinen blockierten Nerven in Richtung Gehirn – mit bis zu 480 km/h, doppelt so schnell wie ein Jet beim Abheben.

«*Shit*», stöhnt er.

Seine Hände ballen sich zu Fäusten. Er verharrt reglos, am ganzen Körper angespannt. Als die Schmerzwelle abebbt, zieht er das Notfall-Set – eine kleine Plastikbox mit Streichhölzern, Kompass, Verbandszeug und Signaltrillerpfeife – aus seinem Rucksack, öffnet das Röhrchen Ibuprofen, schiebt sich drei Tabletten in den Mund und spült sie mit einem Schluck Wasser hinunter. Das Mittel verhindert, dass in seinem beschädigten Gewebe Prostaglandine produziert werden, Substanzen, die zur Blutgerinnung beitragen, aber auch die Nervenendungen schmerzsensibel machen. Doch bei einem komplizierten Bruch des Oberschenkelknochens nützen drei Ibuprofen gegen den Schmerz so viel wie ein Heftpflaster. Die Schmerzwellen schwellen an wie Ozeanwellen vor einem Sturm. Drüben auf der anderen Talseite kriecht der Sonnenlichtstreifen den Fels empor, weichen die warmen Ockertöne grauem Schatten. Kühle Luft streicht die Felswand in seinem Rücken herab. Der Stein unter seinem Körper wird kalt und hart; er schaut sich nach etwas Weicherem um. Da sind sein Rucksack und sein Anorak, und dann fällt sein Blick auf die Grasbüschel in den Spalten am anderen Ende des Simses. Auf den Ellbogen rutscht er langsam dorthin und legt sich auf das Gras. Er benutzt den Rucksack als Kopfkissen, den Anorak als Decke, und die dünne Grasunterlage bietet ihm eine gewisse Isolierung und Polsterung gegen den kalten Felsen. Aber von seinem Bein gehen weiter pulsende Schmerzwellen aus, die ihn zwingen, sich so zu verdrehen, dass er das Gesicht im Grasbett vergraben kann. Er krallt die Finger in den Pflanzenwuchs, kratzt sich die Nägel am Granit blutig, erreicht den Wellenkamm, gleitet auf der anderen Seite hinab, bis die nächste Welle anrollt.

Das hält er nicht aus. Keine 48 Stunden. Er weiß, der verschobene Oberschenkelknochen müsste eingerichtet werden – aber wie? In alten Filmen hat er gesehen, wie der verwundete Held mit schweißnassem, verzerrtem Gesicht daliegt, während sein Kamerad ihm das Bein mit einem Ruck einrichtet. Aber wie soll er das allein machen? Außerdem, selbst wenn er's könnte – bei dem bloßen Gedanken, an seinem Bein zu ziehen, wird ihm speiübel. Aber er muss etwas unternehmen.

Als er in einem Wellental wieder zu Atem zu kommen versucht, entdeckt er einen Kaninchenschädel, der in einer Gesteinsspalte klemmt. Vielleicht hat ihn ein Adler dort deponiert oder er ist irgendwie von oben heruntergefallen. Der Schädel starrt ihn aus leeren Augenhöhlen an.

«Glotz nicht so», zischt er ihn atemlos an.

Der Schädel starrt zurück.

Er langt hinüber, packt den Schädel und feuert ihn über die Simskante.

«Hau ab, du kleiner Mistkerl.»

Das Ganze beschert ihm eine neue grässliche Schmerzwelle, aber auch eine Eingebung. Im Liegen dreht er sich langsam im Kreis, wie eine Schildkröte, die sich um sich selbst dreht, bis seine Füße bei der Kaninchenschädelspalte liegen. Er reißt den dünnen Elastikstoff seiner Kletterhose weiter auf, begutachtet den Winkel des hervorstehenden Knochens. Der untere Teil des Oberschenkelknochens überlappt den oberen um etwa fünf Zentimeter. Während er hinschaut, krampfen sich seine kräftigen Oberschenkelmuskeln unwillkürlich zusammen, und er sieht, wie sich das obere Bruchende des Knochens leicht bewegt und über das andere scheuert, was eine neue, kaum aushaltbare Schmerzwelle auslöst.

Mit zusammengebissenen Zähnen hebt er das Bein an und verkeilt die Gummisohle seines Kletterschuhs in der Spalte. Den linken Fuß gegen den Fels gestemmt, lehnt er sich auf die Ellbogen zurück und stößt sich dann, als stampfte er zornig auf, mit dem heilen Bein ab.

«*Uuuuuunnnnggggghhh*», stöhnt er, eine Lautkette der Anstrengung und des Schmerzes. Er fühlt, wie sich die Oberschenkelmuskeln dehnen.

Dann ein Schaben und ein Klicken. Das herausstehende Knochenende verschwindet plötzlich in der zerfetzten, roten Wundöffnung. Der Schmerz lässt nach, als hätte sich die tosende Brandung zu einer ruhigen, friedlichen Wasseroberfläche gelegt. Er lässt sich zurücksinken, erschöpft von der Anstrengung, den Fuß noch immer in der Spalte verkeilt. So fühlt es sich viel besser an. Er beschließt, den Fuß verkeilt zu lassen, zieht einen kleinen Steinbrocken, der auf dem Sims liegt, heran und packt ihn vorsichtig unter die Kniekehle, um das Bein in der erhöhten, gestreckten Position zu halten. Ohne sich dessen bewusst zu sein, hat er das Bein unter Zug gesetzt – die korrekte Behandlungsmethode für einen Oberschenkelknochenbruch. Der stete Zug streckt die krampfenden Oberschenkelmuskeln auf die normale Länge und schließt die Gefäße, was weitere Blutungen verhindert. Von der Qual erlöst und ganz und gar nicht scharf darauf, das Bein wieder zu verrücken, sucht er in seinem Rucksack nach etwas, womit er es schienen kann. Schließlich schlitzt er mit seinem Taschenmesser ein Stück vom Schaumstoffpolster der Rucksackrückwand los, wickelt es vorsichtig um sein Bein und fixiert es mit den abgetrennten Rucksackgurten.

Er lehnt sich wieder zurück, zufrieden mit sich. Jetzt ist es kein Problem mehr, bis Montag durchzuhalten. Er ist wieder im 97-, 98-, 99-Prozent-Bereich. Einfach nur ruhig bleiben, Essen und Wasser einteilen, nach Möglichkeit schlafen, und eh er sich's versieht, wird sich ein junger Typ von der Bergwacht – oder vielleicht ja auch eine Frau – zu ihm abseilen und mit einem kernigen «Hey, wie geht's?» auf dem Sims landen.

Er wird ganz lässig tun, als sei es gar nichts, hier zwei Nächte mit einem gebrochenen Bein auszuharren. «Mein Kletterpartner hat mich hängen lassen», wird er sagen. «Also sitze ich einfach hier und genieße die Aussicht.»

Das sollte sie wohl beeindrucken. Yeah, es sieht gut aus. Das Bein fühlt sich so viel besser an. Jetzt sind da nur noch die Rippen und dieser komische Schmerz – eigentlich eher eine Art Druck – direkt darunter. Er fährt mit den Fingern über die empfindliche Stelle. Prellungen vermutlich, sagt er sich. Trotzdem alles klar. Immer noch im obersten Neunzigerbereich. Trotzdem Sieger.

Er lässt sich auf sein Grasbett zurücksinken, sehr müde, immer noch ein bisschen atemlos, das Pochen seines Herzens in den Ohren. Der Sturz ist jetzt schon über zwei Stunden her. Aus seiner Milz ist so viel Blut – eine Menge vom Volumen einer Grapefruit – gesickert, dass es gegen das Bauchfell, den Membransack um seine inneren Organe, drückt. Dadurch entsteht dieses eigenartige Druckgefühl. Von seinen insgesamt rund fünf Litern Blut hat er jetzt zwei verloren. In dem Bemühen, den Blutdruck aufrechtzuerhalten, pumpt sein Herz das restliche Blut schneller durch die Gefäße. Seine Herzfrequenz schnellt von seinem Sportler-Ruhepuls von 55 Schlägen pro Minute auf das Doppelte, 130 Schläge, empor, aber das Herz ist im Begriff, den Kampf zu verlieren, kann die Blutgefäße nicht ausreichend gefüllt halten. Sein Blutdruck sinkt vom Normalwert 120 zu 80 auf 80 zu 50, wobei die erste Zahl, der systolische Wert, den Druck des Blutes angibt, das sein Herz während der Kontraktion in die Arterien pumpt, während die zweite Zahl, der diastolische Wert, den arteriellen Blutdruck in der Entspannungsphase des Herzens beziffert. Genau wie beim Luftdruck besagen die Messzahlen, um wie viele Millimeter dieser Druck eine Quecksilbersäule in einem Vakuumröhrchen emportreiben würde.

Er fällt allmählich in einen Schockzustand. Womit nicht das gemeint ist, was der Laie unter Schock versteht – jener seelische Betäubungszustand unmittelbar nach einem Trauma –, sondern der medizinische Begriff, der hypovolämische Schock oder «Blutdruckabfallschock». Bei einem älteren oder herzkranken Menschen könnte ein so drastischer Blutdruckabfall einen Herzinfarkt oder Schlaganfall auslösen, aber er ist ja relativ jung und gesund, daher ist der Blutdruckabfall als solcher nicht lebensbedrohlich. Doch ohne ausreichenden Blutdruck erhalten die Muskeln und Organe nicht den nötigen Sauerstoff. Er beginnt zu hyperventilieren wie der verletzte Cowboy-Held in einem Hollywood-Western. Die sauerstoffunterversorgten Muskeln an seinem ganzen Körper schmerzen. Er lechzt nach Wasser, da ihm seine Durstsensoren Anweisung geben, die durch die innere Blutung verlorene Flüssigkeit zu ersetzen. Durch den Sauerstoffmangel verschwimmt sein Denken zu einem zeitlosen Driften, irgendwo zwischen dem verblassenden Ockerlicht und den Sternen am lila Himmel. Ein Gefühl der Angst und Ausweglosigkeit – eine physiologische Folge des niedrigen Blutdrucks – überkommt ihn.

Vielleicht wird er hier sterben. Das ist ein abstrakter Gedanke. Er versucht, die Wahrscheinlichkeiten zu taxieren, landet aber nur bei lauter Nullen, alle Zahlen werden von dem schlichten Gedanken verdrängt, dass er womöglich stirbt, hier auf diesem Felssims über der Gebirgswiese. Was heißt das? Er weiß es nicht. Warum ausgerechnet so, ausgerechnet hier? Spielt ja eigentlich keine Rolle. Hat er ein gutes Leben geführt? Er versucht schwerfällig, das Fazit seiner Taten zu ziehen, schafft es aber irgendwie nicht. Er kann zwar noch zu dieser schlichten Frage vorstoßen, besitzt aber nicht mehr die geistige Beweglichkeit, sie zu beantworten. Er driftet in einem Vakuum dahin, als ob ihn sein ganzer Vorrat an abrufbaren Rechtfertigungen im Stich gelassen hätte und er jetzt ohne alles, ohne Verankerung in der Welt, die er kannte, ohne Seil, ohne jede Sicherung, über der Oberfläche seines Lebens schwebt, schwindlig im Kopf. Er kann nicht darüber nachdenken, was er anders machen würde und was nicht. Er kann überhaupt nicht denken.

In der fünften Stunde hört die gerissene Milz auf zu bluten. Inzwischen ist so viel Blut in das umliegende Gewebe ausgetreten, dass dieser blutgetränkte Gewebebereich – das Hämatom – immer mehr schwillt und letztlich das Leck stopft. Hilfreich ist in diesem Zusammenhang auch der niedrige Blutdruck – die letzte Abwehrmaßnahme des Körpers, die alle Systeme herunterfährt, um ihnen die Chance zu geben, sich selbst zu reparieren oder zumindest Zeit zu schinden. Sein Zustand beginnt sich zu stabilisieren, wenn auch auf einem beeinträchtigten Level. Herz- und Atemfrequenz bleiben hoch, aber sein Bewusstsein wird allmählich wieder klarer, vor allem, wenn er ruhig daliegt und wenig Sauerstoff verbrennt. Vom Durst getrieben, setzt er sich kurz auf, schwindlig und benommen. Er zwingt sich, einen Schokoriegel zu essen, kaut darauf herum, als sei es eine Hand voll trockener Blätter, trinkt vorsichtig ein paar Schluck von seinem kostbaren Liter Wasser und legt sich dann wieder hin, über sich den schwarzen Himmel.

In der Nacht wacht er nur einmal auf, leicht hyperventilierend, noch immer mit pochendem Herzen. Er liegt ruhig auf dem Rücken, jetzt etwas klarer im Kopf, starrt zu den eisfunkelnden Sternen empor. Wenn er hier auf diesem Felssims stirbt, werden es nur die Sterne mitbekommen. Wer wird ihn vermissen? Seine Eltern sind tot. Seine Frau hat sich von ihm scheiden lassen. Kinder hat er nicht. Würde es eine Trauerfeier geben? In der Firma würden sie doch etwas tun. Nach allem, was er der Firma eingebracht hat. Oder würden sie ihn einfach vergessen – ex und hopp, als sei er auch nur ein Produktionsmittel, das sie gekauft haben und jetzt nicht mehr brauchen?

Die warmen Tränen sammeln sich in seinen Augenwinkeln und rinnen über seine Schläfen. Die Sterne des Orion, Gürtel und Schwertgehänge, kreiseln langsam über ihm, bis er schließlich wieder einschläft.

Er erwacht bei Tagesanbruch, unter einem rosa Himmel. Langsam und systematisch stemmt er sich auf die Ellbogen hoch und taxiert seinen Zustand. Er fühlt sich, als könnte er fünf Liter Wasser in einem Zug trinken, aber ansonsten scheint es ihm besser zu gehen. Er bewegt das heile Bein. Inspiziert das gebrochene. Kein Blut aus der Wunde. Er fühlt seinen Puls – er ist langsamer, und das Atmen geht jetzt auch leichter, als hätte die Nachtruhe eine Verbesserung der Sauerstoffversorgung bewirkt. Der komische Druck unter seinen Rippen ist immer noch da, aber sonst scheint alles stabil.

Alles in allem fühlt er sich ganz schön okay. Wieder bei 95 Prozent, sogar darüber. Noch eine Nacht und er ist wieder daheim. Die Nacht war gar nicht schlimm, außer als er vor Durst aufgewacht war und anfing, zu viel zu denken. *Shit!* Er wird langsam zum Weichei. Das Überleben der Tauglichsten – das ist nun mal das Gesetz, nach dem die Welt funktioniert, immer schon funktioniert hat, und er ist einer von den Allertauglichsten. Dafür hat er verdammt noch mal gesorgt.

Die Sonne schiebt sich jetzt hinter der gegenüberliegenden Felswand empor, eine leuchtend weiße Scheibe, die warme, lebenspendende Strahlen auf seinen Sims herabschickt. Jawohl, er hat's geschafft. Jetzt sind wir bei 99,9 Prozent. *Mindestens.* Jawohl, immer noch ein Siegertyp.

«Ich bin immer noch hier, ihr Arschlöcher!», schreit er ins Leere hinaus. «Ich bin immer noch hier und am Leben!»

Es wäre viel besser für ihn gewesen, wenn er einfach geschwiegen hätte. Fünfzehn Stunden zuvor, als er mit der Seite auf dem Felssims aufgeschlagen ist, wurde sein Körper zwar jäh abgebremst, aber sein Herz bewegte sich durch den Schwung noch ein Stückchen weiter. Das Herz ist frei beweglich, außer an einer Stelle - dem Aortenbogen, jenem dicken Blutgefäß, das nach oben aus dem Herzen herausführt, um den Oberkörper zu versorgen. Der Aortenbogen ist fest am Herzen und an der Wirbelsäule verankert. Wenn sich das Herz im Brustkorb zu schnell zu weit bewegt, kann der Aortenbogen dort, wo er an der Wirbelsäule befestigt ist, reißen – eine «Dezelerationsverletzung», von der häufig Autofahrer betroffen sind, die bei schweren Unfällen mit großer Wucht aufs Lenkrad prallen, was dann fast augenblicklich zum Tod führt.

Das war der intensive Schmerz, den er beim Aufschlag ganz hinten im Brustkorb gespürt hat. Die Wucht des Sturzes ließ jedoch den Aortenbogen nicht ganz reißen, sondern spaltete lediglich die mittlere und die innere der drei Gefäßwandschichten voneinander ab, wie wenn sich die Schichten eines Stücks Sperrholz oder Pappe voneinander lösen. Es kam, medizinisch ausgedrückt, zu einer Dissektion von Media und Intima. Die letzten fünfzehn Stunden durchfloss ein Teil des Bluts den Aortenbogen in einem «falschen Kanal» zwischen den Wandschichten, wodurch eine sackartige Ausbuchtung entstand, ein so genanntes Aneurysma. Als sich das Aneurysma mit der Zeit vergrößerte, wurden die Gefäßwände schwächer. Was das Aneurysma anging, war es gut, dass er eine ruhige Nacht verbrachte. Sehr schlecht hingegen war es, dass er jetzt anfing, triumphierend, zornig und trotzig ins Leere hinauszubrüllen.

Adrenalin schießt durch sein Gefäßsystem. Seine Herzfrequenz, die schon wieder auf 90 Schläge pro Minute gesunken war, steigt auf 120. Und, was schlimmer ist, sein Blutdruck schnellt von 100 zu 60 auf 140 zu 100 empor.

«Wach auf, Antoni, verdammt noch mal!», schreit er, und die Worte hallen zwischen den Feldwänden. «Ich bin hier!»

Dabei bläht er die Lunge auf, und sein Zwerchfell hebt sich, um den nötigen Luftdruck für den Schrei zu erzeugen. Das erhöht den Druck auf die großen Blutgefäße in seinem Brustkorb, wodurch sich das Blut in den Venen staut. Daher tritt die Drosselvene an seinem Hals hervor wie bei einem wütenden, rotgesichtigen Chef auf dem Höhepunkt eines Tobsuchtsanfalls. Und leider steigt dadurch auch sein Blutdruck noch weiter.

In diesem Moment platzt das Aneurysma. Er spürt einen merkwürdigen Ruck tief zwischen den Schulterblättern. Der Aortenbogen reißt. Ein kräftiger Blutstrom schießt jetzt bei jeder Kontraktion seines Herzens nicht in Oberkörper und Gehirn, sondern direkt in die Brusthöhle.

Er hat nicht einmal mehr die Zeit, noch einen Fluch auf die Arschlöcher dort draußen herauszubrüllen. Binnen zehn Sekunden verliert er das Bewusstsein. Er sinkt auf sein Grasbett. Sein Herz tut noch etwa hundert letzte Schläge. Dann steht es still.

Und das war für ihn vielleicht nicht einmal das Schlechteste. Antoni kam an diesem Montag nicht zur Arbeit, da er mit seiner Familie noch ein paar Tage Urlaub machte. Als die Suche schließlich anlief, rief die Firma seine Schwester aus tausend Meilen Entfernung herbei, und Antoni erklärte Polizei und Bergwachtdienst, wo sie hatten klettern wollen. Die Suchtrupps fanden rasch den Geländewagen am Abzweig des Fußpfads von der Straße. Aber dann verlor sich die Spur. Er war auf keiner der Kletterrouten, die Antoni und er ins Auge gefasst hatten, auch nicht in der Nähe einer solchen, und er hatte auch niemandem genau gesagt, wohin er wollte. Es wurde in Erwägung gezogen, ob er einem Mord zum Opfer gefallen war, Selbstmord begangen oder sich mit Firmengeldern abgesetzt hatte. Die Firma stellte Nachforschungen an, prüfte die Bücher gründlich, konnte aber keinen Fehlbetrag finden.

Entdeckt wurde er schließlich von einem Jäger, der von weiter oben die Felswände mit dem Fernglas nach Schneeziegen absuchte und etwas Seltsames bemerkte. Man fand ihn genau in der Position, in die er beim letzten Schrei zurückgesunken war, den Fuß noch immer in der Felsspalte verkeilt, aber inzwischen waren sechs Jahre vergangen, und da war natürlich nur noch ein Skelett, von Vögeln blank gepickt, bis auf ein paar unschmackhafte Fetzen Lycra und Baumwolle. Und da war ein Handy, grau verwittert, neben den Knochen der ausgestreckten Hand.

Kapitel 8

Der Stachel des Paradieses – Killertiere

«Riech mal!», sagte Mary und hielt Gil die Blume unter die Nase. «Schade, dass wir so etwas nicht bei unserer Hochzeit hatten.»

Er schnupperte flüchtig, wandte sich dann ab. «Lass uns einen Strand suchen.»

«Warum bleiben wir nicht erst noch ein Weilchen hier?», schlug Mary vor. «Strände finden wir doch jederzeit. Aber das hier» – sie deutete mit der Blume auf das grüne Kathedralengewölbe des Regenwalds, auf die dicken Schlingpflanzen, die von den hohen Ästen hingen, die Orchideen, die aus Baumstümpfen wuchsen, diese ganze wilde Überfülle an Leben –, «das hier ist *phantastisch*! Es sieht aus wie eine urzeitliche Welt!»

«Ich geh schon mal zum Auto zurück», sagte Gil und trat unruhig von einem sandalenbeschuhten Fuß auf den anderen, weil die Ameisen vom Waldboden zwischen seine Zehen krabbelten.

«Wie willst du die Schönheit einer Szenerie würdigen, wenn du's nicht mal ein paar Minuten vor Ort aushältst?»

«Ich find's hier nicht schön», sagte Gil. «Mir erscheint es nur heimtückisch. Und außerdem gibt's hier Ameisen. Lass uns gehen.»

Sie ließ die Hand mit der Blume an die Seite ihrer Khakishorts sinken. Dabei verfehlte ihre Hand nur um Haaresbreite die Blätter eines Gimpi-Gimpi oder Stechbaums, dessen feine, hohle Härchen ein Gift in die Haut injizieren, das bis zu sechs Monate lang jucken und brennen kann. Inzwischen hatte sich nur ein paar Hundert Schritt weiter eine Taipan, eine der tödlichsten Schlangen der Welt, zum Schlafen zusammengerollt.

«Du willst immer woanders sein, Gil», sagte Mary. «Warum kannst du nicht mal den Ort genießen, an dem du gerade bist?»

«Als ob du's nie eilig hättest», gab Gil zurück. «Ich meine mich zu erinnern, dass du's mit dem Heiraten ganz schön eilig hattest.»

«Du hast auch nicht gerade lange gezögert, deine Exfrau zu verlassen.»

Aber er hatte sich schon umgedreht und marschierte auf dem überwucherten Pfad in Richtung Auto zurück, wobei er ärgerlich die Ameisen abzuschütteln versuchte.

Sie fuhren schweigend auf dem Küsten-Highway nach Norden. Dunkle Wolken hatten sich über dem Küstengebirge zu ihrer Linken zusammengeballt, und Regen klatschte jetzt gegen die Windschutzscheibe des gemieteten Jeeps. Rechts sahen sie ab und zu durch eine Schneise in dem niedrigen Wald, der den Strand säumte, ein Stück Meer – ruhig und schwärzlich grün unter dem prasselnden Regen. Die Regenzeit – die «nasse Jahreszeit», wie die Leute hier in Nordaustralien sagten – war fast vorbei. Sie wussten, der Schauer würde nur ein paar Minuten anhalten; dann würde die Sonne wieder durchkommen. Sie hatten ihre Hochzeitsreise extra in diesen Monat gelegt, den April, diese Übergangszeit zwischen Regen- und Trockenzeit, und waren um die halbe Welt hierher nach Queensland geflogen, um zwei Wochen inmitten der exotischen Fauna und Flora der Cape-York-Halbinsel und ihrer Umgebung zu verbringen. Die Halbinsel war eine üppig bewachsene, wunderschöne Landspitze, die von der Nordküste Australiens in die tropischen Gewässer des Korallenmeers ragte wie ein spitzer Stachel, der genau auf den Bauch der großen vogelförmigen Insel Neuguinea gerichtet war.

Gil hielt das Lenkrad gerade, während der Jeep durch eine große Pfütze pflügte und Wasser gegen den Wagenboden schlug. Das große Salzwasserkrokodil, das in einem Billabong, einem Wasserloch, gleich neben der Straße lauerte, sahen sie nicht.

«Wann willst du hinaus zum Riff?», fragte Gil.

Das war seine Art, ein Versöhnungsangebot zu machen.

«Wie wär's mit morgen?», antwortete Mary. «Wir könnten doch heute an den Strand gehen und morgen zum Riff rausfahren. Wir bitten einfach heute Abend den Hotelportier, uns einen Bootstrip zu buchen.»

Das war ihre Art, sein Angebot anzunehmen. Sie wussten beide: Später, in der großen Urlaubsanlage, in ihrem Zimmer mit Meerblick, würde es im Bett besonders heiß hergehen. Dennoch, die Flitterwochen waren nicht ungetrübt gewesen. Mindestens einmal am Tag gab es Streit, gefolgt von langem, beklommenem Schweigen. Zu Hause in den Staaten war das nicht so gewesen. Sie hatten sich in einem Bird-Watching-Camp an der Küste von Neuengland kennen gelernt, als ihre erste Ehe gerade in die Brüche gegangen war und seine kurz vor dem Ende gestanden hatte, weil er so viel Zeit in seinem Anwaltsbüro zubrachte. Sie hatten sich, jeder aus eigenen Gründen, ans Meer zurückgezogen, um auf den Dünen zu sitzen und die im Seewind kreisenden Vögel zu beobachten, in der Hoffnung, wieder eine gewisse Balance und Harmonie in ihr Leben zu bringen. Am Ende des Campaufenthalts hatten sie ihr erstes Date vereinbart: eine viertägige Schnorchelexpedition auf den Bahamas. Da war es nur angemessen erschienen, dass er sie am Ende des vierten Bahamatages, bei Sonnenuntergang am Strand, gefragt hatte, ob sie nicht ihre Hochzeitsreise in eine der schönsten wilden Weltgegenden machen wollten – auf die Cape-York-Halbinsel.

«Wie wär's hier?», fragte Gil und bremste bei der Abzweigung eines sandigen Fahrwegs, der vom Highway ans Meer führte.

«Sieht gut aus», sagte Mary.

Gil kurbelte den Jeep herum, und sie rumpelten den Weg ein paar Hundert Meter entlang, bis er in tieferem Sand und einem lichten Wald aus Palmen und Eukalyptus endete. Sie stiegen aus, nahmen ihre mit Kameras, Sonnenschutzgel, Wasserflaschen und Handtüchern voll gestopften Tagesrucksäcke und marschierten zum Strand, wobei sie genau aufpassten, wohin sie die Füße setzten. Man hatte sie gewarnt, dass sonnenbadende oder im Unterholz verkrochene Todesottern genau wie Treibholz aussahen.

«Gil, ist das toll!», rief Mary aus, als sie auf den Sandstrand hinaustraten.

Die Sonne brach gerade durch die feuchtigkeitsschweren Wolken, die an den üppig bewachsenen, tropisch grünen Vorbergen am anderen Ende des Strands hingen. Der geschwungene Streifen von gelbem Sand glitzerte, und das Wasser leuchtete in einem intensiven Aquamarin. In der gesamten, fünf Kilometer langen Bucht war keine Spur von Menschen zu entdecken. Gil umarmte Mary und zog sie an sich.

«Ich bin so glücklich hier mit dir», flüsterte sie in den weichen blauen Trikotstoff seines T-Shirts. Sie war sich ziemlich sicher, dass das stimmte.

«Ich mit dir auch», flüsterte er in ihr duftendes, honigblondes Haar. Sie würden sich schon aneinander gewöhnen, sagte er sich. Es würde schon klappen.

Sie setzten die Rucksäcke ab, zogen ihre Handtücher heraus und breiteten sie auf dem warmen Sand aus. Sie öffneten ihre Shorts und streiften sie die langen, braungebrannten Beine hinab. Darunter trug er modisch-weite, modisch-ausgeblichene blaue Badeshorts und sie ein knappes schwarzes Bikinihöschen. Sie war stolz auf ihren Körper und tat jetzt, da sie langsam in die mittleren Jahre kam, alles, um ihn in Form zu halten.

«Das Wasser sieht herrlich aus», sagte sie. «Lass uns schwimmen gehen.»

«Ich weiß nicht, ob wir hier schwimmen sollten», gab Gil zu bedenken und ließ sich auf sein Handtuch plumpsen. «Da sind keine Absperrungen.»

An den bevölkerten Stränden in der Nähe der Urlaubsanlage

hatte er Leute innerhalb dieser Dinger schwimmen sehen, die die Einheimischen «Quallennetze» nannten. Es waren mit Schwimmern versehene, zaunartige Absperrungen aus feinem Netz, die im Wasser hingen, um Nesselquallen abzuhalten. Bei einem Strandspaziergang hatte er das Schild an einer dieser Umzäunungen gelesen: *Warnung: Würfelquallengefahr von Oktober bis Mai.* Darunter waren die Erste-Hilfe-Maßnahmen bei schwerer Würfelquallenvernesselung aufgelistet.

«Ich hab auch schon Leute außerhalb der Absperrungen schwimmen sehen», sagte Mary. «Sie sagen, die schlimmste Quallenzeit sei vorbei.»

«Scheint mir trotzdem keine gute Idee», antwortete Gil.

«Gil, wie kannst du dieses unglaublich blaue Wasser ungenutzt lassen? Da sind wir hier mitten im Paradies, und du redest wie ein Jurist.»

«Ich versuche nur vorsichtig zu sein – in einer Situation, die ich nicht einschätzen kann.»

Sie zog sich das weiße T-Shirt über den Kopf und ließ es in den Sand fallen. Darunter trug sie ein trägerloses Bikinioberteil. Sie ging ans Wasser, mindestens ebenso sehr vom Trotz gegen seine Übervorsichtigkeit – gegen seine ganze Person – getrieben, wie von dem lockenden Blau angezogen.

«Du bist leichtsinnig, Mary.»

«Immer noch lieber leichtsinnig», rief sie über die nackte Schulter, «als so wie du.»

Mit Abstand das gefährlichste Raubtier der Erde ist der *Homo sapiens*. Statt spitzer Zähne, messerscharfer Krallen oder eines tödlichen Gifts hat diese Spezies ein Hochleistungsgehirn und geschickte Finger, mit denen sie Keulen, Speere, Messer, Äxte, Fallgruben, Blasrohre, M-16-Gewehre, Landminen, Napalm, Nervengas, Überschalljäger, Marschflugkörper und Neutronenbomben herzustellen lernte. Dem *Homo sapiens* fallen pro Jahr über eine Million Menschen zum Opfer – etwa 940 000 bei kriegerischen Auseinandersetzungen und weitere 200 000 durch Gewaltverbrechen.[8] Die nächstgefährliche Tierart, die Schlangen, töten hingegen jährlich nur 65 000 Menschen, noch nicht einmal 6 Prozent der Zahl der *Homo-sapiens*-Opfer. Das drittgefährlichste Raubtier, das Krokodil, erledigt nur etwa 960 Menschen pro Jahr und das viertgefährlichste, der Tiger, rund 740. Die gefürchteten Haie kommen – mit neun menschlichen Opfern pro Jahr weltweit – erst sehr viel weiter unten auf der Liste und sind harmlos im Vergleich zum Strauß, der sich, wenn er sich in die Enge getrieben fühlt, mit eisenharten Füßen und scharfen Spornkrallen wehrt und etwa vierzehn Menschen jährlich tötet. Der mächtige Grizzlybär rangiert sogar noch etwas hinter den unscheinbaren Marderartigen (Wieseln, Dachsen, Skunks, Frettchen usw.), die etwa vier Menschen jährlich umbringen, wobei diese Zahl vor allem auf das Konto zahmer Frettchen geht, die unbeaufsichtigte Babys angreifen.

Wer käme schon darauf, dass man in den USA und Kanada vom Elch, diesem scheinbar so harmlosen, als liebenswerte Trickfilmfigur bekannten Geschöpf, mehr zu befürchten hat als von jedem anderen Tier – bei etwa sechs Elch-Opfern jährlich, gegenüber sechs Schlangen-Opfern? Wenn Bullwinkle, der fast eine Tonne schwer werden kann, Sex im Sinn hat, benutzt er seine Schaufeln als Waffen gegen Rivalen – und für einen solchen hält er einen dann leicht. Selbst das sanfte Bambi fordert in den USA und Kanada jährlich etwa ein Menschenleben. Und hier noch ein paar beruhigendere Zahlen: Der Ort, an dem man in den USA am ehesten von einem Alligator angegriffen wird (drei Tote zwischen 1992 und 1996), ist nicht der tiefste Sumpf, sondern der Golfplatz. Die Wahrscheinlichkeit, beim Schwimmen an einer nordamerikanischen Küste von einem Hai attackiert zu werden, ist etwa eins zu fünf Millionen, wenn es auch ein Gebiet vor der nordkalifornischen Küste gibt, das so genannte «rote

Dreieck», wo weiße Haie Surfer, die auf ihren Brettern herumpaddeln, mit Seeelefanten – einer ihrer Lieblingsspeisen – verwechseln.

Nur sehr wenige Tiere betrachten den Menschen als Beutetier, und die, die es tun, wie die berüchtigten menschenfressenden Tiger in Indien oder Löwen in Afrika, sind meist einzelne Exemplare, die aus irgendeinem Grund die Angst vor dem Menschen verloren und Geschmack an seinem Fleisch gefunden haben. Tiere greifen Menschen meistens dann an, wenn sie von ihnen überrascht werden und sich bedroht fühlen, wenn sie meinen, ihr Revier verteidigen oder ihre Jungen schützen zu müssen. Schlangen töten zwar weltweit viel mehr Menschen als jedes andere Tier, aber es konnte, wie ein Experte nachdrücklich betont, «trotz der tradierten Fülle gegenteiliger Behauptungen, noch nie nachgewiesen werden, dass sie ohne Provokation angreifen». Zu Schlangenbissen kommt es meist dann, wenn Menschen in ländlichen Gegenden versehentlich eine Schlange aufstören, oft, indem sie im Dunkeln auf sie treten. In den USA ist es hingegen so, dass viele Schlangenbissopfer zwar wissen, dass die betreffende Schlange gefährlich ist, aber unter Alkohol oder Drogen stehen und, wie es ein Experte ausdrückte, «mit ihr herumspielen». Wissenschaftler in Alabama haben einen Rückgang der Zahl der Giftschlangenbisse festgestellt, sobald Footballspiele der Universitätsmannschaften Alabama oder Auburn im Lokalfernsehen übertragen werden[9], wohl deshalb, weil dann die potenziellen Opfer, statt draußen wilden Schlangen nachzustellen oder zu Hause mit zahmen «herumzuspielen», sicher mit einem kühlen Bier auf dem Sofa sitzen.

Die Menschen sind von jeher fasziniert von Kreaturen, die mächtiger sind als sie, können sich aber schon ebenso lange nicht entscheiden, ob sie diese Kreaturen verehren oder vernichten sollen, als ob schon die bloße Idee, dass ein anderes Wesen auf dieser Erde mächtiger sein könnte als wir, unser Ego kränkte und über unser Fassungsvermögen ginge. Die Ägypter beteten einen Krokodilgott an, Sobek, der jeden Abend die Sonne verschlang; die Ureinwohner der Wälder des Nordens verehrten den Bären und entschuldigten sich jedes Mal aufwendig bei seinen Verwandten, wenn sie ihn töteten; Indianerstämme am Amazonas erhoben den Jaguar zum mythischen Wesen. In der Mythologie können wilde Tiere die Welt erschaffen oder zerstören. Wie die Götter selbst besitzen sie die heilige Macht, dem Menschen Leben einzuhauchen und es ihm wieder zu nehmen. Sie repräsentieren – in Gestalt von Ungeheuern wie Beowulfs Grendel, der bei Nacht aus dem Moor stieg, um König Hrothgars Festsaal zu überfallen – das Chaos und das Dunkel gleich jenseits der bekannten Welt. Sie verkörpern die Sünde, wie die Schlange im Garten Eden. Sie können aber auch die entscheidende Barriere darstellen, die ein Jüngling überwinden muss, um ein Mann zu werden, so etwa der erste selbstgetötete Löwe bei den Massai oder der Eisbär bei den Inuit. So gut wie nie aber sind sie in der menschlichen Vorstellung das, was sie in Wirklichkeit fast immer sind: Kreaturen, die nicht auf Konfrontation aus sind, sondern, wie alle anderen auch, nur in dieser Welt zu überleben versuchen.

Es gibt keine Statistiken, aus denen hervorginge, dass bestimmte Weltgegenden, was Angriffe von Tieren auf Menschen angeht, gefährlicher sind als andere. Aber man kann dennoch Vermutungen anstellen. Man sollte meinen, dass afrikanische Gebiete mit klassischen Großwildpopulationen – Löwen, Elefanten (unberechenbaren Pflanzenfressern, die es manchmal auch auf Menschen abgesehen haben), Nilpferden und Kaffernbüffeln – die Liste anführen, zusammen mit dem schlangenverseuchten Amazonasbecken und Teilen Südostasiens wie etwa dem vietnamesischen Mekong-Delta, wo, Forschungsberichten zufolge, in einem Reisanbaugebiet, das kaum größer ist als Rhode Island, jährlich über 2700 Erwachsene und Kinder von Kobras, Giftnattern und Vipern getötet werden.

Ebenfalls ziemlich weit oben auf der Liste würde man wohl die australische Nordküste und insbesondere das Gebiet um die Cape-York-Halbinsel vermuten. Neben einem Sortiment Giftschlangen wie der Todesotter und der Taipan, heimtückischen Stechpflanzen, Haien und giftigen Fischen lebt hier das Salzwasserkrokodil, *Crocodilus porosus* – für die Einheimischen «Salty», im Unterschied zu seinem harmloseren Süßwasservetter «Freshie». Salty und seine Verwandten im gesamten tropischen Asien fordern jährlich mehr Menschenleben als das afrikanische Krokodil, das in Tarzan-Filmen buchstäblich Weltruhm errang. Saltys können über dreieinhalb Meter lang werden. Im Wasser können sie mit einem Motorboot und an Land mit einem Pferd Schritt halten. Ihre Kiefer sind kräftig genug, um einem Außenborder die Schraube abzubeißen. Ein Salty, das versteckt in Ufernähe gelauert hat, katapultiert sein Opfer – Känguru, Kuh, Mensch – mit einem Schlag seines mächtigen Schwanzes ins Wasser, packt es an einer Extremität und vollführt die «Todesrolle» – rotiert unter Wasser um sich selbst und zermalmt die Extremitäten des Opfers, bis dieses entweder verblutet oder ertrinkt. Berichten zufolge fand man einmal im Magen eines Salzwasserkrokodils die Überreste eines Aborigines sowie einen 20-Liter-Blechkanister mit zwei Wolldecken.

Doch alle Krokodile, Schlangen und sonstigen tierischen Risikofaktoren Nordaustraliens werden von einem kleinen Geschöpf in den Schatten gestellt: einer anmutigen Qualle, nicht viel größer als eine Grapefruit, wissenschaftlich *Chironex fleckeri*, im Volksmund Würfelqualle oder Seewespe genannt. Toxikologen halten *C. fleckeri* für das tödlichste giftbewehrte Geschöpf der Erde. Das Gift selbst, das der Wissenschaft immer noch Rätsel aufgibt, könnte sich als eine der toxischsten Substanzen überhaupt erweisen. Mindestens dreiundsechzig Menschen sind seit 1900 an der Küste Nordaustraliens durch *C. fleckeri* oder verwandte Quallenarten umgekommen. Es ist anzunehmen, dass *C. fleckeri* und Artverwandte darüber hinaus noch viele undokumentierte Todesfälle in Südostasien und besonders auf den Philippinen verschuldet haben. *C. fleckeri* ist ein ganz anderes Kaliber als etwa die im Atlantik beheimatete Portugiesische Galeere, die nicht zu den echten Quallen gehört und deren Gift schmerzhaft, aber kaum je tödlich ist. Das Gift der *C. fleckeri* vermag, Annahmen zufolge, einen Menschen in weniger als einer Minute zu töten.

Noch vor nicht allzu langer Zeit wusste niemand genau, welcher unsichtbare Bewohner dieser Küstengewässer schuld war, wenn Schwimmer plötzlich vor jähem, übermächtigem Schmerz aufschrien, wild um sich schlugen und manchmal sogar binnen kürzester Zeit starben. Identifiziert wurde die Spezies erst, als beim Quallentod eines Jungen 1955 der einheimische Radiologe und Hobbybiologe Dr. Hugo Flecker die Polizei drängte, das Wasser vor dem Strand mit Netzen abzufischen. So entdeckte man das verantwortliche Geschöpf, das schließlich nach Flecker benannt wurde. Eine Zeit lang lief es unter dem Namen «Seewespe», doch als dann Touristen aus anderen Teilen Australiens mit Hüten und Schirmen bewehrt an den Stränden von Queensland auftauchten, weil sie glaubten, ein fliegendes Insekt abwehren zu müssen, kam man von dieser Bezeichnung ab. Heute bleiben Schwimmer an den beliebten Stränden während der feuchten Jahreszeit, wenn sich *C. fleckeri* vor der Küste versammeln, innerhalb von Schutzabsperrungen aus Netzen. Inzwischen gibt es Lycra-Schutzanzüge für Badende, und Wissenschaftler haben ein Gegengift entwickelt, indem sie Schafen nicht tödliche Dosen des Quallengifts injizierten und das Blutserum gewannen. Bei rascher Verabreichung lindert das Serum die Folgen des Quallengifts beträchtlich. Moderne Wiederbelebungsmaßnahmen haben sich ebenfalls als sehr wirksam erwiesen. Vernesselung durch *C. fleckeri* ist heute, im Vergleich zur Vernesselung durch andere, weniger giftige Quallenarten, selten, kommt aber immer noch vor.

Aufklärung und Vorbeugung sind nur dann wirksam, wenn sich die Menschen auch entsprechend verhalten.

Komm rein», rief Mary, knietief im Wasser stehend, und winkte auffordernd. «Du siehst doch – kein Grund, so ängstlich zu sein!»

«Ich bin nicht ängstlich», rief Gil zurück. «Ich bin nur vorsichtig.»

Er lag, auf die Ellbogen gestützt, auf seinem Strandlaken und musterte sie durch seine verspiegelte Sonnenbrille.

«Du wirst doch wohl deine frisch gebackene Ehefrau nicht allein schwimmen lassen?», sagte Mary.

«Ich bewundere meine frischgebackene Ehefrau aus der Ferne», rief er zurück.

Mary drehte sich um und watete tiefer ins Wasser. Der geriffelte Sand massierte leise ihre Fußsohlen, und das warme tropische Wasser tat der Haut so wohl wie ein Thermalbad. Sie stand jetzt bis zum halben Oberschenkel im Wasser. Ruhig und blaugrün erstreckte sich das Meer wie eine riesige, friedliche Lagune bis zum rund 50 km vor der Küste liegenden großen Korallenriff. Sie konnte es nicht erwarten, die wunderschönen Korallen und spektakulären Fische dort draußen zu sehen. Es war schon schwer genug, Gil zum Schwimmen zu bewegen; wie schwer würde es erst sein, ihn dort hinauszulocken? Er war überhaupt nicht mehr unternehmungslustig, seit sie auf Hochzeitsreise waren, als ob diese Überfülle an Leben – der tropische Regenwald mit seinen phantastischen Schmetterlingen, Vögeln und Wildblumen, die Korallenriffe mit ihrem reichen Unterwasserleben –, die sie so begeisterte, ihn nur nervte und er sich davor in das klimatisierte Hotelzimmer mit Satelliten-TV, Minibar und benachbartem Golfplatz flüchtete. Sie watete noch etwas tiefer ins Wasser. Es ging ihr jetzt fast bis an die Hüften. Sie wusste, sie war unvorsichtig, aber das Wasser sah so herrlich aus, und Gils permanente Übervorsichtigkeit löste in ihr den Wunsch aus, weiter hineinzugehen, weg von ihm. Würde so ihr gemeinsames Leben aussehen, fragte sie sich, sie immer bereit, Neues zu erkunden und neue Menschen kennen zu lernen, während er wie ein Klotz an ihr hing, nicht willens, das Sichere und Vertraute aufzugeben? War diese Heirat ein Fehler gewesen? Schon jetzt hatten die Streitereien mit Gil verflixt viel Ähnlichkeit mit den ewig gleichen abgedroschenen Auseinandersetzungen, die sie mit Tom, ihrem Exmann, gehabt hatte. Der hätte sich in dieser Hotelanlage auch wohl gefühlt und wenig Grund gesehen, sich über die gepflegten Rasenflächen in die Wildnis hinauszuwagen. Als Inhaber einer Immobilien- und Baugesellschaft hätte er es bewundernswert – und ganz schön riskant – gefunden, hier in dieser abgelegenen Gegend Australiens einfach eine Urlaubsanlage aus dem Boden zu stampfen. Für sie war das, trotz aller Annehmlichkeiten, eine Entweihung dieser urtümlichen Landschaft. Wenn sich herausstellen sollte, dass Gil genauso war wie Tom, so übervorsichtig und phantasielos und in erster Linie am Geld interessiert, dann würde sie ihn verlassen. Zuerst vielleicht noch das Kind bekommen, das sie sich wünschte, und ihn dann verlassen.

«Ist das alles, was ich von meinem frisch gebackenen Ehemann erwarten kann, Bewunderung aus der Ferne?», rief sie, halb zu ihm umgedreht. «Das Wasser ist herrlich.»

Er winkte ab. «Ich bin hier glücklich und zufrieden», sagte Gil.

Aber das stimmte nicht. Wie sollte er mit einer Frau glücklich und zufrieden sein, die ihn ständig unter Druck setzte? Dieses permanente leise Ziehen und Zerren. Das hier sollte doch schließlich Urlaub sein, oder? Er setzte sich bei der Arbeit schon selbst genug unter Druck. Jeden Tag riskierte er dort seinen guten Ruf. Es war nicht chic, Steuerjurist in einem Unternehmen zu sein, aber es war anspruchsvoll und enorm anstrengend, und man konnte sich keinen Fehler leisten. Die Steuerbehörden rochen die kleinste Spur von Blut im Wasser – der kleinste wunde Punkt, hinter dem sich eventuell Gewichtigeres verbergen konnte, und schon stürzten sie sich gierig auf einen. Ja, das war eine feindselige Welt dort draußen und er brauchte nicht noch jemanden, der ihn triezte, er solle doch ein wenig lockerer sein. Inzwischen erinnerte Mary ihn an seine Exfrau Betsy, die fünf Jahre an ihm herumgezerrt hatte, er solle weniger arbeiten, mehr reisen, Wanderungen und Picknicks machen, in Kunstausstellungen gehen und nahezu fremde Menschen zum Essen nach Hause einladen. Er hatte ihr erklärt, dass er nichts dagegen hatte, sich aber einfach nur auf das konzentrieren musste, was jetzt anstand, sprich, seine Karriere. Sie hatte nicht lockergelassen. Schließlich war er ausgezogen. Dann hatte er seltsamerweise gemerkt, dass er plötzlich ein paar von den Dingen tat, gegen die er sich so lange gesträubt hatte, als ob er ihr beweisen wollte, dass er nicht der Langweiler war, als den sie ihn hinstellte. Es war so erleichternd gewesen, Mary kennen zu lernen, in diesem Bird-Watching-Camp – sie war so geduldig und verständnisvoll gewesen, als er ihr von seiner gescheiterten Ehe erzählt hatte –, aber jetzt schien es, als würden diese schrecklichen fünf Jahre gerade wieder von vorne anfangen. Konnte sie denn nicht mal Ruhe geben? Mal etwas relaxen, statt vom Regenwald zum Riff und zum Outback zu hetzen? Er wollte sich lieber nicht vorstellen, wie es zu Hause sein würde. Er hatte den Fehler bereits gemacht. Einen blöden Fehler – die Art Fehler, vor der er sich im Beruf ständig in Acht nahm. Wie lange würde eine Scheidung dauern? Und vor allem, was würde sie ihn kosten?

Er sah auf das blaugrüne Meer hinaus, wo sie hüfttief im Wasser stand: das tief sitzende schwarze Bikinihöschen, der sanfte Schwung ihres Hintern, die mondsichelförmigen Rundungen ihrer Brüste zu beiden Seiten, jetzt, da sie die Arme hob. Sie hatte einen tollen Körper, das musste er zugeben.

«Letzte Gelegenheit!», rief sie, den Kopf wieder halb herumgedreht.

«Jetzt schwimm schon, wenn du schwimmen willst», rief er mit wachsender Gereiztheit zurück. «Sonst lass uns zum Hotel zurückfahren.»

Sie legte die Arme über dem Kopf zusammen und stieß sich mit den Zehen leicht vom sandigen Grund ab. Als sie eintauchte, war ihr Entschluss gefasst: *Das war's. Es ist aus zwischen uns.*

Etwa ein Jahr zuvor, gegen Ende der feuchten Jahreszeit, hatten zwei laichende *Chironex fleckeri* Eier und Sperma in einer Flussmündung nicht weit von Gils und Marys einsamer Bucht abgelegt. Eines der befruchteten Eier hatte sich, wie andere auch, im warmen Wasser rasch zu einer winzigen Zellkugel – der Planula – entwickelt. Diese war auf den Grund des Flusses gesunken und hatte sich an die Unterseite eines Steins geheftet. Dort war der Planula während der Trockenzeit den Ansatz eines Tentakelkranzes gewachsen und sie hatte sich zu einem kleinen Polypen – zu einer Art Protoqualle – entwickelt. Bis zum Ende der Trockenzeit hatte sich der Polyp wiederum in eine kleine Meduse – das, was man üblicherweise unter Qualle versteht – verwandelt. Unmittelbar vor dem Einsetzen der Monsunregen hatte sich die *C. fleckeri* aus der Flussmündung ins offene Meer hinausbewegt.

Die nächsten Monate hatte sie sich sanft durch die stillen Küstengewässer gepulst und heftige Strömungen und Wellen, die ihr zartes Gewebe hätten zerreißen können, vermieden. Sie hatte gefressen und war gewachsen. Ihr Körper, ein beinahe durchsichtiges, milchig weißes Etwas, war zu einer anmutigen Glocke geworden, mit einem quadratischen Saum auf der Unterseite – daher der Name Würfelquallen für *C. fleckeri* und etwa fünfzig verwandte Quallenarten der Gattung *Cubomedusa*. Indem sie – ähnlich einem auf- und zugehenden Regenschirm – ihre Glocke mit Wasser füllte und dieses dann wieder ausstieß, erreichte sie eine Geschwindigkeit von etwa sechs Stundenkilometern. Ein hahnenfußförmiger Fortsatz, das so genannte Pedalium, bildete sich an jeder der vier Saumecken. Aus diesen Füßchen wachsen die Fangarme der Qualle – bis zu fünfzehn Tentakel, die bei einem großen ausgewachsenen Exemplar in ausgestrecktem Zustand über drei Meter lang sein können. Die Tentakel bilden ringartige Segmente und ähneln einem spiralig aufgewickelten dünnen – und unter Hochspannung stehenden – Elektrokabel.

Mit Hilfe primitiver Augen größeren Objekten ausweichend, war die Qualle Garnelenschwärmen gefolgt, die sich in Strandnähe versammelten. Aufgrund ihrer Sonnenempfindlichkeit hatte sie die Mittagsstunden am Grund des seichten Wassers zugebracht und war erst am Spätnachmittag, wenn die Sonne schwächer wurde, wieder aufgetaucht, um, die langen Tentakel hinter sich herziehend, auf Beute zu lauern. Dabei war sie oft vom auflaufenden Wasser noch dichter an den Strand gespült worden. Gelegentlich kam eine Garnele vorbeigeschwommen, indem sie mit ihrem Fächerschwanz rückwärts ruderte. Wenn sie versehentlich einen der Tentakel der *C. fleckeri* streifte, starb sie im Nu. Wie eine Art Wassercowboy mit einem Lasso fing die *C. fleckeri* die Garnele mit ihren Fangarmen ein, zog sie heran und stopfte den nahrhaften Bissen schließlich zwischen ihre Greiflippen.

Die See war ruhig, die Flut kam, und die Sonne stand schon spätnachmittäglich tief, als Mary ins Wasser hechtete. Von ihr aus praktisch nicht zu sehen, schwamm die Qualle etwa vier Meter weiter draußen im stehtiefen Wasser, die Fangarme hinter sich herziehend, auf der Jagd nach Garnelen.

Mary sah sie auch später nicht.

Sie glitt unter der glatten Wasseroberfläche dahin, genoss das kitzelnde Geräusch in den Ohren und die weiche, nasse Wärme der tropischen See an ihrer bloßen Haut. Mit ein paar Beinschlägen tauchte sie lustvoll weiter durch das köstliche Wasser, erleichtert, dass sie beschlossen hatte, Gil zu verlassen. Da streifte sie etwas am Arm. Sie fuhr erschrocken zusammen. Seetang? Dann streifte das Etwas ihre Schultern, ihre Taillengegend, ihren Rücken.

Reflexhaft zogen sich die Fangarme der Qualle zusammen, legten sich in Schlingen und Kurven auf Marys Haut – der instinktive Versuch, möglichst viel Tentakeloberfläche mit dem Opfer in Berührung zu bringen und ihm damit möglichst viel Gift zu verabreichen. In jeden Fangarm waren Millionen winzige Nesselkapseln, so genannte Nematozysten, eingebettet, alles in allem etwa vier Milliarden. Der Kontakt mit Marys Haut – für die Qualle nicht von der Oberfläche einer Garnele oder eines Fisches zu unterscheiden – aktivierte einen Auslöserstachel, Cnidocil genannt, auf jeder dieser Nesselkapseln, wodurch diese aufsprang wie das Behältnis eines Kastenteufels. Drinnen war jedoch kein Teufelchen, sondern eine Art «Injektionsnadel», ein winziger, aufgerollter Schlauch mit einer feinen Spitze. Tausende dieser Schläuche schossen jetzt jeweils um etwa 0,75 mm hervor, jagten ihre Spitzen in Marys Haut und injizierten den Inhalt ihrer Nesselkapseln in Gewebe und Kapillaren des Coriums, der Hautschicht gleich unter der Oberhaut. Gleichzeitig krallte sich um jeden der Schläuche ein Kranz von winzigen Stacheln wie eine Stacheldrahtschlinge in Marys Haut, um die Tentakel fest an ihrem Körper zu verhaken.

Mary schrie unter Wasser auf. Ein Schwall Luftblasen quoll aus ihrem Mund. Das Stechen wuchs zu einem unglaublichen Schmerz an, der ihr Arme, Schultern, Rücken, Bauchgegend verbrannte. Nein, dachte sie, kein Seetang. Tausend Hornissen hatten ihre Stacheln in langen, pulsierenden Streifen in ihre Haut gejagt.

Sie schlug mit den Beinen, katapultierte sich aufwärts, riss an den stechenden Dingern, die an ihrer Haut klebten. Sie versuchte, den Schrei zurückzuhalten, der ihr aus Nase und Mund blubberte. *Erst den Kopf nach oben bringen*, dachte sie, *Kopf nach oben*.

Gil, der auf den Ellbogen dalag und ärgerlich durch seine verspiegelte Brille starrte, sah sie graziös ins Wasser hechten, dann unter der Oberfläche dahingleiten, immer weiter. Plötzlich Blasen und ein schäumender Tumult. Er setzte sich auf. Es war Marys Kopf, das von der Sonne strähnig ausgebleichte Haar nass und glatt anliegend. Ihre Arme, die wild aufs Wasser eindroschen, auf ihre Brust und ihre bloßen Schultern einkrallten, an etwas zerrten, was er nicht sehen konnte. Ihre Schreie und ihr Schmerzstöhnen drangen über das glatte Wasser, abgehackt und kehlig zuerst, während sie an ihrer Haut herumkratzte und -riss, dann lang und schrill, als sie sich hilfesuchend zu ihm umzudrehen versuchte.

Gil wusste sofort, was passiert war. *Warum hatte sie nicht auf ihn gehört?*

«Ich komme!», schrie er und sprang auf. Er würde der heroische Ehemann sein, ihr zeigen, das er nicht so feige war, wie sie es ihm implizit vorgeworfen hatte. Er spurtete zur Wasserlinie, wo das Korallenmeer sachte über den nassen Sand leckte, nahm seine 375-Dollar-Sonnenbrille ab und warf sie mannhaft weg. Er stürmte heroisch los, rannte unter mächtigem Spritzen durchs flache Wasser. Er kam bis ins Knietiefe. Dann blieb er jäh stehen.

Würde das Biest auch ihn stechen?

Sie war etwa fünfzehn Meter entfernt, in einem Bereich, wo ihr das Wasser vermutlich gerade bis über den Kopf ging. Er konnte erkennen, wie sie Grund unter die Füße zu bekommen versuchte. Er musterte das Wasser um sie herum mit zusammengekniffenen Augen. Er konnte nichts Außergewöhnliches entdecken. Wie lang waren diese Fangarme? Er hatte keine Ahnung. Wo war das Biest? Es konnte überall sein. Sie sah ihn an, mit den weit aufgerissenen, panischen Augen eines verletzten, in der Falle sitzenden Tiers, das weiß, ihm bleibt nicht mehr viel Zeit. *Warum kommt er mir nicht zu Hilfe?* Sie versuchte, nach ihm zu rufen, aber die Worte wurden durch aufspritzendes Salzwasser erstickt, weil sie immer noch um sich krallte und schlug, als versuchte sie, sich unsichtbarer Tentakel zu erwehren.

«Wo ist sie?», rief er. «Wo ist sie?»

Gil stand so starr im knietiefen Wasser, als hätte er ebenfalls das starke, lähmende Quallengift abbekommen. Er sah den Strand entlang, in beide Richtungen, ob da irgendetwas wäre, was helfen könnte – ein Mensch, ein Boot, ein langer Stock, ein Brett, ein Seil. Nichts. Sie hatten sich ja diesen Strand ausgesucht, weil hier niemand war. Was hatten sie im Wagen? Nichts, was zu gebrauchen wäre. Er schaute wieder zu ihr hinüber, sah sie immer noch wild um sich schlagen.

«Kannst du schwimmen?», schrie er. «Schwimm hierher!»

Sie hob hilflos einen Arm, und er sah die roten Striemen, die sich wie Peitschenmale um diesen Arm wanden, während sie um Luft rang, spuckte und würgte.

Er begriff, dass sie sterben würde, wenn er nicht etwas unternahm. Aber was? Er konnte zum Wagen rennen und Hilfe holen. Wie lange würde sie durchhalten? Fünf Minuten? Es würde mindestens eine Stunde dauern, in den Ort zu fahren und wieder zurückzukommen. Er sah die Leute über den Strand rennen und sie dort finden, angespült, tot. Und was dann? Würde es eine gerichtsmedizinische Untersuchung geben? Würde er ungeschoren davonkommen, wenn sie starb? Konnten sie ihm irgendeine Art von Mitschuld anhängen?

Man weiß nicht genau, was im Gift der *Chironex fleckeri* so hochwirksam ist. Seine Erforschung ist nicht zuletzt deshalb so schwierig, weil das Gift thermolabil ist, d. h. bei Temperaturen über 55 Grad instabil wird, was es schwer macht, es zu analysieren, ohne seine chemische Beschaffenheit zu verändern. Die Wissenschaftler glauben, dass das Gift, das aus eiweißartigen Substanzen besteht, drei Hauptkomponenten enthält – ein Toxin, das die Zerstörung von Hautgewebe bewirkt, ein zweites Gift, das das Blut angreift, und ein weiteres, das – potenziell tödlich – auf das Herz und andere Organe wirkt. Der unglaubliche Hautschmerz, so vermutet man, könnte zum Teil von einer Verbindung namens 5-Hydroxitryptamin herrühren, einem schmerzerzeugenden Stoff, der sich in den Tentakeln vieler Quallenarten findet. Diese Verbindung provoziert die Ausschüttung von Histamin im Körper. Histamin ist zwar eine der Reizsubstanzen in Bienen- und Nesselgift, spielt aber auch eine wichtige Rolle bei der Immunabwehr des Körpers, indem es die Blutgefäße erweitert, damit Abwehrzellen schneller an die verletzte Stelle gelangen können.

Doch der Schmerz der histaminbedingten Entzündung ist milde, verglichen mit der unvorstellbaren Pein, die das Gift der *C. fleckeri* hervorruft. Hier ist noch eine andere Substanz am Werk. Während man immer noch wenig über das Toxin weiß, das Blutkörperchen angreift, wird allmählich klarer, wie das dritte Toxin auf das Herz einwirkt.

Man schätzt, dass das Gift der *C. fleckeri* bei einem gesunden Menschen binnen zwanzig Sekunden in den Blutkreislauf gelangt, da die feinen Schläuche ihre winzigen Giftmengen direkt in die oberflächlichen Kapillaren injizieren – anders als beim Schlangenbiss, wo die Giftzähne wenige große Giftmengen im Gewebe ablagern, die dann langsam vom Organismus absorbiert werden, sodass es Stunden dauert, bis die volle Wirkung eintritt. In beiden Fällen kann sich der «Kampf-oder-Flucht»-Reflex – der einem beim Angriff eines Salzwasserkrokodils nützen würde, weil er Energie mobilisiert, die es tatsächlich schon Menschen ermöglichte, ihr Bein aus dem Krokodilmaul zu befreien – gegen das Opfer selbst kehren.

Marys «Kampf-oder-Flucht»-Reflex löste einen Adrenalinstoß aus, der ihre Herzfrequenz von 80 auf die Maximalfrequenz von 170 Schlägen pro Minute emporjagte. Bei ihrem wilden Umsichschlagen kontrahierten ihre Muskeln, wodurch sie mehr Sauerstoff benötigten, folglich intensivierte sich der Blutstrom von Herz und Lunge zu den schwer arbeitenden Muskeln und zurück. Dieser Effekt, den die Physiologen «Muskelpumpe» nennen, beschleunigte den Transport des Gifts von den Kapillaren an der Oberfläche zum Herzen. Das Gift konzentrierte sich rasch in ihrem Herzen. Etwas in dem Gift – ein so genanntes Kardiotoxin – begann, das elektrische System des Herzens aus dem Takt zu bringen. Im normalen Ruhezustand haben Herzmuskelzellen eine negative elektrische Ladung. Das liegt daran, dass sie negative Ionen enthalten – einen bestimmten Atomtypus mit einer Unterzahl an Elektronen. Wenn eine elektrische Botschaft von einer Zelle zu anderen wandert, öffnen sich in der Zellmembran Kanäle, durch die negative Ionen aus der Zelle hinaus- und positive hineinfließen können. Für einen Moment nimmt die Zelle eine leicht positive Ladung an. Dieser Impuls wird von Zelle zu Zelle weitergegeben, wie eine Welle, die durch die Muskelfaser läuft und sie veranlasst, sich zusammenzuziehen. Wenn die Welle weiterrollt, fließen die positiven Ionen wieder aus der Zelle und die Ladung wird wieder negativ.

Doch das Kardiotoxin der *C. fleckeri* bewirkt, wie man aus Versuchen an Herzmuskelgewebe von Ratten schloss, ein jähes Ansteigen der Zahl positiv geladener Kalziumionen, die in die Herzmuskelzellen eindringen. Man weiß, dass ein Übermaß an Kalziumionen innerhalb dieser Zellen den fein abgestimmten Kontraktionsablauf im Herzmuskel stören und zu Spasmen führen kann, etwa so, als würde man einen Eimer Wasser auf einen laufenden Elektromotor kippen.

Plötzlich kam Marys Herz aus dem Rhythmus und verfiel in unregelmäßige, krampfartige Zuckungen. Die Kontraktion der

Herzkammern beginnt normalerweise am tiefsten Punkt und setzt sich dann über die kräftigen Muskelwände nach oben hin fort, wodurch das Blut hinausgepresst wird. Das Gift der *C. fleckeri* bewirkt jedoch chaotische Kontraktionen, die irgendwo in der Mitte des Muskels beginnen und im rasenden Tempo von 240 Zuckungen pro Minute erfolgen. Statt wie kräftige, koordinierte Schläge jeweils etwa einen Deziliter Blut auszustoßen, bewegen diese chaotischen Kontraktionen nicht einmal mehr ein Zwanzigstel dieser Menge. Marys Blutdruck sank schlagartig. Der Blutzustrom zu ihrem Gehirn reduzierte sich auf ein mattes Rinnsal. Das gischtende Gleißen aus Sonnenlicht, Salzwasser und Schmerz verblasste zu einem trüben, schummrigen Tümpel. *Kopf oben halten*, kam es von irgendwo tief in diesem Tümpel. *Arme weiterbewegen.*

Gil sah, dass sie dabei war, ohnmächtig zu werden. Ihr Kopf sank vornüber ins Wasser, hob sich noch einmal, sank wieder vornüber.

Jetzt schrie sie nicht mehr. Sie trieb mit dem Gesicht nach unten im Wasser, aber ihr Hinterkopf ragte immer noch heraus. Die von Striemen gezeichneten Arme ruderten vage weiter.

«Mary! Mary!», rief er und machte ein, zwei Schritte auf sie zu.

Kein Zeichen, dass sie ihn gehört hatte.

Gil hatte noch nie jemanden sterben sehen, aber ihm war völlig klar, dass sie schon fast tot war. Er wusste, dass er dieses Bild für den Rest seines Lebens vor sich sehen würde – wie sie dort trieb, das Gesicht im Wasser, die Arme noch immer schwerfällig rudernd, das Haar fächerförmig auf der Oberfläche ausgebreitet, während er wie gelähmt im knietiefen Wasser stand, die Füße am sandigen Grund festgenagelt, und einfach nur zuschaute. Es war kein fauchender Löwe, mit dem er es zu tun hatte, kein marodierender Bär, ja, nicht einmal ein hungriges Salzwasserkrokodil. Es war eine blöde Qualle! Eine, die zufällig gerade vorbeigeschwommen war! Die Leute würden lachen – der Mann, der zusah, wie seine Frau starb, weil er es nicht mit einer Qualle aufnehmen wollte! Er fühlte, wie seine Lunge schneller atmete und sein Herz pochte. Aufgrund seines Panikzustands – der Unentschiedenheit, ob er die Qualle attackieren oder vor ihr flüchten sollte – schnellte seine Herzfrequenz auf nahezu maximale 150 Schläge pro Minute empor. Das konnte er nicht ertragen – sich zeitlebens als einen übervorsichtigen, stets die Konsequenzen abwägenden Steuerjuristen sehen zu müssen, der zugesehen hatte, wie seine Frau starb, weil er Angst hatte, ihr zu helfen. Weil er so ein Zauderer war, sich vor dem Tod so ängstigte, hatte er auch Angst vor dem Leben gehabt. Und jetzt starb, wegen seines Zauderns, auch noch seine Frau.

Er setzte einen Fuß vor. Bewegte dann den anderen über den sandigen Grund. Dann wieder den ersten. Plötzlich pflügte er durch das Wasser auf sie zu; es war ihm gleichgültig, was mit ihm passierte, was mit ihnen beiden passierte, solange er nur etwas *tat*, sich Arme schwingend seinen Weg bahnte. Oberschenkeltief. Taillentief. Brusttief. Sie war nur noch drei Meter entfernt. Zwei Meter. Er hielt inne. Pflügte noch zwei Schritte näher an sie heran. Er hob den rechten Arm, reckte ihn übers Wasser hinweg, über alle potenziell herumschwimmenden Tentakel. Er berührte ihre linke Hand, fühlte die klebrige, weiche Masse der Tentakel, die sie umschlangen. Er zog die Hand zurück. Komischerweise fühlte er kein Stechen. Hatten die Tentakel ihr Gift verschossen?

Sie hatten es nicht verschossen; er spürte deshalb nichts, weil die winzigen Giftschläuche, die die Nematozysten abfeuerten, nicht die Kraft hatten, die harte Haut seiner Handflächen zu durchdringen. Die Haare auf seinen Handrücken wirkten ebenfalls als Schutzschild. Frauen und Kinder, die eine haarlosere, zartere Haut und weniger Körpermasse haben, sind ebendeshalb gefährdeter, was die Giftwirkung der *C. fleckeri* angeht. Schon eine Schicht Strumpfhosengewebe kann Quallenstiche abhalten.

Das entdeckten australische Surfer und Rettungsschwimmer, die seither, wenn sie sich in quallenverseuchte Gewässer begeben, Strumpfhosen über die Beine und ein zweites Paar, nachdem sie ein Loch hineingeschnitten haben, über Arme und Oberkörper ziehen. Meeresschildkröten haben eine Art gepanzerte Speiseröhre, die es ihnen ermöglicht, Giftquallen in großen Mengen zu jagen und mit Genuss zu verschlingen.

Gil streckte wieder den Arm aus. Er umfasste ihr linkes Handgelenk, zwischen den Tentakelschlingen. Von Adrenalin aufgeputscht, zog er ihre knapp sechzig Kilo platschend und spritzend durchs seichte Wasser bis auf den trockenen Sand.

Er kniete sich neben sie. Alles in ihm war darauf ausgerichtet, sie wiederzubeleben, eine Konzentration, wie er sie noch nie erlebt hatte, eine Art kristallene Klarheit, ohne das ständige Dazwischenfunken der Vorsicht. Sie lag auf dem Bauch. Tentakelschlingen und -stücke, die sie durch ihr Umsichschlagen vom zarten Körper der Qualle abgerissen hatte, klebten noch immer auf ihrem Leib, ätzten die verschlungenen lilabraunen Striemen in ihre Haut. Wenn sie überlebte, würde das Gewebe vielleicht absterben, und dann würde sie für immer von den Fangarmen der *C. fleckeri* gezeichnet sein wie von den Abdrücken eines wirren Seils.

Gil dachte an das Schild, das er an dem Urlauberstrand gesehen hatte: *Betroffene Körperstellen mit Essig übergießen* – das war die erste Behandlungsmaßnahme bei schwerer Quallenvernesselung. Er hatte die Schraubflaschen mit Essig bemerkt, die in regelmäßigen Abständen am Strand platziert waren. Essig hinderte die Nematozysten der am Körper haftenden Tentakel daran, weitere Giftschläuche abzufeuern. Aber Gil hatte keinen Essig. Also rannte er stattdessen zu seinem Strandlaken, auf dem das Logo der Urlaubsanlage in großen blauen Lettern prangte, griff es sich und wickelte es sich im Zurückrennen um die rechte Hand. Mit der frotteegeschützten Hand pflückte er rasch die

Fangarmstücke von Marys Haut und warf sie hinter sich in den warmen Sand.

Insgesamt waren etwa vier Meter Tentakelstrang mit ihrer Haut in Kontakt gekommen. Der Schweregrad einer *C. fleckeri*-Vernesselung hängt nicht zuletzt davon ab, wie viel Tentakelstrang sich an die Haut des Opfers geheftet hat; beim erwachsenen Menschen gelten etwa zwei Meter als Minimum für eine tödliche Giftmenge. Schätzungen zufolge hat eine voll ausgewachsene *C. fleckeri* in all ihren Tentakeln zusammen genügend Gift, um zehn bis zwanzig erwachsene Menschen zu töten.

Gil wälzte Mary auf den Rücken und riss ihr schnell die Tentakelfragmente vom Bauch. Vorsichtshalber hatte er vor einigen Jahren einen Wiederbelebungskursus gemacht und dann noch einmal einen Auffrischungskursus vor ihrem Karibiktrip, weil er der medizinischen Versorgung dort nicht getraut hatte. Er schob eine Hand unter ihr Genick und überstreckte es, um sicherzustellen, dass ihre Atemwege frei waren. Dann sah er auf ihren sandverklebten Bauch und ihre Brust, ob da irgendeine Atembewegung zu entdecken wäre. Nichts. Er beugte sein Gesicht dicht an ihren Mund und ihre Nase heran, um einen eventuellen Lufthauch spüren zu können. Nichts.

Auf dem Schild hatte gestanden: *Bei Atemstillstand künstliche Beatmung vornehmen. Bei Herzstillstand Herzmassage durchführen.*

Er fühlte sein eigenes Herz pochen, seine Hände zittern, seinen Atem in kurzen Stößen gehen. *Konzentrier dich*, ermahnte er sich. *Erinnere dich an das Wiederbelebungsschema.*

Er beugte sich über sie, öffnete mit einer Hand ihren Mund und hielt ihr mit der anderen die Nase zu, legte seinen geöffneten Mund über ihren und atmete einmal aus, drehte den Kopf zur Seite, atmete ein und dann wieder in ihren Mund aus. Er beobachtete ihren Brustkorb. Er hob sich leicht, wenn die Luft einströmte, senkte sich dann wieder. Das hieß, dass wenigstens ihre

Atemwege nicht blockiert waren. Aber was war mit dem Herzschlag? Er legte Zeige- und Mittelfinger auf ihre Kehle, fuhr dann ein Stück zur Seite und ertastete genau die Vertiefung zwischen Luftröhre und Halsmuskeln, um nach einem Puls der Karotis zu fühlen, der Halsschlagader, die das Blut zum Gehirn führt. Er hielt seine sandigen, zitternden Finger so ruhig wie möglich. Nichts. Ihr Herz zuckte immer noch in wilden, chaotischen Spasmen, über 200-mal pro Minute. Aber man kann mit den Fingern keinen Karotispuls fühlen, wenn der systolische Blutdruck der betreffenden Person – der Druck während der Kontraktionsphase des Herzens, dessen Normalwert bei 120 liegt – unter 80 gesunken ist. Durch die ineffizienten spastischen Kontraktionen ihres Herzens war Marys systolischer Blutdruck jetzt nur noch bei 40. Und der diastolische Druck – der Druck in der Ausdehnungsphase des Herzens, der immer der niedrigere ist – war gleich null.

Gil musste jetzt ihr Herz und ihre Lunge sein, jedenfalls so lange, bis ihr Organismus sich von dem Giftschock erholen und eine gewisse Funktionsfähigkeit wiedererlangen konnte. Er wusste, dass das für einen einzelnen Menschen keine leichte Aufgabe war. Er würde extrem schnell zu Werk gehen müssen. Schon jetzt rann ihm der Angstschweiß über die Stirn, aus den Achselhöhlen, die Unterarme hinunter. Neben ihr kniend, legte er seine rechte Hand auf die linke und dann beide auf Marys Brustbein, wobei er sorgsam darauf achtete, sie ein Stück über dem unteren Brustbeinende, dem Xiphoid, zu platzieren, da dieses unter starken Druck abbrechen kann. Er streckte die Ellbogen durch und drückte fest zu – drückte ihr Brustbein etwa fünf Zentimeter hinunter, ließ es los und drückte wieder zu. Er bemühte sich, einen steten, schnellen Rhythmus von achtzig Druckstößen pro Minute zu halten, obwohl er nur sechzig hätte anstreben müssen, wenn er nicht allein gewesen wäre und sie nicht zwischendurch auch noch selbst hätte beatmen müssen. Da er als Steuerjurist über ein gutes Zahlengedächtnis verfügte, erinnerte er sich problemlos an das Wiederbelebungsschema – 15 zu 2. Nach den ersten fünfzehn Druckstößen beugte er sich hinab, hielt ihr wieder die Nase zu, atmete zweimal in ihren Mund, nahm dann die Herzmassage wieder auf. *Eins – und – zwei – und – drei – und – vier.*

Obwohl die Luft, die er ihr einblies, seine eigene Ausatmungsluft war, enthielt sie doch immer noch reichlich Sauerstoff. Bei jedem Druck auf ihr Brustbein presste Gil beide Kammern ihres Herzens zusammen – die, die Blut in ihre Lunge pumpte, wo es Sauerstoff aufnehmen konnte, und die andere, die das sauerstoffhaltige Blut durch ihren Körper schickte. Durch die schnelle, stete Kompressionsabfolge floss beständig Blut ihre Halsschlagader hinauf und in ihr Gehirn, wenn auch nur mit einem Drittel der üblichen Fließgeschwindigkeit – nicht viel also, aber genug, um dem Hirngewebe die Mindestmenge Sauerstoff zuzuführen. Dreißig Sekunden waren vergangen. Gil legte sein ganzes Körpergewicht auf seine Hände, pumpte ihr Blut durch die Herzkammern. Er wagte nicht aufzuschauen, wagte nicht, sie anzusprechen, sie anzufeuern, ins Leben zurückzukehren, wagte nicht einmal, ein Gebet hervorzustoßen, konzentrierte sich voll und ganz auf das schnelle, regelmäßige *Drücken, drücken, drücken, beatmen, beatmen, drücken, drücken.*

Eine Minute war jetzt vergangen. Er hielt kurz inne, um zu Atem zu kommen, wieder mit zitternden Fingern ihre Halsschlagader zu fühlen. Immer noch nichts. Er fiel wieder in seinen schnellen, steten Rhythmus.

Weitere vierzig Sekunden vergingen. Schweiß flog von Gils Gesicht und Armen auf Marys sandverkrustetes Gesicht. Er wusste nicht, wie lange er dieses Tempo noch durchhalten konnte.

Im Muskelgewebe des rechten Vorhofs befindet sich der physiologische Schrittmacher des Herzens, ein Bündel spezieller Muskelfasern, der so genannte Sinusknoten, der wie ein Taktgeber elektrische Impulse erzeugt. Wenn er feuert, schickt er Impulse wie eine Welle durch den Herzmuskel, wodurch dessen Gewebe veranlasst wird, in genau der richtigen Reihenfolge ebenfalls zu feuern.

Die zweite Minute verging – er hatte ihr jetzt acht Sequenzen von je fünfzehn Druckstößen verabreicht. Gil hielt wieder inne, um noch einmal nach einem Karotispuls zu fühlen. Er fühlte etwas. Aber was? War es sein eigenes hämmerndes Herz, das Blut in seine Fingerspitzen jagte? Seine Finger waren voller Sand, die Fingerspitzen halb taub vom Drücken, und er keuchte und zitterte und sah nichts mehr, weil ihm der Schweiß in die Augen rann. Er wischte ihn mit dem Unterarm weg, fühlte noch einmal. War es sein Puls oder ihrer oder nur Einbildung? Was es auch war, er musste etwas tun – schnell. Er brauchte Hilfe – jemanden mit ruhigen, sauberen Fingern.

Er legte die Hände wieder auf ihr Brustbein und pumpte weiter, beatmete sie zwischendurch. Weitere viermal fünfzehn Druckstöße – noch einmal eine Minute. Er war jetzt so außer Atem, dass er eine Pause machen musste. Er hatte das Gefühl, schon ewig so zu arbeiten. War es vergeblich? Hatte er sie zu spät herausgeholt? Hatte er zu lange im seichten Wasser gestanden, während das Leben aus ihrem Körper entwichen war? Er fühlte noch einmal die Halsschlagader. Er hielt sich so still wie irgend möglich, versuchte zu identifizieren, was seine Fingerspitzen da fühlten. In diesem Moment hörte er ein leises Schnappen. Er sah auf ihren Brustkorb. Noch ein leises Schnappen. Ihr Brustkorb senkte sich leicht.

Er nahm die Hand von ihrem Hals und legte das Ohr auf ihre Brust. Da war etwas. Er presste das Ohr fester auf die sandige Haut. War es das *Lub-dub* ihrer Herzklappen, die sich ordnungsgemäß öffneten und schlossen, das Vibrieren ihrer Herzwände und Gefäße unter dem Pulsen des Bluts? Oder war es sein eigenes Herz?

«Weiter, Mary!», rief er. «Weiter!»

Er hob das Ohr von ihrer Brust. Ihr Atem kam jetzt in kurzen Schnappern – ein Atmungstypus, den man auch agonale Atmung nennt.

«Gut, Mary, atmen! Weiteratmen!»

Er beobachtete ihre Brust genau. Sie hob und senkte sich jetzt energischer. Hatte es wirklich funktioniert? War es ihm gelungen, ihr wieder Leben einzuhauchen?

Ihre Gliedmaßen regten sich, fuhren über den trockenen Sand, als ob sie sich tief im Unterbewusstsein erinnerte, dass sie schwimmen musste. Ihr Kopf rollte im Sand hin und her. Gil wischte ihr rasch die Sandkruste vom Gesicht. Ihre Augen waren immer noch geschlossen. Er musste sich etwas überlegen – schnell. Er beschloss, sie, sobald sie die Augen aufschlug, über den weichen, nachgebenden Sand zum Jeep drüben unter den Palmen zu tragen und auf den Beifahrersitz zu betten, dann den ausgefahrenen Strandweg zum Highway hinaufzurumpeln und in den Ort zu rasen. In zwanzig Minuten konnten sie dort sein, und das Krankenhaus hatte ja sicher Quallenserum vorrätig. Sie würden sie notfalls an ein Beatmungsgerät hängen und ihr Medikamente gegen den Schmerz geben, der sicher wiederkehren würde.

Und dann?, fragte er sich. Was würden sie miteinander reden? Würde sie irgendwie ein anderer Mensch sein, nicht mehr die ganze Zeit an ihm herumzerren? Und er, würde er anders sein, nicht mehr so ein Zauderer? Konnte die Berührung eines so seltsamen, schwimmenden, fangarmbewehrten, hirnlosen Geschöpfs – das kein Bewusstein von Gut und Böse, Richtig und Falsch hatte, sondern einfach nur *war* – ein ganzes Leben ändern? Zwei Leben? Eine Ehe?

Er sprang auf. Er rannte zu dem Kleiderhaufen im Sand, schnappte sich seinen Rucksack mit den Autoschlüsseln. Er kniete sich wieder neben Mary.

«Komm schon, Mary, komm!»

Er gestattete sich jetzt zu hoffen, zu wünschen. Sie konnte immer noch einen Rückfall erleiden – *Chironex fleckeri*-Opfer zeigen manchmal eine kurzzeitige Besserung und einen vorübergehenden Blutdruckanstieg, ehe sie dann plötzlich sterben –, aber Gil wusste, er hatte alles Menschenmögliche für sie getan, weit mehr, als er sich zugetraut hätte. Als Marys Brust sich hob und senkte, schossen ihm Tränen in die Augen.

Kapitel 9

Tödliche Luftbläschen – Taucherkrankheit

Ein wenig außer Atem, weil er so schnell durch die kopfsteingepflasterten Straßen gelaufen war, um zur verabredeten Zeit da zu sein, erklomm Robert – oder Roberto, wie er in diesen neun Monaten in Spanien meistens genannt worden war – die breiten Steinstufen zur massiven, schwarzen Tür des alten Kaufmannshauses, Calle San José 49, in der traditionsreichen Hafenstadt Cádiz. Robert kannte die Geschichte des Seehafens gut. Cádiz, das für sich in Anspruch nahm, die älteste, durchgängig bewohnte Stadt Westeuropas zu sein, war vor dreitausend Jahren von phönizischen Händlern auf einer felsigen Landzunge, gleich westlich der Straße von Gibraltar, als befestigter Hafen angelegt worden. Es hatte in der Zeit des mächtigen spanischen Weltreichs vielen Schatzflotten, die aus den amerikanischen Kolonien zurückkehrten, als erster Anlaufpunkt gedient. Das interessierte Robert am meisten. Er wischte sich das schweißfeuchte Gesicht mit dem Taschentuch ab, setzte einen, wie er hoffte, würdevollen und gleichzeitig freundlichen Gesichtsausdruck auf und drückte dann auf den Klingelknopf an dem steinernen Türpfeiler.

«*Qué?*», fragte eine Stimme durch die Sprechanlage.

Er nannte seinen Namen. Keine Antwort, nur das Schnarren des elektrischen Türöffners.

Er drückte die schwere Tür auf. Er war schon öfter in alten Kaufmannshäusern hier in Cádiz gewesen – viele waren inzwischen in Wohnungen aufgeteilt –, aber ein so gut erhaltenes hatte er noch nicht gesehen. Er folgte einem tunnelartigen, von einem Tonnengewölbe überspannten Gang, bis dieser plötzlich in den

Innenhof eines fünfstöckigen Gebäudekarrees mündete. In der Mitte stand eine hohe Palme, und die schachbrettartig angeordneten weißen und schwarzen Marmorfliesen waren stellenweise abgeschliffen – Gehspuren bestiefelter Füße zwischen dem Eingang und dem Handelskontor, das über Jahrhunderte Erdgeschoss und Mezzanin eingenommen hatte.

«*Aquí!*», hallte ein Stimme durch den Innenhof.

Robert sah empor. Eine junge Frau in schwarzem Rock und weißer Bluse stand auf dem Balkon im zweiten Stock, dessen filigranes Schmiedeeisengeländer sich, wie auch die Gitter der übrigen Balkone, rings um den Hof zog. Von jedem Balkon gingen mehrere Türen ab.

Robert erklomm die Marmortreppe. Auf den Absätzen passierte er antike Mudejar-Truhen mit eingelegten Elfenbeinarabesken, Erzeugnisse maurischer Kunsthandwerker, die in Spanien geblieben waren, nachdem die Christen es im 11. Jahrhundert zurückzuerobern begonnen hatten. Da standen mit besticktem Leder bezogene Stühle aus dem 16. Jahrhundert. Wo Robert auch hinsah, entdeckte er wertvolle Relikte der fernen, ruhmreichen Vergangenheit Spaniens. *Das muss es sein*, dachte er.

Oben angekommen, wurde er von der jungen Frau über den Balkon in ein Wohnzimmer geführt. Dort saß, in einem geraden Lehnstuhl, die Hände anmutig auf den Armlehnen, eine elegante alte Frau. Eine weiße andalusische Mantilla lag um die Schultern ihres schwarzen Kleids. Ihr weißes Haar war so stramm zurückgezurrt, dass die Kopfhaut spannte.

Sie deutete mit einer Hand auf einen weiteren Lehnstuhl, ein Exemplar mit rotem Samtbezug und gedrehten Beinen im maurischen Stil. Robert setzte sich. Der Stuhl knarrte und knackte unter seinem Gewicht. Er fühlte Schweiß über seine Wangen rinnen.

«Sie sind nicht der Erste, wissen Sie», sagte die Frau unvermittelt.

«Es war schon jemand da?»

«Nicht zu meiner Zeit», antwortete sie langsam und mit betont sorgfältiger Aussprache. «Ich weiß nur, was mir meine Großmutter erzählt hat, als ich klein war. Sie hatte es von ihrer Mutter. Jemand wollte nach dem Schiff suchen. Es heißt, niemand wird es je finden. Es liegt *muy hondo*. Sehr tief.»

«Aber das ist lange, lange her», sagte Robert. «Mit modernem Tauchgerät ist es vielleicht leichter zu finden. Heute kommt man sehr tief hinunter.»

«*Quizá*», war alles, was die Frau darauf sagte.

Während sie so dasaßen und Robert in dem knarrenden, steifen Lehnstuhl vor sich hin schwitzte, brachte die junge Frau, die ihn eingelassen hatte, ein Tablett mit einer silbernen Kaffeekanne herein. Robert bemerkte sofort das massive, leicht verbeulte Silber und die aufwendige Verzierung, ein umlaufendes Band aus eckig stilisierten, ineinander verflochtenen Fröschen, fast schon mesoamerikanisch, ähnlich den Gegenständen, die aztekische Silberschmiede unter der spanischen Herrschaft gefertigt hatten. Sie sahen beide zu, wie die junge Frau mit schlanken, weißen Händen dicken, schwarzen Kaffee in zwei Tassen goss.

«Das ist meine Enkelin», sagte die alte Frau.

Robert, der bisher nur Augen für die Einrichtungsgegenstände gehabt hatte, betrachtete jetzt erstmals eingehender das Gesicht der jungen Frau. Sie war auf dezente Art schön, hatte eine fein geformte Nase, prononcierte, aber zarte Gesichtsknochen und pechrabenschwarzes, hochgestecktes Haar, welches das Weiß ihres Gesichts hervorhob. Ihre Augen waren dunkel, tief und groß, als sie Robert scheu ansah und ihn fragte, ob er Milch und Zucker in seinen Kaffee wolle, und ihre Lippen waren dezent, aber akkurat geschminkt.

«Etwas Zucker, wenn Sie welchen haben, *gracias*», sagte Robert.

Er beobachtete, wie die geschickten Finger mit den rot lackierten Nägeln anderthalb Teelöffel Zucker abmaßen und in seinen Kaffee rührten. Mit einer leichten Verneigung reichte ihm die junge Frau Untertasse und Tasse. Dann richtete sie sich auf und ging hinaus.

«Wie kommen Sie darauf, dass ich Ihnen helfen kann?», fragte die alte Frau.

«Bitte, *señora*», sagte Robert. «Ich war in den Archiven in Sevilla. Ich habe monatelang die alten Aufzeichnungen und Frachtbriefe studiert. Ich weiß von dem Sturm und dem Verlust der Schiffe im Jahr 1605. Wie ich Ihnen in meinem Brief erklärt habe, weiß ich, was Ihr Vorfahre damals verlor. Ich weiß, dass die Schiffe und die verschollenen Schätze nie geborgen wurden.»

«Warum wollen Sie danach suchen – nach *oro y plata*?», fragte sie. «Gold und Silber haben schon für genug Streit und Blutvergießen gesorgt.»

«Ich sammle Gegenstände», antwortete Robert, wobei ihm plötzlich bewusst wurde, dass das keine sonderlich schlüssige Erklärung war.

Der nordischen Mythologie zufolge lebte im Meer ein böser Riese namens Aegir zusammen mit seiner wollüstigen, habgierigen Gattin Ran. Um ihre Begierde zu stillen, wühlte Ran das Meer mit Stürmen auf, brachte die skandinavischen Schiffe zum Sinken und fing die Seeleute, wenn sie in den Wellen verschwanden, mit Netzen ein. Wenn die Seeleute Ran einen Tribut in Gold zahlten, gewährte sie ihnen auf ewig einen Platz an ihrer unterseeischen Tafel und in ihrem wässrigen Bett.

Doch Ran war nicht das einzige weibliche Meereswesen, das es auf Seeleute abgesehen hatte. Verführerische und heimtückische «Meerfrauen» gibt es in den Mythen seefahrender Völker in aller Welt. Bei den alten Griechen lockten die Sirenen, wunderschöne, aber todbringende Nymphen, Seeleute mit betörendem

Gesang zu den Felsen, wo ihre Schiffe zerschellten. Für die Iren und Schotten waren die «Weißen Frauen» unter den Wellen zu Hause, und die Slawen glaubten, dass das Meer ertrunkene schöne Mädchen, die so genannten Rousalki, barg. Die Eskimos erzählen von der sinnlichen, aber handlosen Nerrivik – wörtlich übersetzt «Speise» –, die auf dem Grund des Meeres lebt und deren langes Haar von Schamanen gekämmt werden muss, damit es die Mengen von Fischen und anderen Seegeschöpfen freigibt, die in ihren Locken gefangen sind.

Diese mythischen Frauenfiguren repräsentieren die beiden Aspekte des Meeres – ruhig und lockend sowie stürmisch und tödlich –, die zu allen Zeiten das Leben und Sterben der Seeleute bestimmten. In der Tiefe existiert der stürmische Aspekt nicht, dort scheint die See vielmehr von friedlicher, tiefblauer Schönheit und rätselhafter Stille, was genauso verführerisch ist wie die glitzernde Oberfläche und vielleicht noch gefährlicher. Taucher haben, ebenso wie die Seeleute aller Zeiten, zahlreiche Begriffe, um die physiologischen Auswirkungen dieser Lockung der Tiefe zu beschreiben. Den wohl passendsten prägten französische Pioniere – und Poeten – der modernen Tauchtechnik, die zu beschreiben versuchten, was einem widerfuhr, wenn man sich mit Pressluftflaschen zu tief in die verführerische Tiefe hinabwagte: «Tiefenrausch».

Der menschliche Körper ist, was die Tiefe angeht, erstaunlich anpassungsfähig – jedenfalls auf dem Weg hinab. Wir alle brauchen Druck. Nicht nur metaphorisch gesprochen – Arbeitsdruck, Erwerbsdruck, moralischen Druck –, sondern ganz realen Kraft-durch-Fläche-Druck. Als Spezies sind wir mehr oder minder an einen Druck von etwa einem Kilopond pro Quadratzentimeter angepasst, den Luftdruck in Meereshöhe. Dieser Druck, der etwa der Last von einer Kilotüte Mehl auf jedem Quadratzentimeter Haut entspricht, stellt das Gewicht einer Luftsäule von einem Quadratzentimeter Grundfläche dar, die von

Meereshöhe bis zum äußersten Rand der Erdatmosphäre reicht. Dieser Druck wirkt von außen auf uns, aber er besteht ebenso in unserem Inneren – etwa in unserer Lunge und unserem Rachenraum –, was der Hauptgrund dafür ist, dass wir das erdrückende Gewicht der vielen Mehltüten, die auf uns lasten, gar nicht bemerken.

Wasser wiegt jedoch wesentlich mehr als Luft. Eine Wassersäule von einem Quadratzentimeter Grundfläche bräuchte nur elf Meter hoch zu sein, um genauso viel zu wiegen wie jene kilometerhohe Luftsäule. Dieser Gewichtsunterschied hat tief greifende Folgen für Menschen, die das vergleichsweise komfortable Niveau des Meeresspiegels verlassen und in die Tiefe des Meeres hinabtauchen. Wenn ein Mensch aus einem Boot springt und in eine Tiefe von elf Metern hinabtaucht, verdoppelt sich der Druck auf seinen Körper von einem Kilopond pro Quadratzentimeter auf zwei Kilopond pro Quadratzentimeter – also in etwa das Gewicht zweier Mehltüten. Man spricht daher von einem Druck von zwei Atmosphären. In 22 Meter Tiefe würde sich der Druck verdreifachen, in 33 Meter Tiefe vervierfachen, und bei 44 Metern, etwa der empfohlenen Grenze für Hobbytaucher mit Presslufttauchgerät, betrüge der Druck fünf Atmosphären oder 5 Kilopond pro Quadratzentimeter. In dieser Tiefe lasten bei einem normal großen Mann insgesamt etwa 100 Tonnen oder rund 100 000 Mehltüten auf der gesamten Körperoberfläche.

Seit Jahrtausenden kämpfen Taucher daher nicht nur mit dem Problem des Atmens, sondern auch mit diesem enormen Druck der Tiefe. Griechische Schwammtaucher zu Aristoteles' Zeiten banden sich ein Seil um die Taille, verstopften sich die Gehörgänge mit ölgetränkten Schwämmchen, um den Druck auf das Trommelfell auszugleichen, nahmen ein Messer in die eine und einen schweren Stein in die andere Hand und verließen sich darauf, dass ihre Helfer sie – wenn auch manchmal nur noch tot –

mit ihrer Ernte an die Oberfläche zogen. Die Perlentaucher des alten Arabien durchstachen sich das Trommelfell, um den Druck der Tiefe zu mildern. Die heutigen Perlentaucher des nordöstlich von Tahiti gelegenen Tuamoto-Archipels, die als Meister im Luftanhalten bekannt sind, tauchen jeden Tag etliche Male über 33 Meter tief und leiden daher oft an einer Krankheit, die sie *Taravana* – «verrücktes Fallen» – nennen. Diese Krankheit äußert sich in Schwindel und Übelkeit, kann aber in schweren Fällen auch zu Lähmungserscheinungen oder sogar zum Tod führen.

Die Perfektionierung des Taucheranzugs, die um die Mitte des 19. Jahrhunderts erfolgte, ermöglichte es Tauchern, tiefer hinunterzugehen und länger unten zu bleiben als ohne Hilfsmittel, was die druckbedingten Probleme nur verschlimmerte. Jetzt wurde von der Oberfläche aus Pressluft durch einen Schlauch in den harten Taucherhelm gepumpt. (Als unbefangener Laie könnte man meinen, ein Taucher bräuchte doch nur ein Rohr an die Oberfläche zu strecken und normale Luft hinabzusaugen, aber der Druck des Wassers auf den Brustkorb des Tauchers macht bei dieser Methode das Einatmen unterhalb der üblichen Schnorcheltiefe von 30 bis 50 cm unmöglich.) Die ägäischen Schwammtaucher gaben 1867 die von Aristoteles beschriebene Methode auf und übernahmen die neuen Taucheranzüge. Um ihren Profit zu maximieren, blieben sie lange Zeit unter Wasser und tauchten dann rasch auf. Von vierundzwanzig Tauchern, die die neuen Anzüge benutzten, starben zehn.

Als das Industriezeitalter mit Macht voranschritt, wurden weitere Erfindungen gemacht, die es ermöglichten, unter Wasser zu atmen und zu arbeiten. Französische Ingenieure entwickelten eine neue Methode, Brückenpfeiler zu errichten: Man ließ große Metallsenkkästen auf den Grund des Flusses hinunter, pumpte sie mit Pressluft voll und ließ Arbeiter im Inneren dieser «Caissons» Pfeilersockel bauen. Nun traten jedoch seltsame neue Krankheiten auf. Beim Bau der Brooklyn-Brücke Ende des 19. Jahrhunderts sah man Arbeiter, die aus den «Caissons» emporkamen, beim Gehen den Oberkörper steif aus der Hüfte vorbeugen – Folge plötzlich einsetzender Gelenkschmerzen. So erhielt das Leiden seinen volkstümlichen englischen Namen *the bends* und die formellere Bezeichnung «Caisson-Krankheit». Im Zweiten Weltkrieg entwickelten der französische Gasingenieur Emile Gagnan und ein auf dem Weg zum Weltruhm befindlicher Taucher namens Jacques-Yves Cousteau die «Aqualunge» – ein System, das es Tauchern erlaubte, auf den sperrigen Helmanzug und den Schlauch zu verzichten und ihren Luftvorrat in Pressluftflaschen auf dem Rücken mitzuführen. Das geniale Kernstück des Gagnan-Cousteau-Systems war eine kleine, runde Vorrichtung auf dem Atemmundstück, der so genannte Lungenautomat oder Atemregler, der durch eine Membran den Wasserdruck erfühlte und dem Taucher die Luft aus den Flaschen jeweils mit genau demselben Druck zuführte, den das Wasser von außen auf seine Lunge übte. Durch den exakten Druckausgleich zwischen innen und außen ließ sich der Brustkorb leicht dehnen, und das Atmen unter Wasser war mühelos. Doch wie sich herausstellte, waren Taucher mit Pressluftgeräten ebenso anfällig für Gelenkschmerzen wie die Caisson-Arbeiter. Und da waren noch andere Beschwerden, wie unkontrollierbares Husten nach dem Auftauchen, Hautjucken, Benommenheit und Übelkeit und merkwürdige, wieder vergehende Schmerzen.

Nachdem man bereits griechische Schwammtaucher autopsiert hatte, versuchten Forscher weiterhin, herauszubekommen, was großer Druck im menschlichen Körper bewirkt, vor allem bei Tauchern mit Pressluftgeräten. Sie entdeckten, dass der Druck in großer Wassertiefe den in der Pressluft enthaltenen Stickstoff in Blut und Gewebe des Tauchers treibt. Atemluft besteht ja zu vier Fünfteln aus Stickstoff und nur zu einem Fünftel aus Sauerstoff. In Tiefen von mehr als 33 Metern kann der vom Hirngewebe absorbierte Stickstoff den Taucher wie Lachgas narkotisieren. Das ist der berühmte «Tiefenrausch», auch Stickstoffnarkose genannt. Wenn der Taucher langsam aus solchen Tiefen auftaucht, entweicht der Stickstoff unterwegs allmählich aus Blut und Gewebe und wird ohne Probleme von der Lunge ausgeatmet. Zu schnelles Auftauchen jedoch lässt den Stickstoff in Gewebe und Blut perlende Bläschen bilden, ähnlich den Kohlensäurebläschen in einer frisch geöffneten Flasche Mineralwasser. Diese Bläschen verursachen die Taucherkrankheit oder Druckfallkrankheit, wie man die «Caisson-Krankheit» auch nennt. Ihre häufigsten Symptome sind Schmerzen in Knien, Schultern und Ellbogen. Doch die Bläschen und damit verbundene Symptome können auch an anderen Stellen im Körper auftreten, etwa in der Haut oder, was viel ernster ist, in Rückenmark und Gehirn. Letzteres kann zu Lähmungserscheinungen oder gar zum Tod führen.

Um die Wende vom 19. zum 20. Jahrhundert kam der britische Physiologe John Scott Haldane, der mit druckkranken Tauchern arbeitete und außerdem Experimente mit Ziegen anstellte, zu dem Schluss, dass der menschliche Körper im Allgemeinen einen Druckabfall um die Hälfte ohne Dekompressionssymptome verkraftet. Das heißt, dass ein Taucher von zwei Atmosphären auf eine (von 11 m Tiefe an die Oberfläche) oder auch von vier Atmosphären auf zwei (von 33 m Tiefe auf 11 m) auftauchen könnte, ohne die Druckfallkrankheit befürchten zu müssen. Doch ein Auftauchen über den durch Haldane bestimmten Punkt hinaus und ohne Pause zum Zweck der «Dekompression» würde – zumindest nach Haldanes ursprünglichem Modell – das Leben des Tauchers gefährden. Auf der Grundlage dieser Arbeiten entwickelte Haldane eine von späteren Tauchergenerationen noch erheblich verfeinerte Reihe von Dekompressionstabellen, die es Tauchern ermöglichten, ihre

Tauchgänge so zu planen, dass sie der Druckfallkrankheit entgingen.

Wenn ein Taucher jedoch an der Druckfallkrankheit leidet, muss er rekomprimiert werden – als schraube man den Deckel wieder auf die Mineralwasserflasche. Dies kann geschehen, indem man den Taucher wieder ins Wasser hinablässt und dann in Etappen heraufholt, sodass der Stickstoff vom Gewebe resorbiert und dann langsam abgegeben wird. Diese Behandlung ist langwierig und unter Wasser mühsam durchzuführen. Besser ist es, den Taucher in eine Druckkammer zu bringen und diese mit Pressluft voll zu pumpen, um den Wasserdruck in großer Tiefe zu simulieren. Der Effekt ist derselbe – der Stickstoff wird resorbiert und dann allmählich ausgeschieden, wenn man den Druck langsam senkt. Das Problem ist nur, dass die nächste Druckkammer von entlegenen Tauchplätzen oft weit entfernt ist und ein Transport per Hubschrauber noch mehr Stickstoffbläschen im Blut des Tauchers hervorruft, wenn die Maschine steigt und der Kabinendruck fällt. Der Rettungshubschrauber muss daher tief fliegen – unterhalb von 330 Metern.

Die Taucherkrankheit ist jedoch nicht die gefährlichste der druckbedingten Schädigungen, die man unter dem Begriff «Dysbarismus» zusammenfasst. Todesursache Nummer eins unter Tauchern ist nach wie vor das Ertrinken. Die zweithäufigste ist eine Form von Dysbarismus, zu der es kommt, wenn der Taucher aufgrund von Panik oder Hast beim Auftauchen nicht richtig ausatmet. Mit abnehmendem Wasserdruck dehnt sich die komprimierte Luft in der Lunge aus, als würde ein Luftballon aufgeblasen. Wenn der Taucher dann immer noch die Luft anhält, reißt das Lungengewebe. Durch die Risse im Lungengewebe tritt Luft aus der Lunge direkt ins Blut über, und große Luftblasen gelangen in Herz und Gehirn. Die Folgen sind verheerend.

Dysbarismusforscher und Ärzte bezeichnen diese Erscheinung als «pulmonäres Überdrucksyndrom mit arterieller Gasembolie». In der Tauchersprache hat es einen anschaulicheren Namen: «geplatzte Lunge».

Da unten gibt's nichts zu sehen, Mann. Die hübschen Fische sind alle da drüben.»

Das kleine Holzboot schaukelte auf der blauen Dünung unmittelbar vor dem karibischen Riff, und der Außenbordmotor tuckerte im Leerlauf. Robert zeigte gerade dem Fischer Felix die Stelle, an der er tauchen wollte, eine tiefere Rinne, die sich wie eine dicke, dunkelblaue Meeresvene durch das hellere, grünere Wasser des Riffs zog. Aber Felix gestikulierte in die andere Richtung, zu der besseren Stelle eine halbe Meile weiter, wo die prächtigen Fische zu finden waren. Ohne ihn zu beachten, konsultierte Robert noch einmal seine Seekarte und die Digitalanzeige seines Kompakt-GPS, eines Ortungsgeräts, das mit Hilfe von Satellitensignalen jede Position auf der Erde genau anzugeben vermag. Er zeigte energisch mit dem Finger dorthin, wo der tiefblaue Kanal durch die schäumende Riffbrandung schnitt.

«Genau dort.»

«Da unten gibt's nichts als Sand.»

«Das ist die Stelle.»

«Warum wollen Sie dorthin?»

«Weil ich dahin will», insistierte Robert. «Weil ich Sie dafür bezahle, dass Sie mich dahin bringen.»

«Okay, Mann. Ich bring Sie hin, wenn Sie wollen, aber ich sag's Ihnen, da unten gibt's nichts als nackten Sand.»

Zwei Tage zuvor hatte Robert seinen Fensterplatz im Jumbo-Jet von Madrid nach Mexico City eingenommen. Die alte Frau im Lehnstuhl und die Enkelin mit den schönen, dunklen Augen und der stillen Art hatte er in Cádiz zurückgelassen. Robert saß reglos da, die Stirn an den kalten, durchsichtigen Kunststoff gepresst, und spürte das Dröhnen der Triebwerke im Schädel, während sein langsamer, steter Atem bei jedem Ausatmen einen beschlagenen Fleck am Fenster hinterließ. Aus 11 000 Meter Höhe erschien der Atlantik so dunkelblau, fast schon schwarz. Wenn er die Augen anstrengte, erkannte Robert gerade die feine Riffelung der Wellen und die kalkig weißen Flecken dort, wo sich die größten Wogen schäumend gebrochen hatten. Muss verdammt rau sein da unten, dachte Robert. Er fragte sich, wie lange es dauern würde, bis er selbst auf solchen Wellen herumschaukeln oder vielmehr durch sie hinabtauchen würde. Vom verminderten Kabinendruck gingen jetzt endlich seine Ohren mit einem Knacken auf.

Robert war immer schon ein Sammler gewesen. Als Junge hatte er enge, dunkle Orte – Wandschränke, Keller, den Erdboden selbst – durchwühlt, auf der Suche nach Murmeln oder Pennys, Käfern oder Würmern, alten Flaschen oder handgeschmiedeten Nägeln. Er hatte seine Schätze zu Sammlungen geordnet, säuberlich auf Kartons geklebt oder gepinnt und dann sicher in einem speziellen Sperrholzkasten in seinem Zimmer eingeschlossen. Die Sammlungen waren seine geheime Welt, und Robert hütete sie eifersüchtig, schützte, was er so eifrig zusammengesucht hatte.

Während er auf den mitternachtsblauen Atlantik zehn Kilometer unter sich starrte und sich fragte, was wohl unter dessen undurchsichtiger Oberfläche liegen mochte, kam ihm der Gedanke, dass alle Menschen genetisch aufs Jagen und Sammeln programmiert waren, auf die ständige Suche nach größerem Wild, dickeren Wurzeln oder süßeren Früchten, dass jedoch einige – durch Zufall, aufgrund von Persönlichkeitsmerkmalen oder aus Notwendigkeit – beschlossen, diese Anlagen zu ihrer höchsten Form zu verfeinern. Robert war bewusst geworden, dass seine Jäger-und-Sammler-Fähigkeiten demnächst auf ihre härteste Probe gestellt werden würden.

Jetzt, zwei Tage später, brannte Robert darauf, dass die Taucherei endlich losging. Felix langte hinter sich, legte den Vorwärtsgang ein und gab Gas. Das schwere Holzboot stampfte durch die Wellen auf den breiten, tiefblauen Streifen der Rinne zu. Unmittelbar davor, noch im etwa zwölf Meter tiefen, aquamarinblauen Wasser über dem Schelf des Riffs, stellte Felix den Motor ab und warf den Anker.

«Da sind wir«, sagte Felix. «Sie müssen nur zu der tiefen Stelle rübertauchen.» Stille umgab sie, bis auf das Klatschen der Wellen, die gegen den Bootsrumpf schlugen, und das Klappern der Pressluftflaschen, als Robert seine Ausrüstung vorzubereiten begann. Er hatte Felix in einem Fischerdorf auf einer kleinen Insel vor der Küste angeheuert, erstaunt über die Bereitwilligkeit des Fischers, ihn jederzeit aufs Meer hinauszubringen.

«Wohin Sie wollen», hatte er Robert erklärt, «ich bring Sie hin.»

Jetzt beobachtete Felix Roberts sorgfältige Vorbereitungen. Tauchen konnte Robert aus seiner Zeit als Sammler, als er den Grund von Seen nach Flaschen abgekämmt hatte, die vor Jahrzehnten ins Wasser geworfen worden waren. Robert schnallte seine Flaschen auf die Tarierweste – eine besondere Weste, die der Taucher mit einer regulierbaren Pressluftmenge füllen kann, um unter Wasser seinen Auftrieb neutral zu halten. Robert drehte das Pressluftventil ganz auf, dann wieder eine Viertelumdrehung zurück. Der Luftdruckanzeiger schnellte auf 200 Bar – der Druck im Inneren der Flaschen. Jede der beiden Flaschen enthielt drei Kubikmeter Luft, auf einen Bruchteil dieses Volumens komprimiert. Er drückte die Membran des Atemreglers einwärts, horchte auf das laute Zischen der entweichenden Luft. Dann ließ er die Membran wieder los, setzte sich das Atemmundstück ein und atmete ein-, zwei-, dreimal. Die Luft strömte problemlos in seine Lunge. Er inspizierte seinen Ersatzatemregler, den «Oktopus», der an einem eigenen Schlauch saß, für den Fall, dass der Hauptregler ausfiel. Er sah noch einmal auf die hochwichtigen

Dekompressionstabellen. In einer Tiefe von 30 Metern – laut Seekarte die Tiefe der Wasserrinne – konnte er maximal 21 Minuten bleiben. Wenn er tiefer ging oder länger blieb, würde er beim Auftauchen Zwischenstopps einlegen müssen, um seinem Gewebe jeweils ein paar Minuten Zeit zu geben, den Stickstoff langsam auszuscheiden.

Obwohl Robert jetzt nicht mehr so viel tauchte wie früher, waren ihm die Sicherheitschecks in Fleisch und Blut übergegangen. Er befolgte gewissenhaft alle Regeln – bis auf eine: *Tauche niemals allein.*

«Okay, Mann?», fragte Felix, als Robert die Arme durch die Schultergurte des Tauchgeräts gesteckt, Bauch- und Schrittgurt geschlossen, Handschuhe, Flossen und Maske angelegt hatte. Auf dem Dollbord des Boots sitzend, setzte Robert sich das Mundstück ein und saugte am Atemregler, die Maske mit einer Hand fest ans Gesicht gepresst. Er nickte Felix zu.

«Okay, eins, zwei, drei und los.»

Felix gab ihm einen leichten Schubs, und Robert platschte rückwärts ins Wasser.

1,5 Meter (Druck: 1,2 Atmosphären). Ein Schwall Luftblasen stieg an seiner Maske vorbei, und warmes, tropisches Wasser drang in seine Ohren und seinen Neoprenanzug. Statt des kräftigen Schaukelns des Boots war da jetzt das sanfte Auf und Ab des Wassers direkt unter den Wellen, tröstlich und vertraut, als ob es Urerinnerungen an den Mutterleib weckte. Das raue Geräusch von Wind und Wellen war plötzlich verstummt.

Robert fing sich und schwebte ein Weilchen bäuchlings im Wasser, um sich zu orientieren. In der linken Hand hielt er ein kleines Instrumentenset, das mit einem dünnen Schlauch an seinem Druckluftgerät befestigt war. Es bestand aus Druckmesser, Tiefenmesser und Kompass. Er bestimmte Nordwest mit dem Kompass, schlug mit den Flossen und glitt schräg in Richtung Grund hinab.

Robert wusste genau, wo er hin wollte – dank der alten Frau in Cádiz und ihrer Enkelin.

«Schauen Sie sich um», hatte die alte Frau gesagt und mit dem mageren Arm auf das Interieur gedeutet, das *Vargueño*-Schränkchen mit den Elfenbeinintarsien, den massiven Walnussholztisch mit den schmiedeeisernen Verstrebungen, die geraden Lehnstühle, in denen sie saßen, die hölzerne Truhe mit dem Sternmuster, die schweren Deckenbalken, die, wie Robert wusste, vor Jahrhunderten in den Wäldern Kubas geschlagen und dann nach Cádiz verschifft worden waren. «Was soll ich jetzt mit all diesen Dingen machen?»

« Sie sind wunderschön», sagte Robert höflich.

«Sie sind seit Generationen im Besitz meiner Familie», sagte sie. «Sie gehörten bereits meinen Vorfahren, die bei dem Schiffsuntergang im Jahr 1605 ihre kostbare Habe verloren.»

Den Frachtbriefen, die in Sevilla so sorgsam archiviert worden waren, hatte Robert genau entnehmen können, was jenes Schiff geladen hatte: Goldbarren unterschiedlichen Gewichts, die Kaufleute wie der Vorfahre der alten Frau hatten gießen lassen, um ihren Reichtum in die Heimat zu bringen, ein smaragdbesetztes Kruzifix, goldene Rosenkränze und andere Erzeugnisse der exzellenten Gold- und Silberschmiede der Neuen Welt sowie Hunderte von Silberbarren, die wie Ballaststeine ganz unten im Schiffsbauch gelegen hatten.

«Der Verlust war ein schwerer Schlag für unsere *negocios*, unser Geschäft», fuhr die alte Frau fort. «Das hat mir meine Großmutter erzählt, als ich klein war. Aber wie Sie sehen» – sie machte wieder eine ausholende Armbewegung und deutete dann auf sich selbst – «hat es meine Familie überlebt.»

Robert bemerkte, dass sie durch die Finger ihrer linken Hand die Perlen eines Rosenkranzes gleiten ließ. Es klickte leise, wenn die Vater-unser-Perlen aus geschliffener roter Koralle gegen die abgegriffenen Goldperlen stießen. Sie starrte jetzt gedankenverloren aus dem Fenster. Jenseits des schmiedeeisernen Balkongitters, über den Dächern der anderen Straßenseite, erhob sich die Kuppel der Kathedrale von Cádiz. Sie sah aus wie eine riesige, gelbe Keramikschüssel – fast wie die Kuppel einer maurischen Moschee. Robert wusste, dass die Kathedrale an der Stelle stand, wo einst, während der maurischen Besatzung ab 711 n. Chr., die Moschee gestanden hatte, die wiederum auf den Überresten des alten Römertempels erbaut worden war. Dieser war vermutlich seinerseits auf den Relikten des vor dreitausend Jahren erbauten Phöniziertempels errichtet worden, wo die Gründer der Stadt zweifellos Baal, dem Gott der Stürme, der Fruchtbarkeitsgöttin Ischtar und anderen Gottheiten rituelle Tier- und Kinderopfer dargebracht hatten. Kürzlich erst hatten Archäologen im Bischofspalast einen aus der Phönizierzeit stammenden goldenen Ring mit der Gravur eines schwimmenden Delphins – einem Fruchtbarkeitssymbol – ausgegraben. Die alte Frau starrte stumm auf die Kuppel, zog klickend die Perlen durch die faltigen Finger. Es schien, als berge dieser Ort nicht nur die Erinnerung an die alten Götter, sondern auch ihre Familienerinnerungen.

Robert beugte sich leicht vor. Er wollte interessiert, aber nicht übereifrig wirken. In dieser Haltung saß sein Hemd vorn etwas loser, und er fühlte ein Schweißrinnsal über seinen Bauch sickern.

«Wussten Ihre Vorfahren, wo genau das Schiff untergegangen war?», fragte er vorsichtig.

«Es gab viele Briefe, die das Unglück schilderten», erwiderte sie. «Beschreibungen von Riffen dort an der Stelle. Aber wie ich schon sagte, es liegt zu tief.»

Robert beugte sich auf dem maurischen Lehnstuhl noch weiter vor.

«Wissen Sie, was aus den Briefen geworden ist?», fragte er. «Existieren sie noch?»

«*Claro*», gab sie zurück, begleitet von einem weiteren Perlenklicken.

«Wo sind sie?»

«Ich habe sie hier», sagte sie, nahm ein Messingglöckchen von einem der Lampentische neben ihrem Stuhl und schwang es, dass das helle Klingen durch den Marmorinnenhof hallte. «Sie liegen unter meinem Bett. Meine Enkelin wird sie Ihnen zeigen.»

Da hatte Robert sich so weit vorgebeugt, dass der maurische Stuhl bedenklich kippelte.

Im Hinabtauchen hielt Robert alle paar Meter inne, um auf seine Instrumente zu schauen und den Druck in seinen Ohren auszugleichen. Das tat er, indem er den Unterkiefer vorschob und schluckte, wodurch sich die rund vier Zentimeter langen Eustachischen Röhren öffneten, die Luftkanäle zwischen seinem Rachenraum und der jeweiligen Paukenhöhle im Innenohr. Wären die Röhren durch eine Entzündung oder einen Schnupfen blockiert gewesen, hätte der zunehmende Wasserdruck beim Hinabtauchen das Trommelfell eingedrückt und schließlich zum Zerreißen gebracht. Wenn die Eustachischen Röhren jedoch durch das Schlucken aufgingen, konnte die eingeatmete Pressluft aus Roberts Rachenraum in die Paukenhöhlen dringen und dort denselben Druck herstellen, der von außen auf das Trommelfell drückte, wodurch dieses intakt blieb. Das «Mittelohr-Barotrauma» ist das häufigste medizinische Problem beim Tauchen, aber selbst in seiner schwersten Form – als Trommelfellriss – heilt es innerhalb von ein bis zwei Wochen ab.

11 Meter (Druck: 2 Atmosphären). Nur ein, zwei Meter unter sich sah Robert Felix' Anker inmitten von Korallenkolonien und Sand liegen. Ein großer Barsch glitt zu seiner Rechten davon, über das sanft abfallende Riff ins tiefere Wasser. Der Druck auf Roberts Körper hatte sich jetzt seit dem Verlassen des Boots verdoppelt. Ein Luftballon – mit, sagen wir, 12 Liter Fassungsver-

mögen –, den man auf Felix' Boot aufgeblasen und mit hinuntergebracht hätte, wäre jetzt auf die Hälfte seines Volumens – 6 Liter – komprimiert. Entsprechend war jetzt auch jede Portion Atemluft, die Robert durch seinen Lungenautomaten atmete, doppelt so dicht, weshalb der Luftvorrat in den Flaschen in dieser Tiefe nur halb so lange halten würde wie an der Oberfläche und mit zunehmender Tauchtiefe noch schneller verbraucht sein würde. Vom Anker aus schwamm Robert auf einem Kompasskurs von 340 Grad in nordwestlicher Richtung über das Schelf des Riffes, in Richtung der tieferen blauen Rinne. Es schwamm sich leicht. Er hielt einfach stur geradeaus. Nach wenigen Minuten fiel das Korallenriff plötzlich fast senkrecht ab.

16 Meter (Druck: 2,7 Atmosphären). Er hielt am Steilabsturz inne, konnte mit Mühe den bläulichen, sandigen Grund unten erkennen. Leuchtend bunte Fische huschten vorbei – schwarzweiß gefleckte Trommelfische, Demoisellen, Indigo-Hamlets. Robert beachtete sie gar nicht; er war auf fettere Beute aus. Er sah auf seinen Druckanzeiger: Noch 183 Bar in seinen Pressluftflaschen. Er sah auf die Uhr: Sieben Minuten waren seit dem Eintauchen vergangen. Er fühlte sich prima. Sein Atem ging leicht, wenn auch rasch. Er fühlte selbst in seinem Neoprenanzug, wie ihn eine warme Welle der Erregung erfasste. Er liebte diesen Spannungsbogen der Jagd: diesen Erregungszustand, ausgelöst durch die ersten Anzeichen, dann die geduldige Erkundung des Terrains, dann das Fieber des Heranpirschens und schließlich die Euphorie des Findens. Als er jetzt, von Flossenschlägen getrieben, in die Tiefe glitt, war er kein einsamer, gesetzter, schon etwas fülliger Lehrer mehr, sondern ein geschmeidiges, schwarzhäutiges Unterwassergeschöpf. Er war ein Hai, der statt Geruchs- und Bewegungssinn seinen Intellekt einsetzte, um die Beute aufzuspüren.

24 Meter (Druck: 3,2 Atmosphären). Die Riffwände glichen einem tropischen Blumengarten, den jemand senkrecht hochge-

kippt und ins Meer getaucht hatte. Robert passierte die Steinkorallen, Drahtkorallen und schwarzen Korallen und die gelben Röhrenschwämme, die wie Finger das Wasser nach winzigen Lebewesen durchkämmten. Auf seinem Körper lastete jetzt das Äquivalent von 3,2 Kilotüten Mehl pro Quadratzentimeter. Doch die physiologischen Veränderungen, die er wahrnahm, waren subtil: ein gewisser Druck auf die Nebenhöhlen, das Bedürfnis, immer wieder zu schlucken, um die Eustachischen Röhren offen zu halten, und ein klein wenig mehr Mühe beim Atmen, da die Luft, die er einsog, dichter wurde. Nach dem Pascal'schen Gesetz pflanzt sich der an einer Stelle auf eine umschlossene Flüssigkeit geübte Druck gleichmäßig durch die gesamte Flüssigkeit fort. Wie alle Menschen bestand Robert zu 95 Prozent aus Wasser; er fühlte keinen zusätzlichen Druck auf spezielle Gewebepartien, da auf jede Zelle in seinem Körper von allen Seiten derselbe Druck wirkte.

27 Meter (Druck: 3,4 Atmosphären). Robert sah wieder auf seinen Tiefenmesser, dann die Riffwand hinab zum Grund. Er hatte seine geplante Maximaltiefe – 30 Meter – fast erreicht, aber der Grund lag immer noch ein ganzes Stück unter ihm, weiter, als er gedacht hatte. «Plane deinen Tauchgang», lautete ein Tauchermantra, «und halte dich an deinen Plan.» Er wusste, er durfte eigentlich nicht tiefer gehen. Aber er war so dicht dran. Er fühlte förmlich die Präsenz des Wracks. Er spürte die Edelmetalle – die Goldbarren mit dem Reinheitsstempel, die Silberbarren, einst für Handelshäuser und die königliche Schatzkammer bestimmt, die Goldketten und Zepter und Smaragdkruzifixe. Er wusste, dass er am richtigen Ort war. Er konnte den Gedanken nicht ertragen, diesen Sammlerschätzen den Rücken zu kehren, den Tauchgang einfach zu vergeuden, die Luft in seinen Flaschen umsonst verbraucht zu haben, nur wegen des Stickstoffs mit leeren Händen aufzutauchen. Nicht, wenn er so dicht dran war. Nein, das hier war seine Chance.

Er würde sich an seinen Plan halten, aber diesen ganz leicht modifizieren: Er würde auf 30 Meter hinabgehen, vielleicht ein klein wenig weiter, und dann, so gut es ging, den Grund absuchen.

33 Meter (Druck: 4 Atmosphären). Er konnte jetzt den Grund deutlich erkennen, obwohl er sich immer noch ein ganzes Stück darüber befand. Flach und sandig, war der Grund – da nur das Blau und Grün des Lichtspektrums bis in diese Tiefe drangen – in tiefe Blautöne getaucht und mit abgebrochenen Korallenbrocken übersät. Auf der Stelle schwebend, legte er sich seine Strategie zurecht: Er würde nur 15 Minuten in 33 Meter Tiefe bleiben, statt der 21 Minuten, die ihm die Tauchtabellen in 30 Metern gewährten, und außerdem beim Auftauchen einen «Sicherheitsstopp» einlegen. In dieser Tiefe, bei 4 Atmosphären, würde ein Luftballon auf ein Viertel seines Volumens an der Oberfläche komprimiert, weshalb Roberts Luftvorrat in den Flaschen auch nur ein Viertel der Zeit halten würde. Er würde den Druckmesser, der die noch verbliebene Luftmenge anzeigte, genau im Auge behalten müssen.

37 Meter (Druck: 4,3 Atmosphären). Robert schwamm weiter auf seinem 340-Grad-Kurs, wandte den Kopf hin und her, um den Grund abzusuchen, und glitt ganz allmählich noch etwas tiefer hinab, als bewegte er sich im Spannungsfeld zwischen dem Aufwärtssog seines Tauchplans und dem Abwärtszug des Wracks. Er war jetzt so tief, dass neben dem Boyle'schen und dem Pascal'schen Gesetz noch ein drittes Gesetz ins Spiel kam. Manche Taucher nennen es das martinische Gesetz: jeweils 15 Meter Tauchtiefe wirken wie ein Glas Martini auf leeren Magen.

Stickstoff ist eines von mehreren inaktiven Gasen, die sich leicht in den Fettsubstanzen des Körpers lösen, aber unter hohem Druck zu starken Narkotika werden, wohl weil sie die Signalübertragung über die Synapsen im Gehirn beeinflussen. Taucher, die mit Pressluftgeräten zu tief hinabgehen, verfallen leicht in die Halluzinationen, die Phantasien und die Euphorie der Stickstoffnarkose – des «Tiefenrauschs». Diesen Zustand illustriert etwa das berühmte Lehrbeispiel vom Taucher, der sein Mundstück einem vorbeischwimmenden Fisch anbietet, oder – dies ein authentischer Fall – die Geschichte des französischen Tauchers, der in 53 Meter Tiefe seine nicht vorhandenen Taschen nach seinen Zigaretten abklopfte. Die ersten Anzeichen des Tiefenrauschs machen sich, mit individuellen Abweichungen, in etwa 33 Meter Tiefe bemerkbar. In 60 Meter Tiefe sollte man, nach einhelliger Meinung der Experten, «kein Vertrauen mehr in das menschliche Tun und Lassen setzen». In 100 Metern muss man, um dem Tiefenrausch zu begegnen, ein besonderes Gemisch aus Helium, Sauerstoff, Wasserstoff und Stickstoff atmen, da sonst Ohnmacht und Ertrinken drohen.

38 Meter (Druck: 4,5 Atmosphären). Robert war zum Lachen zumute, so fröhlich stimmte ihn dieses kühne Unternehmen, diese Suche nach den verschollenen Reichtümern Westindiens. Es war wie eine Kindheitsphantasie: dieser Schatz in so unmittelbarer Nähe. Wie clever von ihm, die alte spanische Kaufmannsfamilie ausfindig gemacht zu haben! Und als er die alte Frau erst einmal gefunden hatte, war es ja so leicht gewesen! *Und ihre Enkelin war ja so schön!*

Die Enkelin hatte Robert aus dem Wohnzimmer und auf den umlaufenden Balkon über dem Innenhof geführt. Die Absätze ihrer anliegenden, kniehohen Wildlederstiefel hallten auf den schwarzweißen Marmorplatten. Ihr schwarzer Seidenrock fiel in Plisseefalten fast bis auf ihre Stiefel, schmiegte sich aber eng um die Hüften, die sich bei jedem Schritt leise wiegten, als wollten sie mit den schwingenden Silberohrringen Takt halten. Robert spürte, wie sein Atem vor freudiger Spannung flacher wurde. Die Enkelin führte ihn in ein großes Schlafzimmer mit weiteren antiken Möbeln. Die Spätnachmittagssonne fiel durch hauchfeine aquamarinblaue Vorhänge an den Fenstern der dicken weißen

Wände und tauchte den Raum in wässrige, wechselnde Blautöne. Auf einem hohen Himmelbett lag eine dicke, mitternachtsblaue Tagesdecke.

Sie beugte sich hinab und zog eine kleine Holztruhe unter dem Bett hervor, öffnete sie und entnahm ihr ein in altes, steifes Papier gehülltes und mit verschossenem rosa Band umschnürtes Päckchen. Sie stand vor ihm, das Päckchen in beiden Händen, als wüsste sie nicht genau, was sie jetzt tun sollte.

«Ich möchte Ihnen einen Vorschlag machen», brach er das peinliche Schweigen. «Wenn Sie und Ihre Großmutter mir Einblick in diese Briefe gewähren, werde ich mit Ihnen beiden teilen, was immer ich finde.»

Sie stand mit scheu abgewandtem Blick da, während er sprach. Als er zu Ende gesprochen hatte, sah sie durchs Fenster und über die Dächer zu der gelben Kuppel der Kathedrale, die nicht nur Christus beschirmte, sondern auch all jene Götter des Himmels und der Erde und besonders des Meeres, die vor ihm hier in diesem alten Hafen an der Pforte zum Mittelmeer residiert hatten.

Sie wandte sich wieder Robert zu. Er spürte, wie sich wieder eine Schweißschicht auf seinen Händen bildete, und wischte diese unauffällig an seiner Kordhose ab.

«Meine Großmutter ist eine alte Frau, die sich nichts mehr aus Schätzen macht», sagte sie und fixierte ihn jetzt mit ihren tiefen braunen Augen. «Sie wird sagen, Sie sollen ihren Anteil dorthin geben – *a la catedral.*» Sie deutete durch das Fenster auf die gelbe Kuppel. «Sie können also mit dem Schatz machen, was Sie wollen, falls Sie ihn finden. Aber ich bitte Sie, wenn Sie ihn finden, einen kleinen Teil für mich beiseite zu legen, ohne es meiner Großmutter zu sagen. Mich damit hier herauszuholen.»

Und bei den letzten Worten trat sie einen Schritt auf ihn zu, sah ihm in die Augen und hob ihm das Päckchen mit beiden Händen entgegen, als brächte sie ihm ein Opfer dar.

Robert suchte, mit den Flossen schlagend, den Meeresgrund ab, das Instrumentenset in der linken Hand, genau dem Kurs von 340 Grad folgend. Es konnte jetzt nicht mehr weit sein. Und dann sah er es. Etwas Spitzes, das aus dem sandigen Grund ragte. Drei, vier Meter unter ihm. Er sah auf seinen Druckanzeiger – noch 113 Bar in den Flaschen – und stieß sich, ohne auch nur einen Moment zu zögern, hinab. Er war jetzt der Raubfisch kurz vor dem glorreichen Höhepunkt der Jagd, der Hai, der mit mächtigen Flossenschlägen hinabschoss und seine Beute attackierte.

45 Meter (Druck: 5,1 Atmosphären). Er versuchte, daran zu rütteln. Es steckte fest im sandigen Grund. Es fühlte sich wie Eisen an, war mit Korallen und winzigen Muscheln überkrustet. Vielleicht der Ankerschaft. Ja, es musste der Ankerschaft sein. Natürlich war nur noch das Metall da. Die Holzteile eines Schiffs wurden, wenn sie nicht im Sand vergraben waren, im Lauf der Jahrhunderte von winzigen Meereslebewesen zerfressen. Er sah sich im trüben Licht um. Alle Konturen zeichneten sich scharf und deutlich ab, aber die Farben waren zu bläulichen Grautönen ausgewaschen, wie ein alter Schwarzweißfilm, den man spätnachts in einem schlechten Fernseher sieht. Etwa 15 Meter weiter erspähte er einen kleinen Sandhügel, aus dem lange Rohre wie riesige Stachelschweinstacheln hervorragten. Für Schwämme waren sie zu gleichförmig. Er schwamm rasch hinüber. Eine feine Sedimentschicht lag darüber. Er wischte ein Rohr mit seinem Neoprenhandschuh frei. Kleine Sedimentwölkchen schwebten empor. Er sah den stumpfen Schimmer von Metall. Bronze. Eine Kanone. Eine alte spanische Kanone! Er war an der richtigen Stelle! Er schwamm über den Sandhügel hinweg. Ein weiteres Schelf fiel noch einmal etwa 10 Meter ab. Dort, direkt unter sich, entdeckte er einen weiteren Hügel. Noch mehr Wrackteile.

55 Meter (Druck: 6 Atmosphären). Mit kräftigen Beinschlägen tauchte er weiter hinunter. Der Hügel war sandbedeckt, sah

von der Form her unnatürlich aus. Seine behandschuhte Hand drang leicht in die Sandschicht ein. Als er sich bis zum Ellbogen hineingearbeitet hatte, stieß er auf etwas Festes. Er befühlte es. Es war massiv und rechteckig, etwa so groß wie ein Ziegelstein. Ein Silberbarren! Er zog daran. Der Sand und der Bewuchs mit Meereslebewesen hatten es an der Umgebung festzementiert. Es rührte sich nicht. Er fühlte weiter umher. Noch mehr rechteckige Formen. Weitere Silberbarren! Er zerrte fester. Es rührte sich immer noch nicht. Er zog die Hand wieder heraus und begann, den Sand wegzuwischen. Sandwolken stiegen empor und mächtige Luftblasenschwärme, weil er vor Anstrengung und Erregung so heftig atmete.

Während Robert sich mit beiden behandschuhten Händen zu den Silberbarren durchgrub, dachte er an die Mayas, Azteken und Inkas, deren Schweiß, Blut und Glauben in geronnener Form hier auf diesem Edelmetallhaufen lagen. Weltreiche stiegen auf und gingen unter, und das Gold folgte der Macht, oder folgte die Macht dem Gold? Jedenfalls hatten sich beide unaufhaltsam verlagert – von den Anden und Yukatan nach Spanien, von dort ins nördlichere Europa und schließlich nach Nordamerika. Dieser Haufen hier war vor vier Jahrhunderten aus dem Strom der Macht herausgefallen, und jetzt hatte er, Robert, ihn in Besitz genommen. Er würde sich damit in den großen historischen Prozess der Imperiumsbildung einreihen. Er würde nicht die egoistischen Fehler machen, die andere gemacht hatten. Er würde Gutes damit tun. Er würde teilen, zuallererst mit der schönen Enkelin, die ihn gebeten hatte, sie dort wegzuholen.

Er hatte jetzt ein halbmetergroßes Loch in die Sandschicht über dem Haufen gegraben. Er wartete einen Moment, dass die Sedimentschleier sich setzten. Als sich das Wasser klärte, konnte er schwarze, aufeinander liegende Quader erkennen – schwarz zweifellos deshalb, weil das Silber angelaufen war.

Er griff wieder hinein, um noch einmal fest an einem der Barren zu ziehen. Er holte tief Luft, um sich für die Anstrengung zu wappnen. Doch der Atemzug füllte seine Lunge nur halb. Plötzlich kam aus dem Mundstück keine Luft mehr.

Er ließ den Barren los und griff nach dem Instrumentenset, das an seinem dünnen Schlauch baumelte. In dieser Tiefe hatte sich die Pressluft sechsmal so schnell verbraucht wie bei Oberflächendruck. Die Nadel stand auf Null, jenseits der roten Warnzone, die bei 66 Bar begann. Es war eindeutig. Keine Luft mehr in den Flaschen.

Als er hinaufschaute, sah er seine letzten Atemluftblasen in Richtung der fernen, silbrigen Oberfläche entschwinden. Über Robert waren jetzt 16 Stockwerke Wasser. Er schwebte direkt über dem Grund der Rinne, neben dem Schatz.

In Cádiz war es Sitte, Bekannte – ja selbst nahezu fremde Personen – des anderen Geschlechts zum Abschied auf beide Wangen zu küssen. Nachdem sie ihm im Schlafzimmer das Päckchen gegeben hatte, hatte die Enkelin ihn umfasst und auf die Wangen geküsst. Dann hatte sie ihn mit überraschend festem Griff an sich gezogen und seinen fülligen Körper gegen ihre schlanke Gestalt gepresst.

«*Buena suerte*», hatte sie ihm ins Ohr geflüstert.

Jetzt, da nach dem Ausbleiben der Luft Panik seine Brust erfüllte, wurde ihm klar, dass er in den Armen der jungen Frau gefangen war.

53 Meter (Druck: 6 Atmosphären, zwei Liter Luft in seiner Lunge). Mit den behandschuhten Fingern löste Robert hektisch die Halterungslaschen auf seiner Tarierweste und wurstelte sich aus den Gurten des Atemgeräts, als befreite er sich aus den Armen der Frau. Er musste das Gerät loswerden, damit es seinen Aufstieg nicht erheblich verlangsamte. Während seine Lunge schon nach Atem schrie, strebte er mit heftigen Beinschlägen empor, im Kopf nur den einen panischen Gedanken: *Weg von hier, weg von ihr, nach oben!*

44 Meter (Druck: 5 Atmosphären). Durch den geringeren Wasserdruck dehnte sich die Luft in seinen Lungen auf ein Volumen von 2,4 Litern aus. Robert merkte es nicht. Mit den Flossen schlagend wie ein verfolgter Beutefisch, vom Jäger zum Gejagten geworden, katapultierte er sich aufwärts, vorbei an dem aufsteigenden Luftbläschenschwarm seines letzten Atemausstoßes. Eine Taucherfaustregel lautet: Nie schneller auftauchen als diese – etwa 10 Meter pro Minute zurücklegenden – Luftblasen, damit der Stickstoff aus dem Gewebe ausgeschieden werden kann. Und schlimmer noch, er verletzte eine weitere eherne Grundregel: beim Auftauchen immer gleichmäßig ausatmen. Was waren diese abstrakten Regeln gegen den einen Grundinstinkt: das letzte bisschen Luft festhalten, bis man oben war!

33 Meter (Druck: 4 Atmosphären). Die Luft in seiner Lunge dehnte sich auf drei Liter aus, was den Atemdrang etwas milderte. Außerdem verlieh es ihm zusätzlichen Auftrieb, genau wie die expandierenden Luftporen seines Neoprenanzugs. Er schoss nach oben.

In Fortgeschrittenenkursen üben Sporttaucher Notauftauchmanöver aus 20 Meter Tiefe mit einer letzten Lunge voll Luft, und U-Boot-Rekruten lernen während ihrer Ausbildung dasselbe in Tauchtürmen – hohen, wassergefüllten Röhren mit einer Dekompressionskammer in der Nähe. Seltsamerweise ist das Problem nicht Luftmangel, sondern zu viel Luft. Die in 20 Meter Tiefe eingesogene Luftmenge expandiert, bis der Taucher die Oberfläche erreicht, auf das Dreifache. Der Trick besteht darin, die Luft kontrolliert aus der Lunge entweichen zu lassen – nicht auf einmal, weil da kein anderer Ersatz ist als Meerwasser.

22 Meter (Druck: 3 Atmosphären). Die lichtschimmernde Unterseite der Wellen war jetzt deutlicher erkennbar, die herabstürzende Gischt, die Robert aus 10 000 Meter Höhe als kalkige Flecken gesehen hatte, ein Muster von blasigen Streifen. Es schien jetzt plötzlich möglich, an die Oberfläche zu gelangen. Doch seine

Panik hatte jeden Gedanken an Haldanes Empfehlung und die nötigen Dekompressionspausen verdrängt. Vielmehr sprudelte es jetzt in seinem Körper wie in einer frisch geöffneten Flasche Mineralwasser. Bläschen bildeten sich in seinen Gelenken – Ursache der typischen, mit Verzögerung eintretenden Gelenkschmerzen. Bläschen bildeten sich auch in seiner Haut – Ursache der charakteristischen Symptome Hautjucken und Ausschlag. Weitere Bläschen in seinem Gewebe beschädigten Kapillarwände, drangen in seine Gefäße ein und vergrößerten sich auf dem Weg durch den Blutkreislauf.

Aus bislang unbekannten Gründen haben die Stickstoffbläschen auch eine Vorliebe für die weißen Blutkörperchen des Rückenmarks, in denen Nervenleitungen für die Hinundherübermittlung von Signalen zwischen Körper und Gehirn verlaufen. Das Opfer spürt oft beim Auftauchen ein Kribbeln oder Engegefühl um Brust und Bauch. Darauf folgen nach 30 bis 90 Minuten Taubheit, Schwäche, Verlust der Schließmuskelkontrolle und manchmal Schmerzen in Brust und Rücken. Bei schweren Ausprägungen dieser neurologischen Dekompressionssymptome verliert das Opfer das Bewusstsein und kommt irgendwann mit einer bleibenden Lähmung der Beine wieder zu sich.

10 Meter (Druck: 2 Atmosphären). Der silbrige Schimmer der Oberfläche zog Robert empor. Die Luft in seiner Lunge hatte sich jetzt auf sechs Liter ausgedehnt – das äußerste Fassungsvermögen seiner Lunge. Doch die letzten zehn Meter waren in gewisser Weise die gefährlichsten überhaupt. Auf dieser Strecke verdoppelt sich das Volumen der Luft in der Lunge, da sich der Druck von zwei Atmosphären auf eine halbiert. Ein Taucher, der hier bei vollgefüllter Lunge den Atem anhält, riskiert schon bei einem Aufstieg um nur zwei Vertikalmeter schwere Schäden.

8 Meter (Druck: 1,8 Atmosphären). Es tat nicht weh. Wenn er nicht so panisch darauf fixiert gewesen wäre, nach oben zu kommen, hätte Robert den Überdruck in seiner Lunge bemerkt.

Doch er schlug weiter wild mit den Beinen und schoss mit dem Auftrieb der expandierenden Luft wie eine Unterwasserrakete empor. Auf den letzten acht Metern rissen die winzigen Luftsäckchen seiner Lunge, die Lungenbläschen, ohne jeden Schmerz. Bis zur Oberfläche hätte sich die Luft in seiner Lunge auf 12 Liter – das doppelte Volumen eines maximalen Atemzugs – ausgedehnt, wenn er sie hätte zurückhalten können. Was er nicht konnte. Auf den allerletzten Metern brach ein Schwall Luftblasen aus seinem Mund.

0 Meter (Druck: 1 Atmosphäre). Robert schoss in einer Explosion von Luftblasen durch die Oberfläche, schnellte halb aus dem Wasser und fiel dann zurück, wie ein auftauchender Wal. Wind, Wellen und grelle Tropensonne schlugen ihm ins Gesicht. Es war keine Minute her, dass er sich vom Grund abgestoßen hatte. Er atmete aus, sog dann begierig Luft in sich hinein; noch währenddessen entdeckte er Felix' Boot etwa hundert Meter weiter. Er schaffte es, einen Arm hochzurecken und Felix zu signalisieren, dass er kommen und ihn aufnehmen solle. Entkräftet Wasser tretend, versuchte Robert, wieder zu Atem zu kommen. Doch im Inneren seiner Lunge waren jetzt die durchtrennten Kapillaren der gerissenen Lungenbläschen der Luft ausgesetzt, die er gierig einatmete. Außer den Stickstoffbläschen, die sich bereits in seinem Gewebe befanden, drang jetzt auch noch Luft aus seiner Lunge in die beschädigten Kapillaren und wurde durch die linke Herzkammer ins Gehirn gepumpt. Die Bläschen setzten sich in den feinen Gehirnkapillaren fest. Sie blockierten die Durchblutung und verhinderten, dass das Hämoglobin seine Sauerstofffracht an das hungernde Hirngewebe abgeben konnte. Immer mehr Luftbläschen strömten von seiner Lunge zum Herzen, bis dieses nur noch blutigen Schaum pumpte. Die Aorta konnte jetzt dem Gehirn nur noch Schaum zuführen. Sekunden nach dem Auftauchen verlor er das Bewusstsein.

Bis Felix Robert gesehen, den Außenbordmotor angelassen, den Anker eingeholt und das Boot durch die Wellen zu der dunkelblauen Rinne gesteuert hatte, winkte Robert nicht mehr. Er trieb, das Gesicht nach unten, in den Wellen, von seinem Neoprenanzug oben gehalten. Vor Anstrengung ächzend, schaffte es Felix mit Hilfe der Wellen, Roberts schwere, vom glatten Neoprenanzug umhüllte Gestalt über das Dollbord zu ziehen. Robert plumpste in die Bilge wie ein großer schwarzer Fisch.

Felix riss Robert die Maske herunter, schälte ihm die Kapuze vom Kopf, zog den Reißverschluss des engen, schwarzen Neoprenanzugs auf und entblößte den fleischigen, weißen Brustkorb, der sich nicht mehr bewegte. Er suchte die Wasseroberfläche nach eventuell ebenfalls aufgetauchten Ausrüstungsgegenständen ab. Nichts. Er prüfte den Körper auf irgendwelche Lebenszeichen. Nichts. Das einzig halbwegs Interessante dort unten in der Rinne war, soweit Felix wusste, ein alter Frachtkutter, der vor Jahren auf das Riff gelaufen und gesunken war. Manchmal hatten er oder ein anderer Fischer einen der auf dem Grund verstreuten Ballastziegelsteine im Netz gehabt.

Felix taxierte Wind und Seegang, prüfte den Horizont auf irgendwelche Sturmwolken und kontrollierte den Dieselstand im Tank, der sich in der Bilge befand. Die Aktentasche mit den Fotokopien der Briefe aus dem Besitz der alten Frau und ihrer schönen Enkelin lag immer noch auf dem Boden des Boots, direkt neben Robert. Felix legte den Vorwärtsgang ein, holte den Bug nach Süden herum und tuckerte mit halber Kraft auf die Insel zu, damit das Boot nicht so hart auf die Wellen schlug.

Es gab keinen Grund zur Eile.

Kapitel 10

Frisches Blut – *Malaria tropica*

Am ersten Abend bauen Zach und Jason das Zelt in der Nähe einiger anderer Zelte am Strand auf und schlendern dann durch den Kokoshain zum einzigen Licht weit und breit. Es gehört zu einem kleinen Restaurant, das eine geschäftstüchtige einheimische Familie errichtet hat, um die strandbegeisterten Fremden zu bewirten. Als sie es betreten, sehen sie unter dem Palmblattdach schwache orangefarbene Glühbirnen unstet im Rhythmus des Generators flackern. Aus einer Box perlt metallisch klingende Musik, eine Art Mischung aus Reggae und Gamelan. Grüppchen von jungen Rucksacktouristen sitzen redend und lachend an Bambustischen mit indonesischem Bier und Essensplatten.

«Da drüben», sagt Zach leise und deutet mit einer Kinnbewegung auf einen freien Tisch.

Jason begreift sofort. Neben dem freien Tisch sitzen drei Frauen mit sonnen- und salzwassergebleichtem Haar und gebräunter Haut; ihre Arme sind sehnig und muskulös vom Schwimmen im warmen Meer. Da Jason und Zach gerade zwei Wochen im Hochlanddschungel waren, um Vulkane zu erklettern, war das Äußerste, was sie in dieser Zeit an Sozialleben hatten, eine penetrante Affenhorde, die ihr Camp umlagerte. Jason strebt eifrig auf den Tisch zu und denkt: *Lässt sich ja gut an!*

«Erst mal cool bleiben», flüstert Zach, als sie sich setzen.

Sie sind jetzt fast sechs Monate in den Tropen unterwegs, mit Rucksack und wenig Geld, zuerst auf den Fidschi-Inseln, dann in Irian Jaya und jetzt hier, auf dieser Insel vor der Küste von Sumatra. Von diesem Ort haben sie auf den Fidschis gehört: toller Strand, gutes Dope, eine kleine Kolonie von Surfern, Schnorchlern und Rucksacktouristen, die einfach mal richtig relaxen wollen.

Die Tochter des Besitzers kommt an ihren Tisch und nimmt ihre Bestellung auf: Bier und gebratene Nudeln. Während sie in ihrem gebrochenen Englisch spricht, sitzt schräg über ihr, auf der Unterseite eines trockenen Palmblatts, das zwischen die Dachsparren geflochten ist, ein kleiner brauner Fleck. Selbst wenn Zach und Jason hinsähen, würden sie ihn vermutlich nicht bemerken und schon gar nicht als das identifizieren, was er ist – eine weibliche *Anopheles*-Mücke, die Überträgerin von Malariaerregern. Aber die beiden sind sowieso damit beschäftigt, vor den drei Frauen cool zu tun. Als die Bedienung mit dem Bier kommt, kippen sie jeweils ein paar ordentliche Schlucke aus der Flasche in sich hinein, und Zach beugt sich lässig zu der nächstsitzenden Frau hinüber.

«Wie ist es denn hier so mit dem Schnorcheln?», fragt er.

Vor zwei Wochen ist der kleine braune Fleck aus einer Puppe geschlüpft, die auf der Oberfläche einer Regenwasserpfütze beim Dorftempel schwamm. Die Mücke ließ ihre Flügel ein paar Stunden in der Tageswärme trocknen und machte sich in der Dämmerung auf die Suche nach einem Sexualpartner. In der Nähe des Versammlungshauses des Dorfes hörte sie das unwiderstehliche Sirren eines Schwarms von *Anopheles*-Männchen. Sie und eines der Männchen stürzten sich aufeinander und kopulierten, wobei er zuerst sein Sperma in ihren Leib injizierte und dann ein Sekret, das ihre Geschlechtsöffnung gegen das Sperma anderer Männchen versiegelte. Das Sperma, das sie jetzt in sich trug, würde ausreichen, um die gesamte Eierproduktion ihres – drei Wochen, einen Monat oder vielleicht auch etwas länger dauernden – Lebens zu befruchten. Als sie sich wieder trennten, machte sich das erschöpfte *Anopheles*-Männchen auf die Suche nach einem erfrischenden Fruchtsaftdrink; das Weibchen hingegen flog davon, um ein Mahl von

Menschen- oder Tierblut aufzuspüren, das ihre Eier nähren würde.

«Zum Schnorcheln ist es hier super», erklärt die Frau am Nachbartisch Zach. «Komm doch morgen mal raus aufs Riff und probier's aus.»

«Klar», sagt Zach. «Mach ich.»

Sie ist, wie man eindeutig hört, Australierin und offenbar sehr nett. Ihr blauer Sarong passt zu ihren lebhaften blauen Augen. Zach sieht ihre bloßen Füße im pudrigen Sand. Er wirft Jason einen kurzen Kennerblick zu, der besagt: *Das hier bringt's vielleicht für uns beide, aber lass mich erst mal machen.* Jason nickt stumm.

Zach beugt sich näher an die Frau heran. Seine Haut glüht jetzt vom Bier, von der Tropenhitze und der Spannung. «Wie heißt du?»

«Chloe», antwortet sie.

Die anderen beiden Frauen reden über die bestickten einheimischen Stoffe, die sie am Vormittag in dem zehn Motorradkilometer entfernten Marktort gesehen haben.

«Bist du schon lange hier?», fragt Zach Chloe.

«Noch lange nicht lang genug», antwortet sie. «Zwei Monate. Ich bin aus Perth hergekommen, mit meinem Freund, aber der ist so heikel in seinen Lebensgewohnheiten, dass er's nicht aushalten konnte, am Strand zu wohnen, und wieder nach Hause wollte. Ich habe gesagt: ‹Dann hau doch ab› und bin hier geblieben.»

So ein Idiot!, denkt Jason.

Von ihrem Liebesplätzchen beim Dorftempel flog das Mückenweibchen zum nahe gelegenen Gehöft einer Familie, wo es einen halbwüchsigen Jungen fand, der auf einer Schlafplattform lag. Durch die zarte Haut seiner Kniekehle saugte es sich mit Blut voll. Zufällig enthielt das Blut des Jungen den winzigen Parasiten *Plasmodium falciparum*, der die gefährlichste Form der Malaria verursacht. Wie so viele Bewohner malariaverseuchter

Gebiete war der Junge von Kindheit an dem Erreger ausgesetzt gewesen, und obwohl andere Kinder im Dorf schon früh an der Krankheit gestorben waren, hatte er eine Teilimmunität dagegen entwickelt. Bei ihm äußerte sich die Malaria in intermittierendem Fieber, Gewichtsverlust und Leber- und Milzvergrößerung. Hätte dieses Dorf jedoch in Afrika südlich der Sahara statt in Asien gelegen, dann wären einige Kinder durch eine abnorme Art von Hämoglobin, das so genannte Sichelzellenhämoglobin, vor der *Falciparum*-Malaria geschützt gewesen.

Als die Mücke das Blut des Jungen durch ihren Stechrüssel in den Magen gesogen hatte, platzten seine roten Blutkörperchen auf und entließen Plasmodien in ihrer geschlechtlich differenzierten Form. Im Mageninneren der Mücke schwammen die männlichen Keimzellen des *P. falciparum* mit Hilfe ihrer peitschenden Schwänze auf die weiblichen Keimzellen zu und verschmolzen mit ihnen. Diese befruchteten Eizellen formten sich zu kleinen Schneckenbohrern um – eines der vielen Wunder des mikroskopisch kleinen, aber unendlich raffinierten Reichs der Malariaerreger – und arbeiteten sich durch die Magenwand der Mücke. Sie hefteten sich an die Außenseite der Magenwand und schwollen wie Wasserballons, angefüllt mit Hunderten winziger, aalartiger Geschöpfe, «Sporozoiten» genannt. Die Eizysten platzten auf, und Tausende von *P. falciparum*-Sporozoiten quollen hervor und schwammen geradewegs zu den Speicheldrüsen der Mücke.

Das Ganze dauerte – von dem Augenblick an, da die Mücke den Parasiten mit dem Blut des Jungen aufgenommen hatte – vierzehn Tage. In dieser Zeit legte sie selbst Eier ab, sog sich erneut mit menschlichem Blut voll, legte weitere Eier. Diese Stiche waren für die betroffenen Menschen nicht infektiös, da die Plasmodien in ihrer jeweiligen Form entweder im Magen der Mücke oder in den Eizysten an der Außenseite der Magenwand eingeschlossen waren. Jetzt jedoch, da Jason und Zach direkt unter dem Plätzchen der *Anopheles* am Tisch sitzen, sind die Sporozoiten bereits aus den Zysten hervorgebrochen und schwärmen durch die Speichelgänge der Mücke.

«Ist es okay, wenn ich mich zu euch setze?», fragt Zach Chloe und rutscht auf der Bank zu ihr hin, wobei er seine große Flasche Bintang-Bier gleich mit über den Tisch schiebt.

«Klar, nur zu», sagt sie zu Zach und nickt dann zu Jason hinüber. «Und sag deinem Freund, er soll auch herkommen.»

Als Zach auf Chloes Bank hinüberwechselt, steigen die Kohlendioxidschwaden, die er ausatmet, und die Wärmewellen, die sie beide dank ihrer erhöhten Hauttemperatur abstrahlen, zum Palmstrohdach empor, wo sie die Aufmerksamkeit des braunen Pünktchens auf der Palmblattunterseite wecken. Der *Anopheles* sagt ihr Instinkt, dass irgendwo ganz in der Nähe menschliches Blut direkt unter die Hautoberfläche steigt. Sie ist heißhungrig auf Blut, weil sie neue Eier zu nähren hat.

Sie stößt sich ab und fliegt zum Tisch hinab, unauffällig und unsichtbar im trüben Licht. Sie kreist über den Köpfen, zuerst über den beiden Frauen, die am wenigsten Wärme und Kohlendioxid abgeben, dann über Jason, von dem schon mehr Wärme ausgeht, über Chloe, die noch wärmer ist, und schließlich über Zach, der von einer dichten Kohlenmonoxidwolke umhüllt ist und intensive Infrarotstrahlen aussendet – von einem bloßen, V-förmigen Fleckchen Haut seitlich am Hals, zwischen zwei steifen Strängen seiner Rastalocken. Sie landet flaumleicht auf ihren sechs Beinen – zu leicht, als dass er etwas merken würde. Zach schildert Chloe gerade lebhaft seine Abenteuer auf dem Vulkan – wie ein Hagel von Lavagestein ihn und Jason beinahe getroffen hätten. Er macht eine Explosionsgeste mit den Händen, um zu demonstrieren, wie gefährlich diese Lavabomben waren, und genau in dem Moment stößt die *Anopheles* ihren Stechrüssel in seinen Hals.

Der Malaria haftet etwas Abenteuerliches an, zumindest bei uns, in den gemäßigten Klimazonen. In den USA seit fast hundert

Jahren ausgerottet, ist sie für uns die Krankheit der Entdecker und Abenteurer, der Missionare am Amazonas und Elfenbeinhändler in Afrika. In wie vielen dramatischen Hollywood-Dschungelfilmen haben wir den Helden im Lampenschein in einer strohgedeckten Hütte liegen sehen, im Fieberdelirium, mit schweißglänzendem Gesicht, umgeben von seinen ängstlich blickenden Getreuen? Ein Dschungelfieber – zweifellos Malaria – raffte schließlich auch das beeindruckendste Exemplar dieser Abenteurergattung hinweg: den zum Eingeborenen gewordenen Elfenbeinhändler Kurtz in Joseph Conrads Novelle *Das Herz der Finsternis*.

Einen passenderen Schauplatz als den Kongo-Fluss hätte Conrad für Kurtz' malariabedingten Verfall kaum wählen können, denn nach heutiger Theorie vollzog sich hier – in dieser Brutstätte exotischer Seuchen, die in jüngerer Zeit das Aids- und das Ebolavirus hervorbrachte – die Adaptation der Malariaplasmodien an den menschlichen Wirt, als in der Jungsteinzeit Menschen in den Dschungel vordrangen, um dort Ackerbau zu treiben. Von hier aus trugen wandernde Völker den Erreger unwissentlich nach Europa, Asien und Nord- und Südamerika, wo die *Anopheles* bereits lebte. Man nimmt an, dass die Malaria bereits Jahrhunderte vor Kolumbus nach Amerika gelangte. Die Malaria zählte phasenweise zu den großen Geißeln der Menschheit, ähnlich der Pest oder Aids, und ihre Ausbrüche prägten den Gang der Geschichte. Malariafieber dezimierte die Elite des athenischen Heeres, als dieses beim Versuch, einen Belagerungsring um Syrakus zu ziehen, im Sumpf lagerte, und Athen sollte seine alte Macht und Größe nie wieder erlangen. Die *Malaria tropica* war es wohl auch, die den sonst unbesiegbaren Alexander 323 v. Chr. in der Stadt Babylon am Euphrat dahinraffte, und nach seinem Tod zerfiel das Riesenreich, das er sich bis nach Indien zusammenerobert hatte, rasch. Der italienische Dichter Dante Alighieri starb an Malaria, Kaiser Karl V. erlag ihr 1558 in

Spanien, und die Kolonisten im amerikanischen Jamestown kämpften gleich gegen mehrere Malariaformen, die von englischen Schiffen und afrikanischen Sklaven eingeschleppt worden waren.

Die genauen Ursachen und Übertragungswege der Malaria blieben über Jahrhunderte ein Rätsel, aber die Menschen assoziierten die mit Namen wie «Wechselfieber», «Sumpffieber» oder «Tropenfieber» belegte Krankheit immer schon mit feuchten, tief gelegenen Orten. Shakespeare lässt Kaliban in seinem Schauspiel *Der Sturm* wünschen, «dass aller Giftqualm, den die Sonn aufsaugt aus Sumpf, Moor, Pfuhl, auf Prosper fall und mach ihn siech durch und durch!» Die von Sümpfen umgebenen Römer waren es, die den heutigen Namen der Krankheit prägten – *mala aria* oder «schlechte Luft». Bis zum Ende des 19. Jahrhunderts war die Malaria weit über die Tropen hinaus verbreitet. Sommerliche Epidemien drangen auch in gemäßigte Klimazonen vor und erreichten sogar Holland, die fast am Polarkreis gelegene russische Stadt Archangelsk und die feuchteren Regionen der USA und Südkanadas.

1880 entdeckte Alphonse Lavaran, ein in Algerien lebender französischer Militärarzt, durch das Mikroskop winzige Parasiten im Blut seiner Malariapatienten. Siebzehn Jahre später fand Ronald Ross, Sanitätsoffizier der britisch-indischen Armee, heraus, dass der Parasit von einem bestimmten Mückentyp übertragen wurde – den kleinen, eher harmlos wirkenden Angehörigen der Gattung *Anopheles*. In der westlichen Medizin kannte man seit dem frühen 17. Jahrhundert ein Mittel gegen Malaria – das aus der Rinde des peruanischen *Cinchona*-Baums gewonnene Chinin, ein Geheimnis der Inka-Heilkundigen, die es an die Jesuitenmissionare weitergaben. Die Entdeckung, dass Malaria durch Mücken übertragen wurde – eine Großtat, die Ronald Ross 1902 den Nobelpreis einbrachte –, weckte jedoch die Hoffnung, die Krankheit ganz ausrotten zu können.

Man legte Sümpfe trocken, versprühte Insektizide, klärte die Landbevölkerung auf und entwickelte neue Medikamente, die die Wirkung des Chinins in potenzierter Form nachahmten. Durch diesen Feldzug konnte die Malaria tatsächlich in fast ganz Europa, den USA und anderen gemäßigten Klimazonen ausgerottet werden. Doch in den Tropen überdauerte die Krankheit nicht nur, sie lebte sogar explosionsartig wieder auf, als die hartnäckigen Mücken und cleveren Plasmodien gegen Insektizide und Medikamente resistent wurden. In Indien litten 1952 100 Millionen Menschen an Malaria; zehn Jahre später war die Zahl durch das Versprühen von DDT über Malariabrutstätten auf 60 000 gesunken, nur um bald darauf wieder in Millionenhöhe zu steigen. Heute leben etwa drei Milliarden Menschen – rund die Hälfte der Weltbevölkerung – in Malariagebieten. In manchen Gegenden Afrikas beträgt die Infektionsrate bei Kindern 50 Prozent, und viele dieser Kinder werden an der Krankheit sterben. Die Weltgesundheitsorganisation (WHO) schätzt die Malariainzidenz auf etwa 300 Millionen Erkrankungen jährlich, die insgesamt 1,1 Millionen Menschenleben fordern. Damit steht die Malaria auf der Liste der tödlichen Infektions- und Parasitenkrankheiten an dritter Stelle, hinter der Tuberkulose (mit jährlich 1,6 Millionen Toten) und Aids (mit 2,7 Millionen Toten).

Für Bewohner gemäßigter Klimazonen mag die Malaria ein Flair von exotischer Dschungelromantik haben, aber für die Menschen, die in den Tropen leben, gehört sie zum Alltag. Die meisten Malariaformen äußern sich als fiebrige Allgemeinerkrankung, die, zumindest nach Meinung mancher Experten, nicht gefährlicher ist als eine Grippe. Eine Form der Malaria jedoch ist extrem gefährlich, vor allem für einheimische Kinder bis zu fünf Jahren, die noch keine Toleranzen entwickelt haben, und für Touristen aus gemäßigteren Klimazonen. Diese Malariaform, verursacht vom *Plasmodium falciparum*, ist im Frühstadium leicht zu behandeln, wenn die Symptome auch nicht leicht zu identifizieren sind, da sie denen anderer Krankheiten ähneln. Reisende, die sich der Gefahr bewusst sind, können vorbeugende Malariamittel nehmen, ehe sie sich in die Tropen begeben. Unbehandelt hingegen kann sich die Infektion zur schwersten Form der Malaria entwickeln, zur *Malaria tropica* oder zerebralen Malaria, und in diesem Fall sind die mysteriösen letzten Worte des Elfenbeinhändlers Kurtz absolut zutreffend. Statt auf seinen eigenen psychischen Verfall oder auf die hemmungslose Raubgier der europäischen Zivilisation im Kongo könnte sich «Das Grauen! Das Grauen!» durchaus auf den Raubzug der Plasmodien in Blut und Gehirn beziehen.

Während Zach im palmstrohgedeckten Restaurant lebhaft auf Chloe einredet, dringen spezielle, eigens auf Menschenhaut ausgelegte Schneidewerkzeuge am Stechrüssel der *Anopheles* durch seine Oberhaut in die darunter liegende Lederhaut und schließlich in das Fettgewebe der Unterhaut. Hier verästeln sich feine Kapillaren wie das Geäst eines Baums zur Hautoberfläche hin. Durch Zachs animiertes Hautglühen haben sie sich erweitert und werden jetzt durch das erregte Pumpen seines Herzens gefüllt. Der Stechrüssel der *Anopheles* dringt in eine Kapillare ein und trifft auf Zachs Blut. Die Speicheldrüsen der Mücke kontrahieren, um Speichel in das Blut zu pressen, damit es während des Aufsaugens nicht gerinnt. Mit dem Speichel strömen unzählige winzige *P. falciparum*-Sporozoiten in Zachs Blut.

«Wir dachten, jetzt sind wir tot», schildert Zach Chloe das Vulkanabenteuer. «Überall Lavabomben – bum, bum, bum!»

Er imitiert den Gesteinshagel mit den Fäusten auf der Tischplatte. Chloe lacht bewundernd.

«Wir sind um unser Leben gerannt», sagt er. «Sind in dreitausend Meter Höhe losgerannt und erst in fünfzehnhundert wieder stehen geblieben.»

Die Frauen lachen bei der Vorstellung, wie Zach und Jason die dschungelüberwucherten Bergflanken hinabsprinten, verfolgt von Lavabomben. Hätten die beiden jedoch auf dem Gipfel ausgeharrt und es mit den Lavabomben aufgenommen, würden jetzt keine Sporozoiten durch Zachs Blutgefäße schwimmen. Der komplizierte und störanfällige Übertragungszyklus der Malaria erfordert eine gleichbleibende Durchschnittstemperatur von mindestens 15 °C über einen ganzen Monat, damit die Mücke so lange am Leben bleibt, dass sich die Parasiten in ihrem Inneren voll entwickeln können. Selbst am Äquator ist die Malariaübertragung in Höhen ab 3000 m unmöglich, weil es dort zu kalt ist.

Zach spürt den Stich kaum. Unbewusst kratzt er sich am Hals, zwischen den Rastalocken. Doch die *Anopheles* hat sich bereits, schwer beladen mit seinem Blut, emporgeschwungen und auf ihr Plätzchen an der Dachunterseite zurückbegeben.

«Hey, ich hab eine Idee», sagt Zach. Ihm ist heiß und die tropische Nacht macht ihn irgendwie kribblig. «Sollen wir nicht alle noch eine Runde in der Lagune schwimmen?»

«Ja!», sagt Chloe. «Das Meeresleuchten ist phantastisch.»

Die anderen sind einverstanden; sie zahlen und strömen aus dem strohgedeckten Restaurant in die warme, sirrende Nacht hinaus. Die *Anopheles* bleibt auf ihrem Plätzchen unter dem Dach und verdaut langsam und zufrieden Zachs Proteine. Sie wird noch drei Tage hier sitzen bleiben, nicht weit von ihrer Festtafel und vor der Sonne geschützt, während sie verdaut und ihre Eier sich weiterentwickeln. Dann wird sie davonfliegen, ihre Eier auf einem nahen Süßwassertümpel ablegen und so ihren Reproduktionszyklus vollenden.

Die jungen Leute streifen im Dunkeln ihre Kleider ab und lassen sie als Häufchen im Sand liegen. Sie werfen sich ins Wasser der sandigen Lagune, tauchen in geringer Tiefe dahin, betrachten einander unter Wasser, sehen, wie ihre von Blasen umperlten Körper Phosphoreszenzstreifen wie Kometenschweife hinter sich herziehen. Fische stieben auseinander, produzieren ihr eigenes flüchtiges Leuchten, da sie mit ihren Flossenschlägen die Licht emittierenden Mikroorganismen in Aufruhr versetzen.

Während sie in der dunklen Lagune herumtollen, sich über- und untereinander schieben, sich gegenseitig zwischen den Beinen hindurchtauchen – ein weiteres Häuflein sexuell erregter Organismen im weiten, fruchtbaren Lebenspool des tropischen Meers –, tun die Plasmodien in Zachs Blut in etwa dasselbe, nur zielstrebiger und ohne unmittelbares Verlangen nach einem Partner. In den nächsten neun Tagen wird ihre Reisegesellschaft verschiedene Orte in Zachs Körper ansteuern. Das erste Ziel ist Zachs Leber, die sie unverzüglich erreichen müssen, da sie sonst auf der Strecke bleiben. Hier werden sie sich ein Weilchen aufhalten und ihre Reihen stärken. Bei der Ankunft bohrt sich jedes Plasmodium in eine von Zachs Leberzellen. Im Schutz der Zellwände ändern die Sporozoiten ihre Form und stürzen sich in eine Reproduktionsorgie, teilen sich immer wieder – die ganze Gesellschaft im Fortpflanzungsrausch –, bis die Leber schließlich aufplatzt. Aus jeder geplatzten Zelle schwärmen 10 000 bis 30 000 winzige Geschöpfe mit dem furchteinflößenden Namen «invasive Merozoiten».

Die Merozoitenhorden ergießen sich jetzt aus Zachs Leber ins Blut. Sie haben eine Mission: so viele rote Blutkörperchen wie möglich zu kolonisieren. Sollte sich erneut ein *Anopheles*-Weibchen für eine Blutmahlzeit auf Zachs Haut niederlassen, muss gewährleistet sein, dass es genügend infiltrierte Blutkörperchen aufsaugt, um, nach einem neuerlichen Reproduktionszyklus der Plasmodien in ihrem Magen, deren Nachkommenschaft auf einen weiteren Menschen zu übertragen. So erhält sich das *P. falciparum* als Spezies, wenn es auch manchmal im Übereifer seinen menschlichen Wirt tötet.

Sobald sie aus Zachs Leber befreit sind und in seinem Blutstrom schwimmen, machen sich die Plasmodien stur und effizient ans Werk, suchen sich jeweils ein rotes Blutkörperchen und zwängen sich in nur 20 bis 30 Sekunden mit ihrer konischen Nase durch dessen Zellwand. Sie werfen ihre äußere Hülle ab wie ein ungebetener Gast den Mantel, ändern ihre Form, fressen sich hemmungslos mit Zytoplasma und Hämoglobin voll und teilen sich dann in jeweils acht bis sechzehn neue Merozoiten, die sich in der Zelle breit machen und der Bezeichnung «Parasiten» in jeder Weise gerecht werden. Schließlich zerfressen sie das rote Blutkörperchen oder das, was noch davon übrig ist, von innen her, bis es aufplatzt und die neue Sippe von Merozoiten entlässt. Diese besetzen jeweils ein neues rotes Blutkörperchen und vermehren sich ihrerseits, und so geht es immer weiter, wobei die Zahl der infiltrierten Blutkörperchen und der Plasmodien in Zachs Blut rasch ins Astronomische wächst.

In den nächsten neun Tagen sieht Jason kaum etwas von Zach. Die mitternächtliche Nacktbadeparty bricht ab, als Zach und Chloe triefend aus dem Wasser steigen und zu zweit den Strand entlang verschwinden. Durch die private Liaison ist die Partystimmung irgendwie verpufft, und Jason und die beiden anderen Frauen ziehen sich verlegen an und begeben sich in ihre jeweiligen Zelte, wobei Jason sich die ganze Zeit vorwirft, dass er nicht aggressiver ist, so wie Zach. Wieder eine verpasste Gelegenheit. Geht ihm immer so. Immer ist Zach der Glückliche.

Zach kommt in dieser Nacht nicht in ihr gemeinsames Zelt und auch nicht in der nächsten und übernächsten. Tagsüber sieht Jason ihn mit Chloe am Strand liegen oder am Riff schnorcheln, während er selbst zusehen muss, wie er sich amüsiert. Unterdessen sind die invasiven Merozoiten hektisch dabei, sich durch Zachs Blut zu arbeiten, es Zelle für Zelle zu erobern. Am neunten Tag liegt Jason im Schatten einer Palme und liest – zum zweiten Mal – ein Buch, das er sich in einem Buchladen in Singapur gekauft hat, Kurzgeschichten von Somerset Maugham über britische Kolonialexistenzen in den Tropen. Da sieht er Zachs Schatten auf die Seiten fallen.

«Wo ist denn Chloe?», fragt Jason, ohne aufzuschauen.

«Abgereist», antwortet Zach.

Jason legt das Buch in den Sand. «Abgereist? Willst du mich verarschen? Wie kann sie denn abreisen? Ich dachte, sie wollte ewig hier bleiben. Vor allem jetzt, wo sie dich getroffen hat.»

Zach lässt sich neben ihm in den Sand plumpsen, liegt auf dem Rücken da, die Rastalocken ausgebreitet, und starrt in die Palmen empor. Seine Finger knibbeln an den Sandkörnchen, die an seiner sonnengebräunten Brust kleben.

«Sie hat gesagt, sie vermisst ihren Freund daheim in Australien», sagt er zerstreut.

«Ist ja der Hammer, Mann», sagt Jason. «Nach dem Ganzen hier will sie zurück zu ihrem Freund? Ich war schon drauf und dran, meinen Krempel zu packen und allein weiterzufahren. Na ja, mir soll's recht sein. Jetzt können wir beide wenigstens noch ein bisschen Spaß haben.»

«Klar, können wir», antwortet Zach und schließt die Augen. «Aber ich bin echt geschafft, Mann.»

In der Nacht beginnt Zach in seinem grünen Nylonschlafsack zu frieren. Jason pult, die Taschenlampe im Mund, eine kleine gelbe Pille aus einer Packung und streckt sie Zach hin. Zachs Hand kommt aus dem grünen Kokon. Er will die Pille nehmen, aber seine Hand zittert so heftig, dass er sie fallen lässt. Jason hebt sie auf, legt sie Zach auf die Zunge und gibt ihm einen Schluck aus seiner Wasserflasche.

Die Pillen – ein Antihistaminpräparat – haben sich bisher immer bewährt, wenn sie nicht schlafen konnten, sich in den tropischen Nächten unruhig herumwälzten, weil ihnen Insektenstiche, Sonnenbrand oder von Korallen verursachte Schnittwunden an den Füßen zu schaffen machten. Doch statt Antihistaminen hätten sie lieber – täglich oder auch wöchentlich, je nach Präparat – ein vorbeugendes Malariamittel nehmen sollen.

Zach rollt sich auf der Seite zusammen, schlingt im Schlafsack die Arme um den Oberkörper, um sich warm zu halten. Paradoxerweise sind das Kältegefühl und das Zittern eine Reaktion auf einen raschen Anstieg der Körpertemperatur – einsetzendes Fieber –, dem eine wichtige therapeutische Rolle zukommt: nach Möglichkeit die sich ausbreitenden Parasiten durch Hitze abzutöten.

Wenn sie sich mit Bakterien, Viren oder sonstigen Eindringlingen konfrontiert finden, sondern die weißen Blutkörperchen des Menschen bestimmte Proteine ab, so genannte Pyrogene, die den körpereigenen Thermostaten im Hypothalamus veranlassen, seinen Regelmechanismus auf eine höhere Temperatur einzustellen. Die im Blutstrom schwimmenden Malariaparasiten sind so effiziente Fiebererzeuger, dass man in den zwanziger Jahren des vorigen Jahrhunderts, vor der Entdeckung des Penicillins, Syphilispatienten plasmodieninfiziertes Blut direkt in die Frontallappen des Gehirns injizierte. Das daraus resultierende «therapeutische» Malariafieber vermochte in 80 Prozent der Fälle die Syphiliserreger abzutöten, wobei allerdings die Malariaparasiten die Fieberschübe überlebten und anschließend gesondert behandelt werden mussten.

Jason knipst die Taschenlampe aus und lässt sich auf seinen Schlafsack zurücksinken. Vor dem Einschlafen hört er am Nylongeraschel, wie Zach sich dreht und wendet, sich irgendwie des Schüttelfrosts zu erwehren versucht. Dieser ist jedoch nötig, um zusätzliche Muskelwärme zu generieren und so die Körpertemperatur der neuen Thermostateneinstellung anzupassen.

Mit jedem halben Grad, um das seine Temperatur 37 °C übersteigt, beschleunigt sich sein Stoffwechsel – Atem- und Herzfrequenz, Fließgeschwindigkeit des Bluts – um 7 Prozent.

38,5 °C: mäßiges Fieber.

39 °C: Seine Stoffwechselrate ist jetzt um fast 30 Prozent höher als normalerweise, was mit extremer Unruhe und Reizbarkeit verbunden ist.

Eine Stunde nachdem er eingeschlafen ist, wird Jason von wildem Gestrampel an seiner Seite geweckt.

«Mach mal Luft», ruft Zach. «Mir ist so heiß.»

Jason setzt sich erschrocken auf und öffnet die Zeltklappe.

«Möchtest du schwimmen gehen?», fragt er.

«Nein», antwortet Zach und zuckt zusammen. «Bloß nicht schwimmen!» Bei der Vorstellung von Meerwasser an seiner Haut fürchtet er zu platzen wie ein heißer Stein, den man in kaltes Wasser wirft. In seinem Kopf pocht Schmerz, und sein Nacken ist steif. Er wälzt sich auf seinem Schlafsack herum, in dem Bemühen, eine kühlere Stelle zu finden, und kriecht schließlich auf Ellbogen und Knien hinaus in den kühlen, pulvrigen Sand, wie eine Eidechse, die ihre Körpertemperatur reguliert, indem sie in der Sonne oder im Schatten sitzt.

39,5 °C: Verwirrtheit.

40 °C: Delirium.

Zachs Kerntemperatur erreicht 40,5 °C, ausreichend, um Syphiliserreger und viele andere Bakterienarten abzutöten, weil sie dem Blut nicht mehr das für sie lebensnotwendige Eisen entnehmen können, aber für den Malariaparasiten nicht hoch genug. Jason bereitet Zach ein Lager unter dem Sternenhimmel, zerrt dann seinen eigenen Schlafsack aus dem Zelt und schläft neben Zach ein. Zach ist weder wach noch schläft er; er ist im Zwischenreich der Fieberträume, wirft sich herum, weiß nicht, wo er ist, nur dass er unter dem Nachthimmel und den Sternen liegt, eine überhitzte Eidechse, die sich mit peitschendem Schwanz am

Boden windet, bis dann, gegen Morgen, plötzlich der Schweiß ausbricht, seinen ganzen Körper badet, kühlt. Langsam wird ihm wieder klar, dass er auf einer Insel vor Sumatra ist und dass der Klumpen neben ihm kein Stein ist und auch keine andere Eidechse, sondern sein Freund Jason. Dann fällt er in den tiefen Schlaf der Erschöpfung.

Zachs erster Fieberschub hat jenen typischen Verlauf genommen, den die Ärzte von alters her kennen: rascher Temperaturanstieg, dann ein, zwei Stunden das Gefühl unerträglicher Hitze und schließlich der Schweißausbruch, der den Temperaturrückgang anzeigt und uns von den bangen Nachtwachen so vieler Hollywood-Dschungeldramen her so vertraut ist – «*Sag den Eingeborenen Bescheid! Bwanas Fieber geht zurück!*» –, bis die Körpertemperatur fünf bis acht Stunden nach Beginn des Fieberschubs wieder auf dem Normalwert ist und den Kranken die Erschöpfung übermannt.

Sie wachen spät auf, als die Sonne schon durch die Palmkronen dringt. Das Fieber ist verschwunden. Zach fühlt sich okay, nur müde.

Jason setzt sich auf, blinzelt in das Sonnenlicht, reibt sich die Augen. «War vielleicht irgendwas, was du gegessen hast», sagt er freundschaftlich.

«Yeah», sagt Zach. «Erinnere mich heute Abend, dass ich die Finger von den hiesigen Chilischoten lasse.»

Sie lachen beide. Noch eine starke Story, wenn sie wieder daheim sind.

Sie verbringen einen ruhigen Tag; Zach liegt beim Zelt und liest Jasons Somerset-Maugham-Buch. Morgen gehen sie zu den Höhlen, beschließen sie. Aber Zachs Fieber ist keineswegs endgültig weg; die Plasmodien in seinen roten Blutkörperchen legen lediglich eine kleine Verschnaufpause ein. Ein Teilungszyklus des *P. falciparum* dauert 48 Stunden – von dem Moment an, da ein Merozoit in ein rotes Blutkörperchen eindringt, bis zu dem Moment, da die acht oder sechzehn neuen Merozoiten aus dem Blutkörperchen bersten, um neue Blutkörperchen zu infiltrieren. Da die Plasmodien das Ganze koordiniert abwickeln, wird das Fieber Zach in Intervallen von je 48 Stunden überfallen – ein Schub am ersten Tag, am zweiten Tag Pause, am dritten wieder Fieber, am vierten Pause und so weiter. Dieser 48-Stunden-Rhythmus kennzeichnet die so genannte *Malaria tertiana*. Er ist für drei der vier Plasmodienarten, die den Menschen befallen, charakteristisch, wenngleich er bei *P. falciparum* und dem manchmal erst Jahre nach der Primärinfektion in Erscheinung tretenden *P. vivax* verwischtere Formen annehmen kann.

In dieser Nacht schläft Zach tief und fest neben Jason im Zelt, ganz ohne Fieber. Am nächsten Morgen fühlt er sich ziemlich normal. Er ist allerdings etwas schwach, da so viele seiner roten Blutkörperchen geplatzt sind, dass eine gewisse Blutarmut eingetreten ist. Etwas zittrig geht er mit Jason einen sandigen Pfad entlang ins Dorf, wo sie zwei junge Männer mit Motorrädern finden, die bereit sind, sie gegen Geld in die Berge zu fahren und zu den Höhlen zu führen. Einen großen Teil des Tages laufen sie auf glitschigen, matschigen Pfaden hinter den jungen Einheimischen her. Am Fuß rankenverhangener weißer Kalksteinfelsen tun sich plötzlich dunkle Öffnungen auf. Mit ihren Camping-Stirnlampen und ein paar Kerzen dringen die vier ein kurzes Stück in die Höhlen vor, bestaunen die herabhängenden Stalaktiten, die im Lampenlicht glänzen, und die Tausende von Fledermäusen, die, mit dem Kopf nach unten, die Flügel an den Körper gefaltet, schlafend an der Höhlendecke hängen und auf den Einbruch der tropischen Nacht warten.

In ganz ähnlicher Weise haben sich inzwischen infiltrierte rote Blutkörperchen an die Decke der winzigen Kapillaren in Zachs Gehirn geheftet. Das ist der Beginn jenes extrem gefährlichen Krankheitszustands, den man «zerebrale Malaria» nennt. *P. falciparum* hat die Besonderheit, dass die befallenen roten Blutkörperchen winzige Höcker an der Oberfläche entwickeln, die ein Protein enthalten, mit dessen Hilfe sie sich an die Zellen der Blutgefäße heften können. Außerdem haben diese Plasmodien eine besondere Tendenz, in die Blutgefäße des Gehirns zu wandern und sich dort anzuheften. Zu den vielen bizarren Eigentümlichkeiten der Malaria gehört, dass dieser Prozess der «Sequestration» im Gehirn bei bestimmten Menschengruppen offenbar unterbunden wird: bei Bewohnern von Malariagebieten, die eine Malariatoleranz entwickelt haben, und – wenn auch niemand weiß, warum – bei Menschen, die keine Milz mehr haben.

Auch Sichelzellenhämoglobin wirkt diesem Prozess entgegen, da sich das abnorme Hämoglobin in den roten Blutkörperchen bei einer Plasmodieninvasion zu einer festen Masse zusammenballt und die Blutkörperchen zerstört. Daher halten Genetiker die Sichelzellenanlage für eine präventive Malaria-adaptation in den afrikanischen Populationen südlich der Sahara, wo das tödliche *P. falciparum* der Hauptverursacher der Krankheit ist.

Aber Zach kommt aus dem gemäßigten Norden; er hat seine Milz noch, sein Hämoglobin ist normal, und er hat kein Mittel gegen die Malaria eingenommen. Am späteren Nachmittag fängt er wieder an zu frösteln. Zuerst denkt er, es sei nur die feuchtkalte Luft in den Höhlen, aber das Frieren und Zittern hört nicht auf, als er in die Schwüle und das blättergefilterte Sonnenlicht hinauskriecht. «Mist», flüstert er mit zitternden Lippen, als er sich auf den Boden setzt und die Arme um die Knie schlingt. Nach einer wackligen Fahrt zurück zum Strand helfen ihm Jason und die jungen Einheimischen vom Motorrad und lassen ihn beim Zelt behutsam in den Sand hinunter. Wieder weicht der Schüttelfrost unerträglicher Hitze, bis dann um Mitternacht das wilde Fieber endlich in einen Schweißausbruch mündet und er daraufhin einschläft. Jason, der bei ihm wacht, ist jetzt ernstlich beunruhigt: Das hier ist etwas Schlimmeres als nur eine Überdosis einheimischer Chili.

Nachdem er selbst auch nicht viel Schlaf gefunden hat, hockt Jason am Morgen schon vor dem Campingkocher und gießt Tee auf, als Zach die Augen aufschlägt.

«Was willst du tun?», fragt Jason ruhig. Er rührt Zucker in die Teekanne, bemüht, seine Besorgnis zu verbergen.

«Keine Ahnung«, sagt Zach, ohne den Kopf zu heben. Er starrt hinaus auf die Wellen, die gegen das Riff krachen. «Ich weiß nicht, wie viele Nächte ich das noch aushalte.»

«Wo willst du hin?», fragt Jason möglichst neutral. Er will, dass Zach selbst zu dem Entschluss kommt, den er bereits gefasst hat.

«Irgendwohin, wo's ein anständiges Krankenhaus gibt, schätze ich. Zurück nach Singapur.»

«Gut», sagt Jason und dreht den kleinen Drehknopf des Kochers zu. «Dann lass uns das tun.»

Die Fähre zurück zur Hauptinsel Sumatra braucht zwölf Stunden, dann müssen sie sechs Stunden mit dem Bus zur gegenüberliegenden Küste fahren, eine weitere Fähre nach Malaysia und schließlich den Zug nach dem weiter südlich gelegenen Singapur nehmen. Inzwischen kommt Zachs Fieber nicht mehr in 48-Stunden-Intervallen; es scheint völlig erratisch aufzuflammen und wieder nachzulassen. Er ist zweimal beim Aufstehen umgekippt, einmal beim Aussteigen aus dem Bus, dann beim Einsteigen in den Zug. Das kommt daher, dass die höckrigen, mit Plasmodien gefüllten roten Blutkörperchen, die an den Kapillarwänden haften, allmählich die Blutzufuhr zu seinem Gehirn blockieren. Der Sauerstoffmangel im Gehirn führt zu seltsamen Persönlichkeitsveränderungen. Er reagiert mit irrationaler Gereiztheit auf Jason, der beide Rucksäcke schleppt und außerdem auch noch Zach stützt.

«Lass gut sein, Mann», sagt Jason sanft. «Ich will dir doch nur helfen.»

Auf dem letzten Stück Zugfahrt nach Singapur fällt Zachs Kopf haltlos gegen die Sitzlehne; seine Augen sind halb offen und starr, und seine Arme und Beine zucken und krampfen in unregelmäßigen Abständen. Jason muss einen Gepäckträger anheuern, damit er ihm hilft, Zach aus dem Zug zu bugsieren. Zach sieht aus wie ein Betrunkener, wie er so halb ohnmächtig zwischen den beiden durch den Bahnhof wankt; in Gegenden, wo zerebrale Malaria nicht oft vorkommt, wird sie manchmal mit anderen Krankheiten wie Epilepsie oder Meningitis verwechselt oder auch für einen Alkoholrausch gehalten. Aber hier kennt man sich mit Malaria aus. Als das Taxi das Krankenhaus erreicht, hat Zach das Bewusstsein verloren. Er wird schnell in die Notaufnahme gebracht, und die Schwestern, Pfleger und Ärzte, die ihn untersuchen und Jason ausfragen, ahnen sofort, was los ist. Sie nehmen Zach Blut ab und schicken es ins Labor, wo es sofort unters Mikroskop kommt. Das Eisen aus dem Hämoglobin, das die Plasmodien verdaut haben, hat in seinem Blut die malariatypischen dunklen Pigmente hinterlassen.

Kurz darauf stürmt eine Ärztin in den Warteraum, eine große, mittelalte Deutsche, die Englisch mit einem ausgeprägten Akzent spricht.

«Warum bringen Sie ihn jetzt erst her?», blafft sie Jason an. «Sein Blut ist *schwarz* von Malaria.»

Dann macht sie kehrt und eilt wieder hinaus.

Zach liegt auf der Intensivstation. Eine Sauerstoffmaske auf seinem Gesicht soll dem Gehirn mehr Sauerstoff zuführen. Die Ärztin hat eine Infusion legen und Zach über dreißig Minuten eine große «Initialdosis» Chinin in die Armvene verabreichen lassen. Alle acht Stunden soll eine «Erhaltungsdosis» folgen. Die

Ärzte hätten auch modernere synthetische Medikamente verschreiben können, aber Chinin ist immer noch eins der wirksamsten Mittel, fast vierhundert Jahre nachdem die Missionare es von den Inkas übernahmen, und etliche Jahrzehnte nachdem die Briten in Indien entdeckten, dass sie den bitteren Geschmack überdecken konnten, indem sie es mit Gin mixten – die Geburtsstunde des Gin Tonic. Das erste weithin gebräuchliche moderne Malariamittel, Chloroquin, wurde in den dreißiger Jahren des vorigen Jahrhunderts von deutschen Wissenschaftlern entwickelt und im Zweiten Weltkrieg von den britischen Streitkräften in Asien eingesetzt. In diesem Krieg und den darauf folgenden Jahren wurden in einem mächtigen Feldzug gegen die Malaria rund eine halbe Million Substanzen als Malariamittel erprobt, aber nur wenige erwiesen sich als wirksam. In manchen Gegenden entwickelte das erfinderische *P. falciparum* eine Chloroquinresistenz. Dort müssen die Ärzte jetzt auf neuere Medikamente wie etwa Mefloquin setzen oder aber auf das gute alte Chinin zurückgreifen. Derivate eines traditionellen chinesischen Heilkrauts – Qing Hao – bewirkten bei klinischen Versuchen ebenfalls einen raschen Rückgang der Parasitenzahl.

Während Zach langsam durch die Sauerstoffmaske atmet, klumpen sich dichte Schwaden von infiltrierten roten Blutkörperchen in den winzigen Kapillaren seines Gehirns zusammen wie Laub in einer Regenrinne. Das Chinin, das aus dem Tropf in seinen Blutkreislauf gelangt ist, attackiert die Zellkerne und das Zytoplasma der Parasiten, aber inzwischen haben die Plasmodien schon über 30 Prozent seiner roten Blutkörperchen infiltriert.

Zach liegt in einem tiefen Koma. Jason sitzt im Warteraum und versucht, seine Somerset-Maugham-Storys zu lesen. Auf der anderen Seite des Raums tummeln sich malaysische Kinder um die Beine ihrer Eltern. Jason kann sich nicht auf die Story konzentrieren; er fragt sich, ob er mehr hätte tun können. Wie blöd von ihm und Zach, denkt er. Malaria. Warum haben sie daran nicht schon vor ein paar Tagen gedacht? Oder hätten ein paar Tage auch nichts geändert?

Die deutsche Ärztin tritt jetzt langsam durch Tür des Warteraums. Sie setzt sich neben Jason hin, und er weiß schon, was sie gleich sagen wird.

Kapitel 11

Land ohne Schatten – Dehydratation

Du weißt nicht, warum sie das mit dir machen. Du weißt nicht einmal genau, was sie mit dir machen. Alles, was du weißt – hier, mitten in der Sahara –, ist Folgendes:

Am frühen Abend hielt die Karawane an. Sie stiegen von ihren Kamelen und kamen barfuß, in ihren fließenden, blauen Gewändern, auf dein Reittier zu. Du konntest nicht einmal ahnen, was in ihnen vorging; ihre traditionellen Turbane und blauen Gesichtsschleier – *Tagilmusts* – ließen nur intensive, dunkle Augen frei. Sie zwangen dein Kamel, sich hinzulegen. Wortlos nahmen sie dir die Armbanduhr ab, banden deine Hände mit groben, selbstgeflochtenen Grasstricken an den hohen Sattelknauf und knoteten dir dann einen *Tagilmust* als Augenbinde um den Kopf. Du konntest das Murren ihrer Kamele hören, als sie wieder aufstiegen. Dann nahmen sie dein Kamel am Halfter und führten dich tief in die nächtliche Wüste.

Du schätzt, dass es schon nach Mitternacht ist. In anderen Nächten, wenn die Karawane um diese Zeit noch unterwegs war, kühlte die Saharaluft auf die gleiche Art ab, hattest du vom stundenlangen Geschaukel auf dem Kamel dasselbe zerschlagene Gefühl im Kreuz. Es ist jetzt zwei Wochen her, dass du dich der Karawane angeschlossen hast, fünf Tage, seit ihr die letzte Oase verlassen habt, nachdem sie dich mitten aus deinem Interview mit dem *Marabut* – dem heiligen Mann – herausgerufen hatten, um dir zu sagen, sie zögen jetzt wieder los. Sie sollen dich zu den Nomadenguerillas draußen in der Wüste bringen, den Trupps, die immer wieder Überfälle auf Außenposten der Regierung verüben. Warum machen sie das mit dir? Und warum gerade jetzt?

Wollen sie dich einschüchtern, damit du ihre Geheimnisse nicht ausplauderst? Oder wollen sie verhindern, dass du siehst, wie man zu den Bastionen ihres Widerstands kommt? Oder meinen sie, dass du ohnehin schon zu viel weißt, und wollen dich deshalb töten? Sie wissen, du sympathisierst mit ihrem Kampf gegen eine Regierung, die viel mächtiger ist als sie, die sie sesshaft machen, ihnen die Freiheit nehmen will. Sie selbst nennen sich immer schon *Imazighen* – «die Freien». Ihre sesshaften Nachbarn am Rand der Sahara haben jedoch einen anderen Namen für sie; er bedeutet «die von Gott Verstoßenen».

Ein New Yorker Edelmagazin hat dich hierher geschickt. Der Chefredakteur hat sich beim Lunch in der trendigen Downtown-Pizzeria vertraulich über den Tisch gebeugt und dir erklärt, dass dieser Auftrag deine Karriere entscheidend fördern kann.

«Und mal ehrlich», sagte er, während er gekonnt eine weitere Ladung Spaghetti auf die Gabel drehte und sie dann mit einem Schluck Barolo hinunterspülte, «Sie hatten in letzter Zeit ziemlich zu kämpfen. Ihre Karriere könnte einen Schub gut gebrauchen.»

Dagegen kannst du nichts sagen. Du hattest allerdings zu kämpfen. Die Zeitschriften wollten deine ausführlichen, differenzierten Artikel über schwierige Reisen in ferne Gegenden nicht mehr haben. Sie schrien alle nach schicken Reisefeatures – am liebsten über Mittelmeerländer, mit sonnenbadenden (bevorzugt barbusigen) Promis auf dicken Jachten und jeder Menge Shopping-Tipps. Doch als du den Chefredakteur anriefst und ihm vorschlugst, einen Artikel über den Widerstandskampf der Nomaden in der Südsahara – die du immer schon mal kennen lernen wolltest – zu bringen, sprang er darauf an. Er lud dich zum Essen ein, und du skizziertest ihm das Projekt, während er seine Spaghetti und seinen Barolo zu sich nahm. Schließlich verkündete er, dass man in diesem Fall auf die Shopping-Tipps und die Promis verzichten könne, vorausgesetzt, der Artikel bringe den

Kitzel der Gefahr rüber. Und das war der Moment, in dem er sich vertraulich zu dir beugte und dir erklärte, ein solches Feature würde nicht nur das Lifestyle-Image des Magazins in Richtung Adventure aufpeppen, sondern außerdem auch deiner Karriere förderlich sein.

Also flogst du Ende April nach Paris und nahmst von dort aus einen Flieger voller hochgewachsener Männer in eleganten, bestickten Gewändern nach Wagadugu, am Nordrand der Wüste. Dann warst du über eine Woche in heißen Bussen und auf Lastwagenpritschen unterwegs, um das staubige Provinznest zu erreichen, wo du den ersten Geheimkontakt zu einem Mitglied der Nomadenguerilla herstellen konntest. Du erklärtest dem Mann, was die Guerillas davon hätten, wenn sie dich ins Vertrauen zögen und in die Wüste mitnähmen, dorthin, wo sie operierten. Vielleicht würde dein Artikel in dem Hochglanzmagazin ja die öffentliche Meinung in den Staaten zu ihren Gunsten beeinflussen. Vielleicht würden sie ja Unterstützung erhalten, ausländische Finanzhilfe, vielleicht sogar Waffen, diese potenten, mobilen, kleinen Raketenwerfer, die einen Hubschrauber oder sogar einen Kampfjet vom Himmel zu holen vermochten. Der Kontaktmann nickte nachdenklich. Er schien zu begreifen. Eines Nachts führte er dich an den Rand des Orts, wo die Lehmmauern aufhörten und der Sand begann, und machte dich mit den Tuaregs, den blau verschleierten Nomaden bekannt, die demnächst mit ihrer Karawane in die Wüste hinausziehen würden. Es waren acht Männer, jeder mit einem eigenen Reitkamel und zwei oder drei schwer beladenen Lastkamelen an einem Führstrick. Die Lasten waren kompakt, schwer und in Strohmatten gehüllt. Du wusstest nicht, was in den Matten war. Du wolltest lieber nicht fragen.

«Reiten Sie mit ihnen», sagte er. «Sie bringen sie zu den Leuten, die sie treffen wollen.»

Du mochtest die Nomaden sofort – ihre Wüstenerfahrung,

ihre Eleganz, ihren Humor – und du dachtest, sie fänden dich auch sympathisch. Du konntest dich nur notdürftig mit ihnen verständigen, in deinem gebrochenen Französisch und den paar Brocken Tamaschek, die du aufgeschnappt hattest. Es waren zwei lange, harte Wochen in der Wüste, nur von zwei Stopps in schattigen Palmenoasen unterbrochen. Überall, in den Oasen wie innerhalb der Karawane, waren die Leute dir gegenüber sehr gastfreundlich und ihr saßt bis spät in die Nacht unter dem sternklaren Wüstenhimmel und trankt grünen Tee aus kleinen Gläsern. Du lachtest und scherztest mit ihnen und versuchtest, ihre Lieder zu lernen. Sie teilten ihr Essen mit dir. Mittags wurden Ziegenhautschläuche herumgegeben, während ihr zu Fuß durch den Sand marschiertet, damit die Kamele sich nicht erst hinlegten. Jeder nahm große Schlucke von der *Aragira* – einem Brei aus zerstoßener Hirse, trockenem Ziegenkäse, Datteln und Wasser. Doch selbst dabei zeigten sie dir nie ihre Gesichter, tranken ihren Tee oder ihre *Aragira* unter ihrer schalartigen Verhüllung. In dieser Nomadenkultur sind es nicht die Frauen, sondern die Männer, die sich verschleiern; für einen Mann gilt es als unhöflich, auch nur seine Nase zu zeigen. Unterscheiden kann man sie nur am Gang und an den Augen – Augen, die manchmal lachen und manchmal ärgerlich funkeln, aber immer wach und intensiv sind.

«Was macht ihr mit mir?», rufst du jetzt hinter deiner Augenbinde.

Doch die einzige Antwort ist das Knarren der schweren Lasten, während die Kamele langsam weiter über den nachtkühlen Sand trotten.

Sie bleiben nur einmal stehen, um eine *Girba* zu öffnen, die an einem Kamel baumelt – einen Ziegenfellschlauch, der aussieht wie ein großer Fußball mit einem ledernen Gießstutzen. Du hörst Wasser in eine Holzschale plätschern. Sie bieten dir die Schale zuerst an, setzen sie dir an die Lippen.

«Trink», sagt einer von ihnen.

In großen Schlucken leerst du die ganze Schale, um den Wüstendurst zu lindern, den du nie ganz los wirst. Das Wasser ist herrlich kühl und erfrischend, trotz der Ziegenhaare von der *Girba* und Flöckchen Kamelmist aus dem Wasserbecken der Oase. Das kühle, erfrischende Wasser aus der Holzschüssel, die man dir an die Lippen hält, ist das Letzte, was du mitbekommst.

Du weißt nicht, wo du bist. Du liegst auf der Seite. Zuerst siehst du einen rosa Himmel. Dann, in Augenhöhe, eine weite Fläche von orangefarbenem Sand, feinkörnig, ohne jeden Stein oder Felsbrocken, nur eine einzige riesige Menge Tafelsalz. Nach und nach fällt es dir wieder ein: Du bist in der Wüste. Du liegst still. Du horchst nach vertrauten Geräuschen – verschlafenem Stimmengemurmel, Teekannengeklapper, Kamellauten. Nichts. Kein Vogelzwitschern. Nicht das leiseste Windrascheln. Kein fallender Wassertropfen. Nur Stille. Absolute, knochentrockene Stille.

Beunruhigt setzt du dich auf. Jemand hat ein blaues Gewand als Decke über dich gebreitet und dir einen zusammengerollten *Tagilmust* als Kissen unter den Kopf geschoben. Aber wo sind die Männer, die dich hierher gebracht haben? Doch sicher nicht weit. Du schaust dich um. Nichts als der feine orangefarbene Sand, zu scharfkantigen Dünen geweht. Über dir die mickrigen Äste einer einzelnen Akazie, unter die man dich gelegt hat. Dann siehst du die Kamelspuren. Sie führen in sieben oder acht verschiedene Richtungen davon; die Nomaden haben sich getrennt, sind jeder für sich davongeritten, als wollten sie dich daran hindern, ihnen zu folgen.

Da hast du nur den einen, alles andere verdrängenden Gedanken: *Wo ist die Girba?*

Im Morgengrauen des 23. August 1905 weckte ein seltsames Bellen, das durch den Canyon hallte, den Biologen W. McGee in seinem Camp in der Nähe einiger Wassertümpel. Er war hier, in dieser Schlucht der abgelegenen Gila-Wüste in Arizona, um den Einfluss des Lichts auf das Leben in der Wüste zu studieren. McGee und der Papago-Indianer José, den er als Fährtenleser angeheuert hatte, sprangen von ihren Schlafmatten auf, um dem Geräusch nachzugehen. Einen halben Kilometer weiter stießen sie auf Pablo Valencia – einen vormals robusten und 70 Kilo schweren vierzigjährigen Goldsucher, der acht Tage zuvor auf der Suche nach einer «vergessenen Mine» an ihrem Lager vorbeigekommen war. Oder vielmehr, sie stießen auf das, was McGee später «Pablos Wrack» nannte.

«Pablo», schreibt McGee mit der geschulten Beobachtung des Biologen in seinem mittlerweile zu den Klassikern der Durst-Literatur gehörenden Bericht, «war splitternackt; seine ehemals muskulösen Arme und Beine waren dürr und verschrumpelt; die Rippen standen hervor wie bei einem unterernährten Pferd; sein im Normalzustand fülliger Bauch war fast bis an die Wirbelsäule eingezogen; die Lippen waren verschwunden, als hätte man sie amputiert; da war nur noch ein flacher Saum von schwärzlichem Gewebe; Zähne und Zahnfleisch standen hervor wie bei einem enthäuteten Tier, aber das Zahnfleisch war so schwarz und trocken wie ein Stück Dörrfleisch, die Nase auf die Hälfte zusammengeschrumpft, die Schleimhaut in den Nasenlöchern sichtbar und schwarz; die Augen starrten ohne jeden Lidschlag geradeaus, und die umliegende Haut war so stark kontrahiert, dass die Bindehäute frei lagen, auch sie schwarz wie das Zahnfleisch; sein Gesicht war dunkel, die gesamte Haut gespenstisch blaurot und gleichzeitig aschfahl, mit großen blauen Flecken und Striemen; Unterschenkel und Füße sowie Unterarme und Hände waren von Dornen und scharfkantigen Steinen zerkratzt und aufgerissen, aber selbst die frischesten Schnitte waren wie Kratzer in trockenem Leder, ohne jede Spur von Blut oder Blutflüssigkeit; Gelenke und Knochen stachen hervor wie bei einem vom Muttertier verstoßenen kranken Jungtier, wenn auch die Haut sie umspannte wie geschrumpftes Rohleder, mit dem man ein gebrochenes Rad geflickt hat. Vom äußeren Bild und vom Anheben her schätzte ich sein Gewicht auf etwa 50 bis 53 Kilo. Er war, wie sich bald herausstellte, so schwerhörig, dass er nur noch laute Geräusche zu hören vermochte, und so blind, dass er nur noch Hell und Dunkel unterscheiden konnte. Die Mund- und Rachenschleimhaut war schrumplig, rissig und schwärzlich, die Zunge zu einem bloßen Bündel schwarzer Außenhaut zusammengeschrumpft. Seine Atmung war langsam, spastisch und von einem tiefen, kehligen Stöhnen oder Röhren begleitet – dem Geräusch, das uns über einen halben Kilometer geweckt hatte. Seine Extremitäten waren so kalt wie die umgebende Luft; an den Handgelenken ließ sich kein Puls tasten und unterhalb von Knien und Ellbogen war, wenn überhaupt, nur noch eine geringfügige Durchblutung vorhanden; der Herzschlag war langsam, unregelmäßig, flatternd und setzte in den langen Intervallen zwischen den röchelnden Atemzügen fast völlig aus.»

Obwohl er zunächst nicht sprechen und nicht einmal schlucken konnte, kehrte Pablo unter McGees und Josés Fürsorge doch während der nächsten Tage allmählich ins Leben zurück, und durch eine anschließende Wassermelonen- und Schlaforgie in Yuma besserte sich sein Zustand erheblich. Wie so viele Opfer des «Wüstendursts» hatte Pablo auf seiner qualvollen 150- bis 225-Kilometer-Wanderung – Folge eines geplatzten Treffens mit einem Partner, der ihm volle Wasserkanister hätte bringen sollen – alles, was er besaß, weggeworfen: zuerst seine Goldnuggets, dann seinen Essensproviant, seine Jacke, seine Hose, in deren Taschen sein Geld steckte, seinen Tabak und sein Messer, obwohl ihn nicht zuletzt der Gedanke, seinen Partner zu erstechen, weitergetrieben hatte. Schließlich ließ er auch noch seinen Hut zurück, sodass er nichts mehr bei sich hatte als einen Kanister, in dem er seinen immer spärlicher werdenden Urin sammelte, um ihn zu trinken. Am Tag bevor McGee und José ihn fanden, hatte er sich bei Sonnenaufgang in den Schatten eines Strauchs gekniet, ein letztes Gebet gesprochen, sich mit Blick nach Osten hingelegt und sich, wenn auch zu seinem Bedauern ohne Weihwasser, bekreuzigt. Dann war Pablo, wie er in jenem Augenblick glaubte, gestorben. Sein Körper lag auf dem glühenden Wüstenboden, während ein anderer Teil seiner selbst darüber schwebte und beobachtete, wie die Raubvögel seine Überreste inspizierten. In dieser Nacht jedoch kühlte sich die Wüstenluft auf gnädige 27 Grad ab. Da regte sich etwas in Pablo. Nackt, blind und nur mit den Händen tastend, folgte er dem alten Siedlerpfad nahe der mexikanischen Grenze, bekannt als *El Camino del Diablo*, der «Teufelsweg», hin zu McGees Lager, wo er bei Tagesanbruch zusammenbrach.

Die Wüste und der abgrundtiefe Durst, der einen dort so leicht ereilen kann, haben etwas Mystisches an sich. Wüstendurst ist mit halluzinatorischen Erlebnissen verbunden. Man sieht nicht nur die berühmten Fata Morganas – schimmernde «Wasserflächen», die in Wahrheit daher rühren, dass sich das Sonnenlicht in unterschiedlich temperierten, bodennahen Luftschichten spiegelt –, sondern man hat regelrechte Visionen, hört Dinge, hat das Gefühl, den eigenen Körper zu verlassen. Wie Pablo werfen Verdurstende oft ihre Kleidung und ihre gesamte Habe von sich und kriechen dann, aller irdischen Güter ledig, nackt durch nackten Sand unter einem nackten Himmel. Es ist bestimmt kein Zufall, dass die Wüste von jeher Mystiker, Propheten und Suchende angezogen hat. Ihre endlose Leere hat mehrere Weltreligionen hervorgebracht und geprägt. Moses und das Volk Israel durchquerten auf ihrer vierzigjährigen Wanderung durch die Wildnis große Wüstengebiete. Jesus selbst war vermutlich, ehe er seinen eigenen Glauben begründete, ein Anhänger Johannes des Täufers, eines wandernden Wüstenasketen. Mohammed wurde schon als kleines Kind von seinen Eltern aus dem ungesunden Klima Mekkas zu einem Stamm von Wüstennomaden geschickt. Es ist, als ob die Wüste alles Überflüssige beseitigt, auch die überflüssigen Schichten des menschlichen Seins – des materiellen Strebens, der Persönlichkeit, ja selbst des Ich.

Die Franzosen, die große Teile der Sahara kolonialisierten, haben einen Ausdruck für das, was die Erfahrung der Wüste bewirkt: *baptême de la solitude* – Einsamkeitstaufe. «Es ist ein einzigartiges Gefühl», schrieb der Romancier, Musiker und Saharawanderer Paul Bowles über das Erlebnis, allein in der Wüstennacht zu stehen, «und hat nichts mit Einsamkeit zu tun, denn Einsamkeit setzt Erinnerung voraus. Hier, in dieser ganz und gar mineralischen Landschaft, die von Sternen wie Leuchtkugeln erhellt ist, verschwindet selbst die Erinnerung, bleibt nichts als der eigene Atem und der eigene Herzschlag. Ein seltsamer und keineswegs angenehmer innerer Umgestaltungsprozess setzt ein, und man hat die Wahl, dagegen anzukämpfen und darauf zu beharren, derjenige zu bleiben, der man immer war, oder den Dingen ihren Lauf zu lassen. Denn niemand, der eine Weile in der Sahara war, ist noch ganz so, wie er herkam.»

Aber die Wüste kann nicht nur die menschliche Seele gründlich verändern, sondern auch die menschliche Physiologie. Wir Menschen bestehen, vom Gewicht her, zu fast zwei Dritteln aus Wasser. Dabei ist nicht nur, wie es ein französischer Wasserphilosoph formulierte, der menschliche Körper ein Aquarium, in dem die lebenden Zellen schwimmen, sondern auch jede einzelne Zelle ein kleines Aquarium. Zu den vielen bemerkenswerten Eigenschaften des Wassers gehört, dass es ein hochwirksames Lösungsmittel ist – es löst viele andere Substanzen mühelos auf. Daher spielen wässrige Flüssigkeiten, wie etwa das zu über 90 Prozent aus Wasser bestehende Blutserum, das Nährstoffe, Abfallprodukte und Wärme durch den Körper transportiert, bei nahezu allen pflanzlichen und tierischen Lebensprozessen eine wichtige Rolle.

Das Aquarium, oder besser gesagt, das Wasserreservoir, das der menschliche Körper darstellt, besitzt ein sehr präzises System von Zu- und Ablaufventilen, um den Wasserpegel mit extremer Genauigkeit – einer Marge von 0,22 Prozent des Körpergewichts über vierundzwanzig Stunden, was bei einem 70 kg schweren Mann etwa eine halbe Tasse ausmacht – aufrechtzuerhalten. Wenn zu viel Wasser durch den Zulauf – den Mund – hereinkommt, dann scheidet der Ablauf – die Nieren – den Überschuss in Form von verdünntem Urin aus. Gelangt zu wenig Wasser durch den Mund in den Körper oder schwindet zu viel Wasser – etwa in Form von verdunstendem Schweiß – aus dem Reservoir, dann sinkt der Pegel, und der Ablauf schließt sich, indem die Nieren nur noch wenig Urin ausscheiden. Sinkt der Pegel jedoch durch anhaltende Verdunstung und mangelnden Zulauf immer weiter – was in der Hitze und Trockenheit der Wüste leicht vorkommen kann –, dann beginnen die entlegensten Buchten und Seitenarme des Reservoirs auszutrocknen. Dort wird bald schon der schlammige und schließlich rissige Grund sichtbar. Schrumpft das Reservoir weiter, bleibt schließlich nur noch eine schlickige Pfütze in der Mitte, die das Leben nicht aufrechtzuerhalten vermag.

Dipsologen – Durstforscher – messen den Wassermangel im menschlichen Körper in Prozenten des Körpergewichts. Bei einem erwachsenen 70 kg schweren Mann belaufen sich die 60 Prozent Wasser auf rund 42 Liter. Unter günstigsten Umständen verliert er täglich ein Minimum von ca. 1,5 Litern Wasser. Das meiste wird durch Urinieren ausgeschieden; etwa ein Drittel, manchmal aber auch die Hälfte, schwindet durch Schwitzen und die feuchte Ausatmungsluft. Heißes Klima und harte Arbeit können den Wasserverlust bis auf 1,5 Liter *pro Stunde* emportreiben, wobei der Verlust hauptsächlich über das Schwitzen zur Kühlung des Körpers erfolgt. Ein Verlust von 1,5 Litern – unabhängig davon, ob im Lauf eines ganzen Tages oder nur einer einzigen schweißtreibenden Stunde – macht rund 2 Prozent des Körpergewichts unseres 70 kg schweren Mannes aus. Der Körper verkraftet ohne ernsthaftere Probleme ein Wasserdefizit von 3 bis 4 Prozent seines Gewichts, wenn man dabei auch starken Durst leidet, da dieser bei einem Defizit von etwa 0,8 Prozent oder etwa einem halben Liter einsetzt. Bei einem Defizit von 5 bis 8 Prozent – das entspricht 3 bis 5 Litern – ist der Betreffende bereits erschöpft; er klagt und kann leicht kollabieren. Bei etwa 10 Prozent – also 8,5 Litern – kann das Opfer nicht mehr schlucken und fällt mit großer Wahrscheinlichkeit in einen Schockzustand. Der Tod tritt bei einem Defizit irgendwo zwischen 10 und 25 Prozent ein. Anders gesagt, bei einem ursprünglich gesunden 70 kg schweren Mann tritt der Tod bei einem Wasserverlust von 10 bis 17 Litern ein. Wenn der Mann zu Fuß durch die Wüste marschiert und durch heftiges Schwitzen in der Stunde 1,5 Liter Wasser verliert, kann dieser Punkt bereits nach sieben Stunden erreicht sein.

«Wie lange könnte ich es ohne Wasser aushalten, wenn ich aus irgendeinem Grund keines mehr hätte?», schrieb J. S. Chase, der zu Beginn des 20. Jahrhunderts Erfahrungen in den Wüsten Kaliforniens sammelte. «Bei dieser sengenden Hitze und im Kampf mit dieser schrecklichen Landschaft hielt man es nur ein paar Minuten ohne zu trinken aus. Plötzlich sah ich vor mir, was schon nach *einer einzigen Stunde* mein Zustand wäre – Qual. Zwei Stunden – Delirium. Danach rasch fortschreitender Wahnsinn, bis die Agonie in Fühllosigkeit und diese schließlich in den Tod überginge.»

Die klassischen Durst-Untersuchungen, die E. F. Adolph und andere amerikanische Wissenschaftler im Zweiten Weltkrieg in militärischem Auftrag in den Wüsten Südkaliforniens durchführten, kamen zu dem Schluss, dass ein Mensch, der bei 32 °C zu Fuß unterwegs ist, etwa 70 km ohne Wasser zurücklegen kann. Ein Mensch, der bei 38 °C zu Fuß geht, schafft ohne Wasser 25 km. Und jemand, der bei 48 °C – einer in der Sahara und anderen Wüsten durchaus möglichen Temperatur – zu Fuß marschiert, wird nach nur 10 bis 12 km zusammenbrechen. Adolph stellte die Faustregel auf, dass ein Fußwanderer in der Wüste pro ca. 30 km Nachtmarsch etwa 4 Liter Wasser mitführen solle. Um bei Tag 30 km zu Fuß zurückzulegen, solle man etwa 8 Liter Wasser dabeihaben. Nach dieser Faustregel hätte ein Wüstenwanderer, um bei Tag 150 km zurückzulegen – eine unerhebliche Entfernung in der riesigen Sahara, die mit rund 8,7 Millionen Quadratkilometern etwa der Gesamtfläche der USA entspricht –, die erdrückende Last von etwa 40 Litern Wasser mitschleppen müssen. Aus diesem Grund ermöglichte erst die Benutzung des Kamels – eines Wüstentiers, das bei winterlichen Wüstenbedingungen drei Wochen ohne Wasseraufnahme marschieren kann, enorme Schwankungen der Körpertemperatur ohne wasseraufwendige Kühlungsmechanismen verkraftet und 140 Liter auf einmal trinken kann – das Vordringen von Menschen in die tiefste Sahara.

Die Experimente von Dipsologen wie Adolph erfassten, bei aller Gründlichkeit, doch nicht die Auswirkungen von Wasserverlusten, die 10 Prozent des menschlichen Körpergewichts übersteigen – der Bereich, in dem es zu schwerwiegenden physiologischen Komplikationen kommt. Was das Geschehen in derartigen Fällen anbelangt, mussten sie auf Beschreibungen von Wüstenreisenden wie McGee und Leuten wie Pablo zurückgreifen. Zu McGees Zeiten hatten die alten «Wüstenratten» im amerikanischen Südwesten und in Mexiko in eigenen Laienbegriffen exakte Stadien des «Wüstendursts» definiert, wobei jedes dieser Stadien, nach moderneren Erkenntnissen, in etwa einem Wasserverlust von 5 Prozent entspricht. Die Bezeichnungen selbst geben ein plastisches Bild vom Durstgeschehen. Sie lauten der Reihenfolge nach:

Schimpfstadium,
Wattemundstadium,

Schwellzungenstadium,
Schrumpelzungenstadium,
Blutschwitzstadium,
Lebender-Leichnam-Stadium.

Doch trotz dieser Risiken ziehen immer wieder Wanderer und Reisende in die Wüsten Afrikas, Asiens, Nord-, Mittel- und Südamerikas und Australiens, auf die Gefahr hin, dem Durst oder einer der vielen anderen Gefahren zu erliegen. Jeder von ihnen hat seinen eigenen Grund, sei es Gold, Abenteurerrenommee oder eine spirituelle Suche. Doch auf einer gewissen Ebene treffen sich all diese Gründe mit jenem, den Paul Bowles nannte, als er sich, angesichts der nie endenden Unannehmlichkeiten, denen man in der Sahara ausgesetzt ist, die rhetorische Frage stellte: «Warum dann?»

«Die Antwort ist, dass ein Mensch, der einmal hier war und die Einsamkeitstaufe empfangen hat, nicht mehr anders kann. Wenn er einmal in den Bann dieser weiten, leuchtenden, schweigenden Landschaft geraten ist, ist ihm kein anderer Ort mehr stark genug, vermag keine andere Umgebung mehr dieses höchst befriedigende Gefühl zu bieten, inmitten von etwas zu existieren, das absolut ist. Er wird wiederkommen, so hoch der Preis an Komfort und Geld auch sein mag, denn das Absolute ist unbezahlbar.»

Nirgendwo in der Nähe liegt eine *Girba*. Da ist nichts als Schweigen und die Kamelspuren, die sich in sieben oder acht verschiedene Richtungen verlieren. Die erste Morgensonne dringt über die Grate der orangefarbenen Sanddünen. Du fühlst jetzt schon, wie die Luft sich erhitzt, obwohl der Sand, in dem du sitzt, noch kalt von der Nacht ist. Du gräbst die Finger hinein, als wolltest du die Kühle festhalten. Neben deiner rechten Hand bemerkst du einen dunklen Flecken. Du schaust hoch. An einem der tieferen Äste der Akazie hängt eine *Girba*. Tropfen um Tropfen fällt langsam herab und wird, wie die Nomaden sagen, von der Wüste getrunken.

Du springst auf, umfasst die *Girba* mit den Armen und hebst sie, so vorsichtig, als nähmst du einen Säugling hoch, samt ihrem Lederriemen von dem Ast. Aus den winzigen Poren des Ziegenfells leckt Wasser, wie das *Girbas* so an sich haben. Du hast die Nomaden die Poren mit zusammengezwirbelten Kamelhaaren stopfen sehen. Um das kostbare Wasser zu retten, reißt du dir, ohne Rücksicht auf den Schmerz, Strähnchen von deinem eigenen Haar aus, drehst sie zusammen und stopfst sie in das Loch.

Jetzt quillt kein Wasser mehr heraus. Die *Girba* in den Armen, siehst du dich um. Wo sind sie hin? Nur kurz etwas erledigen? Oder gedenken sie, länger wegzubleiben? Was sollst du jetzt tun? Hier im schwachen Schatten der Akazie warten in der Hoffnung, dass sie wiederkommen und dich in Sicherheit bringen? Oder solltest du losmarschieren? Was auch ansonsten passiert – wenn du sie nicht findest oder sie dich nicht finden, geht dir irgendwann das Wasser aus, eher früher als später. Vielleicht wollen sie ja wirklich, dass du stirbst. Warum hätten sie dir sonst die Hände fesseln und die Augen verbinden sollen? Vielleicht ist es ja tatsächlich so einfach. Vielleicht wusstest du ja zu viel über ihre Guerillaaktivitäten. Oder nicht genug. Aber wenn sie dich wirklich umbringen wollten, warum haben sie's dann nicht einfach getan, als sie Gelegenheit dazu hatten?

Die Stille gibt keine Antwort. Du lässt dich wieder in den Sand fallen, den kostbaren Ziegenfellschlauch im Schoß. Du schwenkst den Schlauch, horchst auf das Schwappen des schweren Inhalts. Du schätzt den Inhalt auf etwa zehn Liter. Während du so dasitzt und über den Inhalt des Schlauchs nachsinnst und dir einen Aktionsplan zurechtzulegen versuchst, finden in deinem Körper bereits komplexe physiologische Veränderungen statt. In der Nacht und den frühen Morgenstunden – seit du das letzte Mal etwas getrunken hast – hat dein Körper auf den üblichen Wegen – durch Schwitzen, Atmen, Urinieren – etwa einen halben Liter Wasser verloren. Durch die beginnende Dehydratation erhöht sich die Konzentration von Salzen und anderen Substanzen in deinem Blut, die so genannte Osmolalität. Die normale Osmolalität deines Blutplasmas liegt zwischen 275 und 295 Milliosmol pro Kilogramm Körpergewicht. Die Schwankung dieses Osmolalitätslevels veranlasst deinen Körper, je nachdem seine Schleusen zu öffnen und Wasser durch die Nieren auszuscheiden oder im Gegenteil alles dicht zu machen.

Während du in der Nacht und den frühen Morgenstunden allmählich Wasser verloren hast, hat deine Osmolalität 280 mOsm/kg überschritten und sich dann unaufhaltsam auf 290 mOsm/kg zubewegt, was die «Osmorezeptoren» in deinem Hypothalamus veranlasste, der Hirnanhangdrüse zu befehlen, jene Substanz auszuschütten, die die Schleusentore des Körpers schließt – das antidiuretische Hormon oder ADH. Dieses Hormon signalisiert deinen Nieren, die permanent den Wasseranteil deines Bluts filtern und daraus Urin extrahieren, jetzt mehr von dem Wasser, das sie unter anderen Gegebenheiten mit dem Urin ausscheiden würden, zu resorbieren. Die Urinmenge, die deine Nieren produzieren, sinkt, wenn die Osmolalität des Blutplasmas steigt und die Hirnanhangdrüse ADH ausschüttet. Bis du bewusst wahrnimmst, dass du Durst hast – was von Mensch zu Mensch variiert, aber etwa bei einer Osmolalität von 295 mOsm/kg eintritt –, ist deine Urinproduktion schon auf 10 oder weniger Prozent der Normalmenge gefallen. Anders gesagt, schon lange bevor du Durst verspürst, befiehlt dein Hirn deinen Nieren, das Wasser im Körper zu halten.

Wie du so dasitzt, die *Girba* auf dem Schoß, hast du die Schwelle von 295 mOsm/kg bereits überschritten. Du verspürst Durst, verkneifst dir aber vorerst das Trinken, weil du das Wasser aufsparen willst. Stattdessen stehst du auf, um zu pinkeln. Dein Urin hat bereits ein dunkleres Gelb angenommen – Ausdruck seiner konzentrierteren Beschaffenheit infolge der Wasserretention durch die Nieren.

Jenseits der kümmerlichen Akazie hat sich das Sonnenlicht innerhalb des Lichtspektrums von Gelb in Richtung Weißglühend verschoben, womit sich auch der Farbton des Sandes geändert hat und die Morgenröte ins Leuchtendblau des Taghimmels übergegangen ist. Du suchst, ob die Nomaden irgendeinen Hinweis hinterlassen haben. Du hebst das blaue Gewand aus dem Sand auf. Schüttelst es aus. Nichts. Du ziehst an einem Ende des vier Meter langen *Tagilmust*. Dein Spiralnotizbuch fällt heraus und, sorgsam an den vorderen Deckel geklemmt, dein Filzstift. Du blätterst das Notizbuch rasch durch, ob sie dir vielleicht eine Botschaft hinterlassen haben. Die bekritzelten Seiten sind alle in deiner eigenen Handschrift – Interviews, Landschaftsschilderungen, einzelne Fakten. Von ihnen nichts. Du lässt dich wieder unter den Baum fallen. Dann geht dir auf: *Du hast dein Notizbuch!* Darin steckt eine Story, die wie ein Bündel 1000-Dollar-Noten sein wird, wenn du irgendwann nach Hause kommst! Das wird dir den großen Durchbruch bringen und zudem einen Haufen Geld. Wichtig ist jetzt, dass du sorgsam Tagebuch führst, damit du nach deiner Heimkehr lebendig und plastisch über alles schreiben kannst. Das Notizbuch, wird dir klar, ist genauso wichtig wie die *Girba* mit dem Wasser.

Die Sonne ist wieder ein Stückchen gestiegen. Du rutschst näher an den Akazienstamm heran, wo noch Schatten ist. Die Sonne zwingt dich nachzudenken – konzentriert nachzudenken. Also, welche Möglichkeiten hast du? Hier unter der Akazie liegen bleiben und hoffen. Den alten Kamelspuren folgen, zurück zur letzten Oase mit dem Lehmziegeldorf, den Dattelpalmen, kühlen Wasserbecken und Bewässerungskanälen. Oder einer der sieben oder acht neuen, von der Akazie wegführenden Spuren folgen, in der Hoffnung, dass sie dich bald irgendwohin bringt, wo du Wasser findest oder wenigstens Hilfe.

Diese drei Möglichkeiten – das ist alles. Hier bleiben, zurückgehen oder weitergehen. Du schwenkst noch einmal den Wasserschlauch. Zehn Liter. Das reicht etwa für zwei Nachtmärsche oder einen Tagesmarsch. Die letzte Oase liegt fünf Tagesmärsche zurück. Mit dem Inhalt dieser einen *Girba* schaffst du das nie. Bleiben also zwei Möglichkeiten: hier bleiben oder weitergehen. Was tun?

Was auch immer du beschließt – bevor die Tageshitze nicht nachgelassen hat, wirst du nirgendwohin gehen.

Mit angezogenen Beinen am Akazienstamm lehnend, den *Tagilmust* unter dem Kopf, *Girba* und Notizbuch neben dir, verdöst du den Vormittag mehr oder minder. Die Karawane hat immer erst spät in der Nacht Halt gemacht, und du hast dann, genau wie die Nomaden, nur ein paar Stunden Schlaf bekommen, ehe es am Morgen wieder weiterging. Du brauchst Schlaf. Wenn du zwischendurch auftauchst, fühlt sich die Luft jedes Mal heißer an. Jedes Mal musst du ein Stückchen rutschen, um in dem einen, schwachen Schattenfleck zu bleiben. Du weißt, dass du Wasser sparst, indem du einfach ruhig im Schatten sitzen bleibst. Adolphs Experimente mit Soldaten während des Zweiten Weltkriegs ergaben, dass ein Mann, der bei 38 °C mit 5,5 km pro Stunde durch die Wüste marschiert, stündlich durch Schwitzen etwa einen Liter Wasser verliert. Sitzt er dagegen bei 38 °C ruhig im Schatten, verliert er nur etwa ein Viertel – einen Viertelliter also. Das ist eines der grundlegenden Gesetze der Wüste.

Es ist Mai und die sommerlichen Temperaturen erreichen 38 °C. Du erinnerst dich jetzt, dass sich in der letzten Oase niemand bei Tag im Freien bewegte. Die Bewohner zogen sich vielmehr in das kühle Labyrinth der *Kasbah* zurück – einer jahrhundertealten, festungsartigen Wohnanlage mit dicken Lehmmauern und überdachten Gängen, bis auf ein paar kleine Dachöffnungen vollkommen gegen die Sonne abgeschottet. In der *Kasbah* wohnten Dutzende miteinander verwandter Familien, zwei-, dreihundert Menschen, hinter dicken Türen, die von den niedrigen, höhlenartigen Gängen in kühle, fensterlose Räume führten. Dort trafst du, während du mit einer der unendlich gastfreundlichen Familien stark gesüßten grünen Tee trankst, einen cleveren Jungen, der ziemlich gut Englisch sprach. Am Spätnachmittag, als die Sonne schon tief stand und die Hitze nachließ, führte er dich in der Oase herum, die gurgelnden Bewässerungsgräben entlang, vorbei an den sorgsam gepflegten, kleinen Hirsefeldern und den Palmenhainen mit den dicken Dattelbüscheln.

Unter den Palmen sahst du vor einer schlichten Lehmhütte einen Mann auf dem Boden sitzen; er sprach in einem Singsang etwas vor sich hin, was irgendwie wie Verse klang. Statt des Blaus der Nomaden trug er einen weißen Turban und eine Art mehrfarbiges Flickengewand. Er war dünn und gut aussehend, weder jung noch alt, weder richtig dunkel- noch richtig hellhäutig, und er verstummte, als er dich – einen weißen Ausländer – den Pfad durch den Palmenhain entlangkommen sah.

«Wer ist dieser Mann?», fragtest du den Jungen.

«Das ist ein *Marabut* – ein heiliger Mann», antwortete der Junge. «Er kommt manchmal von weit her und bleibt eine Weile hier.»

«Können wir mit ihm reden?», fragtest du den Jungen.

«Natürlich«, sagte der Junge. «Deshalb ist er ja hier. Damit wir mit ihm reden können.»

Der *Marabut* begrüßte dich mit einem freundlichen Lächeln und deutete auf den Platz ihm gegenüber am Boden. Du setztest dich im Schneidersitz hin. Mit Hilfe des Jungen erklärtest du dem *Marabut*, dass du in die Sahara gekommen seiest, um für eine wichtige amerikanische Zeitschrift einen Artikel über die Nomaden und ihren Kampf zu schreiben. Er nickte und lächelte wieder sanft und unverbindlich, als seien Dinge wie «Zeitschriften» und «Amerika» hier etwa so fern wie der Jupiter. Du batest den Jungen, ihn zu fragen, ob er dir etwas über sich und seine Funktion erzählen würde.

«Was möchten Sie wissen?», fragte er.

Du versuchtest, dir rasch Fragen zu überlegen, die ihm nicht nur Informationen entlocken würden, sondern auch farbige Antworten, Zitatschnipsel, die du der Authentizität und des Kolorits halber in deinen Artikel einbauen könntest. Wer weiß? Vielleicht würde er ja sogar eine *Hookah* hervorziehen und ein Pfeifchen Haschisch mit dir rauchen – falls diese *Marabuts* so etwas taten. Das wäre eine tolle Anekdote für deinen Artikel. Der Redakteur wäre begeistert – exotische Drogenrituale in fremden Kulturen, für ein Reisefeature war das fast so gut wie ein paar barbusige Promis an einem Pool. Wo dieses Interview auch hinführen mochte, du nahmst dir vor, den *Marabut* langsam anzugehen, dein Netz möglichst weit auszuwerfen.

«Was lehren Sie die Menschen?», fragtest du.

«Ich bin ein Sufi», entgegnete er mit seinem sanften Lächeln. «Ich lehre den Reisenden, den *Salik*, dem Weg, dem *Tarikat*, zu folgen. Ich lehre den, der ein Reisender auf diesem Weg sein möchte, die sieben Stadien des Sufi-Weges.»

«Können Sie mich auch etwas über den Sufi-Weg und seine sieben Stadien lehren?», fragtest du und zogst dein Notizbuch aus der Gesäßtasche deiner Khakihosen. Du hattest es nicht früher zücken wollen, um ihn nicht zu verschrecken. Er schien sich überhaupt nicht an Stift und Notizbuch zu stören, als du jetzt so schnell und verstohlen wie möglich die Sufi-Wörter für «Reisender» und «Weg» notiertest. Du wusstest, du würdest sie irgendwie in deinen Artikel einflechten können.

«Sie möchten im Weg des Sufis unterwiesen werden?», fragte er, wiederum mit sanftem Lächeln.

«Ich bin sehr lernbegierig», sagtest du.

«Sie möchten lernen, ein Reisender zu sein?»

«Ja, das möchte ich», antwortetest du so überzeugend wie möglich.

Und irgendwo stimmte es ja sogar. Du fühlst dich schon lange zum östlichen Mystizismus hingezogen und hast immer schon erwogen, eines Tages diesem Weg zu folgen. Wobei du allerdings keine Ahnung hattest, dass der Sufismus auch mit diesem Weg zu tun hat. Aber das war jetzt weder der Zeitpunkt noch der Ort, irgendeinem Weg zu folgen. Du warst hier, um von dem Sufi möglichst viel zu erfahren, was brauchbares Material für deinen Artikel abgäbe.

An diesem Punkt fragte dich der Sufi, ob dir der große Sufi-Dichter Hafis bekannt sei, der im 14. Jahrhundert in Persien gelebt habe.

«Nein», antwortetest du, deinen blauen Filzschreiber über dem offenen Notizbuch in Bereitschaft. «Aber könnten Sie mir sagen, wie man den Namen schreibt?»

Da streckte der Sufi den Arm aus und nahm dir behutsam das Notizbuch vom Schoß. Lachend sah er zum palmwedelgesäumten Wüstenhimmel empor, schwenkte das Notizbuch über dem Kopf und deklamierte mit lauter, volltönender Stimme einen Vers von Hafis:

Oh, du, der du das Wunder der Liebe aus dem Regelbuch
des Verstandes zu erlernen versuchst,
Ich fürchte sehr, du wirst nie erkennen, worum es geht.

Unter dem rötlichen Sonnenuntergangshimmel kippst du einen weiteren Schwall Wasser aus der *Girba* deine trockene Kehle hinunter. Den ganzen heißen Nachmittag hast du unter der Akazie gedöst und es geschafft, dich mit einer Portion Wasser zu bescheiden. Adolph und seine Forscherkollegen kamen zu dem Ergebnis, dass es in der Wüste nichts nützt, sich das Wasser einzuteilen – dass der Körper, gleichgültig, ob man schnell oder langsam trinkt, letztlich dieselbe Wassermenge benötigt. In gewisser Weise, so fanden sie heraus, empfiehlt es sich sogar, eher früher als später zu trinken, da man ohne Flüssigkeitsaufnahme – egal, was man aushalten zu können glaubt – bald nicht mehr die Kraft zum Gehen hat. Dennoch, dir ist unter deiner Akazie wohler zumute, wenn du dir eine gewisse Disziplin auferlegst.

Bei jedem Mal Trinken hast du etwa einen halben Liter zu dir genommen, sodass dir jetzt noch neun Liter in der *Girba* bleiben. In der Tageshitze hast du jedoch pro Stunde etwa einen Viertelliter Wasser verloren, weil dein Körper bei 38 °C zu Kühlungszwecken schwitzen musste – selbst im Schatten der Akazie. Darum hast du im Lauf dieses Tages einen Liter getrunken, aber zwei Liter Flüssigkeit ausgeschwitzt, zusätzlich zu dem halben Liter, den du schon beim Aufwachen verloren hattest. Demnach hast du jetzt insgesamt ein Defizit von 1,5 Litern oder gut 2 Prozent deines Körpergewichts, noch nicht so viel, dass es dich körperlich und geistig beeinträchtigen würde, aber allemal genug, dass dein Körper nach Wasser verlangt.

Wenn du alles Wasser der Welt zur Verfügung hättest, könntest du dich paradoxerweise auch damit umbringen. Im Lauf der Jahre sind etwa fünfzehn Marathonläufer gestorben, weil sie während des Laufs zu viel Wasser tranken – ein Geschehen, das man «Wasserintoxikation» nennt. Da das Blut vorwiegend in den Muskeln benötigt wird, kann das überschüssige Wasser während des Laufs nicht durch den Darm resorbiert werden, sodass es anschließend schlagartig den Blutkreislauf überschwemmt und den Natriumhaushalt des Körpers aus dem Gleichgewicht bringt. Das Gleiche kann auch Arbeitern in der Wüstenhitze passieren, selbst wenn sie reichlich und regelmäßig trinken. Natrium ist ein so genannter Elektrolyt, da es eine wichtige Rolle bei der Übermittlung elektrischer Impulse im Organismus spielt. Beim Schwitzen geht dem Körper auch Natrium verloren, und während Trinken den Wasserverlust ersetzt, gilt das nicht für das Natrium, das der Mensch normalerweise als in der Nahrung enthaltenes Salz aufnimmt. Durch den Natriumverlust sinkt die Osmolalität des Blutplasmas – die Menge der darin gelösten Teilchen – im Vergleich zu der des Wassers in den Körperzellen, und der Körper versucht, diese «osmotische Druckdifferenz» auszugleichen, indem er Wasser aus dem Blutplasma durch die Zellwände in die Körperzellen übertreten lässt. Dadurch können die Gehirnzellen anschwellen, was zu Krampfanfällen und – unbehandelt – zum Tod führt. Aus diesem Grund hebt die Werbung für «Sportler-Getränke» darauf ab, dass diese Elektrolyte enthalten, die die durch Schwitzen entstandenen Verluste ausgleichen.

Das Wasser in deiner *Girba* enthält jedoch kleine Mengen Salz aus den Brunnen der Oase und auch aus der Ziegenhaut des Schlauchs selbst. Das Problem des Natriummangels besteht also nicht. Außerdem stellen Wüstenwanderer mit einem Wasserdefizit im Körper oft fest, dass in der Abendkühle das Durstgefühl nachlässt. Du fühlst dich jetzt klarer im Kopf als während des heißen Tages. Den ganzen Nachmittag bist du immer wieder deine Möglichkeiten durchgegangen. Es ist jetzt offensichtlich, dass die Nomaden nicht nur schnell etwas zu erledigen hatten. Langsam denkst du, du solltest doch losgehen. Du *weißt*, dass es richtig wäre, hier zu bleiben. Das steht in jedem Survival- und Camping-Handbuch. Wenn man sich verirrt hat oder sonstwie in der Wildnis gestrandet ist, heißt die Grundregel Nummer eins: *Nicht noch weiter verirren*. Bleiben, wo man ist, und auf Rettung warten. Aber wer soll dich hier retten? Die einzigen Menschen, die wissen, dass du hier unter dieser einsamen Akazie, mitten in der Sahara, sitzt, sind die Nomadenkämpfer, und deren Bestreben ist es womöglich, dass du für immer verschollen bleibst. Natürlich ist da noch dein Chefredakteur. Du hast ihm vor zwei Wochen eine Postkarte geschickt, ihm von deinem Plan erzählt, mit der Karawane zu reiten. Aber es wird Wochen dauern, bis er die Karte bekommt, und dann noch weitere Wochen, bis er dich vermisst. Und außerdem, was würde er schon tun? Seine Lunchtermine für einen Monat absagen, einen Designer-Safarianzug erstehen und in die Sahara kommen, um dich zu suchen? Unwahrscheinlich. Allerdings würde er's vielleicht sogar tun, wenn er das Gefühl hätte, dass da drin eine gewisse Publicity für das Magazin und sein eigenes Savoir-faire als Chefredakteur steckt. Aber bis dahin wäre das angebliche Objekt seiner Bemühungen – du – längst tot.

Ja, vielleicht solltest du wirklich losmarschieren. Dir eine der Kamelspuren aussuchen, ihr folgen und das Beste hoffen. Vielleicht noch ein, zwei Stunden warten, ob sie heute Abend wiederkommen, und dann losgehen. Ein ziemlich beängstigender Gedanke – vor allem die Vorstellung, dass es wieder Tag wird und du allein durch diese endlose, glühende Leere marschierst, ohne die leiseste Ahnung zu haben, wohin. Aber wenn du nicht losgehst – wenn du's nicht mit ihr aufnimmst –, wird dich diese endlose, glühende Leere hier, wo du jetzt sitzt, genauso unausweichlich töten.

Ein heller Halbmond steht hoch am schwarzen Wüstenhimmel, als du deine Abmarschvorbereitungen triffst. Die Lufttemperatur ist auf wohltuende, fast schon kühle 21 °C gefallen. Aber auf deiner trockenen Gesichtshaut spürst du immer noch die unsichtbaren Infrarotstrahlen der Tageshitze, die vom Sand jenseits des Akazienschattens abstrahlen wie die Hitze der Glühspiralen eines Grillofens, den jemand am anderen Ende der Küche geöffnet hat.

Du hebst das Gewand auf und streifst es dir über, steckst die Arme durch die weiten Ärmel. Du versuchst, dir den *Tagilmust* nach Nomadenart um den Kopf zu wickeln, aber er löst sich immer wieder. Schließlich schlingst du ihn dir einfach ein paarmal um die Taille und verknotest ihn. Du steckst dein Notizbuch in die Gesäßtasche deiner Khakihosen. Im Lauf des Tages hast du dir ein paarmal Notizen zu deiner Situation und deinen Gedanken gemacht. Alles Material für deinen Artikel.

Du hängst dir die *Girba* am Lederriemen über die Schulter; sie und das Notizbuch sind deine beiden Zukunftsgaranten. Im Licht des hoch stehenden Halbmonds schimmert der Sand um dich herum wie ein endloses Meer von silbernen Wellen. Die Kamelspuren ziehen sich als dunkle Linien von deiner einsamen Akazie weg wie die Fäden eines Spinnennetzes. Jeder Spurenstrang markiert offenbar den Weg, den einer der Nomaden mit seinen zwei oder drei Kamelen genommen hat. Du hast seit Sonnenaufgang über dieses Problem nachgedacht und schließlich beschlossen, dem ineinander verflochtenen Spurenpaar zu folgen, das nach Osten führt. Das ist zwar die Richtung tiefer in die Wüste hinein, aber auch die Richtung, in welche die Karawane zog, ehe sie dich aussetzte. Seit der letzten Oase sind sie jetzt sechs Tage ohne Wassernachschub unterwegs. In den nächsten zwei, drei Tagen werden die Kamele trinken und die Nomaden ihre *Girbas* auffüllen müssen. Also müssen sie bald eine Wasserquelle finden. Das ist dein logischer Gedankengang.

Du trittst aus dem kleinen Mondschattenfleck der Akazie und setzt erst einen, dann den anderen sandalenbeschuhten Fuß in die offene Wüste hinaus, als trätest du zögernd aus der kontrollierten Atmosphäre eines Raumfahrzeugs auf die wasserlose, luftlose Mondoberfläche hinaus. Hinter dir lässt du deine einzige Verbindung zu der fruchtbaren, grünen Welt, in die du hineingeboren wurdest. Plötzlich ist da ein ängstliches Flattern in deiner Brust. Die Nomaden können jederzeit zurückkommen. Dann bist du nicht hier. Ihr verpasst euch. Aber dann wird dir klar, dass sie, wenn sie dich wirklich finden wollen, einfach deinen Spuren folgen können. Sie sind geborene Fährtenleser. Sie hocken sich neben einen Strang Kamelspuren und identifizieren – ähnlich wie ein Fingerabdruckexperte – anhand der Abdrücke im Sand ein bestimmtes Tier, das sie seit Jahren nicht mehr gesehen haben. Sie können an den Fußspuren eines Menschen ablesen, wie schnell dieser geht, in welcher Verfassung er ist, ob er es womöglich verdächtig eilig hat. «Das Gewissen eines Mannes», behaupten die Nomaden, «spiegelt sich in seinen Fußspuren.»

«Die Wüste und die Spuren lügen nicht», sagen sie.

Und dann haben sie noch so ein Sprichwort – eines, auf das du jetzt dein Leben setzt: «Die Spur führt zum Mann.»

Es ist dir gleichgültig, ob ihre Spur dich zu ihnen oder zu jemand anderem führt oder ob deine Spuren sie oder jemand anderen zu dir führen – Hauptsache, das Ergebnis ist reichlich Wasser für deine durstige Kehle.

Zuerst geht es sich leicht: Die breiten, dünnsohligen Wüstensandalen, die du dir in der letzten Oase gekauft hast, versinken kaum im Sand. Die Dünen rollen so sanft dahin wie Wellen auf flachem, strandnahem Wasser. Diese mächtigen Sandmeere bedecken nur einen Teil der Sahara und heißen auf Arabisch *Erg* oder *Areg* («Sandwüste») und auf Tamaschek *Edeyen*, wenn die Wellen flach, und *Iguidi*, wenn sie steil sind. Der Rest der Sahara besteht zum größten Teil aus Geröll- und Steinwüste, *Reg* oder *Serir* genannt, und wild zerklüftetem Felsterrain namens *Hammada* – was, mit gutem Grund, «dahinsterben» heißt.

Zu deinem Glück sind in den Dünen der *Erg* Spuren leicht zu erkennen. Du folgst dem dunklen Strang der Kamelspuren über die silbrigen Wellen. Dein Durst scheint nachgelassen zu haben. Du fühlst dich stark. Es tut gut, die wasserschwere *Girba* unter dem Arm und das Notizbuch in der Gesäßtasche zu spüren.

Nachdem der Sufi, dein Notizbuch schwenkend, den Vers des persischen Sufi-Dichters Hafis über das vergebliche Bestreben, Liebe aus Büchern zu lernen, rezitiert hatte, gab er dir das Büchlein zurück.

«Sie können weiter in Ihr kleines Buch schreiben, wenn Sie möchten», sagte er.

Während die Sonne am Wüstenhimmel über den schattenspendenden Palmen immer tiefer sank, erfuhrst du die Grundzüge der Lehre des Sufis, indem du ihm wohlbedachte Fragen stelltest und er dir mit seiner singenden, melodiösen Stimme Sufi-Verse vortrug und zwischendurch bruchstückhafte Erklärungen gab. Du bekamst mit, dass der im 9. Jahrhundert in Persien begründete Sufismus zwar Teil des Islams, aber auch eine Reaktion auf die Strenge des Islams ist und dass er den Menschen durch Dichtung und Musik, Tanzen und Singen dahin führen will, das eigene Selbst zugunsten eines mystischen, ekstatischen Einsseins mit Gott aufzugeben.

«Ein Sufi sein», zitierte er Abu Said von Mihneh, der im 11. Jahrhundert lebte, «heißt, alle Sorgen loszulassen, und es gibt keine schlimmere Sorge als dein Du-Sein. Wenn du mit deinem Selbst beschäftigt bist, bist du von Gott getrennt. Der Weg zu Gott ist nur ein einziger Schritt: der Schritt aus dir selbst hinaus.»

Du schriebst so schnell wie möglich mit, um alles Zitierbare festzuhalten. Ja, du dachtest, diese kurze Begegnung mit dem Sufi würde deinem Feature reichlich Farbe geben. Der Chefredakteur hatte noch nie etwas gegen einen Schuss fernöstliche Mystik in einem Reisefeature, vor allem, wenn es dabei irgendwie um rituellen Sex ging und man nicht zu viel darüber nachdenken musste. Zwar schien ritualisierter Sex im Sufismus nicht vorzukommen, aber dafür Glaubensproben und Trance, und beides war als Farbtupfer auch nicht schlecht.

«Die sieben Stadien», fuhr der Sufi mit eigenen Worten fort, «erreicht man nicht durch *Mushahada* – Kontemplation –, sondern durch *Mujahada* – Streben. Der Reisende muss das Selbst transzendieren, indem er beständig an der Lauterkeit seiner Absichten arbeitet und alle *Gharad* – Hintergedanken – auslöscht.»

Der Sufi hielt inne. Du schriebst noch weiter.

«Verstehen Sie?», fragte er.

«Verstche», sagtest du und blicktest rasch von deinen Notizen auf.

«Und Sie wollen immer noch den Weg des Sufis kennen lernen?», fragte er.

«Will ich», sagtest du. Du brauchtest noch mehr Material für dein Feature. Vielleicht würde er ja doch noch das Haschisch hervorholen oder in Trance fallen. «Machen wir weiter.»

«Der Reisende auf dem Weg des Sufis muss verstehen, dass Gott selbst ihm das Ziel der Selbstaufgabe zu erreichen hilft, indem er ihm rätselhafte Heimsuchungen schickt», sagte der Sufi. «Das wird dem Reisenden helfen, zum *Maut i ikhtiari* – zum freiwilligen Tod – zu gelangen.

Hitze weckt dich. Sengende Wüstenhitze. An deinem Kopf, deinen Armen und Beinen, in deinem Mund, deiner Kehle und selbst deiner Lunge. Du setzt dich mühsam auf. Du bist auf der Kuppe einer kleinen Düne. An der Stelle, wo du dich kurz vor dem Morgengrauen hingelegt hast, um dich auszuruhen. Du warst den Kamelspuren etwa sieben Stunden lang gefolgt und dabei – deiner Schätzung nach – etwa 20 bis 25 Kilometer durch die *Erg* marschiert. Entsprechend der Adolph'schen Regel – vier Liter Wasser auf 30 Nachtmarsch-Kilometer – hat dir diese Anstrengung rund drei Liter Flüssigkeit aus dem Leib gesogen. Klugerweise hast du viermal Halt gemacht, um zu trinken, jeweils etwa einen halben Liter, obwohl dein Durstgefühl gar nicht so stark war. Physiologen haben herausgefunden, dass Menschen, die in der Hitze arbeiten, währenddessen nie den Drang haben, so viel Wasser zu trinken, wie sie verlieren – dieser Drang setzt erst Stunden später ein. Bei deinen Trinkpausen hast du zwei dieser drei ausgeschwitzten Liter ersetzt. Doch unterm Strich hast du bei deinem Nachtmarsch einen Liter Flüssigkeit verloren, zusätzlich zu dem Defizit von 1,5 Litern, das du schon hattest, ehe du losmarschiert bist. Du hast dich also gegen Morgen mit einem Gesamtdefizit von 2,5 Litern auf der Sanddüne hingelegt und dann, in den vier Stunden, die du in der Frühsonne geschlafen hast, noch einen weiteren halben Liter verloren. Jetzt, da du in der sengenden Hitze aufwachst, fehlen dir bereits drei Liter oder (wenn man dein Gewicht auf 70 kg veranschlagt) eine Wassermenge von 4,3 Prozent deines Körpergewichts. Das ist immer noch nah genug an der 3-bis-4-Prozent-Marge, die nur «mäßige Beeinträchtigungen der Leistungsfähigkeit» bedeutet, aber du bist bereits mitten in jener Phase des «Wüstendursts», den die Wüstenratten und Goldsucher von einst mit «Schimpfstadium» etikettierten.

Du bist extrem durstig, vor allem in der Spätvormittagssonne. Dein Mund fühlt sich trocken an. Bei jedem Atemzug scheint ein heißer Wind in deine Lunge zu dringen und sie auszudörren. Die Sonne brennt wie etwas Materielles auf deinen aus den Gewandärmeln ragenden Unterarmen – wie der Dampf eines kochenden Teekessels. In der Nachtkühle hattest du die absolute Macht der Sonne schon fast vergessen. Jetzt lädt sie die Luft und den Sand um dich herum auf, als ob die Moleküle zu vibrieren begännen.

Du greifst nach der *Girba*. Ehe du dich bremsen kannst, hast du schon einen ganzen Liter in deine brennende Kehle gluckern lassen. Das kühle, mit Kameldungflöckchen durchsetzte Wasser verschafft dir sofort eine gewisse Erleichterung. Sorgsam ziehst du die Lederschnur am Hals der *Girba* wieder zusammen. Der Schlauch fühlt sich jetzt schon merklich kleiner und leichter an – nur noch 6 statt 10 Liter. Du hältst ihn auf dem Schoß. Du möchtest noch mehr trinken, traust dich aber nicht. Du hast ja keine Ahnung, wie weit du noch gehen musst, um einen Brunnen, eine Oase oder auch einen anderen Menschen zu finden, und der Inhalt des Wasserschlauchs ist das Einzige, was dich dorthin bringen kann.

Als du von deiner Düne hinabschaust, wird dir klar, dass jeder Quadratzentimeter Sand, so weit du blicken kannst, von derselben unbarmherzigen Intensität der Sonnenstrahlen aufgeheizt wird. Es ist, als ob du eine Tür geöffnet und eine Sauna von der Größe eines Kontinents betreten hättest. Wie weit musst du marschieren, um auch nur ein Fleckchen Schatten zu finden? Als du dich hochrappelst, schwankst du ein wenig – da der Wassermangel bereits deinen Gleichgewichtssinn beeinträchtigt – und du versuchst, dir den *Tagilmust* als Sonnenschutz um den Kopf zu wickeln. Es gelingt dir, ihn irgendwie zu verknoten und das eine Ende so um Nase und Mund zu schlingen, dass nur noch deine Augen frei sind. Das Gebilde scheint deinen Kopf gegen die Sonne zu isolieren und die Luft, die du durch den Schleier atmest, fühlt sich ein klein wenig kühler an. Du verstehst jetzt, warum die Nomaden mit dieser Gewandung so viel Körperoberfläche wie möglich gegen die Wüstensonne bedecken. Adolphs Untersuchungen ergaben überraschenderweise, dass ein Mann, der in Uniform in der Wüstensonne sitzt, *pro Stunde* über einen Viertelliter Wasser weniger ausschwitzt als ein nahezu nackter Mann, wenn auch das Gefühl ohne Kleider angenehmer sein mag.

Bis auf die Augen verhüllt, machst du dich wieder auf, immer den Kamelspuren nach. Es wird Sommer in der Sahara; dieser Tag ist bei weitem der heißeste, seit die Karawane vor zwei Wochen in die Wüste aufgebrochen ist. Du hast gelesen, dass an Sommertagen die Lufttemperatur in der Sahara 50 °C erreichen kann, der Sand sich noch stärker aufheizt und die Luft mit 5 Prozent Luftfeuchtigkeit knochentrocken ist. Während du jetzt dahinmarschierst, trommeln die Sonnenstrahlen wie Regen auf deine Haut. Die Luft flirrt und ist zäh wie Gummi. Die Hitze ist etwas Stoffliches, durch das du deinen Körper hindurchzwängen musst. Das blaue Gewand schirmt dich etwas ab, aber du spürst, wie die Hitze durch die dünnen Ledersohlen deiner Sandalen dringt. Die Hornhäute deiner Augen fühlen sich so heiß und trocken an, als stündest du an einem Feuer. Das Wasser hat geholfen, aber nicht für lange.

Beim Gehen in der Wüstensonne schwitzt der Mensch, um sich zu kühlen, enorme Mengen Wasser aus – einen Liter pro Stunde oder sogar noch mehr. Nach einer Stunde mühsamen Dahintrottens hast du weitere 1,5 Liter Wasser verloren, womit dein Wasserdefizit jetzt insgesamt 3,5 Liter oder 5 Prozent deines Körpergewichts beträgt. Das ist zwar noch kein Zehntel der Wassermenge, die dein Körper normalerweise enthält, aber du kommst jetzt ins «Wattemundstadium» des Dursts. Du wirst immer schwächer und beginnst zu stolpern. Dein Puls steigt von 70 auf 100, da durch den Wasserentzug dein Blutvolumen sinkt und dein Herz schneller schlagen muss, um Körper und Gehirn ausreichend mit Blut zu versorgen. Deine Haut glüht und kribbelt unter dem Gewand, die ersten Vorboten des Taubheitsgefühls, das Durstopfer überkommt. Austrocknung erzeugt oft innere Unruhe, was mit dem sinkenden Blutdruck zu tun haben mag. Dehydrierte Menschen fühlen sich häufig weniger unwohl, wenn sie in Bewegung bleiben. Du schleppst dich weiter.

Deine Gedanken kreisen jetzt zunehmend um Wasser. Du phantasierst von Wasser – Wasser, das in der *Girba* gluckst und schwappt, Wasser, das in kühlen Bächen unter Palmen dahinrinnt, Wasser in blauen Swimmingpools, Wasser, das aus gekühlten Trinkbrunnen spritzt, all den vielen Gläsern Wasser, die du nach dem Zähneputzen und Mundspülen ins Badwaschbecken gekippt hast. Wenn du die doch nur zurückholen könntest! Unter Aufbietung aller Willenskraft schaffst du es, nicht aus der *Girba* zu trinken. Aber du weißt nicht, wie lange du dich noch im Zaum halten kannst. Du mühst dich weiter vorwärts. Der Speichel in deinem Mund fühlt sich zäh an, und manchmal klebt dir die Zunge am Gaumen fest und du bekommst sie nur durch eine bewusste Muskelanstrengung wieder los. Dein Atem geht jetzt in kurzen, hechelnden Zügen, und die Luft, die du einziehst, fühlt sich heiß an. Deine Mund- und Rachenschleimhaut ist zu trocken, um jeden Atemzug zu befeuchten und zu kühlen. In deiner Kehle sitzt ein Kloß, den du durch Schlucken nicht beseitigen kannst; deine Luftröhre fühlt sich verklebt an. Dein Gesicht spannt, da das Gewebe schrumpft und immer strammer über den Wangen- und Kieferknochen sitzt. Ab und zu knackt es in deinen Ohren – die Geräusche des austrocknenden Ohrgewebes.

Dein Schritt wird langsamer. In der zweiten Stunde hast du einen weiteren Liter Wasser verloren, das bedeutet jetzt ein Gesamtdefizit von 4,5 Litern oder 6,4 Prozent deines Körpergewichts. In der Mittagssonne scheinen die Dünen weiß glühend. Jeder Schritt fordert jetzt mehr Anstrengung, einen größeren Willensakt – *heben … absetzen … heben … absetzen*. Wärst du mit einem Partner unterwegs, dann wäre das jetzt etwa der Punkt, an dem ihr anfangen würdet, euch zu streiten, euch gegenseitig zu misstrauen, sogar eine Zeit lang getrennt dahinzutrotten und euch dann wieder zu vereinen, nur um weiter mit euren heiseren, brüchigen Stimmen aufeinander einschimpfen zu können. Aber du hast keinen Partner. Stattdessen nimmst du innerlich deinen Chefredakteur aufs Korn. Der sitzt jetzt bequem in der ledergepolsterten Sitznische irgendeines Bistros in Manhattan, wo ihm der Kellner einen Strom perlenden, klimpernden Eiswassers ins Glas gießt. Er schaut gerade lange genug auf die Speisekarte, um gedünsteten Wildlachs in einem See von Dillrahmsauce und einen eisgekühlten Vouvray zu bestellen, und wendet sich dann wieder seinem Lunchpartner zu, um weiter über die schwierige Situation der Zeitschriftenbranche zu lamentieren. Hatte er auch nur die leiseste Vorstellung, was dich erwarten würde, als er dir diesen Auftrag gab? Hat es ihn überhaupt gekümmert? Wollte er die Story tatsächlich haben oder wollte er nur mal sehen, was du mit nach Hause brächtest? Und dir dann, falls er es doch nicht so fesselnd fände, die üblichen 25 Prozent Abfindung hinwerfen und basta? Und falls du gar nicht wiederkämst, denkst du jetzt, während du dich durch den glühenden

Sand schleppst und fieberhaft die satanische Logik des Chefredakteurs nachzuvollziehen versuchst, *würde er auch die 25 Prozent noch sparen*!

In einer Mulde zwischen Dünen siehst du einen Haufen Kamelmist. Die beiden Kamele haben hier Halt gemacht. Ihre Spuren führen ziellos im Kreis. Du siehst auch menschliche Fußspuren. Du hockst dich hin und studierst den Kameldung, zerkrümelst ihn zwischen den Fingern. Ein Nomade könnte genau sagen, wann das Kamel hier war – der Dung ist nach zwei Tagen durchgetrocknet. Du hingegen kannst nur schließen, dass es noch keine zwei Tage, aber mehr als ein paar Stunden her ist.

Du erhebst dich schwankend. Du versuchst, die beiden ineinander verflochtenen Kamelspuren wiederzufinden. Aber die Spuren trennen sich. Eine führt über die nächste Düne nach Süden, die andere weiter gen Osten. Jedes Kamel muss einen Reiter gehabt haben. Welcher Spur sollst du folgen? Das Problem türmt sich unüberwindlich vor dir auf. Du beschließt, dich erst mal in den heißen Sand zu setzen und nachzudenken. Die Beine knicken plötzlich unter dir weg, und dir wird klar, dass du an diesem Tag nicht mehr weitergehen wirst.

Am Abend brichst du wieder auf. Die glühende Nachmittagshitze hast du überstanden, indem du den heißen Sand an der Oberfläche weggescharrt, dich auf die kühlere Sandschicht darunter gesetzt und dein Gewand als eine Art Zelt für deinen Körper benutzt hast. Adolphs Untersuchungen ergaben – was Nomaden und alte Wüstenratten instinktiv wussten –, dass in der Wüstenhitze der Flüssigkeitsverlust am geringsten ist, wenn man in bekleidetem Zustand still im Schatten oder unter dem Nachthimmel sitzt, wobei man pro Stunde nur 0,3 Liter Wasser ausschwitzt. Bekleidet in der Sonne zu sitzen ließ den Wasserverlust durch Schwitzen auf 0,5 Liter pro Stunde ansteigen. Bekleidet in der Sonne zu liegen – wobei mehr Körperoberfläche den aufheizenden Sonnenstrahlen ausgesetzt ist – trieb die ausgeschwitzte Wassermenge auf 0,7 Liter empor. Nackt in der Sonne zu gehen war das Schlimmste, was der Wüstenwanderer tun konnte – mit ruinösen 1,2 Litern Wasserverlust pro Stunde.

Selbst in deinem Schattenzelt musste sich dein Körper abkühlen; deine Schweißdrüsen haben einen weiteren Liter Wasser hervorgepresst, der bei der minimalen Luftfeuchtigkeit von 5 Prozent sofort verdunstete. Du musstest trinken – viel trinken. Zwei Liter. Aber auch das hat dein Wasserdefizit nicht ausgeglichen. Dir fehlen noch immer 3,5 Liter – 5 Prozent deines Körpergewichts –, aber du fühlst dich jetzt stärker als während des Tages. Der Wasserschlauch hängt schlaff in deinen Armen, als du ihn aufhebst. Du schüttelst ihn. Nur noch 4 von den ursprünglich 10 Litern. Du hast keine Ahnung, wie weit du mit diesen 4 Litern noch kommen musst. Dir wird klar, wie rasant du deine Wasserreserven – in der *Girba* wie in deinem Körper – erschöpft hast, indem du bei Tageshitze marschiert bist. Als du pinkelst, ist dein Urin dunkelorange. Deine Nieren halten so viel Wasser wie irgend möglich zurück.

Der Mond – heute Nacht schon beinahe ein Dreiviertelmond – steht hoch und extrem hell am klaren Wüstenhimmel. Du folgst der Kamelspur, die nach Osten führt, nicht der nach Süden. In diese Richtung ist die Karawane ursprünglich gezogen, und du hältst an deiner Überzeugung fest, dass dort die nächste Wasserstelle liegen muss. Oder ist das Ganze eine Art Test? Ist es ein Trick, dass sich die Spuren trennen? Aber du weißt, dass die Nomaden demnächst Wasser brauchen werden. Wenn du heute Nacht etwa 20 bis 25 Kilometer schaffst und morgen Nacht noch einmal 15 oder 20, dann erreichst du bestimmt die Wasserstelle. Aber kommst du mit 4 Litern so weit?

Das Sandmeer der *Erg* wogt unverändert dahin. Du marschierst weiter – die *Girba* sicher unter dem Arm und das Notizbuch in der Gesäßtasche. Während der Nachmittagshitze hast du es sogar geschafft, ein paar Notizen zu machen. Über den Glauben der Sufis, Wanderer auf einem spirituellen Weg zu sein. Im hellen Mondlicht folgt dein Blick dem dunklen Faden der Kamelspur, der sich über die Dünen und durch die Mulden zieht, immer weiter, bis er dort verschwindet, wo der schwarze Himmel auf dem Wüstenhorizont ruht. Es erscheint dir kein Zufall, dass der Sufismus in Wüstengegenden entstand. Im leeren Herzen der Wüste ist die zentrale Metapher das Unterwegssein – die Reise, die einen ans andere Ende führt, lebend, aber irgendwie verändert.

Als du mit dem Sufi in der Oase zusammensaßest und das Blau des Spätnachmittagshimmels in Rosaorange des Abends überging, zogst du ein paar ausgeblichene, abgegriffene einheimische Geldscheine aus der Tasche und batest den Jungen, der dir als Dolmetscher diente, etwas grünen Tee und Palmzucker als Geschenk für den Sufi zu besorgen. Der Junge kam nach ein paar Minuten mit zwei Palmstrohbündeln und einer großen Melone zurück. Doch als du die Gaben dem Sufi überreichen wolltest, wies dieser sie zurück.

«Nein, das ist für Sie», sagte der Sufi. «Essen Sie die Melone und trinken Sie den Tee. Der Sufi auf dem Weg zur Liebe muss durch das Stadium der Armut gehen. Wenn das Selbst, das einst Reichtümer begehrte, nicht mehr existiert, ist das Stadium der Armut überwunden und die Liebe alles, was zählt. Deshalb sagen wir *idha tamima'l faqr, fahwallah* – wo vollständige Armut ist, da ist Gott.»

Jetzt verstandest du das mit dem Flickengewand und der schlichten Hütte. Vor Jahrhunderten bestand das ursprüngliche Outfit dieser Asketen in einem groben Gewand aus ungebleichter Wolle, dem so genannten *Suf* – daher der Name Sufi.

Der Junge lief mit den Geschenken zu einer nahen Lehmhütte, wo eine Frau den Tee auf einem kleinen Kohlebecken zubereitete und die Melone zerteilte. Als dir die Melonenschnitze und die Gläser mit Tee auf einem kleinen Holztablett gebracht wurden, bedeutete dir der Sufi mit seinem sanften Lächeln, dich zu bedienen.

Du folgtest gern seiner Aufforderung. Schließlich hattest *du* kein Armutsgelübde abgelegt. Die Melone war süß und saftig und der Tee süß und heiß und, obwohl voller Teeblätter und Faserstückchen vom braunen Palmzucker, so erfrischend wie immer in der Wüstenluft.

«Und die anderen sechs Stadien? Worin bestehen sie?», fragtest du den Sufi, während du versuchtest, zu essen und zu trinken und gleichzeitig Notizbuch und Stift bereitzuhalten. Das warf gewisse logistische Probleme auf, da man nach der hiesigen Tradition auf keinen Fall mit der linken Hand essen durfte und die rechte Hand auch deine Schreibhand war.

«Wir Sufis haben keine einzig wahre Lehre», antwortete der Sufi. «Jeder *Mushid*, das heißt Führer, mag seine eigene Abfolge von Stadien haben, aber die Stadien selbst gleichen sich großenteils.»

Er zählte die häufigsten Stadien auf:

1. *Tawba* – Reue oder Umkehr,
2. *Wara* – Furcht des Herrn,
3. *Zuhd* – Loslösung,
4. *Faqr* – Armut,
5. *Sabr* – Geduld oder Dulden,
6. *Tawakkul* – Vertrauen oder Hingabe an Gott,
7. *Rida* – Zufriedenheit.

Dann sah der Sufi zum Himmel empor und rezitierte mit seiner melodischen, singenden Stimme Sheik Attar (mit dem Beinamen «der Drogist», da das im Persien des 13. Jahrhunderts sein ursprünglicher Beruf gewesen war), einen der bedeutendsten Schriftsteller und Dichter des Sufismus, der seine Version der sieben Stadien so formuliert hatte:

Der Weg führt durch sieben Täler ... Das erste Tal ist das Streben und Suchen. Danach kommt das Tal der Liebe, dann das Tal des Wissens. Das vierte Tal ist die Loslösung und die Freiheit des Herzens. Das fünfte das reine Einswerden. Das sechste schmerzliche Verwirrung. Das siebte Armut und völliger Verlust des Selbst. Nach diesem Tal gibt es kein willentliches Weiter mehr: Das Gehen ist vorbei, hinfort wirst du gezogen.

Vor Tagesanbruch sitzt du noch ein paar Stunden da, den Kopf auf den Knien, und döst unruhig vor dich hin. Als der Himmel im Osten heller wird, erhebst du dich steif und gehst weiter. Dein Plan ist es, noch so weit wie möglich zu kommen, ehe die Sonne den Wüstensand aufheizt. Du schätzt, dass du in dieser Nacht noch einmal 20 Kilometer zurückgelegt hast. Aber die *Girba* fühlt sich jetzt wie ein leerer Sack an. Du schüttelst sie. Dir bleiben jetzt nur noch zwei Liter Wasser. Du bist langsam gegangen, um nicht noch mehr Flüssigkeit durch Schwitzen oder schnelles Atmen zu verlieren, aber selbst in der kühlen Nachtluft musstest du zwei Liter trinken, um den akuten Wasserverlust zu ersetzen und die Kraft zum Gehen zu bewahren. Du hast den Dehydratationsgrad gehalten, den du hattest, als du zu diesem Nachtmarsch aufgebrochen bist. Aber jetzt hast du die Hitze des Wüstentags vor dir, nur noch zwei Liter in deiner *Girba* und keine Ahnung, wie weit du noch laufen musst.

Nach der ersten Stunde bemerkst du eine allmähliche Veränderung der Landschaft. In den Senken zwischen den Sanddünen gehst du auf Geröll und einer Art hart gebackenem Lehm. Plötzlich hören die Dünen auf – du musst die *Erg* verlassen haben – jedenfalls fürs Erste. Du nimmst das als gutes Zeichen. Stattdessen bist du jetzt in einer sanfthügeligen Geröllwüste – der *Reg* –, wenn der Boden auch immer noch weich genug ist, dass du die Kamelspur erkennen kannst. Eine halbe Stunde später erreichst du etwas, das wie ein ausgetrocknetes Flussbett aussieht. Ein paar Vegetationsbüschel krallen sich in die steinige Furche. Die Spur führt weiter. Noch einmal eine halbe Stunde – und du kommst wieder an eine flache, ausgetrocknete Wasserrinne. Hier wachsen zwei krüppelige Akazien. Irgendwo tief unter der Oberfläche muss Wasser sein. Die Sonne steht jetzt schon hoch am Vormittagshimmel, und die Wüstenlandschaft verwandelt sich bereits in einen Backofen. Du weißt, du solltest im Schatten der Akazien bleiben, bis die Tageshitze vorbei ist. Aber du hast nur noch zwei Liter Wasser – ein mehr als dünnes Polster gegen die Intensität der Wüstenhitze. Du weißt nicht, ob du es mit diesem Pfützchen Wasser überstehst, noch einen ganzen Tag zu warten und dann die Nacht durchzumarschieren. Du spürst, dass nicht weit vor dir Wasser ist. Dir ist klar, dass das eine schicksalsschwere Entscheidung ist.

Du beschließt weiterzugehen.

Um die Mittagszeit weißt du, dass du ernsthaft in Schwierigkeiten bist. Es spielt keine Rolle mehr, ob die Entscheidung weiterzugehen richtig war. Für dich geht es jetzt nur noch darum, in Bewegung zu bleiben. Beim Marsch in der Vormittagssonne hast du die letzten 2 Liter getrunken. Die *Girba* baumelt leer an deiner Schulter. Aber das Wasser, das du im Lauf des Vormittags getrunken hast, konnte die 1,5 Liter, die du im Gehen ausgeschwitzt hast, nicht ersetzen. Mit dem Defizit von 3,5 Litern, das du bei Tagesanbruch hattest, sind das jetzt insgesamt 5 Liter oder 7,1 Prozent deines Körpergewichts, und du bist jetzt wieder im Wattemundstadium. Bei jedem mühsamen Schritt über die sanften Erhebungen der Geröllwüste erwartest du, eine Karawane an einem Brunnen rasten oder die tiefgrünen Palmwedel einer Oase einen Wasserlauf nachzeichnen zu sehen. Aber da ist weder noch. Alles, was du siehst, ist ein bläulicher Dunstschleier in der Ferne, der wie Berge aussieht. Dein Denken kreist nur noch um die Kamelspur, der es zu folgen gilt – diesem gemächlichen, zielstrebigen Trott – und um die Visionen von dem Wasser, das du am Ende finden wirst: die Oase, den Pool, den Trinkwasserbrunnen, das Glas mit Eiswasser auf dem Bistrotisch des Chefredakteurs. Du zwingst dich weiterzugehen. Das ist jetzt ein Wettlauf – ein mühsamer, stolpriger Wettlauf – zwischen dir und dem rapiden Flüssigkeitsschwund in deinem Körper, über die Distanz, die dich von der Rettung trennt. Nach einer weiteren Stunde hast du einen weiteren Liter Flüssigkeit verloren. Der Dehydratationsprozess beschleunigt sich jetzt. Bei 8 Prozent Wasserdefizit schlägt, wie Adolph bei seinen Experimenten mit Soldaten feststellte, das Herz um 40 Schläge pro Minute schneller – 110- statt 70-mal. Aber es pumpt bei jedem Schlag eine wesentlich geringere Blutmenge als unter Normalbedingungen. Da das Wasser in deinem Blutplasma benötigt wird, um in Form von Schweiß deinen Körper zu kühlen, dickt dein Blut ein wie Maschinenöl. Dein Puls steigt, und der Blutdurchsatz sinkt, weil es dein Herz immer mehr Energie kostet, das immer dicker werdende Blut weiterzubefördern.

Wenn du dich umdrehen würdest, könntest du deine eigenen Spuren in unsteten Schlangenlinien die *Reg* durchziehen sehen. Aber du folgst eisern weiter der Kamelspur in Richtung der bläulichen Berge, über die 10-Prozent-Defizit-Schwelle – 7 Liter – hinweg, und taumelst jetzt ins «Schrumpelzungenstadium». Da dein Blut immer mehr eindickt, tritt Wasser aus deinen Gewebezellen per Osmose ins Blut über, um das Blutplasma zu verdünnen. Dein Organismus saugt regelrecht die Flüssigkeit aus den Zellen, um das Blut flüssig zu halten. Bei jedem Herzschlag knackst es jetzt in deinen ausgedörrten Ohren und vor deinen Augen stieben Sterne. Manchmal hört es sich an, als käme Musik hinter dem nächsten Hügel hervor. Du versuchst, schneller zu gehen, um hinzukommen, merkst dann aber, dass es wieder nur deine eigenen Ohrgeräusche waren. Deine Haut ist kribbligtaub. Die Khakihose, die du unter dem Nomadengewand trägst, scheuert unangenehm auf deiner Haut. Du hast ja das Gewand, brauchst die Hose nicht. Du raffst das Gewand hoch, löst deinen Gürtel, lässt deine Hose und dann auch deine Boxershorts hinabrutschen und kickst dann beides von dir. Das luftige Gefühl um die Beine tut gut, erlöst deine ledrige Haut vom schlimmsten Scheuern. Doch dann siehst du dein Notizbuch noch in der Hosentasche stecken. Du hebst es auf. Das T-Shirt, das du unter dem Gewand trägst, hat keine Tasche. *Girba* und Notizbuch zu tragen ist zu viel. Du brauchst die leere *Girba* nicht mehr. Du lässt sie von deiner Schulter in den Sand gleiten und stolperst weiter.

Dein Kopf schmerzt jetzt, als zöge sich ein Eisenreif um deinen Schädel zusammen. Du kratzt und rupfst unter dem Turban an deinem Kopf herum. Du möchtest den Turban abwickeln und wegwerfen. Aber ein tiefsitzender Instinkt sagt dir, dass du das nicht tun darfst. Du atmest jetzt schwer durch ausgedörrte Atemwege. Deine Augenlider sind von der Austrocknung steif geworden und schließen sich nicht mehr richtig über den Augäpfeln. Du bekommst jetzt den typischen «starren Blick» von Durstopfern. Deine tauben Gliedmaßen scheinen nicht mehr mit deinem Körper verbunden; die Hand mit dem Notizbuch schwebt so seltsam vor dir, als gehörte sie jemand anderem. Ein Wüstengoldgräber im fortgeschrittenen Schrumpelzungenstadium sah, laut McGee, «einen saftig aussehenden Arm ganz in seiner Nähe … packte ihn, knabberte daran herum und sog gierig das Blut heraus; er hatte das vage Gefühl, dass der Besitzer des Arms, der weit weg schien, dagegen protestierte, und war sehr erstaunt, als er zwei Tage später feststellte, dass er selbst die Verletzungen davongetragen hatte».

Das feuchte Gewebe deines Körpers, das der Luft ausgesetzt ist, trocknet zuerst aus – Mund, Nase, Lippen. Du mumifizierst regelrecht von außen nach innen – bei lebendigem Leibe. Der Speichelfluss in deinem Mund ist völlig zum Erliegen gekommen; deine Zunge ist von einem dicken Belag aus eingetrocknetem Schleim überzogen und taub. Dein Zahnfleisch und deine normalerweise extrem feuchte Nasenschleimhaut schrumpfen durch den Wasserentzug. Deine Nase wird buchstäblich kleiner. Der Kloß in deiner Kehle fühlt sich jetzt an wie aus massivem Stein und rührt sich nicht von der Stelle, obwohl du unwillkürlich die ganze Zeit schluckst. Schließlich ist deine Zunge hart und tot. Da ist so ein komisches klackendes Geräusch in deinem Mund. Dir geht auf, dass deine verhärtete Zunge bei jedem deiner schleppenden Schritte wie ein Pendel am noch feuchten Gewebe ihrer Wurzel hin- und herschwingt und gegen deine Zähne schlägt. Dieses charakteristische Phänomen gab der Schrumpelzungenphase ihren Namen.

Spätestens in dieser Phase würden die meisten Durstopfer alles trinken, was flüssig ist, nur um ihren Mund zu befeuchten: Meerwasser, Blut, Urin – sei es der eigene oder der eines Tieres. Das Trinken von Urin kommt im fortgeschrittenen Stadium der Dehydratation häufig vor, und zu McGees Zeiten war es in den Wüstengegenden Mexikos und des amerikanischen Südwestens durchaus üblich, sich zumindest den Mund mit Urin zu befeuchten. Der menschliche Körper, der normalerweise etwa 1,5 Liter Harn am Tag ausscheidet, produziert selbst bei einem Wasserdefizit von 7 oder 8 Prozent des Körpergewichts noch verminderte Harnmengen, wenn man auch annimmt, dass der Harnfluss ganz zum Erliegen kommt, sobald man sich dem tödlichen Dehydrationsgrad nähert. Ob das Trinken von Urin etwas nützt, ist nicht ganz klar und hängt wahrscheinlich von vielen Faktoren ab; Meerwasser stillt aufgrund seines hohen Salzgehalts den Durst nicht. Anders ist es offenbar mit tierischen Körperflüssigkeiten. Wüstennomaden opfern manchmal in verzweifelten Situationen ihre Kamele – stechen ihnen ein Messer oder Schwert in den Bauch und trinken die blutige, gelblich grüne Flüssigkeit, die aus dem Schnitt hervorquillt. Einem Kommando der US-

Kavallerie, das 1877 in Texas eine Gruppe Indianer verfolgte, ging prompt das Wasser aus, und einige Soldaten berichteten später, dass sie nur überlebt hatten, indem sie Blut aus den Körpern ihrer sterbenden Pferde saugten, als sich der Trupp durch die Wüste zu dem See zurückschleppte, wo die blindwütige Jagd begonnen hatte.

Mit einem weiteren Klacken deiner Zunge bleibst du stehen. Du spürst ein entferntes Bedürfnis, deine Harnblase zu entleeren. Wenn du nur deine Zunge ausreichend befeuchten könntest, denkst du, könntest du weitergehen in Richtung der bläulichen Berge. Du hebst dein Gewand hoch. Schwankend versuchst du zu pinkeln. Es dauert lange, den Harn aus deinem Inneren herauszubefördern. Deine Augen scheinen noch trockener zu werden, während du so da stehst und dich zu konzentrieren versuchst. Du hast Mühe, mehr von der Kamelspur zu erkennen als eine verschwommene Linie auf die bläulichen Berge hin am Horizont. Endlich kommt unter Brennen ein schwaches Harnrinnsal – in der Farbe von rostigem Wasser. Du kannst etwas davon in der hohlen Hand auffangen. Du führst den Urin an den Mund. Da ist kein Ekel, nur Gier nach der Flüssigkeit. Du saugst den Urin zwischen deinen dünnen, ausgetrockneten Lippen hindurch, hältst ihn im Mund, um deine Zunge zu befeuchten – er schmeckt salzig und nass –, und schluckst ihn dann hinunter, was für den Moment das Kloßgefühl in deiner Kehle lindert. Du hältst die Hand wieder hin, um noch mehr aufzufangen, aber da kommt nichts mehr, sosehr du dich auch bemühst.

Der erste Windstoß trifft dich von hinten, lässt dich vorwärts taumeln, als ob du über einen großen Stein gestolpert wärst. Die zweite Bö wirft dich um. Du kauerst auf allen Vieren auf dem glühenden Wüstenboden, dein Notizbuch noch immer mit der rechten Hand umklammernd, während der Sandsturm als heiße, gelbbraune Wolke aus Staub und feinen Sandpartikeln über dich hinwegfegt. Geduckt versuchst du dir, während der Wind an deinem Gewand zerrt und der Sand auf deiner Haut schmerzt, den *Tagilmust* fest um den Kopf zu wickeln, aber der Wind reißt dir das Ende aus den Händen, sodass es wie eine Fahne im Sturm flattert. Also verkriechst du dich stattdessen in deinem Gewand, wo dein Gesicht vor dem schmerzhaften Sand und dem heißen Wind geschützt ist, und sitzt schwankend und fiebrig da und willst nur weiter.

Du musst daran denken, wie du zum ersten Mal die Sahara gesehen hast, woraus die Idee und der Wunsch erwuchsen, wiederzukommen und mit den Nomaden in die Wüste zu ziehen. Du warst beruflich in Südspanien gewesen, hattest die Fähre nach Marokko genommen, dir in Tanger einen Wagen gemietet und warst damit nach Süden gefahren, über die Gebirgskette des Hohen Atlas an den Rand der Wüste. Als du auf der schmalen Teerstraße die Passhöhe erreicht hattest, konntest du weit über die riesige Fläche der Sahara schauen. Tief unter dir blies ein Sandsturm und füllte das Wüstenbecken mit einem Meer aus leuchtend gelbem Dunst, während darüber der Himmel immer noch klar und blau war. Als du zu einer Oase am Wüstenrand hinunterfuhrst, schliff der Sturm wie ein Sandstrahlgebläse den Lack auf der Haube deines Mietwagens ab.

Jetzt kauerst du auf dem Grund dieses gelben Sandsturmozeans, in dein Gewand verkrochen, die Arme um deinen Körper geschlungen, um dein Leben festzuhalten.

Der Sturm hört so plötzlich auf, wie er angefangen hat. Du steckst den Kopf aus dem Gewand. Erst beim dritten Versuch kommst du auf die Beine. Du versuchst, dich zu orientieren. Etwas fehlt: dein Notizbuch. Du hattest es in der Hand, musstest es dann aber weglegen, um dir das Gewand über den Kopf zu ziehen. Jetzt fliegt es wohl mit 70 bis 80 Stundenkilometern in südwestlicher Richtung davon.

Du bist zu stark dehydriert, um den Verlust wirklich zu begreifen. Du taumelst weiter, immer der vagen Linie der Kamelspur nach.

Mit 12 Prozent Wasserdefizit hast du eine entscheidende Schwelle überschritten. Du kannst jetzt nicht mehr schlucken, und selbst wenn du Wasser fändest, bräuchtest du Hilfe, um es aufzunehmen. Der tödliche Bereich der Dehydratation beginnt bald – bei etwa 15 Prozent Defizit. Niemand weiß genau, wo die Grenze zwischen den letzten beiden von McGee beschriebenen Durststadien liegt. Lippen, Zahnfleisch, Zunge und anderes Gewebe werden rissig, es bilden sich schwärende Wunden, und die Zunge schwillt so stark an, dass sie sich zwischen Zähnen und Lippen hindurchzwängt. Fliegen sammeln sich auf der Zunge und an anderen Stellen, saugen die blutige Flüssigkeit, die aus den Wunden quillt, und die blutigen Tränen an den Augenrändern auf. Aasfressende Vögel sammeln sich um den Verdurstenden. Ein Freund von McGee, der die mexikanische Seri-Wüste wie seine Westentasche kannte, rettete dort einmal einen *Vaquero*, der von seinem Pferd abgeworfen worden war, und erklärte in seiner drastischen Schilderung, der Mann habe, als er ihn fand, «Blut geschwitzt und mit den Geiern gekämpft». Diescs Stadium des Wüstendursts heißt bei McGee «Blutschwitzstadium».

Das letzte Stadium – das «Lebender-Leichnam-Stadium» bei McGee – ist die kontinuierliche Fortsetzung des vorangegangenen. Wenn man den Spuren folgt, die Verdurstende im Staub und Sand hinterlassen, schreibt McGee, kann man erkennen, dass sie sich Haarbüschel ausgerissen haben, weil sie an ihrer Kopfhaut herumzerrten, um das Gefühl des Eisenreifs um den Schädel zu lindern. Sie halluzinieren, dass Felsen, Sträucher oder spitzdornige Kakteen Wasserlöcher oder -krüge sind, und verletzen sich Finger und Gesicht beim Versuch, daraus zu trinken. Auch der modernen Wissenschaft ist nicht klar, woran Verdurstende letztlich sterben. In Fällen von Wüstendurst bei hohen Temperaturen ist es vermutlich der Hitzschlag, da ein schwer dehydrierter Mensch Körperwärme nicht mehr effizient abführen kann.

Doch auch in den beiden fortgeschrittensten Durststadien können Verdurstende noch einem Wasser verheißenden Weg folgen, obwohl sie fast nichts mehr sehen und sich kaum noch zu bewegen vermögen. Irgendetwas sagt dir, dass du weitergehen musst. Jetzt stolperst du nur noch. Du hörst ständig Geräusche, Musik und das raue Pfeifen deines Atems in der ausgedörrten Lunge. Immer wieder verschwimmt die Wüstenlandschaft zu einer leuchtenden oberen und einer dunkleren unteren Hemisphäre, die von der Kamelspur getrennt wird. Das Gewand scheuert an deiner pergamentenen Haut, und du fühlst eine schmerzhafte Enge um die Brust. Du brauchst das Gewand nicht. Es ist zu warm. Du ziehst das Gewand aus, streifst auch dein T-Shirt ab, löst den *Tagilmust* mit den Eisenbändern, die sich um deinen Kopf zusammengezogen haben. Diese nackten, verdorrten, rissigen Arme und Beine gehören nicht dir. Sie stammen von irgendeinem Tier und verwandeln sich hier langsam in Leder. Da ist auch ein Mensch. Du siehst ihn von fern. Er ist sehr müde und durstig. Du lässt ihn hinter dir, bei dem Kleiderhäufchen und den Armen und Beinen.

Du stolperst weiter, immer der dünnen Linie nach, die sich zwischen den verschwommenen Hemisphären aus Licht und Dunkel dahinzieht.

Spät an diesem Nachmittag treibt ein Nomadenjunge in einem mit spärlichen Grasbüscheln bewachsenen *Wadi* – einem wasserlosen Flusstal, das nach Regenfällen zeitweise Wasser führt – die Ziegen und Kamele seiner Familie zusammen. Plötzlich sieht er ein seltsames nacktes Etwas über die trockenen Steine kriechen. Zuerst hält er es für ein Tier, das er nicht kennt, vielleicht eines jener Krokodile, die angeblich in den Seen des tiefen Südens leben – doch als er vorsichtig näher herangeht, hat es Ähnlichkeit mit einem Menschen. Keinem *Imazighen*, sondern einem «Franzosen» – der Nomadenbegriff für alle Europäer. Die Haut ist seltsam grau, die Lippen sind eingeschrumpft und schwarz, die Nase sieht aus wie zwei kreisrunde Löcher im Schädel, und die Augen starren den Jungen reglos an, während der Brustkorb des Mensch-Tier-Wesens mit einem bellenden Geräusch pumpt. Der Junge nähert sich dem Mensch-Tier-Wesen, den Hirtenstab parat, um es, wenn nötig, in die Flucht zu schlagen, aber das Wesen scheint die Bewegung wahrzunehmen und darauf zu reagieren; seine Arme geben nach und es fällt bäuchlings in den Sand und die Steine.

Der Junge lässt es dort liegen. Er rennt in seinen Sandalen und seinem Nomadengewand zu dem Lager in der kleinen Oase am Fuß der Berge und berichtet seinem Vater, was er gesehen hat. Rasch reiten mehrere Männer auf Kamelen los, geführt von dem Jungen, der vor seinem Vater auf dem Kamelrücken sitzt. Sie wissen, es ist kein Krokodil, sondern ein ausgedörrter «Franzose». Sie heben ihn hoch – er ist nicht schwer, eher wie ein ausgetrockneter Ziegenhautschlauch – und hieven ihn in einen Kamelsattel, wo der hinter ihm sitzende Nomade ihn festhält. Dann bringen sie ihn in ihr Lager.

Sie legen ihn auf den sandigen Boden, und die Nomadenfrauen – manche mit bloßen Brüsten – kommen aus ihren Ziegenhaarzelten, um zu sehen, wie der ausgetrocknete «Franzose» vom Kamel gehoben wird. Seine Haut umspannt die Knochen, sein Bauch ist eine tiefe Höhlung.

«Wie ein Ziegenlamm, das seine Mutter verloren hat», sagt eine der Frauen.

Wenn dieser Ort keine abgelegene Oase in der Sahara, sondern die Notaufnahme eines westlichen Krankenhauses wäre, würde man ihm jetzt sofort Infusionen geben und ihm eine

Kochsalzlösung zuführen, deren Zusammensetzung exakt reguliert würde, sobald Blutuntersuchungen einen Mangel an Natrium oder anderen Stoffen ergeben hätten. Doch bis zur nächsten medizinischen Betreuungsstation – einer einzelnen Dorfkrankenschwester – sind es ein paar Hundert Kilometer durch *Reg* und *Erg*. Darum bereiten die Frauen und Männer gemeinsam alles für die traditionelle Behandlung von Wüstendurstopfern vor, jene Methode, welche die Wüstenbewohner aus jahrhundertelanger Erfahrung entwickelt haben und die in den dreißiger Jahren des 20. Jahrhunderts ein französischer Militärarzt bei den Gorane der Zentralsahara studierte und detailliert aufzeichnete. Manche Durstopfer können nicht mehr schlucken, und wenn ein Verdurstender zu dem Zeitpunkt, da er aufgefunden wird, noch schlucken kann, ist seine Gier nach Wasser so groß, dass er Mengen in sich hineinkippt, die zum Erbrechen führen.

Die Frauen holen jetzt Wasserschläuche und ein Gewand. Die Männer hocken sich um die ausgetrocknete Gestalt und würden ihr jetzt alle Kleider abstreifen, wenn sie noch welche anhätte. Das Opfer ist halb ohnmächtig, bewegt sich unkoordiniert, bewegt die Lippen, als wollte es etwas sagen. Die Männer träufeln vorsichtig tropfenweise Wasser auf bestimmte Hautpartien – in die Höhlungen über dem Schlüsselbein, in die Achselhöhlen, die Ellbogenbeugen, die Magengrube und die Leistenbeugen. Sie beklopfen die befeuchtete Haut sachte mit den Händen. Dann geben sie langsam – Tropfen für Tropfen – Wasser auf Kopf und Gesicht des Mannes, klopfen es ebenfalls leicht ein, wiederholen dann die Prozedur an den Beinen. Sie nehmen ein Gewand, besprengen es mit Wasser und bedecken den befeuchteten Körper damit. Der Mann sinkt in einen leichten Schlaf. Bald darauf erwacht er wieder. Er erzeugt Geräusche mit dem Mund. Die Nomaden gießen Wasser aus einer *Girba* in eine Holzschale und geben ihm ein klein wenig davon zu trinken. Er schluckt mit großer Mühe. Dann nehmen sie das Gewand wieder weg, träufeln ihm erneut Wasser auf die empfindlichen Hautpartien, beklopfen diese sanft, bedecken ihn wieder, geben ihm noch ein wenig Wasser zu trinken, wiederholen das Ganze in einem fort. Schließlich fällt der Mann in einen tiefen Schlaf.

Das Erste, was du hörst, sobald du zu dir kommst, ist Musik – langsames, rhythmisches Trommeln und etwas, das wie Tamburine klingt. Da sind auch Stimmen – eine Art Gesang. Du öffnest die Augen. Du liegst auf dem Boden. Über dir wölbt sich der Himmel in den kühlen Blaurottönen der Abenddämmerung. Palmwedel umrahmen den blauroten Himmel, und orangefarbener Feuerschein flackert die Palmstämme empor, erhellt die dicken Dattelbüschel. Köpfe mit blauen Turbanen pulsen rhythmisch über dir, ein Ring von Köpfen, der sich im Takt der Trommeln zusammenzieht, wieder dehnt, erneut zusammenzieht, sich dabei langsam um dich dreht wie ein Rad um seine Nabe. Die Nomaden tanzen.

Du nimmst jetzt deine Schwäche und deinen Durst wahr. Dein Mund ist nicht mehr trocken, aber du verspürst einen Durst, der aus deinem innersten Kern kommt, durch deine Gliedmaßen geht und darüber hinaus reicht, in die Wüstennacht – ein Durst, so unendlich wie die Sahara selbst. Ein verschleierter Mann hockt sich jetzt neben dich. Seine Augen über dem Schleier glitzern im Feuerschein; er schiebt dir eine Hand unter den Kopf und hebt diesen leicht an, während er dir mit der anderen Hand eine Schale mit Wasser an die Lippen hält. Du trinkst. Es ist das köstlichste, kühlste Wasser, das du je gekostet hast – artesisches Wasser, das in der Steinzeit als Regen in einem weit entfernten Teil der Sahara niederging und langsam unter dem Sand dahinwanderte, um dann hier durch einen Bruch zwischen undurchlässigen Schichten emporzuquellen und die Palmen der Oase und ihre Büschel saftiger, sonnensüßer Datteln zu nähren.

Das Wasser, das zwischen deinen Lippen hindurchströmt, erscheint dir als ein Wunder. Inmitten der saugenden Trockenheit des Wüstensands, der überhitzten, wasserlosen Luft darüber und des leblosen Vakuums des Himmels, das beides überspannt, hat diese eine Schale Wasser irgendwie überdauert. Alles Gold und alle Bücher der Welt sind nichts im Vergleich zu dieser einen Schale Wasser. Ohne diese eine Schale Wasser wärst du einfach nur Staub, der durch diesen leeren Himmel driftet.

Du wirst wieder müde, während um dich herum die Trommeln und Tamburine und der Gesang ertönen und die verschleierten Gesichter, funkelnden Augen und schwingenden Gewänder im Feuerschein vor dem jetzt schwarzen Himmel langsam um dich kreisen. Veranstalten sie dieses ganze Singen und Tanzen deinetwegen? Du weißt es nicht. In diesem Augenblick interessiert es dich auch nicht ernsthaft. Du entgleitest in einen Traum von Tälern – trockenen, kahlen, sandigen, mondbeschienenen Tälern, eins nach dem anderen –, die du mühsam durchquerst. Auf der anderen Seite erwartet dich etwas Gutes. Du weißt nicht, was oder warum, du weißt nur, dass du weitergehen musst, einen sandigen Hang hinab, über den harten Grund, den anderen weichen, nachgiebigen Hang wieder hinauf. Du hattest eine Holzschale in der Hand, die äußerst wichtig ist, aber irgendwie hast du sie verloren. Du vermisst sie, aber du weißt, du musst sie hinter dir lassen und weitergehen.

Im Traum fallen dir Passagen des Rumi-Gedichts ein, das dir der Sufi vorgetragen hat:

In welchem Zustand du auch sein magst, setze die Suche fort!
Du Trockenlippiger, sei stets auf der Suche nach Wasser!
Die trockene Lippe ist ein sicheres Zeichen
Dass sie am Ende die Quelle finden wird.

Diese Suche ist eine gesegnete Unrast
Sie überwindet jedes Hindernis
Ist der Schlüssel zu dem, was du begehrst.
Wenn du auch kein Gefäß hast, höre nicht auf
zu suchen …
Früher oder später wird der Suchende zum Findenden.

Als du aufwachst, ist der Kreis der Gesichter weiter geworden. Nun dreht er sich schneller, und die Trommeln und Tamburine sind jetzt lauter, ein wilder Tanzrhythmus. Ein paar staubige, rissige, verhornte Füße drehen sich neben deinem Kopf im Sand. Du hebst den Blick, siehst ein wirbelndes Flickengewand und dann, im flackernden Feuerschein, ein Gesicht, das du kennst. Es ist der Sufi. Er wirbelt im Zentrum des Nomadenkreises um seine eigene Achse, die Arme ausgebreitet, schnell wie ein Kreisel. Jetzt begreifst du, was sie da machen. Er hat dir den Sufi-Brauch des *Sama* beschrieben – ein Ritual aus singend rezitierten Versen, großenteils Liebesgedichten –, Musik und Tanz, das die Teilnehmer in einen tranceartigen Zustand der Ekstase versetzt. Der im Mittelpunkt des Kreises wirbelnde Sufi repräsentiert die Sonne, die Tänzer sind die Planeten.

Aber wie kommt der Sufi hierher? Er sollte doch in der letzten Oase sein, fast zweihundert Kilometer durch *Erg* und *Reg*.

Einer der verschleierten Männer jenseits des Kreises sieht, dass du wieder wach bist, und tritt mit einer Schale Wasser zu dir. Er hockt sich neben dich und hält dir die Schale ein weiteres Mal an die Lippen.

Nachdem du wieder ein paar Schlucke getrunken hast, versuchst du dich ihm durch das Trommeln und den Gesang mit deinen paar Brocken Tamaschek verständlich zu machen.

«Woher kommt dieser Sufi?», fragst du.

«Von weit weg», antwortet der Nomade.

«Aber wie ist er hierher gekommen?», fragst du.

«Wissen Sie das nicht?», sagt der Nomade. «Er hat Sie doch hierher gebracht. Er hat Sie in die Wüste hinausgeschickt, und er hat die Spur hinterlassen, damit Sie ihr folgen konnten.»

Dein Erlebnis in der Wüste wird dich nach und nach auch andere Dinge verstehen lassen. Die Wüste ist tatsächlich ein Ort der Nacktheit, der einen aller überflüssiger Schichten des Selbst entkleidet. Wie auch der sauerstofflose Gipfel eines Himalajariesen oder die lautlose, reglose Kälte einer arktischen Nacht bei minus 40 °C lehrt dich die Wüste, wie dünn diese Schicht des Lebens ist und wie zerbrechlich die eigene Verankerung darin. Um aus dieser Schicht herauszutreten, brauchst du dich nur in einer kalten Winternacht deiner Kleidung zu entledigen oder ein paar Stunden ohne Wasser in der heißen Sonne zu gehen. Und wenn du aus dieser Schicht heraustrittst, wird alles so klar: die Ichbezogenheit, Eitelkeit, Bedeutungslosigkeit – und oft Kleinlichkeit – so großer Teile dessen, was als normales menschliches Streben und Trachten gilt. Das ist es, was dir die großen Religionen, die Schamanen und Sufis zu sagen versuchen – dass es aus dem Selbst herauszutreten gilt, das einen blind macht. Das ist es, was der Sufi weiß, wenn er auf seinem Weg zum Einssein mit Gott alle materiellen Güter und jedes weltliche Streben hinter sich gelassen hat und sich in der nackten, nächtlichen Wüste ekstatisch unter den Sternen dreht.

Das ist der Grund, warum du Berge besteigst, im Wildwasser paddelst, in die Wüste hinausziehst und entlegene Orte aufsuchst – das Bedürfnis, das Überflüssige abzustreifen, die schützenden Grenzen zwischen dem, was man Selbst nennt, und etwas Größerem aufzuheben. Dein Körper ist immer noch schwach und verschrumpelt und nimmt langsam Wasser auf, um wieder ganz ins Leben zurückzukehren, aber schon jetzt, da du hier im Sand liegst und die Flammen des Feuers ins Dunkel emporlodern, lockt dich die Wüste wieder. Die Berge locken dich, sie zu besteigen. Die Flüsse locken dich, sie zu befahren. Die entlegenen Orte winken.

Die Frage ist nicht, ob du wieder losgehen wirst.

Die Frage für dich ist: *Wohin als Nächstes?*

Und die andere Frage ist: *Wie weit?*

Anmerkungen

Kapitel 4

1 Die Zahlen wurden entnommen aus: «Avalanche Survival Chances», Zuschrift von M. Falk u. a., in: *Nature*, 1994, 368:21, und aus: «Respiration During Snow Burial Using an Artificial Air Pocket» von Dr. Colin K. Grissom u. a., in: *Journal of the American Medical Association*, 3. Mai 2000.

Kapitel 5

2 Alle Steller-Zitate in diesem Kapitel stammen aus: Georg Wilhelm Steller, *Reise von Kamtschatka nach Amerika*. Brockhaus, 1974.

3 Die übliche Tageszuteilung eines britischen Seemanns im Jahr 1740 sah etwa so aus: 1 Pfund Mehl, 4 l Bier oder eine Ration Schnaps, 1 Pfund gepökeltes Rind- oder Schweinefleisch, 60 g Käse, 30 g Butter, 200 g Hafermehl und 135 g Trockenerbsen oder -bohnen. Aus: Kenneth Carpenter, *The History of Scurvy and Vitamin C*.

4 William Shakespeares Schwiegersohn John Hall, Arzt in Stratford-on-Avon, hinterließ detaillierte Aufzeichnungen über die erfolgreiche Anwendung von Löffelkraut bei Skorbutpatienten, die an Land erkrankt waren. Unter diesen war auch seine Frau – Shakespeares älteste Tochter Susanna –, die sich 1630 mit 47 Jahren eine Skorbuterkrankung zuzog. Ihre Symptome bestanden u. a. in «Lendenschmerzen, Zahnfleischverfall, stinkendem Atem, Melancholie, Winden, Herzrasen, Trägheit, Atemschwierigkeiten, Angst vor der Mutter, Obstipation und quälendem Bauchschmerz sowie lang anhaltender Unruhe und Schwäche».

5 Dieses auch «Stellersche Seekuh» genannte Wassersäugetier wurde bis zu 8 m lang, bewegte sich mit Hilfe seiner waagrecht stehenden Schwanzflosse durchs Wasser und ernährte sich von Seetang. Beschrieben wurde es erstmals von Steller, der Hunderte von Tieren und Pflanzen Sibiriens und Amerikas erfasste und nach dem auch die amerikanische Häherart Steller's Jay und der Steller's Sea Eagle (Riesenseeadler)

benannt sind. Binnen dreißig Jahren nach ihrer Entdeckung durch Steller wurde diese Seekuhart von russischen Pelztierjägern ausgerottet.

Kapitel 6

6 S = M – E ± (R + C) – (± W)
Dabei ist S = Wärmespeicherung im Körper; M = Energieumsatz; E = Wärmeverlust durch Verdunstung; R + C = Wärmeverlust durch Abstrahlung und Konvektion, wenn das Vorzeichen positiv ist; W = Arbeit, wobei + W verausgabte Arbeitsenergie und – W vom Körper absorbierte Arbeitsenergie bedeutet. Die Werte für W sind gewöhnlich im Vergleich zu M klein. Aus: R. H. Strauss (Hg.), *Sports Medicine and Physiology*. W. B. Saunders Co., 1979.

Kapitel 7

7 Bei punktförmigen Massen ist die Anziehungskraft F (Gravitationskraft) gemäß der klassischen Newton'schen Mechanik proportional dem Produkt der beiden Massen m_1 und m_2 und umgekehrt proportional dem Quadrat ihrer Entfernung r (Newtonsches Gravitationsgesetz):

$$F = f \times \frac{m_1 \times m_2}{r^2}$$

Dabei ist r der Radius oder die Entfernung.

Kapitel 8

8 Baily, S. A., Ishiakari, S. A. und Callahan, M. V., «Human death from animal attack 1978–1995», Datensammlung von Remotc Care Management. Die Zahlen der Todesopfer von Krieg und Gewaltverbrechen variieren je nach Jahr und Quelle. Die WHO-Statistiken für 1998 weisen 736 000 Tote durch Gewaltverbrechen und 588 000 Kriegstote aus; für 1999 sind es 527 000 Tote durch Gewaltverbrechen und 269 000 Kriegstote. *World Health Report 1999* und *World Health Report 2000*. WHO, 1999/2000.

9 Unveröffentlichte Beobachtung von Callahan, M. V. und Pitts, R. M., erwähnt in «Field Recognition and Management of Exotic Snake Envenomation», Vortrag von Michael V. Callahan beim Wilderness Medicine Congress in Keystone, Colorado, Juli 2000.

Literatur

Outdoor-Medizin

AUERBACH, PAUL S.,/DONNER, HOWARD J./WEISS, ERIC A.: *Field Guide to Wilderness Medicine*. Mosby, St. Louis 1999

AUERBACH, PAUL S. (Hg.): *Wilderness Medicine: Management of Wilderness and Environmental Emergencies*. Mosby, St. Louis 1995

FOGEY, WILLIAM: *Wilderness Medicine: Beyond First Aid*. The Globe Pequot Press, Old Saybrook 1999

WILKERSON, JAMES: *Medicine for Mountaineering and Other Wilderness Activities*. The Mountaineers Books, Seattle 1992

Allgemein

BODANIS, DAVID: *The Body Book*. Little, Brown & Co., Boston 1984

BYOCK, IRA: *Dying Well: The Prospect for Growth at the End of Life*. Riverhead Books, New York 1997

EDHOLM, O. G./BACHARACH, A. L.: *The Physiology of Human Survival*. Academic Press, Chestnut Hill 1975

HOFFMANN, YOEL (Hg.): *Japanese Death Poems*. Charles E. Tuttle Co., Tokio/Boston 1986

KÜBLER-ROSS, ELISABETH: *Interviews mit Sterbenden*. Droemer Knaur, München 1999; *Reif werden zum Tode*. Gütersloh 1995

NATIONAL GEOGRAPHIC SOCIETY: *The Incredible Machine*, Washington 1986

NULAND, SHERWIN B.: *Wie wir sterben: Ein Ende in Würde?* Droemer Knaur, München 1996

PANDOLF, KENT B./SAWKA, MICHAEL N./GONZALES, RICHARD R. (Hg.): *Human Performance Physiology and Environmental Medicine at Terrestrial Extremes*. Cooper Publishing Group, o. J.

SCHÖLMERICH, JÜRGEN (Hg.): *Harrisons Kompendium Innere Medizin*. Blackwell Wissenschafts-Verlag, Berlin 1997

SCHWARTZ, GEORGE R.: *Principles and Practice of Emergency Medicine*. Lippincott Williams & Wilkins, Philadelphia 1999

STEIN, JAY H. (Hg.): *Internal Medicine*. Mosby, St. Louis 1994

TAKAHASHI, TAKEO: *Atlas of the Human Body*. Harper-Collins, New York 1994

Unterkühlung

BURTON, ALAN C./EDHOLM, OTTO G.: *Man in a Cold Environment: Physiological and Pathological Effects of Exposure to Low Temperatures*. Arnold, London 1955

COLLINS, K. J.: *Hypothermia: The Facts*. Oxford University Press, New York 1983

FOGEY, WILLIAM W.: *Basic Essentials: Hypothermia*. Globe Pequot Press, Old Saybrook 1999

KAVALER, LUCY: *Freezing Point: Cold as a Matter of Life and Death*. John Day, 1970.

Ertrinken

LAO-TSE: *Tao-Tê-King*. Reclam, Stuttgart 1979

MODELL, JEROME H.: *The Pathophysiology and Treatment of Drowning and Near-Drowning*. Charles C. Thomas, Springfield 1971

SHEPARD, ROY J.: *Exercise Physiology*. B. C. Decker, Toronto 1987

STRAUSS, RICHARD H. (Hg.): *Sports Medicine and Physiology*. W. B. Saunders, Philadelphia 1979

Höhenkrankheit

BLUM, ARLENE: *Annapurna: A Woman's Place*. Sierra Club Books, San Francisco 1980

CURRAN, JIM: *K2: Triumph and Tragedy*. Houghton Mifflin, Boston 1987

DAVIDSON, ART: *Minus 148°: First Winter Ascent of Mt. McKinley*. The Mountaineers Books, Seattle 1969

EVANS-WENTZ, W. Y.: *Das tibetanische Totenbuch oder Die Nach-Tod-Erfahrung auf der Bardo-Stufe*. Walter Verlag, Düsseldorf 2000

HERZOG, MAURICE: *Annapurna*. Lyons Press, New York 1997

HOUSTON, CHARLES S.: *Hypoxia: Man at Altitude*. Thieme, Stuttgart 1998

HULTGREN, HERBERT N.: *High Altitude Medicine*. Hultgren Publications, Stanford 1997

ISERSON, KENNETH V.: *Death to Dust: What Happens to Dead Bodies?* Galen Press, Tucson 1994

KRAKAUER, JON: *In eisige Höhen. Das Drama am Mount Everest*. Piper, München 2000

Sogyal Rinpoche: *Das tibetische Buch vom Leben und Sterben. Ein Schlüssel zum tieferen Verständnis von Leben und Tod.* O. W. Barth, München 1993

Sutton, John R./Houston, Charles S./Coates, Geoffrey (Hg.): *Hypoxia and Cold.* Praeger Publishers, New York 1980

Thurman, Robert A. F.: *Das Tibetische Totenbuch.* W. Krüger, Frankfurt 1996

Lawine

Armstrong, Betsy/Williams, Knox: *The Avalanche Book.* Fulcrum, Golden 1986

Carter, Rita: *Mapping The Mind.* University of California Press, Berkeley 1998

Kotulak, Ronald: *Die Reise ins Innere des Gehirns. Den Geheimnissen des menschlichen Gehirns auf der Spur.* Jungfermann, Paderborn 1998

Ornstein, Robert/Thompson, Richard F.: *The Amazing Brain.* Houghton Mifflin, Boston 1984

Ramachandran, V. S./Blakeslee, Sandra: *Die blinde Frau, die sehen kann. Rätselhafte Phänomene unseres Bewusstseins.* Rowohlt, Reinbek 2001

Robbins, Jim: *A Symphony in the Brain: The Evolution of the New Brain Wave Biofeedback.* Atlantic Monthley Press, New York 2000

Skorbut

Brody, Tom: *Nutritional Biochemistry.* San Diego Academic Press, San Diego 1999

Carpenter, Kenneth J.: *The History of Scurvy and Vitamin C.* Cambridge University Press, Cambridge 1986

Cuppage, Francis E.: *James Cook and the Conquest of Scurvy.* Greenwood Press, Westport 1994

Deutsch, Ronald M.: *Realities of Nutrition.* Bull Publishing, Palo Alto 1976

Kutsky, Roman J.: *Handbook of Vitamins, Minerals and Hormones.* Van Nostrand Reinhold, New York 1981

Merck Service Bulletin. *Vitamin C.* Merck, Rahway 1956

Steller, Georg Wilhelm: *Reise von Kamtschatka nach Amerika,* Brockhaus, Mannheim 1974

Wentzler, Rich: *The Vitamin Book.* St. Martin's Press, New York 1978

Hitzschlag

Edholm, Otto G.: *Man – Hot and Cold.* Edward Arnold, London 1978

Ingram, D. L./Mount, L. E.: *Man and Animals in Hot Environments.* Springer Verlag, New York 1975

Kavaler, Lucy: *A Matter of Degree: Heat, Life and Death.* Harper & Row, New York 1981

Sturz

Gardiner, Steve: *Why I Climb: Personal Insights of Top Climbers.* Stackpole Books, Harrisburg 1990

Long, John: *How to Rock Climb.* Chockstone Press, Evergreen 1989

Potterfield, Peter: *In the Zone: Epic Survival Stories from the Mountaineering World.* The Mountaineers, Seattle 1996

Poynter, Dan: *Parachuting: The Skydiver's Handbook.* Para Publishing, Santa Barbara 1992

Roberts, David: *Moments of Doubt.* The Mountaineers, Seattle 1986

Simpson, Joe: *Touching the Void.* Harper & Row, New York 1988

Killertiere

Caras, Roger A.: *Dangerous to Man.* Chilton Books, Philadelphia 1964

Halstead, Bruce W.: *Poisonous and Venomous Marine Animals of the World.* Darwin Press, Princeton 1978

Ricciuti, Edward R.: *Killer Animals.* Walker, New York 1976

Williamson, John A. u. a. (Hg.): *Venomous and Poisonous Marine Animals: A Medical and Biological Handbook.* University of New South Wales Press, Sydney 1996

Taucherkrankheit

Berger, Karen: *Scuba Diving.* W. W. Norton, New York 2000

Bove, Alfred A. (Hg.): *Diving Medicine.* Harcourt Brace, Philadelphia 1997

De Latil, Pierre/Rivoire, Jean: *Man and the Underwater World.* Putnam's Sons, New York 1956

Lyon, Eugene: *The Search for the Atocha.* Harper & Row, New York 1979

Mathewson, R. Duncan III.: *Treasures of the Atocha.* E. P. Dutton, New York 1986

Middleton, Ned: *Diving Belize.* Aqua Quest Publications, Locust Valley 1994

MEYER, FRANZ O.: *Diving and Snorkeling Guide to Belize.* Gulf Publishing, Houston 1990

Malaria

KNELL, A. J. (Hg.): *Malaria: Publication of the Tropical Programme of the Wellcome Trust.* Oxford University Press, Oxford 1991

KREIER, JULIUS P. (Hg.): *Malaria.* (3 Bde.) Academic Press, New York 1980

OAKES, STANLEY C. JR.: *Malaria: Obstacles and Opportunities: A Report of the Committee for the Study of Malaria Prevention and Control.* National Academy Press, Washington 1991

Dehydratation

ADOLPH, E. F. u. a.: *Physiology of Man in the Desert.* Interscience Publishers, New York 1947

BOWLES, PAUL: *Their Heads Are Green and Their Hands Are Blue.* Ecco Press, New York 1984

CHRISTOPHER, ROBERT/MARTIN, ERIC JAMES: *Ocean of Fire: From the Garden of Allah to Timbuktu.* Rand McNally, New York 1956

ENGLEBERT, VICTOR: *Wind, Sand & Silence: Travels with Africa's Last Nomads.* Chronicle Books, San Francisco 1992

ERNST, CARL W.: *The Shambala Guide to Sufism.* Shambala Publications, Boston 1997

GAUTIER, E. F.: *Sahara: The Great Desert.* Columbia University Press, New York 1935

GARDI, RENÉ: *Sahara.* Kümmerly & Frey Geographical Publishers, Bern 1970

KRUGER, CHRISTOPH (Hg.): *Sahara.* G. P. Putnam's Sons, New York 1969

RICE, CYPRIAN: *The Persian Sufis.* George Allen and Unwin, London 1964

SMITH, MARGARET: *Readings from the Mystics of Islam.* Luzac, London 1972

VON DUMREICHER, ANDRÉ: *Trackers & Smugglers in the Desert of Egypt.* Dial Press, New York 1931

WOLF, A. V.: *Thirst: Physiology of the Urge to Drink and Problems of Water Lack.* Charles C. Thomas, Springfield 1958

Dank

Dass ich dieses Buch schreiben konnte, verdanke ich der Großzügigkeit, Geduld, Kompetenz und Erfahrung Dutzender von Menschen, Medizinern wie Nichtmedizinern. Mit ganz wenigen Ausnahmen geizte niemand, den ich um Hilfe bat, mit seiner Zeit oder seinem Wissen, und diese Großherzigkeit war mir während des gesamten Recherche- und Schreibprozesses eine ungeheure Ermutigung.

Zunächst geht meint Dank an Dr. Doug Webber, Facharzt für Notfallmedizin am St. Patrick's Hospital in Missoula, Montana. Doug, der nicht nur Arzt an vorderster Front der Medizin, sondern außerdem auch Bergsteiger, Kajaker, Sporttaucher und Marathonläufer ist, der mich durch viele schwierige Gebiete der Physiologie und Notfallmedizin lotste und mich an seiner Outdoor-Erfahrung teilhaben ließ. Für psychologische Erläuterungen danke ich Dr. Scott Elrod, ebenfalls aus Missoula. Sehr hilfreich war für mich die Teilnahme am 16. Wilderness Medicine Congress der zur University of California gehörenden San Diego School of Medicine. Es war eine einmalige Gelegenheit, so viele Experten an einem Ort anzutreffen, und ich war sehr froh, als Laie an diesem Wissenspool teilhaben zu dürfen. Die Referenten des Kongresses, die mir eine wichtige Hilfe waren, erwähne ich im Folgenden bei den einzelnen Kapiteln. Ich habe mich bemüht, das, was ich von ihnen gelernt habe, so korrekt wie möglich wiederzugeben und entschuldige mich, falls sich dennoch Fehler eingeschlichen haben sollten.

Bei dem Kapitel zur Unterkühlung, das ursprünglich in der Zeitschrift *Outside* erschien, wurde mir die Hilfe mehrerer Experten zuteil, darunter Dr. Daniel Danzl; Dr. Robert Pozos; Dr. William Forgey und Dr. Cameron Bangs. Dr. Tom Bulger, ebenfalls Notfallmediziner am St. Patrick's Hospital, half mir bei den Details der medizinischen Maßnahmen. Paul Ryan von Pipestone Mountaineering, Missoula, Montana, steuerte sein Wissen über Outdoor-Equipment bei. Patrick Gallagher erzählte mir von seiner eigenen dramatischen Begegnung mit der Kälte. Skip Horner von Skip Horner Worldwide, Outdoor-Guide und einer meiner Skikameraden, schilderte mir anschaulich, wie es ist, in der Antarktis bei minus 45 °C im Zelt zu schlafen.

Beim Kapitel über Ertrinken half mir Dr. Jerome Modell von der University of Florida, ein bundesweit bekannter Experte auf diesem Gebiet. Der Kajakkursleiter Kurt Doettger erzählte mir, wie er einmal bei einer Wildwasser-Rettungsaktion in North Carolina beinahe selbst ertrunken wäre. John Anderson und John Cox vom Trailhead-Outdoorshop in Missoula, Montana, steuerten Details zur Kajakausrüstung bei; Richard Gallun und Mark Wheelis ließen mich an ihrer Wildwassererfahrung teilhaben.

Das Kapitel über Höhenkrankheit profitierte vom Fachwissen Dr. Peter Hacketts, eines führenden Forschers auf diesem Gebiet, der zu den Referenten beim Wilderness Medicine Congress gehörte. Ebenfalls bei diesem Kongress hielt Dr. Clifford Zwillich einen erhellenden Vortrag über Schlafapnoe in großer Höhe, und Dr. Rob Roach sprach über die Adaptation der weiblichen Physiologie an Höhenbedingungen. Mein ehemaliger Nachbar und Back-Country-Skikamerad Daniel Mazur, heute einer der besten Himalaja-Bergsteiger und -Expeditionsführer und bei Himalaya Incorporated tätig, versorgte mich mit zahllosen Details zum Extremklettern und seinen physiologischen Auswirkungen, gewöhnlich per E-Mail aus Tibet, Nepal oder Pakistan. Delbert Kilgore, Ornithophysiologe an der University of Montana, half mir mit der Physiologie von Vögeln, die in großer Höhe zu atmen vermögen. Noel Ragsdale gab mir wertvolle Hinweise, die

Persönlichkeitsstruktur von Extremkletterern betreffend, und die Bergsteigerin Chris Brick schilderte mir, wie sie sich selbst einmal in den Anden ein Höhenlungenödem zuzog.

Die Informationen zum Thema Neurofeedback und Hirnstromwellenforschung, die in das Lawinenkapitel eingeflossen sind, verdanke ich dem Schriftsteller Jim Robbins aus Helena, Montana, Verfasser von *A Symphony in the Brain: The Evolution of the New Brain Wave Biofeedback*, sowie Bernadette Pedersen und ihrer Firma Brainworks Neurofeedback Services, ebenfalls in Helena. Dadurch dass Bernadette mich an einen Apparat anschloss, der meine Hirnstromwellen las, ermöglichte sie mir, die faszinierende Methode des Neurofeedback auszuprobieren, indem ich meine Hirnströme eine Art Video-Highway entlangschickte. Les Fehmi und Susan Shor-Femi ließen mich ebenfalls an ihrer Neurofeedback-Erfahrung teilhaben. Scott Lewis erzählte mir die unglaubliche Geschichte, wie er selbst beim Heli-Skiing in Britisch-Kolumbien von einer Lawine verschüttet wurde und 27 Minuten unter mehreren Metern Schnee lag (womit er sehr viel gelassener umging als der Protagonist meines entsprechenden Kapitels). Linda Parker schilderte mir ihre glimpflicher verlaufene Begegnung mit einer Lawine. Dem Physiotherapeuten Fred Lerch verdanke ich Informationen über die Interaktion von Körper und Psyche. Beau Johnson von Board of Missoula half mir mit den Snowboarding-Details, und die National Weather Service-Stelle in Salt Lake City erklärte mir, warum es in den Wasatchs so viel schneit. Beil Beidleman, Bergsteiger, Ingenieur bei Big Air Design und ebenfalls Referent beim Wilderness Medicine Congress, demonstrierte den Gebrauch der Black Diamond-Weste, die Verschütteten das Atmen unter den Schneemassen ermöglichen soll. Für Einblicke in die physiologischen Vorgänge bei Verschütteten danke ich Dr. Colin K. Grissom und Dr. Martin I. Radwin, die mit ihren Kollegen hochinteressante Experimente zu diesem Thema durchführten, indem sie Freiwillige in den Bergen von Utah im Schnee eingruben und dann ihre Vitalfunktionen überwachten.

Beim Skorbutkapitel sorgte mein Segelkamerad Tom Duffield, Experte für alles, was mit Outdoor zu tun hat, für die korrekte Darstellung der bootstechnischen Details und der Segelbedingungen im Pudget Sound.

Für das Hitzschlagkapitel erfuhr ich von Charlie Holbrook Genaueres über die Strategie von Radrennfahrern und den immensen körperlichen Stress am Berg. Len LaBuff vom Open Road-Fahrradladen in Missoula steuerte ausrüstungstechnische Details bei. Peter Felsch, Meteorologe beim National Weather Service in Missoula, und Bryan McAvoy, Meteorologe beim National Weather Service in Greenville, South Carolina, halfen mir mit dem Wetterszenario. Dr. P. Z. Pearce, ebenfalls Kongressreferent, hielt einen aufschlussreichen Vortrag über Hitzeschäden im Organismus.

Für das Sturzkapitel verfügte ich über die ausführlichen Schilderungen von Otto Plattner aus Innsbruck, der eine Schlucht in den Tiroler Alpen hinabstürzte und dann stundenlang, im Schnee liegend, auf Hilfe wartete, und von Bill Watson aus Missoula, der einen Sturz aus dem vierten Stock eines im Bau befindlichen Hauses unverletzt überlebte. Die Bergsteiger Jack Tuholske und Susan Duffield gaben mir einschlägige Literaturtipps, und Ann DiCesare, Archivarin bei *Reader's Digest*, schaffte es erstaunlich schnell, den Bericht des britischen Bordschützen, den ich irgendwann in meiner Jugend gelesen hatte, sowie den Artikel über den sieben Tage unter einer Lawine begrabenen schwedischen Jäger ausfindig zu machen. Ich danke J. R. Plate von Pipestone Mountaineering für technische Details zum Felsklettern und Dr. Doug Webber für ein realistisches Sturztraumaszenario. Ebo Uchimoto, Professor für Physik an der University of Montana, half mir mit den physikalischen Daten für dieses Kapitel, ebenso Jennifer Fowler, Labortechnikerin am Institut für

Physik. Chuck Leonard von der Abteilung Physiotherapie der University of Montana erläuterte mir einige motorische Abläufe. Charles Vogel half mir beim Skizzieren der finanziellen Hintergründe der Hauptfigur.

Für das Raubtierkapitel und die Darstellung der physiologischen Folgen der Würfelquallen-Vernesselung ließ mich Dr. Paul Cullen, Notfallmediziner am Cairns Base Hospital in Cairns, Australien, von seinem Fachwissen profitieren. Die interessanten statistischen Daten zu Angriffen von Landtieren auf Menschen verdanke ich einem Vortrag, den Dr. Michael Callahan, medizinischer Leiter der Abteilung Rettungsmedizin der Gesundheitswissenschaftlichen Fakultät der University of Colorado, beim Wilderness Medicine Congress hielt. Die Schriftstellerin Connie Poten, früher in Cairns und jetzt in Missoula wohnhaft, half mir bei der Schilderung der landschaftlichen Details; Nici Holt und Andy Cline erzählten mir die Schreckensgeschichte ihrer eigenen Begegnung mit einem Schwarm Würfelquallen.

Die in das Kapitel über die Taucherkrankheit eingeflossenen Informationen über Sprache und Lebensweise der Karibikbewohner verdanke ich Paul Renau, der in Belize geboren ist und jetzt als Pädagoge in Missoula lebt. Carl Thomas, Tauchlehrer und Angestellter von Gull Boats in Missoula, erklärte mir unzählige Einzelheiten in Sachen Tauchausrüstung, -planung und -technik. Dr. Tom Neumann von der University of California, San Diego, stellte mir sein Wissen über die physiologischen Auswirkungen des Tauchens zur Verfügung.

Dr. Mark Bracker, Dozent an der San Diego School of Medicine der University of California und ebenfalls Kongressreferent, vermittelte mir wichtige Einblicke in die Physiologie der Malaria. Von Bryan Di Salvatore und Jill Belsky hörte ich erschütternde Berichte über den plötzlichen Ausbruch von Malaria bei Reisegefährten.

Beim Kapitel über Dehydratation und das Überleben in der Wüste halfen mir Ronald und Peter Kummerfeldt, Referenten beim Wilderness Medicine Congress und Survival-Kursleiter bei Outdoor Safe in Colorado Springs, Colorado. Jay Christopher erzählte mir von seiner eigenen Dehydratationserfahrung beim Trecking in Utah.

Neben der konkreten Unterstützung bei den einzelnen Kapiteln bin ich natürlich auch all jenen Menschen zu Dank verpflichtet, die mich mit ihren Erfahrungen in den letzten Jahren bei meinen eigenen Outdoor-Abenteuern begleitet haben, besonders Fred Haefele, Steve und Matt Rinella, Ian Frazier, Christopher Preston, Bill Beavis, Ted Stark, Paul Jensen und Gray Thompson. Dr. Ira Byock, Verfasser von *Dying Well*, und Yvonne Corbeil, halfen mir, den Prozess des Sterbens besser zu verstehen. Vaughn Stevens und Don Spitzer vom Informationstisch der Missoula Public Library fanden stets Antworten auf so schwierige Fragen wie: «Wie viele Sterne gibt es im Universum?» Shaun Gant von der Mansfield Library der University of Montana gab mir wertvolle Literaturhinweise zu mehreren Themen. Danken möchte ich auch den Bibliothekaren der medizinischen Bibliothek des St. Patrick's Hospital.

Die Idee zu diesem Buch erwuchs aus einem Artikel über Unterkühlung, den ich für die Zeitschrift *Outside* schrieb. Mark Bryant, damals Chefredakteur von *Outside*, trug wesentlich dazu bei, dass das, was zunächst nur die vage Idee zu einem Essay über den menschlichen Körper und die Kälte war, Gestalt annahm. Laura Hohnhold und Gretchen Reynolds redigierten den Artikel und halfen, ihn in die endgültige Form zu bringen. Meine Agentin Frances Kuffel ermutigte mich immer wieder, ihn zu einem Buch auszuweiten, und war mir in der gesamten Konzeptionsphase eine unermüdliche, konstruktive Zuhörerin. Mein Vater William Stark und mein Schwiegervater Wilmott Ragsdale, beide Schriftsteller und große Abenteurer alter Schule, lasen die

Kapitel in der Rohfassung und waren mir stets ermutigende Gesprächspartner und Vorbilder.

Ich habe es von Anfang an als großes Glück empfunden, dass mein Buch bei Ballantine eine Heimat fand. Ich danke meinem Lektor Dan Smetanka, dessen Beitrag zu diesem Buch mit wenigen Worten gar nicht zu erfassen ist und mit dem zusammenzuarbeiten ein Vergnügen war. Ich danke auch seiner Assistentin Allison Dickens für ihre Hilfe und ihren wertvollen Input. Und schließlich danke ich meiner Frau, Amy Ragsdale, für die Ermutigung, dieses Buch überhaupt in Angriff zu nehmen, die unverbrüchliche Unterstützung und die wertvollen Vorschläge während des gesamten Schreibprozesses, sowie meinen Kindern Molly und Skyler, die auf ihre Weise ein hohes Maß an Belastbarkeit und Ausdauer zeigten, wenn sie darauf warten mussten, dass ich aus meinem Arbeitszimmer kam und mit ihnen spielte.

Foto: Carlo Bergmann

Abenteuer Leben bei rororo

«Ich bin Mensch, ich habe gelitten, ich war dabei.»
Walt Whitman

Carlo Bergmann
Der letzte Beduine
Meine Karawanen zu den Geheimnissen der Wüste
3-499-61379-4

Daniel Goeudevert
Wie ein Vogel im Aquarium
Aus dem Leben eines Managers
3-499-60440-X

Ruth Picardie
Es wird mir fehlen, das Leben
3-499-22777-0
und Großdruck 3-499-33167-5

Fred Sellin
Ich brech' die Herzen ...
Das Leben des Heinz Rühmann
3-499-61470-7

Volker Skierka
Fidel Castro
Eine Biographie
3-499-61386-7

Carola Stern
Doppelleben
3-499-61364-6

J. Randy Taraborrelli
Madonna. *Die Biographie*
3-499-61462-6

Ralph «Sonny» Barger
Hell's Angel
Mein Leben
«So subtil wie ein Tritt in den Hintern.» San Francisco Chronicle

3-499-61453-7

S 42/1